Wander Garcia
Coordenador

2016

MINI

VADE MECUM

DE JURISPRUDÊNCIA STF • STJ • TST

TRABALHO

EDITORA FOCO

2016 © Wander Garcia
Coordenador: Wander Garcia
Organizadores: Bruna Vieira, Henrique Subi, Vólia Bomfim e Wander Garcia
Editor: Márcio Dompieri
Gerente Editorial: Paula Tseng
Equipe Editora Foco: Georgia Dias e Ivo Tomita
Capa: R2 Editorial
Projeto gráfico: Ladislau Lima
Diagramação: R2 Editorial
Impressão e acabamento: Gráfica Impressul

Dados Internacionais de Catalogação na Publicação (CIP)
(Câmara Brasileira do Livro, SP, Brasil)

Mini Vade Mecum de jurisprudência trabalhista STF, STJ e TST / Wander Garcia, coordenador ; Bruna Vieira, Henrique Subi, Vólia Bomfim e Wander Garcia, organizadores. -- 1. ed. -- Indaiatuba, SP : Editora Foco Jurídico, 2016. -- (Mini Vade Mecum de Jurisprudência)

1. Direito - Brasil 2. Direito do trabalho - Brasil 3. Direito do trabalho - Leis e legislação - Brasil 4. Manuais, vademécuns etc. I. Garcia, Wander. II. Bomfim, Vólia. III. Série.

ISBN 978-85-8242-145-1

16-00422

CDU-34:331(81)
-34(81)(02)

Índices para catálogo Sistemático:
1. Brasil : Direito do trabalho 34:331(81)
2. Vademécuns : Direito : Brasil 34(81)(02)

Impresso no Brasil (02.2016)
Data de Fechamento (01.2016)

Direitos Autorais: É proibida a reprodução parcial ou total desta publicação, por qualquer forma ou meio, sem a prévia autorização da Editora Foco, na forma do Artigo 8º, IV, da Lei 9.610/1998. Referida vedação se estende às características gráficas da obra e sua editoração. A punição para a violação dos Direitos Autorais é crime previsto no Artigo 184 do Código Penal e as sanções civis às violações dos Direitos Autorais estão previstas nos Artigos 101 a 110 da Lei 9.610/1998.

Atualizações e erratas: a presente obra é vendida como está, sem garantia de atualização futura. Porém, atualizações voluntárias e erratas são disponibilizadas no site www.editorafoco.com.br, na seção *Atualizações*. Esforçamo-nos ao máximo para entregar ao leitor uma obra com a melhor qualidade possível e sem erros técnicos ou de conteúdo. No entanto, nem sempre isso ocorre, seja por motivo de alteração de *software*, interpretação ou falhas de diagramação e revisão. Sendo assim, disponibilizamos em nosso site a seção mencionada (*Atualizações*), na qual relataremos, com a devida correção, os erros encontrados na obra. Solicitamos, outrossim, que o leitor faça a gentileza de colaborar com a perfeição da obra, comunicando eventual erro encontrado por meio de mensagem para contato@editorafoco.com.br.

2016
Todos os direitos reservados à
Editora Foco Ltda
Alameda Júpiter, 578 – Galpão 01 – American Park Distrito Industrial
CEP 13347-653 – Indaiatuba/SP
E-mail: contato@editorafoco.com.br
www.editorafoco.com.br

SOBRE O COORDENADOR

WANDER GARCIA

Doutor e Mestre em Direito pela PUC/SP. Um dos maiores especialistas em Concursos Públicos e Exame de Ordem do País, é autor *best seller* com mais de 1 milhão de livros vendidos na área. Também é diretor da Editora FOCO e atuou como professor e coordenador nos maiores cursos preparatórios do País, como LFG, Damásio e IEDI.
(Twitter: @wander_garcia)

SOBRE OS ORGANIZADORES

BRUNA VIEIRA

Pós-graduada em Direito. Professora do IEDI, PROORDEM, LEGALE, ROBORTELLA e ÊXITO. Professora de Pós-graduação em Instituições de Ensino Superior. Palestrante. Autora de diversas obras de preparação para Concursos Públicos e Exame de Ordem, por diversas editoras. Advogada.
(Twitter: @profa_bruna)

HENRIQUE SUBI

Agente da Fiscalização Financeira do Tribunal de Contas do Estado de São Paulo. Mestrando em Direito Político e Econômico pela Universidade Presbiteriana Mackenzie. Especialista em Direito Empresarial pela Fundação Getúlio Vargas e em Direito Tributário pela UNISUL. Professor de cursos preparatórios para concursos desde 2006. Coautor de mais de 20 obras voltadas para concursos, todas pela Editora Foco.
(Twitter: @henriquesubi)

VÓLIA BOMFIM

Pós-graduada *lato sensu* em Direito do Trabalho, Processo do Trabalho e Processo Civil pela UGF. Mestre em Direito Público pela UNESA. Doutora em Direito e Economia pela UGF. Desembargadora do Trabalho no Rio de Janeiro. Coordenadora do Curso de Direito da Unigranrio, Professora. Autora de diversas obras jurídicas.
(Twitter: @VoliaBomfim)

WANDER GARCIA

Doutor e Mestre em Direito pela PUC/SP. Professor e coordenador do IEDI. Procurador do Município de São Paulo.
(Twitter: @wander_garcia)

SUMÁRIO

JURISPRUDÊNCIA STF/ STJ

1. DIREITO PROCESSUAL DO TRABALHO 7
2. DIREITO DO TRABALHO 8
3. DIREITO CONSTITUCIONAL 15
4. DIREITO PREVIDENCIÁRIO 64

JURISPRUDÊNCIA TST

1. PROCESSO DO TRABALHO 83
2. DIREITO DO TRABALHO 98

JURISPRUDÊNCIA
STF • STJ

1. DIREITO PROCESSUAL DO TRABALHO

1. COMPETÊNCIA

Reclamação e sociedade de economia mista
A Primeira Turma, em conclusão de julgamento e por maioria, negou provimento a agravo regimental interposto de decisão que determinara a remessa dos autos de ação civil pública — que fora apreciada pela Justiça do Trabalho — à justiça comum. Na espécie, a decisão agravada acolhera o argumento de que teria havido afronta à decisão proferida na ADI 3395 MC/DF (DJU de 10.11.2006). Prevaleceu o voto do Ministro Luiz Fux (relator), que manteve o que decidido na decisão monocrática para assegurar o processamento dos litígios entre servidores temporários e a Administração Pública perante a justiça comum. A Ministra Rosa Weber, por sua vez, acompanhou o relator na conclusão, ao negar provimento ao agravo, porém, divergiu quanto à fundamentação. Assentou que no julgamento da ADI 3395 MC/DF, o Tribunal decidira não competir à Justiça do Trabalho a apreciação de litígios que envolvessem servidores estatutários ou vinculados de qualquer forma por relação jurídico-administrativa com pessoas jurídicas de direito público, da Administração direta e indireta. Apontou que a Prodesp seria sociedade de economia mista e fora questionada sobre a validade de seus contratos de trabalho sem o prévio concurso público. Dessa forma, seus trabalhadores, por força do ordenamento constitucional, não poderiam ser vinculados a relações estatutárias. Frisou que os ora agravantes seriam os reclamantes beneficiados pelo julgamento da reclamação que lhes dera razão e determinara a remessa dos autos à justiça comum. Aduziu que o único ponto discutido no presente recurso seria se, ante a declaração de incompetência absoluta da Justiça do Trabalho, haveria ou não necessidade de decretar nulidade de atos decisórios da Justiça do Trabalho. Por ser vedada a "reformatio in pejus", negava provimento ao agravo regimental. Vencido o Ministro Marco Aurélio, que provia o recurso. Assentava que, ao se ajuizar processo trabalhista, até mesmo para se declarar o autor carecedor dessa ação, competente seria a justiça do trabalho.
Rcl 6527 AgR/SP, rel. Min. Luiz Fux, 25.8.2015. (Rcl-6527) (Inform. STF 809)

REPERCUSSÃO GERAL EM ARE N. 906.491-DF
RELATOR: MIN. TEORI ZAVASCKI
Ementa: CONSTITUCIONAL. TRABALHISTA. COMPETÊNCIA. SERVIDOR PÚBLICO ADMITIDO SEM CONCURSO PÚBLICO, PELO REGIME DA CLT, ANTES DO ADVENTO DA CONSTITUIÇÃO DE 1988. DEMANDA VISANDO OBTER PRESTAÇÕES DECORRENTES DA RELAÇÃO DE TRABALHO. COMPETÊNCIA DA JUSTIÇA DO TRABALHO. REPERCUSSÃO GERAL CONFIGURADA. REAFIRMAÇÃO DE JURISPRUDÊNCIA.
1. Em regime de repercussão geral, fica reafirmada a jurisprudência do Supremo Tribunal Federal no sentido de ser da competência da Justiça do Trabalho processar e julgar demandas visando a obter prestações de natureza trabalhista, ajuizadas contra órgãos da Administração Pública por servidores que ingressaram em seus quadros, sem concurso público, antes do advento da CF/88, sob regime da Consolidação das Leis do Trabalho – CLT. Inaplicabilidade, em casos tais, dos precedentes formados na ADI 3.395-MC (Rel. Min. CEZAR PELUSO, DJ de 10/11/2006) e no RE 573.202 (Rel. Min. RICARDO LEWANDOWSKI, DJe de 5/12/2008, Tema 43).
2. Agravo a que se conhece para negar seguimento ao recurso extraordinário. (Inform. STF 802)

AG. REG. NO ARE N. 907.826-PI
RELATOR: MIN. ROBERTO BARROSO
EMENTA: DIREITO CONSTITUCIONAL E DIREITO DO TRABALHO. AGRAVO REGIMENTAL EM RECURSO EXTRAORDINÁRIO COM AGRAVO. COMPETÊNCIA DA JUSTIÇA DO TRABALHO. CONTRATO DE TRABALHO ANTERIOR À CF/1988. INEXISTÊNCIA DE TRANSPOSIÇÃO AO REGIME JURÍDICO ÚNICO. ALEGAÇÃO DE NULIDADE DO CONTRATO DE TRABALHO. SÚMULA 284/STF. PRECEDENTES.
1. A controvérsia dos autos não é fundada em vínculo estatutário ou em contrato de trabalho temporário submetido a lei especial. Trata-se de contrato que fora celebrado antes do advento da Constituição Federal de 1988, em época na qual se admitia a vinculação à Administração Pública de servidores sob o regime da CLT. A competência, portanto, é da Justiça do Trabalho. Precedentes.
2. As razões do recurso extraordinário quanto à nulidade do vínculo com a Administração Pública não guardam pertinência com a fundamentação do acórdão recorrido, a atrair a incidência da Súmula 284/STF.
3. Agravo regimental a que se nega provimento. (Inform. STF 802)

Período pré-contratual e competência da justiça do trabalho
A justiça do trabalho é competente para julgar as demandas instauradas entre pessoas jurídicas de direito privado integrantes da Administração indireta e seus empregados, cuja relação é regida pela CLT, irrelevante o fato de a ação ser relativa ao período pré-contratual. Com base nesse entendimento, a 2ª Turma negou provimento a agravo regimental em recurso extraordinário com agravo no qual se discutia a competência para o julgamento de causa referente a contratação de advogados terceirizados no lugar de candidatos aprovados em concurso realizado pela Petrobrás Transporte S/A-Transpetro. A Turma ressaltou, ainda, que a jurisprudência do STF seria pacífica no sentido de que a ocupação precária por terceirização para desempenho de atribuições idênticas às de cargo efetivo vago, para o qual houvesse candidatos aprovados em concurso público vigente, configuraria ato equivalente à preterição da ordem de classificação no certame, a ensejar o direito à nomeação.
ARE 774137 AgR/BA, rel. Min. Teori Zavascki, 14.10.2014. (ARE-774137) (Inform. STF 763)

📖 Súmula Vinculante STF 53
A competência da Justiça do Trabalho prevista no art. 114, VIII, da Constituição Federal alcança a execução de ofício das contribuições previdenciárias relativas ao objeto da condenação constante das sentenças que proferir e acordos por ela homologados.

📖 Súmula Vinculante STF 23
A Justiça do Trabalho é competente para processar e julgar ação possessória ajuizada em decorrência do exercício do direito de greve pelos trabalhadores da iniciativa privada.

📖 Súmula Vinculante STF 22
A Justiça do Trabalho é competente para processar e julgar as ações de indenização por danos morais e patrimoniais decorrentes de acidente de trabalho propostas por empregado contra empregador, inclusive aquelas que ainda não possuíam sentença de mérito em primeiro grau quando da promulgação da Emenda Constitucional n. 45/04.

📖 Súmula STF nº 736
Compete à justiça do trabalho julgar as ações que tenham como causa de pedir o descumprimento de normas trabalhistas relativas à segurança, higiene e saúde dos trabalhadores.

📖 Súmula STJ nº 236
Não compete ao Superior Tribunal de Justiça dirimir conflitos de competência entre juízes trabalhistas vinculados a Tribunais Regionais do Trabalho diversos.

📖 Súmula STJ nº 225
Compete ao Tribunal Regional do Trabalho apreciar recurso contra sentença proferida por órgão de primeiro grau da Justiça Trabalhista, ainda que para declarar-lhe a nulidade em virtude de incompetência.

📖 Súmula STJ nº 222
Compete à Justiça Comum processar e julgar as ações relativas à contribuição sindical prevista no art. 578 da CLT.

📖 Súmula STJ nº 180
Na lide trabalhista, compete ao tribunal regional do trabalho dirimir conflito de competência verificado, na respectiva região, entre juiz estadual e junta de conciliação e julgamento.

Súmula STJ nº 170
Compete ao juízo onde primeiro for intentada a ação envolvendo acumulação de pedidos, trabalhista e estatutário, decidi-la nos limites da sua jurisdição, sem prejuízo do ajuizamento de nova causa, com o pedido remanescente, no juízo próprio.

Súmula STJ nº 97
Compete à justiça do trabalho processar e julgar reclamação de servidor público relativamente a vantagens trabalhistas anteriores à instituição do regime jurídico único.

Súmula STJ nº 82
Compete à justiça federal, excluídas as reclamações trabalhistas, processar e julgar os feitos relativos à movimentação do FGTS.

Súmula STJ nº 10
Instalada a junta de conciliação e julgamento, cessa a competência do juiz de direito em matéria trabalhista, inclusive para a Execução das sentenças por ele proferidas.

2. PROCEDIMENTOS, SENTENÇA, RECURSOS E EXECUÇÃO

REPERCUSSÃO GERAL EM ARE N. 907.209-DF
RELATOR: MIN. TEORI ZAVASCKI
Ementa: PROCESSUAL CIVIL. RECURSO EXTRAORDINÁRIO COM AGRAVO. RECLAMATÓRIA TRABALHISTA AJUIZADA POR SINDICATO, NA QUALIDADE DE SUBSTITUTO PROCESSUAL. CONTROVÉRSIA ACERCA DA NATUREZA DOS DIREITOS DEMANDADOS, SE INDIVIDUAIS HOMOGÊNEOS OU HETEROGÊNEOS. MATÉRIA INFRACONSTITUCIONAL. AUSÊNCIA DE REPERCUSSÃO GERAL.
1. A controvérsia relativa à natureza, se individual homogênea ou heterogênea, dos direitos postulados por Sindicato em reclamação trabalhista, na qualidade de substituto processual, é de natureza infraconstitucional.
2. É cabível a atribuição dos efeitos da declaração de ausência de repercussão geral quando não há matéria constitucional a ser apreciada ou quando eventual ofensa à Carta Magna ocorra de forma indireta ou reflexa (RE 584.608-RG, Rel. Min. ELLEN GRACIE, DJe de 13/3/2009).
3. Ausência de repercussão geral da questão suscitada, nos termos do art. 543-A do CPC. (Inform. STF 806)

Enunciado 25 da Súmula Vinculante do STF
O Plenário rejeitou proposta de revisão do teor do Enunciado 25 da Súmula Vinculante ("É ilícita a prisão civil de depositário infiel, qualquer que seja a modalidade do depósito"). No caso, a proponente — Associação Nacional dos Magistrados da Justiça do Trabalho - Anamatra — postulava que constasse da redação do enunciado em questão ressalva que permitisse a prisão civil do depositário judiciário infiel, no âmbito geral ou, pelo menos, na Justiça do Trabalho. A Corte asseverou que, para admitir-se a revisão ou o cancelamento de súmula vinculante, seria necessário demonstrar: a) a evidente superação da jurisprudência do STF no trato da matéria; b) a alteração legislativa quanto ao tema; ou, ainda, c) a modificação substantiva do contexto político, econômico ou social. A proponente, porém, não teria evidenciado, de modo convincente, nenhum dos aludidos pressupostos de admissão. Por fim, o mero descontentamento ou divergência quanto ao conteúdo de verbete vinculante não propiciaria a reabertura das discussões que lhe originaram a edição e cujos fundamentos já teriam sido debatidos à exaustão pelo STF.
PSV 54/DF, 24.9.2015. (PSV-54) (Inform. STF 800)

REPERCUSSÃO GERAL EM ARE N. 679.137-RJ
RELATOR: MIN. MARCO AURÉLIO
FORMALIZAÇÃO DE DISSÍDIO COLETIVO – EXIGÊNCIA DE COMUM ACORDO – ARTIGO 114, § 2º, DA CARTA DE 1988 – EMENDA CONSTITUCIONAL Nº 45/2004 – CONSTITUCIONALIDADE – RECURSO EXTRAORDINÁRIO – AGRAVO PROVIDO NOS PRÓPRIOS AUTOS – SEQUÊNCIA – REPERCUSSÃO GERAL – CONFIGURAÇÃO. Possui repercussão geral a controvérsia acerca da constitucionalidade da previsão de comum acordo entre as partes como requisito para a formalização de dissídio coletivo de natureza econômica, versada no § 2º do artigo 114 da Carta de 1988, com a redação dada pela Emenda Constitucional nº 45, de 2004, considerado o disposto nos artigos 5º, incisos XXXV e XXXVI, e 60, § 4º, do Diploma Maior. (Inform. STF 800)

Execução de sentença normativa e ofensa à coisa julgada
Não ofende a coisa julgada decisão extintiva de ação de cumprimento de sentença normativa, na hipótese em que o dissídio coletivo tiver sido extinto sem julgamento de mérito. Com base nessa orientação, o Plenário, por maioria, negou provimento a recurso extraordinário em que pleiteada a reforma de acórdão que extinguira ação de cumprimento de sentença em razão da extinção do dissídio coletivo. O Tribunal reiterou o quanto decidido no RE 394.051 AgR/SP (DJe de 15.4.2014) no sentido de que a extinção da execução de sentença proferida em ação de cumprimento, quando decorrente da perda da eficácia da sentença normativa que a tivesse ensejado, não implicaria violação à coisa julgada. Na realidade, a possibilidade de propositura da ação de cumprimento, antes do trânsito em julgado da sentença normativa em que se fundamentasse, daria ensejo ao que se costumaria classificar como sentença condicional, tendo em vista estar a execução definitiva sujeita a comprovação de que fosse confirmada a decisão proferida na sentença normativa. Em outras palavras, haveria um atrelamento entre as duas ações, de modo que eventual coisa julgada na ação de cumprimento dependeria da solução a ser dada em definitivo na sentença normativa. Disso se concluiria que a extinção do processo por incompetência do juízo que a proferisse, com a consequente modificação da sentença normativa, logicamente, acarretaria a extinção da execução que tivesse por fundamento título excluído do mundo jurídico. Vencidos os Ministros Marco Aurélio (relator) e Rosa Weber, que entendiam estar configurada, no caso, a ofensa à coisa julgada.
RE 428154/PR, rel. Min. Marco Aurélio, red. p/ o acórdão Min. Roberto Barroso, 7.5.2015. (RE-428154) (Inform. STF 784)

2. DIREITO DO TRABALHO

1. JORNADA DE TRABALHO

Art. 384 da CLT e recepção pela CF/1988 - 1
O art. 384 da CLT ["Em caso de prorrogação do horário normal, será obrigatório um descanso de quinze (15) minutos no mínimo, antes do início do período extraordinário do trabalho"] foi recepcionado pela CF/1988 e se aplica a todas as mulheres trabalhadoras. Essa a conclusão do Plenário que, por maioria, desproveu recurso extraordinário em que discutida a compatibilidade do referido dispositivo com a Constituição vigente, à luz do princípio da isonomia, para fins de pagamento, pela empresa empregadora, de indenização referente ao intervalo de 15 minutos, com adicional de 50% previsto em lei. Preliminarmente, o Colegiado, por decisão majoritária, rejeitou questão de ordem, suscitada pelo Ministro Marco Aurélio, no sentido de não haver quórum para julgamento, tendo em conta se tratar de conflito de norma com a Constituição, e a sessão contar com menos de oito integrantes. No ponto, o Ministro Celso de Mello frisou que não se cuidaria de juízo de constitucionalidade, mas de discussão em torno de direito pré-constitucional. Assim, o juízo da Corte seria positivo ou negativo de recepção. Vencido o suscitante. No mérito, o Colegiado ressaltou que a cláusula geral da igualdade teria sido expressa em todas as Constituições brasileiras, desde 1824. Entretanto, somente com a CF/1934 teria sido destacado, pela primeira vez, o tratamento igualitário entre homens e mulheres. Ocorre que a essa realidade jurídica não teria garantido a plena igualdade entre os sexos no mundo dos fatos. Por isso, a CF/1988 teria explicitado, em três mandamentos, a garantia da igualdade. Assim: a) fixara a cláusula geral de igualdade, ao prescrever que todos são iguais perante a lei, sem

distinção de qualquer natureza; b) estabelecera cláusula específica de igualdade de gênero, ao declarar que homens e mulheres são iguais em direitos e obrigações; e c) excepcionara a possibilidade de tratamento diferenciado, que seria dado nos termos constitucionais. Por sua vez, as situações expressas de tratamento desigual teriam sido dispostas formalmente na própria Constituição, a exemplo dos artigos 7º, XX; e 40, § 1º, III, a e b. Desse modo, a Constituição se utilizara de alguns critérios para o tratamento diferenciado. Em primeiro lugar, considerara a histórica exclusão da mulher do mercado regular de trabalho e impusera ao Estado a obrigação de implantar políticas públicas, administrativas e legislativas de natureza protetora no âmbito do direito do trabalho. Além disso, o texto constitucional reputara existir componente biológico a justificar o tratamento diferenciado, tendo em vista a menor resistência física da mulher. Ademais, levara em conta a existência de componente social, pelo fato de ser comum o acúmulo de atividades pela mulher no lar e no ambiente de trabalho. No caso, o dispositivo legal em comento não retrataria mecanismo de compensação histórica por discriminações socioculturais, mas levara em conta os outros dois critérios (componentes biológico e social). O Plenário assinalou que esses parâmetros constitucionais legitimariam tratamento diferenciado, desde que a norma instituidora ampliasse direitos fundamentais das mulheres e atendesse ao princípio da proporcionalidade na compensação das diferenças.
RE 658312/SC, rel. Min. Dias Toffoli, 27.11.2014. (RE-658312)

Art. 384 da CLT e recepção pela CF/1988 - 2
O Colegiado reputou que, ao se analisar o teor da norma discutida, seria possível inferir que ela trataria de forma proporcional de aspectos de evidente desigualdade, ao garantir período mínimo de descanso de 15 minutos antes da jornada extraordinária de trabalho à mulher. Embora, com o tempo, tivesse ocorrido a supressão de alguns dispositivos a cuidar da jornada de trabalho feminina na CLT, o legislador teria mantido a regra do art. 384, a fim de garantir à mulher diferenciada proteção, dada sua identidade biossocial peculiar. Por sua vez, não existiria fundamento sociológico ou comprovação por dados estatísticos a amparar a tese de que essa norma dificultaria ainda mais a inserção da mulher no mercado de trabalho. O discrímen não violaria a universalidade dos direitos do homem, na medida em que o legislador vislumbrara a necessidade de maior proteção a um grupo de trabalhadores, de forma justificada e proporcional. Inexistiria, outrossim, violação da Convenção sobre a Eliminação de Todas as Formas de Discriminação contra Mulher, recepcionada pela Constituição, que proclamara, inclusive, outros direitos específicos das mulheres: a) nas relações familiares, ao coibir a violência doméstica; e b) no mercado de trabalho, ao proibir a discriminação e garantir proteção especial mediante incentivos específicos. Dessa forma, tanto as disposições constitucionais como as infraconstitucionais não impediriam tratamentos diferenciados, desde que existentes elementos legítimos para o discrímen e que as garantias fossem proporcionais às diferenças existentes entre os gêneros ou, ainda, definidas por conjunturas sociais. Na espécie, não houvera tratamento arbitrário em detrimento do homem. A respeito, o Colegiado anotou outras espécies normativas em que concebida a igualdade não a partir de sua formal acepção, mas como um fim necessário em situações de desigualdade: direitos trabalhistas extensivos aos trabalhadores não incluídos no setor formal; licença maternidade com prazo superior à licença paternidade; prazo menor para a mulher adquirir direito à aposentadoria por tempo de serviço e contribuição; obrigação de partidos políticos reservarem o mínimo de 30% e o máximo de 70% para candidaturas de cada sexo; proteção especial para mulheres vítimas de violência doméstica; entre outras. Além disso, a jurisprudência da Corte entenderia possível, em etapa de concurso público, exigir-se teste físico diferenciado para homens e mulheres quando preenchidos os requisitos da necessidade e da adequação para o discrímen. Não obstante, o Colegiado concluiu que, no futuro, poderia haver efetivas e reais razões fáticas e políticas para a revogação da norma, ou mesmo para ampliação do direito a todos os trabalhadores.
RE 658312/SC, rel. Min. Dias Toffoli, 27.11.2014. (RE-658312)

Art. 384 da CLT e recepção pela CF/1988 - 3
O Ministro Gilmar Mendes sublinhou que a Corte só poderia invalidar a discriminação feita pelo legislador se ela fosse arbitrária, o que não seria o caso. O Ministro Celso de Mello frisou que o juízo negativo de recepção do art. 384 da CLT implicaria transgressão ao princípio que veda o retrocesso social, que cuidaria de impedir que os níveis de concretização de prerrogativas inerentes aos direitos sociais, uma vez atingidos, viessem a ser reduzidos ou suprimidos, exceto nas hipóteses em que políticas compensatórias viessem a ser implementadas. A Ministra Cármen Lúcia acrescentou que a Constituição atual teria inovado no sentido de estabelecer um sistema jurídico capaz de possibilitar novos espaços de concretização de direitos que sempre existiram — notadamente o princípio da igualdade. Vencidos os Ministros Luiz Fux e Marco Aurélio, que proviam o recurso, para assentar a não-recepção do art. 384 da CLT pela CF/1988. O Ministro Luiz Fux ponderava que, em atendimento à isonomia, o dispositivo deveria ser aplicável somente em relação às atividades que demandassem esforço físico. O Ministro Marco Aurélio considerava que o preceito trabalhista não seria norma protetiva, mas criaria discriminação injustificada no mercado de trabalho, em detrimento da mulher.
RE 658312/SC, rel. Min. Dias Toffoli, 27.11.2014. (RE-658312) (Inform. STF 769)

REPERCUSSÃO GERAL EM RE N. 820.729-DF
RELATOR: MIN. TEORI ZAVASCKI
Ementa: PROCESSUAL CIVIL. RECURSO EXTRAORDINÁRIO. NORMA COLETIVA DE TRABALHO. PAGAMENTO DAS HORAS *IN ITINERE*. FIXAÇÃO DE LIMITE INFERIOR À METADE DO TEMPO EFETIVAMENTE GASTO NO TRAJETO ATÉ O LOCAL DO SERVIÇO. VALIDADE. MATÉRIA INFRACONSTITUCIONAL. AUSÊNCIA DE REPERCUSSÃO GERAL.
1. A controvérsia relativa à validade de norma coletiva de trabalho que limita o pagamento de horas *in itinere* a menos da metade do tempo efetivamente gasto pelo trabalhador no seu trajeto até o local do serviço, fundada na interpretação da Consolidação das Leis do Trabalho e da Lei 10.243/01, é de natureza infraconstitucional.
2. É cabível a atribuição dos efeitos da declaração de ausência de repercussão geral quando não há matéria constitucional a ser apreciada ou quando eventual ofensa à Carta Magna se dê de forma indireta ou reflexa (RE 584.608 RG, Min. ELLEN GRACIE, DJe de 13/3/2009).
3. Ausência de repercussão geral da questão suscitada, nos termos do art. 543-A do CPC. (Inform. STF 761)

Súmula STF nº 675
Os intervalos fixados para descanso e alimentação durante a jornada de seis horas não descaracterizam o sistema de turnos ininterruptos de revezamento para o efeito do art. 7º, XIV, da Constituição.

2. RESCISÃO DO CONTRATO DE TRABALHO

Plano de dispensa incentivada e validade da quitação ampla de parcelas contratuais
A transação extrajudicial que importa rescisão de contrato de trabalho, em razão de adesão voluntária do empregado a plano de dispensa incentivada, enseja quitação ampla e irrestrita de todas as parcelas objeto do contrato de emprego, caso essa condição tenha constado expressamente do acordo coletivo que aprovou o plano, bem como dos demais instrumentos celebrados com o empregado. Com base nessa orientação, o Plenário conheceu de recurso extraordinário e a ele deu provimento. Na espécie, discutia-se a validade de renúncia genérica a direitos contida em termo de adesão ao Programa de Desligamento Incentivado (PDI) com chancela sindical e previsto em norma de acordo coletivo. De início, a Corte não conheceu de agravo regimental interposto contra decisão que admitira ingresso de "amicus curiae". Esclareceu que a admissão de terceiros no processo seria irrecorrível. No mérito, apontou que, quando se tratasse de acordo coletivo, não incidiria a hipótese do art. 477, § 2 º da CLT, que restringe a eficácia liberatória da quitação aos valores e às parcelas discriminadas no termo de rescisão exclusivamente ("Art. 477 - É assegurado a todo empregado, não existindo prazo estipulado para a terminação do respectivo contrato,

e quando não haja ele dado motivo para cessação das relações de trabalho, o direto de haver do empregador uma indenização, paga na base da maior remuneração que tenha percebido na mesma empresa.
... § 2º - O instrumento de rescisão ou recibo de quitação, qualquer que seja a causa ou forma de dissolução do contrato, deve ter especificada a natureza de cada parcela paga ao empregado e discriminado o seu valor, sendo válida a quitação, apenas, relativamente às mesmas parcelas."). No âmbito do direito coletivo do trabalho não se verificaria a mesma situação de assimetria de poder presente nas relações individuais de trabalho. Como consequência, a autonomia coletiva da vontade não se encontraria sujeita aos mesmos limites da autonomia individual. O art. 7º, XXVI, da CF teria prestigiado a autonomia coletiva da vontade e a autocomposição dos conflitos trabalhistas, de forma a acompanhar a tendência mundial ao crescente reconhecimento dos mecanismos de negociação coletiva, retratada na Convenção 98/1949 e na Convenção 154/1981 da Organização Internacional do Trabalho. O reconhecimento dos acordos e convenções coletivas permitiria que os trabalhadores contribuíssem para a formulação das normas a reger sua própria vida. Os planos de dispensa incentivada permitiriam reduzir as repercussões sociais das dispensas, assegurando àqueles que optassem por seu desligamento da empresa condições econômicas mais vantajosas do que aquelas que decorreriam da mesma dispensa por decisão do empregador. Acentuou a importância de se assegurar a credibilidade dos planos, para preservar a sua função protetiva e não desestimular o seu uso. Ponderou que os planos de dispensa incentivada teriam se tornado, em alguns cenários econômicos, alternativa social relevante para atenuar o impacto de dispensas em massa por oferecerem, em regra, condições mais favoráveis que aquelas que ordinariamente o trabalhador receberia.
RE 590415/SC, rel. Min. Roberto Barroso, 30.4.2015. (RE-590415)
RE 590415 AgR/SC, rel. Min. Roberto Barroso, 30.4.2015. (RE-590415) (Inform. STF 783)

REPERCUSSÃO GERAL EM RE N. 631.053-DF
RED. P/ O ACÓRDÃO: MIN. CELSO DE MELLO
E M E N T A: **RECURSO EXTRAORDINÁRIO – EXAME** *DO DIREITO PO-TESTATIVO DE RESOLUÇÃO UNILATERAL* DO CONTRATO INDIVIDUAL DE TRABALHO **EM FACE** *DA PROTEÇÃO CONSTITUCIONAL* **DISPENSADA** *À RELAÇÃO DE EMPREGO* **– A DISPENSA IMOTIVADA** *COMO* **ATO MERAMENTE** *POTESTATIVO* DO EMPREGADOR **– POSSIBILIDADE**, *OU NÃO*, **DE O REGULAMENTO INTERNO** DA INSTITUIÇÃO UNIVERSITÁRIA DE ENSINO **RESTRINGIR** O EXERCÍCIO, *PELO EMPREGADOR*, DE SEU DIREITO POTESTATIVO DE PROMOVER A DISPENSA **SEM** JUSTA CAUSA – **O DIREITO** *DO EMPREGADO PROFESSOR* **À LIBERDADE DE CÁTEDRA E À LIVRE PESQUISA DO DIREITO** – *PRERROGATIVA* **OPONÍVEL** *AO DIREITO POTESTATIVO* DA INSTITUIÇÃO UNIVERSITÁRIA DE ENSINO? – **CONSEQUENTE DISCUSSÃO** *EM TORNO DA NECESSI-DADE* **DE PRÉVIA INSTAURAÇÃO** *DE INQUÉRITO ADMINISTRATIVO*, **PREVISTA** *EM REGULAMENTO INTERNO*, **PARA EFEITO** DE LEGITIMAR A **DISPENSA**, *SEM JUSTA CAUSA*, **DE PROFESSOR** *POR INSTITUIÇÃO PARTICULAR DE ENSINO SUPERIOR* – **ALEGADA VIOLAÇÃO** A PRECEITOS **INSCRITOS** NA CONSTITUIÇÃO DA REPÚBLICA (**CF**, ART. 7º, I, **E ADCT/88**, ART. 10, I) – **CONTROVÉRSIA** A CUJO RESPEITO O **PLENÁRIO VIRTUAL** DO SUPREMO TRIBUNAL FEDERAL *RECONHECEU EXISTENTE A REPERCUSSÃO GERAL*. (Inform. STF 765)

REPERCUSSÃO GERAL EM RE N. 806.190-GO
RELATOR: MIN. GILMAR MENDES
Recurso extraordinário. Repercussão geral da questão constitucional reconhecida. Reafirmação de jurisprudência. 2. Artigo 31 da Lei 8.880/94. Indenização adicional decorrente de demissão imotivada de empregado. Medida legislativa emergencial. Norma de ajustamento do sistema monetário. Implementação do Plano Real. Competência privativa da União. 3. Inexistência de inconstitucionalidade formal. 4. Recurso extraordinário provido. (Inform. STF 752)

3. CONVENÇÃO COLETIVA

Convenção coletiva e política salarial - 10
O Plenário retomou julgamento de embargos de divergência opostos contra acórdão da 2ª Turma que, ao entender incorreta a premissa que integrara a "ratio decidendi" do julgamento de recurso extraordinário, concedera efeitos modificativos a embargos declaratórios para assentar a prevalência de lei federal, que institui nova sistemática de reajuste de salário, sobre cláusula de acordo coletivo que prevê que o regime de reajuste de salários ali convencionado será mantido, ainda que sobrevenha nova lei que introduza política salarial menos favorável — v. Informativos 227, 294, 311, 390, 473, 484 e 485. No julgamento do recurso extraordinário, a 2ª Turma fizera prevalecer a cláusula da convenção coletiva em detrimento da Lei 8.030/1990, ao fundamento de que a espécie dos autos possuiria características diferentes de outros precedentes do Tribunal, porquanto as partes teriam sido explícitas ao afastar a incidência do que viesse a ser estipulado normativamente, e de que teria havido ofensa ao ato jurídico perfeito (CF, art. 5º, XXXVI). No acórdão embargado, concluíra-se que a Turma adotara premissa incorreta quanto à distinção do caso em relação à jurisprudência da Corte sobre o tema. Em voto-vista, o Ministro Ricardo Lewandowski (Presidente), acompanhado do Ministro Roberto Barroso, conhecia dos embargos de divergência e lhes deu provimento, para restabelecer o acórdão resultante da apreciação do extraordinário. Não vislumbrou a presença do requisito omissão, apontado pelo embargado no julgamento do recurso extraordinário. Verificou que todos os Ministros integrantes, à época, da 2ª Turma teriam analisado criteriosamente a hipótese. Realçou que os Ministros Marco Aurélio (relator), Celso de Mello e Néri da Silveira teriam entendido que a situação seria análoga a do RE 188.366/SP (DJU de 19.11.1999), precedente em que se reconhecera a vedação da possibilidade de a legislação infraconstitucional, ainda quando de ordem pública, retroagir para alcançar o direito adquirido, o ato jurídico perfeito e a coisa julgada. Consignou que o relator confrontara este caso com outros precedentes que, apesar da similaridade, não se mostrariam plenamente adequados, dada a particularidade da cláusula de garantia. Assim, por inexistir qualquer dos pressupostos de admissibilidade dos embargos de declaração, estaria prejudicada a análise dos seus possíveis efeitos modificativos. Ademais, o máximo que se poderia alegar, na espécie, seria erro de julgamento, o que não constituiria pressuposto de embargabilidade. Em seguida, pediu vista o Ministro Teori Zavascki.
RE 194662 Ediv-ED-ED/BA, rel. Min. Sepúlveda Pertence, 5.3.2015. (RE-194662)

Convenção coletiva e política salarial - 11
Os embargos de declaração não se prestam a corrigir possíveis erros de julgamento. Com base nessa orientação, o Plenário, por maioria e em conclusão de julgamento, conheceu e recebeu embargos de divergência para anular acórdão proferido nos primeiros embargos de declaração e restabelecer o julgamento do recurso extraordinário. Na espécie, os embargos de divergência foram opostos contra acórdão da Segunda Turma que, ao entender incorreta a premissa que integrara a "ratio decidendi" do julgamento de recurso extraordinário, concedera efeitos modificativos a embargos declaratórios para assentar a prevalência de lei federal, que instituíra nova sistemática de reajuste de salário, sobre cláusula de acordo coletivo que previra que o regime de reajuste de salários ali convencionado seria mantido, ainda que sobreviesse nova lei que introduzisse política salarial menos favorável. No julgamento do recurso extraordinário, a Segunda Turma fizera prevalecer a cláusula da convenção coletiva em detrimento da Lei 8.030/1990, ao fundamento de que a espécie dos autos possuiria características diferentes de outros precedentes do Tribunal, porquanto as partes teriam sido explícitas ao afastar a incidência do que viesse a ser estipulado normativamente, e de que teria havido ofensa ao ato jurídico perfeito (CF, art. 5º, XXXVI). No acórdão embargado, concluíra-se que a Turma adotara premissa incorreta quanto à distinção do caso em relação à jurisprudência da Corte sobre o tema — v. Informativos 227, 294, 311, 390, 473, 484 e 485 e

776. A Corte assentou que se estaria a tratar de convenção coletiva, não do cumprimento de sentença normativa. Além disso, os sindicatos das respectivas categorias profissional e econômica teriam convencionado no sentido da concessão do reajuste independentemente de qualquer alteração em prejuízo dos trabalhadores, que fosse trazido pelo advento de novo diploma legal. Dessa forma, a solução emprestada pela Turma teria implicado rejulgamento da matéria, sem que tivesse havido premissa equivocada, porque não haveria, na jurisprudência do Tribunal, decisão no sentido de que deveria a lei prevalecer sobre a cláusula de convenção coletiva. Apontou precedentes da Corte no sentido de que os embargos de declaração não serviriam à correção de pretendido erro de julgamento.
RE 194662 Ediv-ED-ED/BA, rel. orig. Min. Sepúlveda Pertence, red. p/ o acórdão Min. Marco Aurélio, 14.5.2015. (RE-194662)

Convenção coletiva e política salarial - 12
De outro lado, o Tribunal admitiu os embargos de declaração com efeitos modificativos, desde que para fins de correção de premissas equivocadas. Esclareceu que erro de julgamento e premissa equivocada seriam noções conceituais autônomas, distintas e inconfundíveis, uma vez que a premissa equivocada pressuporia o reconhecimento de erro material ou a desconsideração de fato que, se fosse reconhecido, teria tido influência decisiva no julgamento, ou seja, teria alterado o resultado do julgamento, a caracterizar omissão reparável pelo efeito integrador, e eventualmente modificativo de que poderiam revestir-se os embargos de declaração. Na espécie, se situação anormal houvesse, ela se reduziria, se fosse o caso, à hipótese de erro de julgamento e não de premissa equivocada. Assim, se eventualmente tivesse havido aplicação errônea de precedentes jurisprudenciais na matéria, haveria recurso idôneo a ser ajuizado, mas não os embargos de declaração impregnados de efeitos modificativos. Vencidos os Ministros Gilmar Mendes, Teori Zavascki e Luiz Fux, que não conheciam dos embargos de divergência. Lembravam um dos princípios fundamentais de todo sistema processual moderno, o da função instrumental. Frisavam que o CPC consagraria sistema em que as normas que relativizariam a declaração de nulidades processuais atuariam como normas de sobredireito. Apontavam que vários julgados da Corte, em razão de situações consideradas de caráter excepcional, teriam deixado de lado a interpretação literal e estrita do art. 535 do CPC, para o efeito de acolher embargos de declaração com efeitos infringentes, sempre que fosse necessário corrigir equívocos relevantes no acórdão embargado.
RE 194662 Ediv-ED-ED/BA, rel. orig. Min. Sepúlveda Pertence, red. p/ o acórdão Min. Marco Aurélio, 14.5.2015. (RE-194662) (Inform. STF 785)

AG. REG. NO ARE N.859.280-DF
RELATORA: MIN. ROSA WEBER
EMENTA: DIREITO DO TRABALHO. COMPLEMENTO DA REMUNERAÇÃO MÍNIMA POR NÍVEL E REGIME. INTERPRETAÇÃO DE CLÁUSULAS DE ACORDO COLETIVO. EVENTUAL OFENSA REFLEXA NÃO VIABILIZA O MANEJO DO RECURSO EXTRAORDINÁRIO. INOCORRÊNCIA. ACÓRDÃO RECORRIDO PUBLICADO EM 23.5.2014.A controvérsia, a teor do que já asseverado na decisão guerreada, não alcança estatura constitucional. Não há falar, nesse compasso, em afronta aos preceitos constitucionais indicados nas razões recursais, porquanto compreender de modo diverso exigiria análise da legislação infraconstitucional encampada na decisão prolatada pela Corte de origem, o que torna oblíqua e reflexa eventual ofensa, insuscetível, portanto, de viabilizar o conhecimento do recurso extraordinário. Desatendida a exigência do art. 102, III, "a", da Lei Maior, nos termos da remansosa jurisprudência desta Corte.
Divergir da conclusão do acórdão recorrido exigiria o reexame da interpretação conferida a cláusulas de acordo coletivo, procedimento vedado em sede extraordinária. Aplicação da Súmula 454/STF: *"Simples interpretação de cláusulas contratuais não dá lugar a recurso extraordinário."*Agravo regimental conhecido e não provido. (Inform. STF 785)

REPERCUSSÃO GERAL EM ARE N. 859.878- DF
RELATOR: MIN. TEORI ZAVASCKI
Ementa: CONSTITUCIONAL, TRABALHISTA E PROCESSUAL CIVIL. RECURSO EXTRAORDINÁRIO. INFRINGÊNCIA À SÚMULA VINCULANTE 10. INOCORRÊNCIA. PETRÓLEO BRASILEIRO S/A (PETROBRÁS). VALIDADE DO CÁLCULO DO COMPLEMENTO DE REMUNERAÇÃO MÍNIMA POR NÍVEL E REGIME (RMNR). CLÁUSULA 35ª DO ACORDO COLETIVO DE TRABALHO DE 2007/2009. OFENSA CONSTITUCIONAL REFLEXA. AUSÊNCIA DE REPERCUSSÃO GERAL.
1. A controvérsia relativa à legitimidade da forma de cálculo da verba denominada Complemento de Remuneração Mínima por Nível e Regime (RMNR), fundada na interpretação de cláusulas de acordo coletivo de trabalho, não enseja a interposição de recurso extraordinário, uma vez que eventual ofensa à Constituição Federal seria meramente reflexa.
2. É cabível a atribuição dos efeitos da declaração de ausência de repercussão geral quando não há matéria constitucional a ser apreciada ou quando eventual ofensa à Carta Magna se dê de forma indireta ou reflexa (RE 584.608 RG, Min. ELLEN GRACIE, DJe de 13/3/2009).
3. Ausência de repercussão geral da questão suscitada, nos termos do art. 543-A do CPC. (Inform. STF 778)

4. SINDICATO E CIPA

Centrais sindicais e contribuição sindical - 8
O Plenário retomou julgamento de ação direta de inconstitucionalidade ajuizada em face dos artigos 1º, II, e 3º da Lei 11.648/2008, bem como dos artigos 589, II, "b" e §§ 1º e 2º; e 593 da CLT, na redação dada pelo art. 5º da referida lei. O debate circunscreve-se sobre duas problemáticas centrais: a) a possibilidade de as centrais sindicais tomarem parte em debates e negociações travados nos espaços de diálogo social de composição tripartite, em defesa do interesse geral dos trabalhadores, ao lado de sindicatos e confederações; e b) a constitucionalidade da inclusão das centrais sindicais no rol das entidades beneficiárias da contribuição sindical — v. Informativos 552, 577 e 578. Em voto-vista, o Ministro Roberto Barroso julgou parcialmente procedente o pedido, no que foi acompanhado pela Ministra Rosa Weber. Acompanhou a divergência iniciada pelo Ministro Marco Aurélio quanto à interpretação conforme dada ao art. 1º, "caput" e inciso II e art. 3º da Lei 11.648/2008, e improcedente quanto aos dispositivos que modificaram os artigos 589 e 593 da CLT. Frisou ser legítima a destinação de 10% do valor das contribuições sindicais para as centrais sindicais, sendo certo que esse percentual não teria sido retirado dos sindicatos nem das confederações, mas sim das parcelas que seriam destinadas ao fundo de amparo do trabalhador. Esclareceu que as alterações de redação realizadas pela Lei 11.648/2008 na CLT teriam mudado a destinação da receita auferida com a contribuição sindical: os 20% anteriormente direcionados à "Conta Especial Emprego e Salário" teriam sido reduzidos para 10% e esse exato percentual fora revertido para as centrais sindicais. Lembrou que a característica essencial às contribuições seria a afetação jurídica da arrecadação, sendo, inclusive, o elemento que as distinguiria dos impostos. Portanto, uma contribuição deveria trazer em sua hipótese de incidência clara destinação do seu produto. Além disso, o respectivo fim deveria ser constitucionalmente idôneo. Daí a conclusão de que seria inválida a contribuição que não trouxesse a destinação da sua arrecadação ou que apontasse um fim ilegítimo que permitisse a tredestinação do seu produto.
ADI 4067/DF, rel. Min. Joaquim Barbosa, 26.11.2015. (ADI-4067)

Centrais sindicais e contribuição sindical - 9
O Ministro Roberto Barroso assentou que o art. 149 da Constituição autorizaria a criação de contribuições "de interesse das categorias profissionais ou econômicas" ("Art. 149. Compete exclusivamente à União instituir contribuições sociais, de intervenção no domínio econômico e de interesse das categorias profissionais ou econômicas, como instrumento de sua atuação nas respectivas áreas, observado o disposto nos arts. 146, III, e 150, I e III, e sem prejuízo do previsto no art. 195, § 6º, relativamente às contribuições a que alude o dispositivo"). Nos termos desse artigo, não haveria necessariamente uma vinculação de destinação da receita do tributo para o sistema confederativo. Tanto é que a redação do art. 8º, IV, da CF, ao prever a contribuição confederativa — esta sim direcionada ao sistema confederativo e paga voluntariamente pelos

sindicalizados —, ressalvaria a "contribuição prevista em lei", o que denotaria uma diferença essencial entre as duas contribuições. Portanto, contribuição sindical e contribuição confederativa seriam distintas, por força da Constituição e da lei. Em nenhum momento, o art. 149 da CF estabeleceria que a contribuição deveria ser destinada exclusivamente às entidades integrantes da organização sindical, mas sim que atenderia aos interesses das categorias profissionais, o que englobaria entidades de defesa dos trabalhadores que não possuíssem natureza sindical. Assentou que a destinação da receita da contribuição em tela exclusivamente às entidades que formalmente compusessem o sistema sindical não seria a única forma de atender aos interesses das categorias econômicas e profissionais, finalidade constitucionalmente estabelecida para o tributo. Aduziu que não haveria como desvincular as duas orientações: a representatividade dessas entidades levaria necessariamente à validade da destinação de recursos conferida pela lei. Dessa forma, além de não existir tredestinação de arrecadação no presente caso, não haveria qualquer prejuízo às entidades do sistema confederativo. Em seguida, pediu vista dos autos o Ministro Gilmar Mendes.
ADI 4067/DF, rel. Min. Joaquim Barbosa, 26.11.2015. (ADI-4067) (Inform. STF 809)

Súmula Vinculante STF 40
A contribuição confederativa de que trata o art. 8º, IV, da Constituição Federal, só é exigível dos filiados ao sindicato respectivo.

Súmula STF nº 677
Até que Lei venha a dispor a respeito, incumbe ao ministério do trabalho proceder ao registro das entidades sindicais e zelar pela observância do princípio da unicidade.

Súmula STF nº 676
A garantia da estabilidade provisória prevista no art. 10, II, "a", do ato das disposições constitucionais transitórias, também se aplica ao suplente do cargo de direção de comissões internas de prevenção de acidentes (CIPA).

5. ACIDENTE DE TRABALHO

ACIDENTE DE TRABALHO. DANOS MORAIS. CULPA DE NATUREZA LEVE. AFASTAMENTO DA SÚM. N. 229/STF.
No caso, o recorrente processou a recorrida, empresa industrial, buscando indenização por danos morais, estéticos e emergentes cumulados com lucros cessantes decorrentes de acidente do trabalho. Alegou que, por não trabalhar com equipamentos de proteção, sofreu graves sequelas em acidente ocorrido em 1980. A sentença, proferida antes da EC n. 45/2004, reconheceu a culpa da recorrida e condenou-a a pagar quinhentos salários mínimos por danos morais, mais a diferença entre o valor recebido do INSS e seu último salário, até atingir 65 anos de idade. O acórdão recorrido deu provimento à apelação da recorrida, concluindo que, somente com o advento da CF/1988, é que passou a ser devida a parte da indenização pelo ato ilícito em dano causado por acidente ocorrido no trabalho, independentemente do grau da culpa. O Min. Relator asseverou que a jurisprudência da Terceira e da Quarta Turma firmou-se no sentido de que, desde a edição da Lei n. 6.367/1976, para a responsabilidade do empregador, basta a demonstração da culpa, ainda que de natureza leve, não sendo mais aplicável a Súm. n. 229/STF, que previa a responsabilização apenas em casos de dolo ou culpa grave. Uma vez reconhecida a culpa da recorrida, cumpre ao STJ aplicar o direito à espécie, nos termos do art. 257 do RISTJ e da Súm. n. 456/STF, por analogia. Assim, perfeitamente cabível a condenação em danos morais. Diante dessa e de outras considerações, a Turma deu parcial provimento ao recurso e fixou a indenização em R$ 250 mil, devendo a correção monetária ser contada a partir da publicação da presente decisão e os juros de mora a partir da data do evento danoso, nos termos da Súm. n. 54/STJ. Em acréscimo, deverá a recorrida pagar mensalmente ao recorrente a diferença salarial determinada pela sentença nos termos por ela fixados, até a data em que o recorrente completar 65 anos de idade. **REsp 406.815-MG, Rel. Min. Antonio Carlos Ferreira, julgado em 12/6/2012. (Inform. STJ 499)**

Súmula Vinculante STF 22
A Justiça do Trabalho é competente para processar e julgar as ações de indenização por danos morais e patrimoniais decorrentes de acidente de trabalho propostas por empregado contra empregador, inclusive aquelas que ainda não possuíam sentença de mérito em primeiro grau quando da promulgação da Emenda Constitucional no 45/04.

Súmula STJ nº 278
O termo inicial do prazo prescricional, na ação de indenização, é a data em que o segurado teve ciência inequívoca da incapacidade laboral.

6. FGTS

Contrato nulo e direito ao FGTS - 1
Os contratos de emprego firmados pela Administração Pública, sem o prévio concurso público, embora nulos, geram direitos em relação ao recolhimento e levantamento do FGTS. Com base nessa orientação, o Plenário, por maioria, reputou improcedente pedido formulado em ação direta ajuizada contra o artigo 19-A e seu parágrafo único e a expressão "declaração de nulidade do contrato de trabalho nas condições do artigo 19-A", constante do inciso II do artigo 20 da Lei 8.036/1990, com a redação dada pela Medida Provisória 2.164-41/2001 ("Art. 19-A. É devido o depósito do FGTS na conta vinculada do trabalhador cujo contrato de trabalho seja declarado nulo nas hipóteses previstas no art. 37, § 2º, da Constituição Federal, quando mantido o direito ao salário. Parágrafo único. O saldo existente em conta vinculada, oriundo de contrato declarado nulo até 28 de julho de 2001, nas condições do 'caput', que não tenha sido levantado até essa data, será liberado ao trabalhador a partir do mês de agosto de 2002. Art. 20. A conta vinculada do trabalhador no FGTS poderá ser movimentada nas seguintes situações: ... II - extinção total da empresa, fechamento de quaisquer de seus estabelecimentos, filiais ou agências, supressão de parte de suas atividades, declaração de nulidade do contrato de trabalho nas condições do artigo 19-A ..."). A Corte reputou que o art. 19-A da Lei 8.036/1990, incluído pela Medida Provisória 2.164-41/2001, não teria afrontado o princípio do concurso público contido no art. 37, II e § 2º, da CF. A norma questionada não infirmara a nulidade da contratação feita à margem dessa exigência, mas apenas permitira o levantamento dos valores recolhidos a título de FGTS pelo trabalhador que efetivamente cumprira suas obrigações contratuais e prestara o serviço devido.
ADI 3127/DF, rel. Min. Teori Zavascki, 26.3.2015. (ADI-3127)

Contrato nulo e direito ao FGTS - 2
O Colegiado entendeu que, ao contrário do alegado, a Medida Provisória 2.164-41/2001 não teria interferido na autonomia administrativa dos Estados, Distrito Federal e Municípios para organizar o regime funcional de seus respectivos servidores. Essa assertiva se verificaria no fato de que a norma não teria criado qualquer obrigação financeira sem previsão orçamentária, mas dispusera sobre relações jurídicas de natureza trabalhista, a dar nova destinação a um valor que, a rigor, já seria ordinariamente recolhido na conta do FGTS vinculada aos empregados. Ao autorizar o levantamento do saldo eventualmente presente nas contas de FGTS dos empregados desligados até 28.7.2001, e impedir a reversão desses valores ao erário sob a justificativa de anulação contratual, a norma do art. 19-A da Lei 8.036/1990 não teria acarretado novos dispêndios, não desconstituíra qualquer ato jurídico perfeito e tampouco investira contra direito adquirido da Administração Pública. Por fim, o caráter compensatório dessa norma teria sido considerado legítimo pelo Tribunal no julgamento do RE 596.478/RR (DJe de 1º.3.2013) com repercussão geral reconhecida. Vencido o Ministro Marco Aurélio, que julgava procedente o pleito. Frisava que o art. 169 da CF disporia que a concessão de qualquer vantagem ou aumento de remuneração, a criação de cargos, empregos e funções ou alteração de estrutura de carreiras, bem como a admissão ou contratação de pessoal, a qualquer título, pressuporia prévia dotação orçamentária. Apontava que não teria sido prevista dotação orçamentária para se atender ao FGTS para os casos de contratação ilícita e ilegítima, sob o ângulo constitucional, porque sem a observância do concurso público.
ADI 3127/DF, rel. Min. Teori Zavascki, 26.3.2015. (ADI-3127) (Inform. STF 779)

REPERCUSSÃO GERAL EM RE N. 541.856-ES
RED. P/ O ACÓRDÃO: MIN. GILMAR MENDES

Recurso Extraordinário. Direito Trabalhista. Prescrição. FGTS. Questão relativa ao termo inicial para questionar o direito à correção de diferenças alusivas ao Fundo de Garantia do Tempo de Serviço. Lei Complementar 110/2001. Controvérsia que se situa no âmbito da legislação infraconstitucional. Ofensa reflexa. Ausência de repercussão geral da questão suscitada. (Inform. STF 775)

FGTS: prazo prescricional para cobrança em juízo - 1

Limita-se a cinco anos o prazo prescricional relativo à cobrança judicial de valores devidos, pelos empregados e pelos tomadores de serviço, ao FGTS. Com base nesse entendimento, o Plenário, por maioria, negou provimento a recurso extraordinário com agravo e alterou orientação jurisprudencial — que fixava prazo prescricional de 30 anos — para estabelecer novo lapso temporal (quinquenal), a contar do presente julgado. Na espécie, o TST confirmara julgado do TRT que garantira a empregado que prestara serviços no exterior o prazo prescricional trintenário para a cobrança de contribuições devidas ao FGTS, a ser calculado sobre todas as parcelas de natureza salarial. O TST aplicara, assim, o Enunciado 362 de sua Súmula ["É trintenária a prescrição do direito de reclamar contra o não-recolhimento da contribuição para o FGTS, observado o prazo de 2 (dois) anos após o término do contrato de trabalho"]. O agravante (empregador) defendia a não aplicação da prescrição trintenária para a cobrança de diferenças do FGTS, ao fundamento de que o referido fundo integraria o rol dos direitos dos trabalhadores. Alegava, assim, que o FGTS derivaria do vínculo de emprego, razão pela qual a ele seria aplicado o prazo quinquenal previsto no art. 7º, XXIX, da CF. A Corte sublinhou que a questão constitucional ora versada seria diversa daquela que ensejara a interposição do RE 584.608/SP (DJe de 13.8.2009), cuja repercussão geral fora negada pelo STF. Apontou que, no mencionado recurso, discutia-se o prazo prescricional aplicável sobre a cobrança da correção monetária incidente sobre a multa de 40% sobre os depósitos do FGTS. No presente apelo, seria discutido o prazo prescricional aplicável para a cobrança das contribuições ao FGTS não depositadas tempestivamente pelos empregadores e tomadores de serviço e, portanto, não meras diferenças nos recolhimentos.
ARE 709212/DF, rel. Min. Gilmar Mendes, 13.11.2014. (ARE-709212)

FGTS: prazo prescricional para cobrança em juízo - 2

O Colegiado apontou que normas diversas a disciplinar o FGTS teriam ensejado diferentes teses quanto à sua natureza jurídica: híbrida, tributária, previdenciária, de salário diferido, de indenização, dentre outras. Em verdade, antes do advento da CF/1988, o Supremo já afastara a tese do suposto caráter tributário ou previdenciário das contribuições devidas a esse fundo e salientara ser o FGTS direito de índole social e trabalhista. Ressaltou que, não obstante julgados que assentaram a finalidade estritamente social de proteção ao trabalhador, o STF continuara a perfilhar a tese da prescrição trintenária do FGTS, em virtude do disposto no art. 20 da Lei 5.107/1966 c/c art. 144 da Lei 3.807/1960. Ao se posicionar pela prescrição trintenária aos casos de recolhimento e de não recolhimento do FGTS, a jurisprudência da Corte estaria em divergência com a ordem constitucional vigente. Isso porque o art. 7º, XXIX, da CF prevê, de forma expressa, o prazo quinquenal a ser aplicado à propositura das ações atinentes a "créditos resultantes das relações de trabalho". Desse modo, a existência de disposição constitucional expressa acerca do prazo aplicável à cobrança do FGTS, após a promulgação da CF/1988, significaria não mais subsistirem razões para se adotar o prazo de prescrição trintenário. Via de consequência, o Plenário reconheceu a inconstitucionalidade dos artigos 23, § 5º, da Lei 8.036/1990; e 55, do Regulamento do FGTS aprovado pelo Decreto 99.684/1990, na parte em que ressalvam o "privilégio do FGTS à prescrição trintenária", por afronta ao art. 7º, XXIX, da CF. No caso, o recorrido ajuizara sua reclamação trabalhista em 19.4.2007, com pedido de pagamento de FGTS relativo ao período de maio de 2001 a dezembro de 2003. Não obstante a reclamação tivesse sido ajuizada no biênio imediatamente posterior ao término da relação de emprego, ela somente seria apta a alcançar os valores devidos e não adimplidos nos cinco anos anteriores ao seu ajuizamento. A dizer de outro modo, deveria ser dado parcial provimento ao presente recurso extraordinário para reconhecer como não devidas as contribuições ao FGTS quanto ao período anterior a 19.4.2002, em razão da prescrição. Entretanto, por mais de vinte anos e mesmo com o advento da CF/1988, o STF e o TST entendiam que o prazo prescricional aplicável ao FGTS seria o trintenário. O Colegiado destacou, ainda, a necessidade de garantia da segurança jurídica, tendo em conta a mudança jurisprudencial operada.
ARE 709212/DF, rel. Min. Gilmar Mendes, 13.11.2014. (ARE-709212)

FGTS: prazo prescricional para cobrança em juízo - 3

Vencidos o Ministro Marco Aurélio, que provia o recurso em parte, e os Ministros Teori Zavascki e Rosa Weber, que desproviam o recurso, mas mantinham a jurisprudência anterior da Corte. O Ministro Marco Aurélio assentava que, observado o biênio, seria possível pleitear, na inicial da reclamação trabalhista, as parcelas dos últimos cinco anos. Esclarecia que o provimento seria parcial porque haveria parcelas não prescritas. Os Ministros Teori Zavascki e Rosa Weber entendiam que o prazo prescricional ora debatido seria de trinta anos. O Ministro Teori Zavascki reputava que, no caso do FGTS, haveria duas relações jurídicas completamente distintas: a) a relação estabelecida entre o FGTS e o empregador, cuja natureza não seria de salário, nem de verba trabalhista diretamente, porque o Fundo não poderia ser credor trabalhista e, portanto, não poderia ser empregado; b) a relação entre o empregado e o Fundo, em que se poderia até mesmo cogitar da aplicação do inciso XXIX, do art. 7º, da CF, mas não na relação jurídica posta quanto à execução de uma contribuição ao Fundo, não feita oportunamente, sob pena de haver prazos prescricionais diferentes para a mesma pretensão.
ARE 709212/DF, rel. Min. Gilmar Mendes, 13.11.2014. (ARE-709212) (Inform. STF 767)

ED: art. 19-A da Lei 8.036/90 e arguição de irretroatividade - 1

O Plenário iniciou julgamento de embargos de declaração opostos de acórdão no qual assentada, em repercussão geral, a constitucionalidade do art. 19-A da Lei 8.036/90. O mencionado preceito dispõe sobre a obrigatoriedade do depósito do Fundo de Garantia do Tempo de Serviço - FGTS na conta de trabalhador cujo contrato com a Administração Pública seja declarado nulo por ausência de prévia aprovação em concurso público, desde que mantido o seu direito ao salário. O Estado de Roraima sustenta omissão acerca da manifestação sobre eventual irretroatividade da norma, introduzida pelo art. 9º da Medida Provisória 2.164-41/2001. Preliminarmente, o Tribunal rejeitou questão de ordem suscitada pelo procurador estadual no sentido da concomitância de análise com a ADI 3.127/DF, pendente de apreciação. A Corte asseverou não haver prejudicialidade, tendo em conta o reconhecimento da repercussão geral no extraordinário. Salientou a possibilidade, inclusive, de o resultado deste julgamento implicar prejuízo à ação direta.
RE 596478 ED/RR, rel. Min. Dias Toffoli, 5.2.2014. (RE-596478)

ED: art. 19-A da Lei 8.036/90 e arguição de irretroatividade - 2

Em seguida, o Ministro Dias Toffoli, relator, não conheceu dos embargos opostos pela Universidade do Estado do Rio de Janeiro e pelos amici curiae (Estados de Rondônia, Mato Grosso do Sul, Piauí, Paraíba, Alagoas, Goiás, Acre, Amazonas e Minas Gerais). No mérito, rejeitou os declaratórios apresentados pelo Estado de Roraima por considerar ausentes os pressupostos de embargabilidade. O relator aduziu que a matéria concernente à irretroatividade do art. 19-A da Lei 8.036/90 já fora efetivamente debatida e decidida pelo Colegiado, que, majoritariamente, consignara a natureza declaratória da norma e afirmara a sua constitucionalidade. Rejeitou, ainda, a alegação de que a causa de pedir em comento consistiria em tese acessória do recurso extraordinário. O Ministro Marco Aurélio, por sua vez, desproveu os embargos, mas por fundamento diverso. Aduziu que, embora o tema houvesse sido examinado no tribunal a quo, a parte apenas o ventilara expressamente em sede de agravo de instrumento para o trâmite do extraordinário. Assim, o Plenário não estaria, à época, compelido a analisar a irretroatividade. Depois do voto do Ministro Marco Aurélio, pediu vista dos autos o Ministro Roberto Barroso.
RE 596478 ED/RR, rel. Min. Dias Toffoli, 5.2.2014. (RE-596478)

ED: art. 19-A da Lei 8.036/1990 e arguição de irretroatividade - 3
O Plenário, ao concluir o julgamento de embargos de declaração, rejeitou-os e manteve o entendimento firmado na apreciação do recurso extraordinário, em que reconhecida a repercussão geral. Dessa forma, reafirmou-se a orientação no sentido da constitucionalidade do art. 19-A da Lei 8.036/1990 que dispõe sobre a obrigatoriedade do depósito do FGTS na conta de trabalhador cujo contrato com a Administração Pública tenha sido declarado nulo por ausência de prévia aprovação em concurso público, desde que mantido o seu direito ao salário. O Estado de Roraima sustentava omissão acerca da manifestação sobre a eventual irretroatividade da norma, introduzida pelo art. 9º da Medida Provisória 2.164-41/2001 — v. Informativo 734. Inicialmente, o Tribunal não conheceu dos embargos opostos pela Universidade do Estado do Rio de Janeiro e pelos "amici curiae" (Mato Grosso do Sul, Piauí, Paraíba, Alagoas, Goiás, Acre, Amazonas e Minas Gerais). Conheceu, apenas, dos embargos de declaração apresentados pelo Estado de Roraima — por se tratar de embargante e não de "amicus curiae" — e os rejeitou. Em seguida, a Corte asseverou que o art. 19-A da Lei 8.036/1990, com a redação dada pela MP 2.164/2001, garantiria o depósito do FGTS, sob pena de o trabalhador se encontrar em situação de desamparo. Destacou que a norma seria mera explicitação do fato de serem devidas verbas salariais. Assinalou que, ao se considerar que os depósitos do FGTS constituiriam simples consectário dessa obrigação, forçoso concluir que abrangeriam todo o período em relação ao qual seriam devidas as verbas salariais. Frisou que, assim, a lei não seria propriamente retroativa, mas sim declaratória de um dever já existente. Salientou que o acolhimento da pretensão do embargante significaria dar efeitos infringentes ao recurso, além de se mostrar incompatível com a natureza declaratória da norma e com as razões de decidir que prevaleceram no acórdão embargado. O Ministro Marco Aurélio, por sua vez, desproveu os embargos, mas por fundamento diverso. Aduziu que, embora o tema houvesse sido examinado no tribunal "a quo", a parte apenas o ventilara expressamente em sede de agravo de instrumento para o trâmite do extraordinário. Assim, o Plenário não estaria, à época, compelido a analisar a irretroatividade. RE 596478 ED/RR, rel. Min. Dias Toffoli, 11.9.2014. (RE-596478) (Inform. STF 758)

DIREITO ADMINISTRATIVO. INCIDÊNCIA DO FGTS SOBRE O TERÇO CONSTITUCIONAL DE FÉRIAS.
A importância paga pelo empregador a título de terço constitucional de férias gozadas integra a base de cálculo do Fundo de Garantia do Tempo de Serviço (FGTS). O FGTS é um direito autônomo dos trabalhadores urbanos e rurais de índole social e trabalhista, não possuindo caráter de imposto nem de contribuição previdenciária. Assim, não é possível a sua equiparação com a sistemática utilizada para fins de incidência de contribuição previdenciária e imposto de renda, de modo que é irrelevante a natureza da verba trabalhista (remuneratória ou indenizatória/compensatória) para fins de incidência da contribuição ao FGTS. Nesse passo, o fato de o legislador optar por excluir da incidência do FGTS as mesmas parcelas de que trata o art. 28, § 9º, da Lei 8.212/1991 - apesar da aproximação dos conceitos - não significa que pretendeu igualar a contribuição previdenciária à mesma base de incidência do FGTS, tratando-se de técnica legislativa. Realizando uma interpretação sistemática da norma de regência, verifica-se que somente em relação às verbas expressamente excluídas pela lei é que não haverá a incidência do FGTS. Desse modo, impõe-se a incidência do FGTS sobre o terço constitucional de férias (gozadas), pois não há previsão legal específica acerca da sua exclusão, não podendo o intérprete ampliar as hipóteses legais de não incidência. Cumpre registrar que essa orientação é adotada no âmbito do TST, que "tem adotado o entendimento de que incide o FGTS sobre o terço constitucional, desde que não se trate de férias indenizadas". Ressalte-se que entendimento em sentido contrário implica prejuízo ao empregado que é o destinatário das contribuições destinadas ao Fundo efetuadas pelo empregador. A propósito, cumpre esclarecer que no caso nas férias indenizadas há expressa previsão legal de não incidência do FGTS, conforme se extrai da redação do art. 15, § 6º, da Lei 8.036/1990, c/c o art. 28, § 9º, "d", da Lei 8.212/1991. Por fim, vale destacar que o terço constitucional de férias diferencia-se do abono pecuniário previsto no art. 143 da CLT, haja vista que este representa uma opção do trabalhador de converter em dinheiro 1/3 dos dias de férias a que tem direito, enquanto o terço constitucional de férias representa um direito constitucionalmente previsto aos trabalhadores urbanos e rurais que tem por finalidade ampliar a capacidade financeira do trabalhador durante seu período de férias. Dessa forma, não há que se falar em bis in idem. Precedente citado do TST: (RR - 81300-05.2007.5.17.0013, 7ª Turma, DEJT 9/11/2012). **REsp 1.436.897-ES, Rel. Min. Mauro Campbell Marques, julgado em 4/12/2014, DJe 19/12/2014 (Inform. STJ 554).**

DIREITO ADMINISTRATIVO. INCIDÊNCIA DO FGTS SOBRE OS PRIMEIROS QUINZE DIAS QUE ANTECEDEM O AUXÍLIO-DOENÇA.
A importância paga pelo empregador durante os primeiros quinze dias que antecedem o afastamento por motivo de doença integra a base de cálculo do Fundo de Garantia do Tempo de Serviço (FGTS). O FGTS é um direito autônomo dos trabalhadores urbanos e rurais de índole social e trabalhista, não possuindo caráter de imposto nem de contribuição previdenciária. Assim, o fato de o Estado fiscalizar e garantir esse direito, com vistas à efetivação regular dos depósitos, não transmuda em sujeito ativo do crédito dele proveniente. O Estado intervém para assegurar o cumprimento da obrigação por parte da empresa, em proteção ao direito social do trabalhador. Dessa forma, não é possível a sua equiparação com a sistemática utilizada para fins de incidência de contribuição previdenciária e imposto de renda, de modo que é irrelevante a natureza da verba trabalhista (remuneratória ou indenizatória/compensatória) para fins de incidência do FGTS. Consiste o FGTS, pois, em um depósito bancário vinculado, pecuniário, compulsório, realizado pelo empregador em favor do trabalhador, visando formar uma espécie de poupança para este, que poderá ser sacado nas hipóteses legalmente previstas. De mais a mais, nos termos do art. 60, caput, da Lei 8.213/1991, "o auxílio-doença será devido ao segurado empregado a contar do décimo sexto dia do afastamento da atividade, e, no caso dos demais segurados, a contar da data do início da incapacidade e enquanto ele permanecer incapaz". Nesse passo, no que se refere ao segurado empregado, durante os primeiros quinze dias consecutivos ao do afastamento da atividade por motivo de doença, incumbe ao empregador efetuar o pagamento do seu salário integral (art. 60, § 3º, da Lei 8.213/1991). No mesmo sentido, os arts. 28, II, do Decreto 99.684/1990 e 15, § 5º, da Lei 8.036/1990 impõem a obrigatoriedade de realização do depósito do FGTS na hipótese de interrupção do contrato de trabalho decorrente de licença para tratamento de saúde de até 15 dias. Ressalte-se, por fim, que entendimento em sentido contrário implica prejuízo ao empregado que é o destinatário das contribuições destinadas ao Fundo efetuadas pelo empregador. **REsp 1.448.294-RS, Rel. Min. Mauro Campbell Marques, julgado em 9/12/2014, DJe 15/12/2014 (Inform. STJ 554).**

DIREITO ADMINISTRATIVO. NÃO INCIDÊNCIA DO FGTS SOBRE O AUXÍLIO-CRECHE.
A importância paga pelo empregador referente ao auxílio-creche não integra a base de cálculo do Fundo de Garantia do Tempo de Serviço (FGTS). O FGTS é um direito autônomo dos trabalhadores urbanos e rurais de índole social e trabalhista, não possuindo caráter de imposto nem de contribuição previdenciária. Assim, o fato de o Estado fiscalizar e garantir esse direito, com vistas à efetivação regular dos depósitos, não transmuda em sujeito ativo do crédito dele proveniente. O Estado intervém para assegurar o cumprimento da obrigação por parte da empresa, em proteção ao direito social do trabalhador. Dessa forma, não é possível a sua equiparação com a sistemática utilizada para fins de incidência de contribuição previdenciária e imposto de renda, de modo que é irrelevante a natureza da verba trabalhista (remuneratória ou indenizatória/compensatória) para fins de incidência do FGTS. Consiste o FGTS, pois, em um depósito bancário vinculado, pecuniário, compulsório, realizado pelo empregador em favor do trabalhador, visando formar uma espécie de poupança para este, que poderá ser sacado nas hipóteses legalmente previstas. De mais a mais, a CF previu, no seu art. 7º, XXV, entre os direitos dos trabalhadores urbanos e rurais, a assistência gratuita aos filhos e dependentes em creches e pré-escolas. O objetivo do instituto é ressarcir despesas efetuadas com o pagamento

da creche de livre escolha da empregada-mãe, ou outra modalidade de prestação de serviço desta natureza. Nesse passo, verifica-se que o art. 28, § 9º, "s", da Lei 8.212/1990 expressamente exclui o reembolso creche da base de incidência do FGTS. Ademais, há muito, a Fazenda Nacional aponta uma distinção entre o reembolso-creche (que não integra o salário de contribuição em razão de expressa previsão legal) e o auxílio-creche, especialmente para fins de incidência de contribuição previdenciária. Contudo, essa argumentação não encontra amparo na jurisprudência desta Corte, que se firmou no sentido de que "O Auxílio-creche não integra o salário de contribuição" (Súmula 310 do STJ). Destarte, não obstante a maximização das hipóteses de incidência do FGTS constitua princípio que atende à sua finalidade precípua, não se justifica afastar a sua incidência em relação ao "reembolso-creche" e determinar a sua incidência sobre o "auxílio-creche", quando o pagamento da verba - independentemente da forma - ocorra em conformidade com a legislação trabalhista. Além disso, em que pese a distinção procedimental sustentada pela Fazenda, tanto o auxílio creche quanto o reembolso creche possuem a mesma finalidade, ressarcir a trabalhadora pelos gastos efetuados com a creche dos seus filhos menores de 6 anos, em virtude de a empresa não manter em funcionamento uma creche em seu próprio estabelecimento, conforme determina o art. 389 da CLT. Ressalte-se, por oportuno, que o FGTS destina-se a garantir o tempo de serviço do trabalhador e, no caso do auxílio-creche, esse requisito não está presente, na medida em que se destina a reembolsar o trabalhador das despesas que este teve que efetuar em virtude do não oferecimento da creche por parte do empregador. Assim, diante da análise da legislação de regência (art. 15, § 6º, da Lei 8.036/1990, c/c o art. 28, § 9º, "s", da Lei 8.212/1991), impõe-se a conclusão no sentido de que o auxílio-creche (da mesma forma que o reembolso-creche) não integra a base de cálculo do FGTS. **REsp 1.448.294-RS, Rel. Min. Mauro Campbell Marques, julgado em 9/12/2014, DJe 15/12/2014 (Inform. STJ 554).**

DIREITO ADMINISTRATIVO. INAPLICABILIDADE DA TAXA PROGRESSIVA DE JUROS ÀS CONTAS VINCULADAS AO FGTS DE TRABALHADOR AVULSO. RECURSO REPETITIVO (ART. 543-C DO CPC E RES. 8/2008-STJ). Não se aplica a taxa progressiva de juros às contas vinculadas ao FGTS de trabalhadores qualificados como avulsos. Isso porque o trabalhador avulso não preenche os requisitos legais para tanto. Com efeito, a legislação de regência, desde a criação do fundo, prevê que a taxa progressiva de juros estaria condicionada à existência de vínculo empregatício, inclusive impondo percentuais diversos a depender do tempo de permanência na mesma empresa. Por definição legal, inserta no art. 9º, VI, do Decreto 3.048/1999, trabalhador avulso é "aquele que, sindicalizado ou não, presta serviço de natureza urbana ou rural, a diversas empresas, sem vínculo empregatício, com a intermediação obrigatória do órgão gestor de mão de obra, nos termos da Lei n. 8.630, de 25 de fevereiro de 1993, ou do sindicato da categoria, assim considerados". Precedentes citados do STJ: REsp 1.176.691-ES, Primeira Turma, DJe 29/6/2010; e AgRg no REsp 1.313.963-RS, Segunda Turma, DJe 18/10/2012. **REsp 1.349.059-SP, Rel. Min. Og Fernandes, julgado em 26/3/2014. (Inform. STJ 546)**

Súmula Vinculante STF 1
Ofende a garantia constitucional do ato jurídico perfeito a decisão que, sem ponderar as circunstâncias do caso concreto, desconsidera a validez e a eficácia de acordo constante de termo de adesão instituído pela Lei Complementar n. 110/2001.

SÚMULA STJ nº 514
A CEF é responsável pelo fornecimento dos extratos das contas individualizadas vinculadas ao FGTS dos Trabalhadores participantes do Fundo de Garantia do Tempo de Serviço, inclusive para fins de exibição em juízo, independentemente do período em discussão.

Súmula STJ nº 466
O titular da conta vinculada ao FGTS tem o direito de sacar o saldo respectivo quando declarado nulo seu contrato de trabalho por ausência de prévia aprovação em concurso público.

Súmula STJ nº 459
A Taxa Referencial (TR) é o índice aplicável, a título de correção monetária, aos débitos com o FGTS recolhidos pelo empregador mas não repassados ao fundo.

Súmula STJ nº 252
Os saldos das contas do FGTS, pela legislação infraconstitucional, são corrigidos em 42,72% (IPC) quanto às perdas de janeiro de 1989 e 44,80% (IPC) quanto às de abril de 1990, acolhidos pelo STJ os índices de 18,02% (LBC) quanto as perdas de junho de 1987, de 5,38% (BTN) para maio de 1990 e 7,00%(TR) para fevereiro de 1991, de acordo com o entendimento do STF (RE 226.855-7-RS).

Súmula STJ nº 210
A ação de cobrança das contribuições para o FGTS prescreve em trinta (30) anos.

3. DIREITO CONSTITUCIONAL

1. DIREITOS E DEVERES INDIVIDUAIS E COLETIVOS

REPERCUSSÃO GERAL EM RE N. 806.339-SE
RELATOR: MIN. MARCO AURÉLIO
LIBERDADE DE REUNIÃO – AUTORIDADE COMPETENTE – PRÉVIO AVISO – ARTIGO 5º, INCISO XVI, DA CONSTITUIÇÃO FEDERAL – ALCANCE – RECURSO EXTRAORDINÁRIO – REPERCUSSÃO GERAL CONFIGURADA. Possui repercussão geral a controvérsia alusiva ao alcance da exigência de prévio aviso à autoridade competente como pressuposto para o exercício do direito versado no artigo 5º, inciso XVI, da Carta de 1988. **(Inform. STF 810)**

Transexual e direito a identidade de gênero
O Plenário iniciou julgamento de recurso extraordinário em que se discute a reparação de danos morais a transexual que teria sido constrangida por funcionário de "shopping center" ao tentar utilizar banheiro feminino. O Ministro Roberto Barroso (relator) deu provimento ao recurso extraordinário para que fosse reformado o acórdão recorrido e restabelecida a sentença que condenara o "shopping" a pagar indenização de R$ 15 mil pela retirada da transexual do banheiro. Além disso, propôs a seguinte tese para efeito de repercussão geral: "Os transexuais têm direito a serem tratados socialmente de acordo com a sua identidade de gênero, inclusive na utilização de banheiro de acesso público". Afirmou que seria direito fundamental dos transexuais serem tratados socialmente de acordo com sua identidade de gênero. Ressaltou que o princípio da dignidade da pessoa humana incluiria valor intrínseco de todos os seres humanos. Portanto, o transexual teria o direito fundamental de ser reconhecido e de ser tratado pelo seu valor intrínseco, por sua dimensão ontológica. O valor intrínseco geraria um conjunto de direitos entre os quais se destacaria o direito à igualdade. Portanto, toda pessoa teria o mesmo valor intrínseco que a outra e consequentemente teria o mesmo direito ao respeito e à consideração. Sublinhou que a ótica da igualdade como reconhecimento visaria justamente combater práticas culturais enraizadas que inferiorizariam e estigmatizariam grupos sociais. Enfatizou que o papel do Estado, da sociedade e de um tribunal constitucional, em nome do princípio da igualdade materializado na Constituição, seria restabelecer ou proporcionar, na maior extensão possível, a igualdade dessas pessoas, dever-se-lhes-ia ser atribuído o mesmo valor intrínseco que todos teriam dentro da sociedade. Destacou que outra dimensão da dignidade da pessoa humana seria a dignidade como autonomia do indivíduo, o que consubstanciaria no livre arbítrio das pessoas, na autodeterminação, na capacidade de fazer suas escolhas existenciais

essenciais e de desenvolver sua personalidade. Assim, deixar de reconhecer a um indivíduo a possibilidade de viver a sua identidade de gênero seria privá-lo de uma das dimensões que dariam sentido a sua existência. Frisou que a mera presença de transexual feminina em áreas comuns de banheiro feminino poderia gerar algum constrangimento a mulheres, porém não seria comparável àquele suportado por um transexual que não teria a sua condição respeitada pela sociedade. Consignou que um Estado democrático teria o dever constitucional de proteger as minorias. Observou que a democracia não teria apenas a dimensão formal de ser o governo das maiorias, mas também uma dimensão substantiva que seria a proteção dos direitos fundamentais das pessoas. O Ministro Edson Fachin acompanhou o relator, porém majorou a indenização para R$ 50 mil e determinou a reautuação dos autos com o nome social da recorrente. Em seguida, pediu vista ao Ministro Luiz Fux.
RE 845779/SC, rel. Min. Roberto Barroso, 19.11.2015. (RE-845779) (Inform. STF 808)

REPERCUSSÃO GERAL EM RE N. 865.401-MG
RELATOR: MIN. DIAS TOFFOLI
EMENTA: Direito constitucional. Direito fundamental de acesso à informação de interesse coletivo ou geral. Recurso extraordinário que se funda na violação do art. 5º, inciso XXXIII, da Constituição Federal. Pedido de vereador, como parlamentar e cidadão, formulado diretamente ao chefe do Poder Executivo, solicitando informações e documentos sobre a gestão municipal. Pleito que foi indeferido. Invocação do direito fundamental de acesso à informação, do dever do poder público à transparência e dos princípios republicano e da publicidade. Tese da municipalidade fundada na ingerência indevida, na separação de poderes e na diferença entre prerrogativas da casa legislativa e dos parlamentares. Repercussão geral reconhecida. **(Inform. STF 802)**

REPERCUSSÃO GERAL EM RE N. 662.055-SP
RELATOR: MIN. ROBERTO BARROSO
Ementa: DIREITO CONSTITUCIONAL. RECURSO EXTRAORDINÁRIO. LIBERDADE DE EXPRESSÃO, DIREITOS DOS ANIMAIS E RELEVANTE PREJUÍZO COMERCIAL A EVENTO CULTURAL TRADICIONAL. RESTRIÇÕES A PUBLICAÇÕES E DANOS MORAIS. PRESENÇA DE REPERCUSSÃO GERAL.
1. A decisão recorrida impôs restrições a publicações em sítio eletrônico de entidade de proteção aos animais, que denunciava a crueldade da utilização de animais em rodeios, condenando-a ao pagamento de danos morais e proibindo-a de contactar patrocinadores de um evento específico, tradicional e culturalmente importante.
2. Constitui questão constitucional da maior importância definir os limites da liberdade de expressão em contraposição a outros direitos de igual hierarquia jurídica, como os da inviolabilidade da honra e da imagem, bem como fixar parâmetros para identificar hipóteses em que a publicação deve ser proibida e/ou o declarante condenado ao pagamento de danos morais, ou ainda a outras consequências jurídicas.
3. Repercussão geral reconhecida. **(Inform. STF 797)**

ADI e "vaquejada" – 1
O Plenário iniciou julgamento de ação direta de inconstitucionalidade ajuizada em face da Lei 15.299/2013 do Estado do Ceará, que regulamenta a atividade de "vaquejada". O Ministro Marco Aurélio (relator) julgou procedente o pedido formulado na inicial. Explicou que a lei estadual citada regulamenta a prática da "vaquejada", na qual dupla de vaqueiros, montados em cavalos distintos, buscaria derrubar um touro, puxando-o pelo rabo dentro de uma área demarcada. Observou que o requerente teria sustentado a exposição dos animais a maus- -tratos e crueldade, enquanto o governador do Estado-Membro teria defendido a constitucionalidade da norma, por versar patrimônio cultural do povo nordestino. Afirmou, portanto, que haveria conflito de normas constitucionais sobre direitos fundamentais – de um lado, o art. 225, § 1º, VII, e, de outro, o art. o 215. Asseverou que o art. 225 consagraria a proteção da fauna e da flora como modo de assegurar o direito ao meio ambiente sadio e equilibrado. Cuidar-se- -ia, portanto, de direito fundamental de terceira geração, fundado no valor solidariedade, de caráter coletivo ou difuso, dotado de altíssimo teor de humanismo e universalidade. A manutenção do ecossistema beneficiaria as gerações do presente e do futuro. O indivíduo seria considerado titular do direito e, ao mesmo tempo, destinatário dos deveres de proteção, daí por que encerraria verdadeiro "direito-dever" fundamental. Consignou que o STF, ao constatar o conflito entre normas de direitos fundamentais, ainda que presente a manifestação cultural, conferiria interpretação de forma mais favorável à proteção ao meio ambiente, especialmente quando verificada situação a implicar inequívoca crueldade contra animais. Tudo isso a demonstrar preocupação maior com a manutenção, em prol dos cidadãos de hoje e de amanhã, das condições ecologicamente equilibradas para uma vida mais saudável e segura.
ADI 4983/CE, rel. Min. Marco Aurélio, 12.8.2015. (ADI-4983)

ADI e "vaquejada" – 2
O relator aduziu que o autor teria juntado laudos técnicos que demonstrariam as consequências nocivas à saúde dos bovinos decorrentes da tração forçada no rabo, seguida da derrubada, como fraturas nas patas, ruptura de ligamentos e de vasos sanguíneos, traumatismos e deslocamento da articulação do rabo ou até o arrancamento deste, resultando no comprometimento da medula espinhal e dos nervos espinhais, dores físicas e sofrimento mental. Ante os dados empíricos evidenciados pelas pesquisas, seria indiscutível o tratamento cruel dispensado às espécies animais envolvidas, a implicar descompasso com o que preconizado no art. 225, § 1º, VII, da CF. A par de questões morais relacionadas ao entretenimento à custa do sofrimento dos animais, a crueldade intrínseca à "vaquejada" não permitiria a prevalência do valor cultural como resultado desejado pelo sistema de direitos fundamentais da Constituição. O sentido da expressão "crueldade" constante da parte final do inciso VII do § 1º do art. 225 da CF alcançaria, sem sombra de dúvida, a tortura e os maus-tratos infligidos aos bovinos durante a prática impugnada, de modo a tornar intolerável a conduta humana autorizada pela norma estadual atacada.
ADI 4983/CE, rel. Min. Marco Aurélio, 12.8.2015. (ADI-4983)

ADI e "vaquejada" – 3
O Ministro Edson Fachin divergiu do relator e julgou improcedente o pedido, no que foi acompanhado pelo Ministro Gilmar Mendes. Ressaltou que a situação dos autos precisa ser analisada sob olhar que alcançasse a realidade advinda da população rural. Seria preciso despir-se de eventual visão unilateral de uma sociedade eminentemente urbana. Ademais, a "vaquejada" seria manifestação cultural, como aliás reconhecida na própria petição inicial, e encontraria proteção constitucional expressa no "caput" do art. 215, e no § 1º, da CF. Não haveria, portanto, razão para se proibir o evento e a competição, que reproduziriam e avaliariam tecnicamente a atividade de captura própria de trabalho de vaqueiros e peões, desenvolvida na zona rural do País. Além disso, não haveria na petição inicial demonstração cabal que a eventual crueldade pudesse ser comparada com as constatadas no caso da "farra do boi" ou da "rinha de galos", precedentes citados pelo relator. O Ministro Gilmar Mendes aludiu que a consequência de uma declaração de inconstitucionalidade, na espécie, seria levar a prática cultural à clandestinidade. Entendeu que a legislação careceria de alguma censura, de modo que sua execução necessitaria de um eventual aperfeiçoamento e medidas que pudessem reduzir as possibilidades de lesão aos animais. Registrou que, embora não se pudesse garantir que não haveria lesão ao animal, diferentemente do que ocorre na "farra do boi" em que se saberia, de início, que o objetivo seria matar o animal, o propósito, nesse caso, seria desportivo em sentido amplo. Em seguida, pediu vista ao Ministro Roberto Barroso.
ADI 4983/CE, rel. Min. Marco Aurélio, 12.8.2015. (ADI-4983) (Inform. STF 794)

EMENTA: DIREITO DE RESPOSTA. AUTONOMIA CONSTITUCIONAL (CF, ART. 5º, INCISO V). CONSEQUENTE POSSIBILIDADE DE SEU EXERCÍCIO *INDEPENDENTEMENTE* DE REGULAÇÃO LEGISLATIVA. **ESSENCIALIDADE** *DESSA PRERROGATIVA FUNDAMENTAL*, **ESPECIALMENTE** SE ANALISADA **NA PERSPECTIVA** DE UMA SOCIEDADE **QUE VALORIZA** O CONCEITO DE "*LIVRE MERCADO DE IDEIAS*" ("FREE MARKETPLACE OF IDEAS"). **O SENTIDO** DA EXISTÊNCIA DO "*MERCADO DE IDEIAS*": **UMA METÁFORA DA LIBERDADE? A QUESTÃO DO DIREITO DIFUSO** *À INFORMAÇÃO HONESTA, LEAL* **E** *VERDADEIRA*: **O MAGISTÉRIO DA DOUTRINA**. "*A PLURIFUNCIONALIDADE DO DIREITO DE RESPOSTA*" (VITAL MOREIRA, "**O DIREITO DE RESPOSTA NA COMUNICAÇÃO SOCIAL**") **OU** *AS DIVERSAS ABORDAGENS POSSÍVEIS* QUANTO À **DEFINIÇÃO** DA NATUREZA JURÍDICA DESSA PRERROGATIVA FUNDAMENTAL: **(a)** *garantia* de defesa dos direitos de personalidade, **(b)** *direito individual* de expressão e de opinião, (**c**) *instrumento* de pluralismo informativo e de acesso de seu titular aos órgãos de comunicação social, **inconfundível**, no entanto, com o direito de antena, **(d)** *garantia* do "*dever de verdade*" **e (e)** *forma* de sanção ou de indenização em espécie. **A FUNÇÃO INSTRUMENTAL** DO DIREITO DE RESPOSTA (*DIREITO-GARANTIA?*): **(1) NEUTRALIZAÇÃO DE EXCESSOS** DECORRENTES *DA PRÁTICA ABUSIVA* DA LIBERDADE DE INFORMAÇÃO **E** DE COMUNICAÇÃO JORNALÍSTICA; **(2) PROTEÇÃO DA AUTODETERMINAÇÃO** DAS PESSOAS EM GERAL; **E (3) PRESERVAÇÃO/RESTAURAÇÃO DA VERDADE PERTINENTE** AOS FATOS REPORTADOS PELOS MEIOS DE DIFUSÃO **E** DE COMUNICAÇÃO SOCIAL. **O DIREITO** *DE RESPOSTA/RETIFICAÇÃO* **COMO TÓPICO SENSÍVEL E DELICADO** DA AGENDA DO SISTEMA INTERAMERICANO: **A CONVENÇÃO AMERICANA** DE DIREITOS HUMANOS (**ARTIGO** 14) **E A OPINIÃO CONSULTIVA** Nº 7/86 *DA CORTE INTERAMERICANA DE DIREITOS HUMANOS*. **A OPONIBILIDADE DO DIREITO DE RESPOSTA A PARTICULARES: A QUESTÃO** *DA EFICÁCIA HORIZONTAL DOS DIREITOS FUNDAMENTAIS*. **NECESSÁRIA SUBMISSÃO** *DAS RELAÇÕES PRIVADAS* **AO ESTATUTO JURÍDICO** *DOS DIREITOS* **E** *GARANTIAS CONSTITUCIONAIS*. **DOUTRINA**. **PRECEDENTES** DO SUPREMO TRIBUNAL FEDERAL. **LIBERDADE DE INFORMAÇÃO E DIREITOS DA PERSONALIDADE**: *ESPAÇO DE POTENCIAL CONFLITUOSIDADE*. **TENSÃO DIALÉTICA** *ENTRE POLOS CONSTITUCIONAIS CONTRASTANTES*. **SUPERAÇÃO** DESSE ANTAGONISMO **MEDIANTE** *PONDERAÇÃO CONCRETA* DOS VALORES EM COLISÃO. **RESPONSABILIZAÇÃO** *SEMPRE* "A POSTERIORI" **PELOS ABUSOS** COMETIDOS **NO EXERCÍCIO** DA LIBERDADE DE INFORMAÇÃO. **LIBERDADE DE EXPRESSÃO E DIREITO À INTEGRIDADE MORAL** (*HONRA, INTIMIDADE, PRIVACIDADE E IMAGEM*) **E AO RESPEITO À VERDADE. INCIDÊNCIA** DO ART. 220, § 1º, DA CONSTITUIÇÃO DA REPÚBLICA. **CLÁUSULA QUE CONSAGRA HIPÓTESE** DE "*RESERVA LEGAL QUALIFICADA*". **O PAPEL DO DIREITO DE RESPOSTA** *EM UM CONTEXTO DE LIBERDADES EM CONFLITO*. **ACÓRDÃO QUE CONDENOU** O RECORRENTE, *COM FUNDAMENTO NA LEGISLAÇÃO PROCESSUAL CIVIL* (**E NÃO** NA LEI DE IMPRENSA), **A EXECUTAR** OBRIGAÇÃO DE FAZER CONSISTENTE *NA PUBLICAÇÃO DE SENTENÇA*, **SOB PENA** DE MULTA DIÁRIA ("ASTREINTE"). **DECISÃO RECORRIDA QUE SE AJUSTA** À JURISPRUDÊNCIA DO SUPREMO TRIBUNAL FEDERAL. **RECURSO EXTRAORDINÁRIO CONHECIDO E IMPROVIDO.** RE 683.751/RS. **RELATOR: Ministro Celso de Mello (Inform. STF 792)**

Biografias: autorização prévia e liberdade de expressão – 1
É inexigível o consentimento de pessoa biografada relativamente a obras biográficas literárias ou audiovisuais, sendo por igual desnecessária a autorização de pessoas retratadas como coadjuvantes ou de familiares, em caso de pessoas falecidas ou ausentes. Essa a conclusão do Plenário, que julgou procedente pedido formulado em ação direta para dar interpretação conforme à Constituição aos artigos 20 e 21 do CC ("Art. 20. Salvo se autorizadas, ou se necessárias à administração da justiça ou à manutenção da ordem pública, a divulgação de escritos, a transmissão da palavra, ou a publicação, a exposição ou a utilização da imagem de uma pessoa poderão ser proibidas, a seu requerimento e sem prejuízo da indenização que couber, se lhe atingirem a honra, a boa fama ou a respeitabilidade, ou se se destinarem a fins comerciais. Parágrafo único. Em se tratando de morto ou de ausente, são partes legítimas para requerer essa proteção o cônjuge, os ascendentes ou os descendentes. Art. 21. A vida privada da pessoa natural é inviolável, e o juiz, a requerimento do interessado, adotará as providências necessárias para impedir ou fazer cessar ato contrário a esta norma"), sem redução de texto, em consonância com os direitos fundamentais à liberdade de pensamento e de sua expressão, de criação artística, de produção científica, de liberdade de informação e de proibição de censura (CF, artigos 5º, IV, V, IX, X e XIV; e 220). O Colegiado asseverou que, desde as Ordenações Filipinas, haveria normas a proteger a guarda de segredos. A partir do advento do CC/1916, entretanto, o quadro sofreria mudanças. Ademais, atualmente, o nível de exposição pública das pessoas seria exacerbado, de modo a ser inviável reter informações, a não ser que não fossem produzidas. Nesse diapasão, haveria de se compatibilizar a inviolabilidade da vida privada e a liberdade de pensamento e de sua expressão. No caso, não se poderia admitir, nos termos da Constituição, que o direito de outrem de se expressar, de pensar, de criar obras biográficas – que dizem respeito não apenas ao biografado, mas a toda a coletividade, pelo seu valor histórico – fosse tolhido pelo desejo do biografado de não ter a obra publicada. Os preceitos constitucionais em aparente conflito conjugar-se-iam em perfeita harmonia, de modo que o direito de criação de obras biográficas seria compatível com a inviolabilidade da intimidade, privacidade, honra e imagem. Assim, em suma, o Plenário considerou: a) que a Constituição asseguraria como direitos fundamentais a liberdade de pensamento e de sua expressão, a liberdade de atividade intelectual, artística, literária, científica e cultural; b) que a Constituição garantiria o direito de acesso à informação e de pesquisa acadêmica, para o que a biografia seria fonte fecunda; c) que a Constituição proibiria a censura de qualquer natureza, não se podendo concebê-la de forma subliminar pelo Estado ou por particular sobre o direito de outrem; d) que a Constituição garantiria a inviolabilidade da intimidade, da privacidade, da honra e da imagem da pessoa; e e) que a legislação infraconstitucional não poderia amesquinhar ou restringir direitos constitucionais, ainda que sob pretexto de estabelecer formas de proteção, impondo condições ao exercício de liberdades de forma diversa da constitucionalmente fixada.
ADI 4815/DF, rel. Min. Cármen Lúcia, 10.6.2015. (ADI-4815)

Biografias: autorização prévia e liberdade de expressão – 2
O Ministro Roberto Barroso ponderou que, embora os artigos 20 e 21 do CC produzissem legítima ponderação em favor dos direitos da personalidade e em desfavor da liberdade de expressão, esta deveria prevalecer, por algumas razões. Em primeiro lugar, o país teria histórico de graves episódios de censura, de modo que, para que não se repetissem, a liberdade de expressão deveria ser sempre reafirmada. Em segundo lugar, a liberdade de expressão não seria apenas um pressuposto democrático, mas também um pressuposto para o exercício dos outros direitos fundamentais. Por último, a liberdade de expressão seria essencial para o conhecimento histórico, o avanço social e a conservação da memória nacional. Como consequências de se estabelecer a prevalência da liberdade de expressão, haveria o ônus argumentativo de aquele que pretendesse cerceá-la demonstrar o seu direito. Além disso, quaisquer manifestações de cerceamento de liberdade de expressão deveriam sofrer forte suspeição e escrutínio rigoroso. Por fim, seria vedada a censura prévia ou a licença. Apontou que, se a informação sobre determinado fato tivesse sido obtida por meios ilícitos, isso poderia comprometer a possibilidade de vir a ser divulgada legitimamente. Ademais, a mentira dolosa, com o intuito de fazer mal a alguém, poderia também ser fundamento para considerar-se ilegítima a divulgação de um fato, e que essas transgressões seriam reparáveis por meio de indenização. De toda forma, qualquer intervenção jurisdicional haveria de processar-se sempre "a posteriori". Assinalou que a liberdade de expressão não necessariamente significaria a prevalência da verdade ou da justiça, mas seria um valor em si relevante para as democracias. A Ministra Rosa Weber salientou a possibilidade de existirem várias versões sobre um mesmo fato histórico, de modo que controlar biografias significaria tentar controlar a história. O Ministro Luiz Fux lembrou que apenas pessoas notórias seriam biografadas, e que, na medida do crescimento da notoriedade, diminuir-se-ia a reserva de privacidade. O Ministro Dias Toffoli sublinhou que o autor de biografia não estaria impedido de requerer autorização para que sua

obra fosse publicada, no intuito de evitar eventual controle jurisdicional. Entretanto, essa seria uma mera faculdade. O Ministro Gilmar Mendes ressalvou que a indenização não seria o único meio capaz de reparar eventual dano sofrido, tendo em vista a possibilidade de, por exemplo, exigir-se a publicação de nova obra, com correção, a funcionar como exercício do direito de resposta. O Ministro Marco Aurélio considerou que escrever biografia mediante autorização prévia não seria biografar, mas criar publicidade. A pessoa com visibilidade social geraria interesse por parte do cidadão comum, e caberia a terceiro revelar o respectivo perfil. O Ministro Celso de Mello frisou o pluralismo de pensamento como um dos fundamentos estruturantes do Estado de Direito, e a garantia do dissenso seria condição essencial à formação de opinião pública livre, em face do caráter contramajoritário dos direitos fundamentais. O Ministro Ricardo Lewandowski (Presidente) apontou a existência das publicações em meio digital, o que facilitaria a disseminação de conteúdo apócrifo e com alcance mundial. Portanto, a problemática seria complexa, e haveria de existir meios para coibir abusos dessa natureza.
ADI 4815/DF, rel. Min. Cármen Lúcia, 10.6.2015. (ADI-4815) (Inform. STF 789)

REPERCUSSÃO GERAL EM ARE N. 790.813-SP
RED P/ O ACÓRDÃO: MIN. DIAS TOFFOLI
Direito constitucional. Convivência entre princípios. Limites. Recurso extraordinário em que se discute a existência de violação do princípio do sentimento religioso em face do princípio da liberdade de expressão artística e de imprensa. Publicação, em revista para público adulto, de ensaio fotográfico em que modelo posou portando símbolo cristão. Litígio que não extrapola os limites da situação concreta e específica. Plenário Virtual. Embora o Tribunal, por unanimidade, tenha reputado constitucional a questão, reconheceu, por maioria, a inexistência de sua repercussão geral. **(Inform. STF 777)**

REPERCUSSÃO GERAL EM RE N. 845.779-SC
RELATOR: MIN. ROBERTO BARROSO
Ementa: TRANSEXUAL. PROIBIÇÃO DE USO DE BANHEIRO FEMININO EM SHOPPING CENTER. ALEGADA VIOLAÇÃO À DIGNIDADE DA PESSOA HUMANA E A DIREITOS DA PERSONALIDADE. PRESENÇA DE REPERCUSSÃO GERAL. 1. O recurso busca discutir o enquadramento jurídico de fatos incontroversos: afastamento da Súmula 279/STF. Precedentes. 2. Constitui questão constitucional saber se uma pessoa pode ou não ser tratada socialmente como se pertencesse a sexo diverso do qual se identifica e se apresenta publicamente, pois a identidade sexual está diretamente ligada à dignidade da pessoa humana e a direitos da personalidade 3. Repercussão geral configurada, por envolver discussão sobre o alcance de direitos fundamentais de minorias – uma das missões precípuas das Cortes Constitucionais contemporâneas –, bem como por não se tratar de caso isolado. **(Inform. STF 777)**

DIREITO CONSTITUCIONAL E PENAL. INCONSTITUCIONALIDADE DO PRECEITO SECUNDÁRIO DO ART. 273, § 1º-B, V, DO CP.
É inconstitucional o preceito secundário do art. 273, § 1º-B, V, do CP – "reclusão, de 10 (dez) a 15 (quinze) anos, e multa" –, devendo-se considerar, no cálculo da reprimenda, a pena prevista no *caput* do art. 33 da Lei 11.343/2006 (Lei de Drogas), com possibilidade de incidência da causa de diminuição de pena do respectivo § 4º. De fato, é viável a fiscalização judicial da constitucionalidade de preceito legislativo que implique intervenção estatal por meio do Direito Penal, examinando-se o legislador considerou suficientemente os fatos e prognoses e se utilizou de sua margem de ação de forma adequada para a proteção suficiente dos bens jurídicos fundamentais. Nesse sentido, a Segunda Turma do STF (HC 104.410-RS, DJe 27/3/2012) expôs o entendimento de que os "mandatos constitucionais de criminalização [...] impõem ao legislador [...] o dever de observância do princípio da proporcionalidade como proibição de excesso e como proibição de proteção insuficiente. A idéia é a de que a intervenção estatal por meio do Direito Penal, como ultima ratio, deve ser sempre guiada pelo princípio da proporcionalidade [...] Abre-se, com isso, a possibilidade do controle da constitucionalidade da atividade legislativa em matéria penal". Sendo assim, em atenção ao princípio constitucional da proporcionalidade e razoabilidade das leis restritivas de direitos (CF, art. 5º, LIV), é imprescindível a atuação do Judiciário para corrigir o exagero e ajustar a pena de "reclusão, de 10 (dez) a 15 (quinze) anos, e multa" abstratamente cominada à conduta inscrita no art. 273, § 1º-B, V, do CP, referente ao crime de ter em depósito, para venda, produto destinado a fins terapêuticos ou medicinais de procedência ignorada. Isso porque, se esse delito for comparado, por exemplo, com o crime de tráfico ilícito de drogas (notoriamente mais grave e cujo bem jurídico também é a saúde pública), percebe-se a total falta de razoabilidade do preceito secundário do art. 273, § 1º-B, do CP, sobretudo após a edição da Lei 11.343/2006 (Lei de Drogas), que, apesar de ter aumentado a pena mínima de 3 para 5 anos, introduziu a possibilidade de redução da reprimenda, quando aplicável o § 4º do art. 33, de 1/6 a 2/3. Com isso, em inúmeros casos, o esporádico e pequeno traficante pode receber a exígua pena privativa de liberdade de 1 ano e 8 meses. E mais: é possível, ainda, sua substituição por restritiva de direitos. De mais a mais, constata-se que a pena mínima cominada ao crime ora em debate excede em mais de três vezes a pena máxima do homicídio culposo, corresponde a quase o dobro da pena mínima do homicídio doloso simples, e cinco vezes maior que a pena mínima da lesão corporal de natureza grave, enfim, é mais grave do que a do estupro, do estupro de vulnerável, da extorsão mediante sequestro, situação que gera gritante desproporcionalidade no sistema penal. Além disso, como se trata de crime de perigo abstrato, que independe da prova da ocorrência de efetivo risco para quem quer que seja, a dispensabilidade do dano concreto à saúde do pretenso usuário do produto evidencia ainda mais a falta de harmonia entre esse delito e a pena abstratamente cominada pela redação dada pela Lei 9.677/1998 (de 10 a 15 anos de reclusão). Ademais, apenas para seguir apontando a desproporcionalidade, deve-se ressaltar que a conduta de importar medicamento não registrado na ANVISA, considerada criminosa e hedionda pelo art. 273, § 1º-B, do CP, a que se comina pena altíssima, pode acarretar mera sanção administrativa de advertência, nos termos dos arts. 2º, 4º, 8º (IV) e 10 (IV), todos da Lei n. 6.437/1977, que define as infrações à legislação sanitária. A ausência de relevância penal da conduta, a desproporção da pena em ponderação com o dano ou perigo de dano à saúde pública decorrente da ação e a inexistência de consequência calamitosa do agir convergem para que se conclua pela falta de razoabilidade da pena prevista na lei, tendo em vista que a restrição da liberdade individual não pode ser excessiva, mas compatível e proporcional à ofensa causada pelo comportamento humano criminoso. Quanto à possibilidade de aplicação, para o crime em questão, da pena abstratamente prevista para o tráfico de drogas – "reclusão de 5 (cinco) a 15 (quinze) anos e pagamento de 500 (quinhentos) a 1.500 (mil e quinhentos) dias-multa" (art. 33 da Lei de drogas) –, a Sexta Turma do STJ (REsp 915.442-SC, DJe 1º/2/2011) dispôs que "A Lei 9.677/98, ao alterar a pena prevista para os delitos descritos no artigo 273 do Código Penal, mostrou-se excessivamente desproporcional, cabendo, portanto, ao Judiciário promover o ajuste principiológico da norma [...] Tratando-se de crime hediondo, de perigo abstrato, que tem como bem jurídico tutelado a saúde pública, mostra-se razoável a aplicação do preceito secundário do delito de tráfico de drogas ao crime de falsificação, corrupção, adulteração ou alteração de produto destinado a fins terapêuticos ou medicinais". **AI no HC 239.363-PR, Rel. Min. Sebastião Reis Júnior, julgado em 26/2/2015, DJe 10/4/2015 (Inform. STJ 559).**

REPERCUSSÃO GERAL EM ARE N. 833.248-RJ
RELATOR: MIN. DIAS TOFFOLI
EMENTA: DIREITO CONSTITUCIONAL. VEICULAÇÃO DE PROGRAMA TELEVISIVO QUE ABORDA CRIME OCORRIDO HÁ VÁRIAS DÉCADAS. AÇÃO INDENIZATÓRIA PROPOSTA POR FAMILIARES DA VÍTIMA. ALEGADOS DANOS MORAIS. DIREITO AO ESQUECIMENTO. DEBATE ACERCA DA HARMONIZAÇÃO DOS PRINCÍPIOS CONSTITUCIONAIS DA LIBERDADE DE EXPRESSÃO E DO DIREITO À INTIMIDADE COM AQUELES QUE PROTEGEM A DIGNIDADE DA PESSOA HUMANA E A INVIOLABILIDADE DA HONRA E DA INTIMIDADE. PRESENÇA DE REPERCUSSÃO GERAL. **(Inform. STF 775)**

Rcl 18.836-MC/GO
RELATOR: Ministro Celso de Mello
RECLAMAÇÃO. ALEGAÇÃO DE DESRESPEITO À AUTORIDADE DO JULGAMENTO PLENÁRIO DA ADPF 130/DF. EFICÁCIA VINCULANTE DESSA DECISÃO DO SUPREMO TRIBUNAL FEDERAL. POSSIBILIDADE DE CONTROLE, MEDIANTE RECLAMAÇÃO, DE ATOS QUE TENHAM TRANSGREDIDO TAL JULGAMENTO. LEGITIMIDADE ATIVA DE TERCEIROS (INCLUSIVE DE JORNALISTAS) QUE NÃO INTERVIERAM NO PROCESSO DE FISCALIZAÇÃO NORMATIVA ABSTRATA. LIBERDADE DE EXPRESSÃO. JORNALISMO DIGITAL. PROTEÇÃO CONSTITUCIONAL. DIREITO DE INFORMAR: PRERROGATIVA FUNDAMENTAL QUE SE COMPREENDE NA LIBERDADE CONSTITUCIONAL DE MANIFESTAÇÃO DO PENSAMENTO E DE COMUNICAÇÃO. INADMISSIBILIDADE DE CENSURA ESTATAL, INCLUSIVE DAQUELA IMPOSTA PELO PODER JUDICIÁRIO, À LIBERDADE DE EXPRESSÃO, NESTA COMPREENDIDA A LIBERDADE DE INFORMAÇÃO JORNALÍSTICA. TEMA EFETIVAMENTE VERSADO NA ADPF 130/DF, CUJO JULGAMENTO FOI INVOCADO COMO PARÂMETRO DE CONFRONTO. CONFIGURAÇÃO, NO CASO, DA PLAUSIBILIDADE JURÍDICA DA PRETENSÃO RECLAMATÓRIA E OCORRÊNCIA DE SITUAÇÃO CARACTERIZADORA DE "PERICULUM IN MORA". PRECEDENTES DO SUPREMO TRIBUNAL FEDERAL QUE DESAUTORIZAM A UTILIZAÇÃO, PELO JUDICIÁRIO, DO PODER GERAL DE CAUTELA COMO INSTRUMENTO DE INTERDIÇÃO CENSÓRIA DOS MEIOS DE COMUNICAÇÃO, MESMO EM AMBIENTES VIRTUAIS ("blogs"). MEDIDA CAUTELAR DEFERIDA. DJe de 2.12.2014. (Inform. STF 769)

Dano moral e manifestação de pensamento por agente político - 1
O Plenário iniciou julgamento de recurso extraordinário em que se discute a existência de direito a indenização por dano moral em razão da manifestação de pensamento por agente político, considerados a liberdade de expressão e o dever do detentor de cargo público de informar. Na espécie, o recorrente — Ministro de Estado à época dos fatos — fora condenado ao pagamento de indenização por danos morais em virtude de ter imputado ao ora recorrido responsabilidade pela divulgação do teor de gravações telefônicas obtidas a partir da prática de ilícito penal. O Ministro Marco Aurélio (relator) deu provimento ao recurso para reformar o acórdão recorrido e julgar improcedente o pedido formalizado na inicial. A princípio, destacou que, diferentemente do regime aplicável aos agentes públicos, o regime de direito comum, aplicável aos cidadãos, seria liberdade quase absoluta de expressão, assegurada pelos artigos 5º, IV e XIV, e 220, "caput", e § 2º, ambos da CF. No sistema constitucional de liberdades públicas, a liberdade de expressão possuiria espaço singular e teria como único paralelo, em escala de importância, o princípio da dignidade da pessoa humana, ao qual relacionado. O referido direito seria alicerce, a um só tempo, do sistema de direitos fundamentais e do princípio democrático, portanto, genuíno pilar do Estado Democrático de Direito.

Dano moral e manifestação de pensamento por agente político - 2
Segundo a jurisprudência do STF, as restrições à liberdade de expressão decorreriam da colisão com outros direitos fundamentais previstos no texto constitucional, dos quais seriam exemplos a proteção da intimidade, da vida privada, da honra e da imagem de terceiros (CF, art. 5º, X). Porém, ainda que fosse possível a relativização de um princípio em certos contextos, seria forçoso reconhecer a prevalência da liberdade de expressão quando em confronto com outros valores constitucionais, raciocínio que encontraria diversos e cumulativos fundamentos. Assim, a referida liberdade seria uma garantia preferencial em razão da estreita relação com outros princípios e valores constitucionais fundantes, como a democracia, a dignidade da pessoa humana e a igualdade. Nesse sentido, o livre desenvolvimento da personalidade, por exemplo, um dos alicerces de vida digna, demandaria a existência de um mercado livre de ideias, onde os indivíduos formariam as próprias cosmovisões. Outrossim, sob o prisma do princípio democrático, a liberdade de expressão impediria que o exercício do poder político pudesse afastar certos temas da arena pública de debates, na medida em que o funcionamento e a preservação do regime democrático pressuporia alto grau de proteção aos juízos, opiniões e críticas, sem os quais não se poderia falar em verdadeira democracia.

Dano moral e manifestação de pensamento por agente político - 3
O relator afirmou que, por outro lado, os agentes públicos estariam sujeitos a regime de menor liberdade em relação aos indivíduos comuns, tendo em conta a teoria da sujeição especial. Portanto, a relação entre eles e a Administração, funcionalizada quanto ao interesse público materializado no cargo, exigiria que alguns direitos fundamentais tivessem a extensão reduzida. Desse modo, no rol de direitos fundamentais de exercício limitado alusivos aos servidores públicos estaria a liberdade de expressão, por exemplo, no que diz com o dever de guardar sigilo acerca de informações confidenciais (CF, art. 37, § 7º). No caso em comento, entretanto, o que estaria em debate não seria a liberdade de expressão nas relações entre o servidor e a própria Administração Pública, à qual estaria ligado de forma vertical. Buscar-se-ia definir a extensão do direito à liberdade de expressão no trato com os administrados de modo geral e presente a coisa pública. Dentre os servidores públicos, se destacariam os agentes políticos — integrantes da cúpula do Estado e formadores de políticas públicas —, competindo-lhes formar a vontade política do Estado. Aqueles agentes estatais deveriam, portanto, gozar de proteção especial, o que seria estabelecido pela própria Constituição, por exemplo, no tocante aos integrantes do Poder Legislativo (CF, artigos 25; 29, VIII; e 53, "caput").

Dano moral e manifestação de pensamento por agente político - 4
De igual modo, os agentes políticos inseridos no Poder Executivo, embora não possuíssem imunidade absoluta quando no exercício da função, deveriam também ser titulares de algum grau de proteção conferida pela ordem jurídica constitucional. Isso se daria por dois motivos. Primeiramente, porque existiria evidente interesse público em que os agentes políticos mantivessem os administrados plenamente informados a respeito da condução dos negócios públicos, exigência clara dos princípios democrático e republicano. Em outras palavras, haveria o dever de expressão do agente público em relação aos assuntos públicos, a alcançar não apenas os fatos a respeito do funcionamento das instituições, mas até mesmo os prognósticos que eventualmente efetuassem. Consequentemente, reconhecer a imunidade relativa no tocante aos agentes do Poder Executivo, como ocorreria com os membros do Poder Legislativo, no que tange às opiniões, palavras e juízos que manifestassem publicamente, seria importante no sentido de fomentar o livre intercâmbio de informações entre eles e a sociedade civil. Em segundo lugar, por conta da necessidade de reconhecer algum grau de simetria entre a compreensão que sofrem no direito à privacidade e o regime da liberdade de expressão. No ponto, o STF admitiria a ideia de que a proteção conferida à privacidade dos servidores públicos situar-se-ia em nível inferior à dos cidadãos comuns, conforme decidido na SS 3.902 AgR-segundo/SP (DJe de 3.10.2011). O argumento seria singelo: aqueles que ocupassem cargos públicos teriam a esfera de privacidade reduzida. Isso porque o regime democrático imporia que estivessem mais abertos à crítica popular. Em contrapartida, deveriam ter também a liberdade de discutir, comentar e manifestar opiniões sobre os mais diversos assuntos com maior elasticidade que os agentes privados, desde que, naturalmente, assim o fizessem no exercício e com relação ao cargo público ocupado. Seria plausível, portanto, no contexto da Constituição, reconhecer aos servidores públicos campo de imunidade relativa, vinculada ao direito à liberdade de expressão, quando se pronunciassem sobre fatos relacionados ao exercício da função pública. Essa liberdade seria tanto maior quanto mais flexíveis fossem as atribuições políticas do cargo que exercessem, excluídos os casos de dolo manifesto, ou seja, o deliberado intento de prejudicar outrem.

Dano moral e manifestação de pensamento por agente político - 5
O relator asseverou que, consideradas as premissas expostas, restaria analisar se teria havido, ou não, extrapolação no caso em comento, afinal, a integração entre norma e fatos mostrar-se-ia particularmente relevante quando se tratasse do conflito entre proteção à personalidade e liberdade de expressão. No caso dos autos, o recorrente teria declarado, em entrevistas veiculadas em matérias jornalísticas, a suspeita de que o recorrido teria promovido a distribuição de fitas cassete obtidas por intermédio de interceptação telefônica ilícita, suposição que seria confirmada ou desfeita no curso de inquérito policial sob a condução da polícia federal. Da análise

dos fatos, surgiriam três certezas: a) as afirmações feitas pelo recorrente teriam sido juízos veiculados no calor do momento, sem maior reflexão ou prova das declarações; b) em nenhuma entrevista teria sido explicitada acusação peremptória de que o recorrido teria praticado o crime de interceptação ilegal de linhas telefônicas; ao contrário, as manifestações seriam sempre obtemperadas no sentido da ausência de certeza quanto ao que apontado; e c) as afirmações feitas pelo recorrente, então Ministro das Comunicações, teriam ocorrido no bojo das controvérsias a envolver a privatização da telefonia no País, fenômeno capitaneado pelo Ministério que comandava. Assim, o nexo de causalidade entre a função pública exercida pelo recorrente e as declarações divulgadas a levantar suspeitas sobre o recorrido, o qual detinha negócios com a Administração Pública Federal e, mais especificamente, em seara alcançada pelo Ministério das Comunicações, deixaria nítida a natureza pública e política da disputa. Por fim, e ante a motivação consignada, tudo o que se acrescentasse ao campo da calúnia, da injúria, da difamação e das ações reparatórias por danos morais seria subtraído ao espaço da liberdade. Obviamente, imputações sabidamente falsas não poderiam ser consideradas legítimas em nenhum ordenamento jurídico justo. Porém, o desenvolvimento da argumentação revelaria não ser esse o quadro retratado na espécie. Em seguida, pediu vista dos autos o Ministro Luiz Fux. RE 685493/SP rel. Min. Marco Aurélio, 20.11.2014. (RE-685493) **(Inform. STF 768)**

REPERCUSSÃO GERAL EM RE N. 670.422-RS
RELATOR: MIN. DIAS TOFFOLI
EMENTA: DIREITO CONSTITUCIONAL E CIVIL. REGISTROS PÚBLICOS. REGISTRO CIVIL DAS PESSOAS NATURAIS. ALTERAÇÃO DO ASSENTO DE NASCIMENTO. RETIFICAÇÃO DO NOME E DO GÊNERO SEXUAL. UTILIZAÇÃO DO TERMO TRANSEXUAL NO REGISTRO CIVIL. O CONTEÚDO JURÍDICO DO DIREITO À AUTODETERMINAÇÃO SEXUAL. DISCUSSÃO ACERCA DOS PRINCÍPIOS DA PERSONALIDADE, DIGNIDADE DA PESSOA HUMANA, INTIMIDADE, SAÚDE, ENTRE OUTROS, E A SUA CONVIVÊNCIA COM PRINCÍPIOS DA PUBLICIDADE E DA VERACIDADE DOS REGISTROS PÚBLICOS. PRESENÇA DE REPERCUSSÃO GERAL. **(Inform. STF 768)**

Rcl 18.566-MC/SP
RELATOR: Ministro Celso de Mello
RECLAMAÇÃO. ALEGAÇÃO DE DESRESPEITO À AUTORIDADE DO JULGAMENTO PLENÁRIO DA ADPF 130/DF. *EFICÁCIA VINCULANTE* DESSA DECISÃO DO SUPREMO TRIBUNAL FEDERAL. POSSIBILIDADE DE CONTROLE, *MEDIANTE RECLAMAÇÃO*, DE ATOS QUE TENHAM TRANSGREDIDO TAL JULGAMENTO. LEGITIMIDADE ATIVA DE TERCEIROS *QUE NÃO INTERVIERAM* NO PROCESSO DE FISCALIZAÇÃO NORMATIVA ABSTRATA. LIBERDADE DE EXPRESSÃO. JORNALISMO DIGITAL. PROTEÇÃO CONSTITUCIONAL. DIREITO DE INFORMAR: *PRERROGATIVA FUNDAMENTAL* QUE SE COMPREENDE *NA LIBERDADE CONSTITUCIONAL* DE MANIFESTAÇÃO DO PENSAMENTO E DE COMUNICAÇÃO. INADMISSIBILIDADE *DE CENSURA* ESTATAL, INCLUSIVE DAQUELA IMPOSTA PELO PODER JUDICIÁRIO, À LIBERDADE DE EXPRESSÃO, NESTA COMPREENDIDA *A LIBERDADE DE INFORMAÇÃO JORNALÍSTICA*. TEMA EFETIVAMENTE VERSADO *NA ADPF 130/DF*, CUJO JULGAMENTO FOI INVOCADO *COMO PARÂMETRO DE CONFRONTO*. CONFIGURAÇÃO, *NO CASO*, DA PLAUSIBILIDADE JURÍDICA DA PRETENSÃO RECLAMATÓRIA E OCORRÊNCIA DE SITUAÇÃO CARACTERIZADORA DE "*PERICULUM IN MORA*". MEDIDA CAUTELAR DEFERIDA. DJe de 17.9.2014. **(Inform. STF 767)**

MI: inadequação do instrumento e contagem de prazo diferenciado
O mandado de injunção não é via adequada para que servidor público pleiteie a verificação de contagem de prazo diferenciado de serviço exercido em condições prejudiciais à saúde e à integridade física. Ao reafirmar esse entendimento, o Plenário, por maioria, vencido o Ministro Marco Aurélio, recebeu embargos de declaração como agravo regimental e a este, também por votação majoritária, negou provimento. O Tribunal, sem adentrar no mérito, destacou que a situação dos autos seria distinta da hipótese de concessão de mandado de injunção para que a Administração analise requerimento de aposentadoria especial, com observância do art. 57 da Lei 8.213/1991, até o advento de legislação específica sobre a matéria no tocante aos servidores públicos. Vencidos os Ministros Marco Aurélio e Roberto Barroso, que proviam o agravo. Não vislumbravam justificativa para se obstaculizar tratamento igualitário entre os trabalhadores em geral, que teriam direito à contagem diferenciada de tempo trabalhado em ambiente nocivo à saúde, e os servidores públicos. MI 3162 ED/DF, rel. Min. Cármen Lúcia, 11.9.2014. (MI-3162) **(Inform. STF 758)**

Rcl 16.492 MC/SP
RELATOR: Ministro Celso de Mello
EMENTA: RECLAMAÇÃO. ALEGADA TRANSGRESSÃO AO JULGAMENTO DA ADPF 130/DF. INOCORRÊNCIA. TRIBUNAL DE JUSTIÇA QUE CONDENA EMPRESA JORNALÍSTICA, COM BASE NA LEGISLAÇÃO CIVIL (E NÃO NO ART. 75 *DA HOJE INSUBSISTENTE* LEI DE IMPRENSA), A PUBLICAR, *NO JORNAL QUE EDITA*, O TEOR INTEGRAL *DE SENTENÇA CONDENATÓRIA* PROFERIDA EM PROCESSO DE INDENIZAÇÃO CIVIL. CONSIDERAÇÕES EM TORNO DA POSSIBILIDADE JURÍDICA DE SE IMPOR REFERIDA *OBRIGAÇÃO DE FAZER* COM O OBJETIVO DE CONFERIR EFETIVIDADE AO PRINCÍPIO *DA REPARAÇÃO INTEGRAL DO DANO*. PRECEDENTES DO SUPERIOR TRIBUNAL DE JUSTIÇA. DETERMINAÇÃO *QUE SÓ NÃO SE REVELARIA LÍCITA*, SE ORDENADA COM FUNDAMENTO NO ART. 75 DA LEI DE IMPRENSA, OBJETO *DE JUÍZO NEGATIVO DE RECEPÇÃO* QUANDO DO JULGAMENTO PROFERIDO, *COM EFICÁCIA VINCULANTE*, PELO SUPREMO TRIBUNAL FEDERAL, NO EXAME DA ADPF 130/DF. INADMISSIBILIDADE DA RECLAMAÇÃO PELO FATO DE O ACÓRDÃO ORA IMPUGNADO NÃO SE AJUSTAR, *COM EXATIDÃO E PERTINÊNCIA*, AO PARADIGMA DE CONFRONTO INVOCADO PELA PARTE RECLAMANTE. PRECEDENTES. RECLAMAÇÃO *NÃO CONHECIDA*. **(Inform. STF 753)**

ADI: liberdade de expressão e dignidade da pessoa humana - 1
O Plenário, por maioria, julgou improcedente pedido formulado em ação direta de inconstitucionalidade ajuizada contra o § 1º do art. 28 da Lei 12.663/2012 - Lei Geral da Copa ("É ressalvado o direito constitucional ao livre exercício de manifestação e à plena liberdade de expressão em defesa da dignidade da pessoa humana"). Após o início do julgamento, o Tribunal acolheu proposta da Ministra Cármen Lúcia para que houvesse a conversão do exame da medida cautelar em julgamento de mérito da ação direta, razão pela qual a Procuradoria-Geral da República emitiu parecer em sessão. A Corte esclareceu que o principal fundamento da ação seria a impossibilidade de a legislação impor restrições à liberdade de expressão, além das já constitucionalmente previstas. Ressaltou que o constituinte não concebera a liberdade de expressão como direito absoluto, insuscetível de restrição, fosse pelo Judiciário, fosse pelo Legislativo. Mencionou que haveria hipóteses em que a liberdade de expressão acabaria por colidir com outros direitos e valores também constitucionalmente protegidos. Explicou que essas tensões dialéticas precisariam ser sopesadas a partir da aplicação do princípio da proporcionalidade. Afirmou que a incidência desse princípio se daria quando verificada restrição a determinado direito fundamental ou quando configurado conflito entre distintos princípios constitucionais, o que exigiria a ponderação do peso relativo de cada um dos direitos por meio da aplicação das máximas que integrariam o mencionado princípio da proporcionalidade. Realçou que se deveria perquirir se, em face do conflito entre dois bens constitucionais contrapostos, o ato impugnado afigurar-se-ia adequado, ou seja, apto para produzir o resultado desejado. Além disso, verificar-se-ia se esse ato seria necessário e insubstituível por outro meio menos gravoso e igualmente eficaz, e proporcional em sentido estrito, de modo que se estabelecesse uma relação ponderada entre o grau de restrição de um princípio e o grau de realização do princípio contraposto.

ADI: liberdade de expressão e dignidade da pessoa humana - 2
O Plenário sublinhou que as restrições impostas pelo art. 28 da Lei Geral da Copa trariam limitações específicas aos torcedores que comparecessem aos estádios em evento de grande porte internacional e contariam com regras específicas para ajudar a prevenir confrontos em potencial. Consignou que o legislador, a partir de juízo de ponderação, teria objetivado limitar manifestações que tenderiam a gerar maiores conflitos e a atentar não apenas contra o

evento em si, mas, principalmente, contra a segurança dos demais participantes. Recordou que várias dessas restrições já haveriam, inclusive, sido inseridas no Estatuto do Torcedor (Lei 10.671/2003) pela Lei 12.299/2010, que dispõe sobre medidas de prevenção e repressão aos fenômenos de violência por ocasião das competições esportivas. Asseverou que, ao contrário do que defendido na inicial, o dispositivo impugnado não constituiria limitação à liberdade de expressão. Salientou, contudo, que seria vedada qualquer espécie de censura injustificada e desproporcional à liberdade de expressão. Vencidos os Ministros Marco Aurélio e Joaquim Barbosa (Presidente), que julgavam procedente o pedido e davam interpretação conforme a Constituição para assentar a inconstitucionalidade da interpretação que limitasse a manifestação de vontade apenas à defesa da dignidade da pessoa humana. Pontuavam que o direito à liberdade de expressão preservaria o indivíduo e impediria que o Estado moldasse, à sua vontade, os seus pensamentos. Frisavam que, se outros direitos fossem respeitados, não haveria razão para restringir a expressão do público nos jogos da Copa do Mundo ao que os seus organizadores e o Governo entendessem como adequado. Em acréscimo, o Presidente enfatizava que o financiamento público direto e indireto teria sido condição necessária para a realização da Copa do Mundo. Portanto, não faria sentido limitar o plexo de liberdades constitucionais justamente das pessoas que teriam custeado o evento. ADI 5136/DF, rel. Min. Gilmar Mendes, 1º.7.2014. (ADI-5136) **(Inform. STF 752)**

ARE 722.744/DF
RELATOR: Ministro Celso de Mello
Liberdade de expressão. Profissional de imprensa e empresa de comunicação social. Proteção constitucional. Direito de crítica: *prerrogativa fundamental* **que se compreende** na liberdade constitucional de manifestação do pensamento. **Magistério da doutrina. Precedentes** do Supremo Tribunal Federal **(ADPF 130/DF**, Rel. Min. AYRES BRITTO – **AI 505.595-AgR/RJ**, Rel. Min. CELSO DE MELLO – **Pet 3.486/DF**, Rel. Min. CELSO DE MELLO, *v.g.*). **Jurisprudência comparada** (*Tribunal Europeu de Direitos Humanos* **e** *Tribunal Constitucional Espanhol*). *O significado político* **e** *a importância jurídica da Declaração de Chapultepec* **(11/03/1994). Matéria jornalística e responsabilidade civil**. *Excludentes anímicas* **e** *direito de crítica*. **Precedentes**. **Plena legitimidade** do direito constitucional de crítica *a figuras públicas* ou *notórias*, **ainda** que de seu exercício resulte *opinião jornalística extremamente dura* e *contundente*. **Recurso extraordinário provido. Consequente improcedência** da ação de reparação civil por danos morais. DJe de 13.3.2014. **(Inform. STF 750)**

DIREITO ADMINISTRATIVO, CONSTITUCIONAL E TRIBUTÁRIO. INADEQUAÇÃO DE HABEAS DATA PARA ACESSO A DADOS DO REGISTRO DE PROCEDIMENTO FISCAL. O habeas data não é via adequada para obter acesso a dados contidos em Registro de Procedimento Fiscal (RPF). Isso porque o RPF, por definição, é documento de uso privativo da Receita Federal; não tem caráter público, nem pode ser transmitido a terceiros. Além disso, não contém somente informações relativas à pessoa do impetrante, mas, principalmente, informações sobre as atividades desenvolvidas pelos auditores fiscais no desempenho de suas funções. Nessa linha, o acesso a esse documento pode, em tese, obstar o regular desempenho do poder de polícia da Receita Federal. **REsp 1.411.585-PE, Rel. Min. Humberto Martins, julgado em 5/8/2014. (Inform. STJ 548)**

Súmula vinculante STF 28
É inconstitucional a exigência de depósito prévio como requisito de admissibilidade de ação judicial na qual se pretenda discutir a exigibilidade de crédito tributário.

Súmula vinculante STF 26
Para efeito de progressão de regime no cumprimento de pena por crime hediondo, ou equiparado, o juízo da execução observará a inconstitucionalidade do art. 2º da Lei n. 8.072, de 25 de julho de 1990, sem prejuízo de avaliar se o condenado preenche, ou não, os requisitos objetivos e subjetivos do benefício, podendo determinar, para tal fim, de modo fundamentado, a realização de exame criminológico.

Súmula vinculante STF 25
É ilícita a prisão civil de depositário infiel, qualquer que seja a modalidade do depósito.

Súmula vinculante STF nº 21
É inconstitucional a exigência de depósito ou arrolamento prévios de dinheiro ou bens para admissibilidade de recurso administrativo.

Súmula vinculante STF nº 14
É direito do defensor, no interesse do representado, ter acesso amplo aos elementos de prova que, já documentados em procedimento investigatório realizado por órgão com competência de polícia judiciária, digam respeito ao exercício do direito de defesa.

Súmula vinculante STF nº 11
Só é lícito o uso de algemas em casos de resistência e de fundado receio de fuga ou de perigo à integridade física própria ou alheia, por parte do preso ou de terceiros, justificada a excepcionalidade por escrito, sob pena de responsabilidade disciplinar, civil e penal do agente ou da autoridade e de nulidade da prisão ou do ato processual a que se refere, sem prejuízo da responsabilidade civil do Estado.

Súmula vinculante STF nº 9
O disposto no artigo 127 da lei n. 7.210/1984 (lei de execução penal) foi recebido pela ordem constitucional vigente, e não se lhe aplica o limite temporal previsto no caput do artigo 58.

Súmula vinculante STF nº 5
A falta de defesa técnica por advogado no processo administrativo disciplinar não ofende a Constituição.

Súmula vinculante STF nº 1
Ofende a garantia constitucional do ato jurídico perfeito a decisão que, sem ponderar as circunstâncias do caso concreto, desconsidera a validez e a eficácia de acordo constante de termo de adesão instituído pela Lei Complementar 110/2001.

Súmula STF nº 721
A competência constitucional do Tribunal do Júri prevalece sobre o foro por prerrogativa de função estabelecido exclusivamente pela Constituição Estadual.

Súmula STF nº 704
Não viola as garantias do juiz natural, da ampla defesa e do devido processo legal a atração por continência ou conexão do processo do corréu ao foro por prerrogativa de função de um dos denunciados.

Súmula STF nº 695
Não cabe *habeas corpus* quando já extinta a pena privativa de liberdade.

Súmula STF nº 694
Não cabe *habeas corpus* contra a imposição da pena de exclusão de militar ou de perda de patente ou de função pública.

Súmula STF nº 693
Não cabe *habeas corpus* contra decisão condenatória a pena de multa, ou relativo a processo em curso por infração penal a que a pena pecuniária seja a única cominada.

Súmula STF nº 654
A garantia da irretroatividade da lei, prevista no art. 5º, XXXVI, da Constituição da República, não é invocável pela entidade estatal que a tenha editado.

Súmula STF nº 632
É constitucional lei que fixa o prazo de decadência para a impetração de mandado de segurança.

Súmula STF nº 630
A entidade de classe tem legitimação para o mandado de segurança ainda quando a pretensão veiculada interesse apenas a uma parte da respectiva categoria.

Súmula STF nº 629
A impetração de mandado de segurança coletivo por entidade de classe em favor dos associados independe da autorização destes.

Súmula STF nº 625
Controvérsia sobre matéria de direito não impede concessão de mandado de segurança.

Súmula STF nº 429
A existência de recurso administrativo com efeito suspensivo não impede o uso do mandado de segurança contra omissão da autoridade.

Súmula STF nº 365
Pessoa jurídica não tem legitimidade para propor ação popular.

Súmula STF nº 268
Não cabe mandado de segurança contra decisão judicial com trânsito em julgado.

Súmula STF nº 267
Não cabe mandado de segurança contra ato judicial passível de recurso ou correição.

Súmula STF nº 266
Não cabe mandado de segurança contra lei em tese.

Súmula STF nº 70
É inadmissível a interdição de estabelecimento como meio coercitivo para cobrança de tributo.

Súmula STJ nº 469
Aplica-se o Código de Defesa do Consumidor aos contratos de plano de saúde.

Súmula STJ nº 460
É incabível o mandado de segurança para convalidar a compensação tributária realizada pelo contribuinte.

Súmula STJ nº 434
O pagamento da multa por infração de trânsito não inibe a discussão judicial do débito.

Súmula STJ nº 419
Descabe a prisão civil do depositário judicial infiel.

Súmula STJ nº 333
Cabe mandado de segurança contra ato praticado em licitação promovida por sociedade de economia mista ou empresa pública.

Súmula STJ nº 227
A pessoa jurídica pode sofrer dano moral.

Súmula STJ nº 105
Na ação de mandado de segurança não se admite condenação em honorários advocatícios.

Súmula STJ nº 37
São cumuláveis as indenizações por dano material e dano moral oriundos do mesmo fato.

Súmula STJ nº 2
Não cabe o habeas data (CF, art. 5º, LXXII, letra a) se não houve recusa de informações por parte da autoridade administrativa.

2. DIREITOS SOCIAIS

AG. REG. NA Rcl N. 9.674-SP
RELATOR: MIN. TEORI ZAVASCKI
EMENTA: CONSTITUCIONAL. AGRAVO REGIMENTAL NA RECLAMAÇÃO. PISO SALARIAL. LEI 4950-A/1966. ENGENHEIROS. BASE DE CÁLCULO EM MÚLTIPLOS DE SALÁRIO MÍNIMO. REAJUSTES POR OUTROS ÍNDICES. DESRESPEITO À SÚMULA VINCULANTE 4. NÃO CONFIGURAÇÃO. AGRAVO REGIMENTAL A QUE SE NEGA PROVIMENTO. **(Inform. STF 804)**

REPERCUSSÃO GERAL EM RE N. 883.642-AL
RELATOR: MINISTRO PRESIDENTE
Ementa: RECURSO EXTRAORDINÁRIO. CONSTITUCIONAL. ART. 8º, III, DA LEI MAIOR. SINDICATO. LEGITIMIDADE. SUBSTITUTO PROCESSUAL. EXECUÇÃO DE SENTENÇA. DESNECESSIDADE DE AUTORIZAÇÃO. EXISTÊNCIA DE REPERCUSSÃO GERAL. REAFIRMAÇÃO DE JURISPRUDÊNCIA.
I – Repercussão geral reconhecida e reafirmada a jurisprudência do Supremo Tribunal Federal no sentido da ampla legitimidade extraordinária dos sindicatos para defender em juízo os direitos e interesses coletivos ou individuais dos integrantes da categoria que representam, inclusive nas liquidações e execuções de sentença, independentemente de autorização dos substituídos. **(Inform. STF 791)**

AG. REG. NO AI N. 506.302-RS
RELATOR: MIN. MARCO AURÉLIO
SAÚDE – PROMOÇÃO – MEDICAMENTOS. O preceito do artigo 196 da Constituição Federal assegura aos menos afortunados o fornecimento, pelo Estado, dos medicamentos indispensáveis ao restabelecimento da saúde. **(Inform. STF 707)**

Súmula vinculante STF nº 6
Não viola a Constituição o estabelecimento de remuneração inferior ao salário mínimo para as praças prestadoras de serviço militar inicial.

Súmula vinculante STF nº 4
Salvo nos casos previstos na Constituição, o salário mínimo não pode ser usado como indexador de base de cálculo de vantagem de servidor público ou de empregado, nem ser substituído por decisão judicial.

Súmula STF nº 675
Os intervalos fixados para descanso e alimentação durante a jornada de seis horas não descaracterizam o sistema de turnos ininterruptos de revezamento para o efeito do art. 7º, XIV, da Constituição.

Súmula STF nº 666
A contribuição confederativa de que trata o art. 8º, IV, da Constituição, só é exigível dos filiados ao sindicato respectivo.

Súmula STJ nº 466
O titular da conta vinculada ao FGTS tem o direito de sacar o saldo respectivo quando declarado nulo seu contrato de trabalho por ausência de prévia aprovação em concurso público.

Súmula STJ nº 252
Os saldos das contas do FGTS, pela legislação infraconstitucional, são corrigidos em 42,72% (IPC) quanto às perdas de janeiro de 1989 e 44,80% (IPC) quanto às de abril de 1990, acolhidos pelo STJ os índices de 18,02% (LBC) quanto as perdas de junho de 1987, de 5,38% (BTN) para maio de 1990 e 7,00% (TR) para fevereiro de 1991, de acordo com o entendimento do STF (RE 226.855-7-RS).

Súmula STJ nº 201
Os honorários advocatícios não podem ser fixados em salários mínimos.

3. ORGANIZAÇÃO DO ESTADO EM GERAL E COMPETÊNCIA LEGISLATIVA

Lei orgânica da polícia civil e modelo federal – 3
Em conclusão de julgamento, o Plenário, por maioria, reformando medida cautelar (noticiada no Informativo 225), julgou improcedente pedido formulado em ação direta ajuizada em face do inciso X do parágrafo único do art. 118 da Constituição do Estado do Rio de Janeiro, que confere "status" de lei complementar à Lei Orgânica da Polícia Civil do Estado-Membro – v. Informativos 376 e 526. O Colegiado entendeu que, na espécie, se trataria de matéria para a qual a Constituição prevê a competência legislativa concorrente (CF, art. 24, XVI), salientando ser demasia recusar à Constituição estadual a faculdade para eleger determinados temas como exigentes de uma aprovação legislativa mais qualificada. Vencidos os Ministros Joaquim Barbosa (relator), Eros Grau, Gilmar

Mendes, Ellen Gracie e Carlos Velloso, que julgavam procedente o pleito.
ADI 2314/RJ, rel. orig. Min. Joaquim Barbosa, red. p/ o acórdão Min. Marco Aurélio, 17.6.2015. (ADI-2314) (Inform. STF 790)

Norma processual e competência legislativa da União
A previsão em lei estadual de depósito prévio para interposição de recursos nos juizados especiais cíveis viola a competência legislativa privativa da União para tratar de direito processual (CF, art. 22, I). Com base nessa orientação, o Plenário julgou procedente pedido formulado em ação direta e declarou a inconstitucionalidade dos artigos 4º e 12 da Lei pernambucana 11.404/1996. Na espécie, o Estado-Membro estipulara, como pressuposto adicional de recorribilidade, a exigência de depósito recursal equivalente a 100% do valor da condenação para efeito de interposição do recurso inominado a que alude o art. 42, "caput", da Lei 9.099/1995. A Corte asseverou que, ao estabelecer disciplina peculiar ao preparo do recurso em questão, o Estado-Membro teria criado requisito de admissibilidade recursal inexistente na legislação nacional editada pela União, o que transgrediria, mediante usurpação, a competência normativa que fora outorgada, em caráter privativo, ao poder central (CF, art. 22, I). Precedente citado: ADI 4.161/AL (DJe de 14.11.2014).
ADI 2699/PE, rel. Min. Celso de Mello, 20.5.2015. (ADI-2699) (Inform. STF 786)

Telecomunicações: competência legislativa – 4
Em conclusão, o Plenário, por maioria, julgou procedente pedido formulado em ação direta para declarar a inconstitucionalidade da Lei 11.908/2001 do Estado de Santa Catarina. A norma fixa as condições de cobrança dos valores da assinatura básica residencial dos serviços de telefonia fixa – v. Informativos 378 e 610. O Colegiado reputou caracterizada ofensa aos artigos 21, XI; e 22, IV, da CF, tendo em vista que a competência para legislar sobre telecomunicações seria privativa da União. Vencido o Ministro Ayres Britto, que julgava o pedido improcedente.
ADI 2615/SC, rel. orig. Min. Eros Grau, red. p/ o acórdão Min. Gilmar Mendes, 11.3.2015. (ADI-2615) (Inform. STF 777)

Alteração de limites de municípios e plebiscito – 2
O Plenário retomou o julgamento de ação direta ajuizada em face das Leis 3.196/1999 e 2.497/1995, ambas do Estado do Rio de Janeiro. As referidas normas estabelecem os novos limites territoriais dos Municípios de Cantagalo e Macuco – v. Informativo 495. De início, não conheceu da ação quanto à Lei 2.497/1995. Observou que esse diploma teria sido elaborado antes do parâmetro constitucional estabelecido pela EC 15/1996, tido por violado. No que se refere ao primeiro diploma legal, julgou o pedido procedente. Entendeu ter havido violação ao § 4º do art. 18 da CF, em face da ausência de consulta prévia, mediante plebiscito, às populações dos municípios envolvidos (CF, art. 18, § 4º: "A criação, a incorporação, a fusão e o desmembramento de Municípios, far-se-ão por lei estadual, dentro do período determinado por Lei Complementar Federal, e dependerão de consulta prévia, mediante plebiscito, às populações dos Municípios envolvidos, após divulgação dos Estudos de Viabilidade Municipal, apresentados e publicados na forma da lei."). Em seguida, o Plenário, por maioria, deliberou modular os efeitos da declaração de inconstitucionalidade da Lei 3.196/1999, vencido o Ministro Marco Aurélio. Na sequência, após a proposta do Ministro Dias Toffoli, quanto ao alcance dessa modulação, no sentido de que a decisão tivesse eficácia no exercício fiscal subsequente ao término desse julgamento, no que foi acompanhado pelos Ministros Roberto Barroso, Teori Zavascki, Rosa Weber, Gilmar Mendes, Celso de Mello e Ricardo Lewandowski (Presidente), pediu vista o Ministro Luiz Fux.
ADI 2921/RJ, rel. Min. Ayres Britto, 5.3.2015. (ADI-2921) (Inform. STF 776)

Alteração de limites de municípios e plebiscito – 3
O Plenário retomou julgamento de ação direta ajuizada em face das Leis 2.497/1995 e 3.196/1999, ambas do Estado do Rio de Janeiro, que estabelecem os novos limites territoriais dos Municípios de Cantagalo e Macuco. Na sessão de 5.3.2015, a Corte julgara parcialmente procedente o pedido para declarar a inconstitucionalidade da Lei 3.196/1999, em razão da ofensa ao § 4º do art. 18 da CF, tendo em conta a ausência de consulta prévia, mediante plebiscito, às populações dos municípios envolvidos. Outrossim, não conhecera da ação quanto à Lei 2.497/1995, dado que esse diploma teria sido elaborado antes do parâmetro constitucional estabelecido pela EC 15/1996, tido por violado. Naquela assentada, a Corte iniciara discussão acerca de questão, suscitada pelo Ministro Dias Toffoli, relativamente à modulação de efeitos da decisão proferida – v. Informativos 495 e 776. Na presente sessão, o Ministro Luiz Fux, em voto-vista, afirmou não ser cabível, na espécie, a modulação de efeitos. Isso em razão da impossibilidade de repristinação da Lei 2.497/1995 para disciplinar os limites territoriais entre os Municípios de Cantagalo e Macuco, haja vista o trânsito em julgado de mandado de segurança, julgado pelo TJ/RJ, em que expressamente declarada a invalidade do aludido diploma legal. Em outras palavras, o julgamento da ADI não ensejaria alteração no cenário fático ou jurídico atual – o que ocorreria se ainda vigente a Lei 2.497/1995, a ser repristinada —, tornando desnecessária qualquer modulação de efeitos. Assim, os limites territoriais dos municípios já teriam sido assentados, como dito, em decisão transitada em julgado. O Ministro Dias Toffoli reajustou seu voto no sentido da não modulação dos efeitos da decisão. Em seguida, pediu vista dos autos o Ministro Gilmar Mendes.
ADI 2921/RJ, rel. Min. Ayres Britto, 20.5.2015. (ADI-2921) (Inform. STF 786)

Legislação sobre meio ambiente e competência municipal – 1
O município é competente para legislar sobre o meio ambiente, com a União e o Estado-membro, no limite do seu interesse local e desde que esse regramento seja harmônico com a disciplina estabelecida pelos demais entes federados (CF, art. 24, VI, c/c o art. 30, I e II). Esse o entendimento do Plenário, que, por maioria, deu provimento a recurso extraordinário para declarar a inconstitucionalidade da Lei 1.952/1995 do Município de Paulínia/SP. A referida norma, impugnada em sede de representação de inconstitucionalidade estadual, proíbe, sob qualquer forma, o emprego de fogo para fins de limpeza e preparo do solo no referido município, inclusive para o preparo do plantio e para a colheita de cana-de-açúcar e de outras culturas. Discutia-se a competência de município para legislar sobre meio ambiente e editar lei com conteúdo diverso do que disposto em legislação estadual. A Corte, inicialmente, superou questões preliminares suscitadas, relativas à alegada impossibilidade de conhecimento do recurso. No mérito, o Plenário destacou que a questão em análise, diante de seu caráter eclético e multidisciplinar, envolveria questões sociais, econômicas e políticas – possibilidade de crise social, geração de desemprego, contaminação do meio ambiente em razão do emprego de máquinas, impossibilidade de mecanização em determinados terrenos e existência de proposta federal de redução gradativa do uso da queima —, em conformidade com informações colhidas em audiência pública realizada sobre o tema. Ao se julgar a constitucionalidade do diploma legal municipal em questão, em um prisma socioeconômico, seria necessário, portanto, sopesar se o impacto positivo da proibição imediata da queima da cana na produtividade seria constitucionalmente mais relevante do que o pacto social em que o Estado brasileiro se comprometera a conferir ao seu povo o pleno emprego para o completo gozo da sua dignidade. Portanto, no caso, o STF, por estar diante de um conjunto fático composto pelo certo e previsível desemprego em massa, juntamente com a mera possibilidade de aumento de produtividade, deveria se investir no papel de guardião da Constituição, em defesa do interesse da minoria qualitativamente representada pela classe de trabalhadores canavieiros, que mereceriam proteção diante do chamado progresso tecnológico e a respectiva mecanização, ambos trazidos pela pretensão de proibição imediata da colheita da cana mediante uso de fogo. Com o dever de garantir a concretude dos direitos fundamentais, evidenciar-se-ia o caráter legitimador desse fundamento protecionista da classe trabalhadora, o que levaria ao viés representativo das camadas menos favorecidas, cujos interesses estariam em jogo. Portanto, mesmo que fosse mais benéfico, para não dizer inevitável, optar pela mecanização da colheita da cana, por conta da saúde do trabalhador e da população a viver nas proximidades da área de cultura, não se poderia deixar de lado o meio pelo qual se considerasse mais razoável para a obtenção

desse objetivo: a proibição imediata da queima da cana ou a sua eliminação gradual. Por óbvio, afigurar-se-ia muito mais harmônico com a disciplina constitucional a eliminação planejada e gradual da queima da cana. Por outro lado, em relação à questão ambiental, constatar-se-ia que, se de uma parte a queima causaria prejuízos, de outra, a utilização de máquinas também geraria impacto negativo ao meio ambiente, como a emissão de gás metano decorrente da decomposição da cana, o que contribuiria para o efeito estufa, além do surgimento de ervas daninhas e o consequente uso de pesticidas e fungicidas.
RE 586224/SP, rel. Min. Luiz Fux, 5.3.2015. (RE-586224)

Legislação sobre meio ambiente e competência municipal – 2
O Plenário asseverou que, na espécie, não seria permitida uma interpretação na qual não se reconhecesse o interesse municipal em fazer com que sua população gozasse de um meio ambiente equilibrado. Mas, neste caso, tratar-se-ia de uma questão de identificação da preponderância desses interesses notadamente comuns. A partir desse impasse recorrer-se-ia ao texto constitucional para extrair a "mens legis" da distribuição de competência legislativa. Nesse sentido, o art. 24 da CF estabeleceria uma competência concorrente entre União e Estados-membros, a determinar a edição de norma de caráter genérico pela União e de caráter específico pelos Estados-membros. Sendo assim, o constituinte originário teria definido que o sistema formado pela combinação da legislação estadual com a edição de um diploma legal federal traduziria a disciplina de todos os interesses socialmente relevantes para os temas discriminados no citado dispositivo. Destarte, interessaria analisar a questão do ponto de vista sistêmico, visto que no âmbito das normas gerais federais, a orientação do legislador seguiria no mesmo sentido da disciplina estabelecida em nível estadual (Lei estadual paulista 11.241/2002). As normas federais paradigmáticas a tratar do assunto, expressamente, apontariam para a necessidade de se traçar um planejamento com o intuito de se extinguir gradativamente o uso do fogo como método despalhador e facilitador para o corte da cana (Lei 12.651/2012, art. 40, e Decreto 2.661/1998). Portanto, seria forçoso admitir que todo o sistema do meio ambiente, no tocante à situação dos autos, proporia determinada solução estrita, qual seja, planejar a diminuição gradual da queima da cana, enquanto que o diploma normativo atacado disciplinaria de maneira completamente diversa, na contramão da intenção que se extrairia do plano nacional. Seria, pois, cristalino que o tratamento dispensado pela legislação municipal iria de encontro ao sistema estruturado de maneira harmônica entre as esferas federal e estadual. Outrossim, não se poderia enquadrar a matéria como de interesse local, específico de um único município. O interesse seria abrangente, a atrair, portanto, para a disciplina do tema, a competência do Estado-membro, a apanhar outros municípios. Contudo, não haveria dúvida de que os municípios disporiam de competência para tratar da questão do meio ambiente. Esse seria um tema materialmente partilhado, seja no plano legislativo, seja no plano administrativo, entre as diversas entidades de direito público. Por fim, a solução trazida pela norma impugnada encontraria óbice na análise de sua proporcionalidade, porquanto já seria prevista pelo ordenamento solução menos gravosa, que equilibraria de maneira mais correta a relação custo-benefício. Desta feita, seria intransponível a conclusão pela sua inconstitucionalidade material. Vencida a Ministra Rosa Weber, que negava provimento ao recurso, considerado o que disposto no art. 23, VI, da CF ("Art. 23. É competência comum da União, dos Estados, do Distrito Federal e dos Municípios: VI – proteger o meio ambiente e combater a poluição em qualquer de suas formas").
RE 586224/SP, rel. Min. Luiz Fux, 5.3.2015. (RE-586224) (Inform. STF 776)

Competência concorrente para legislar sobre educação
Lei editada por Estado-membro, que disponha sobre número máximo de alunos em sala de aula na educação infantil, fundamental e média, não usurpa a competência da União para legislar sobre normas gerais de educação (CF, art. 24, IX, e § 3º). Com base nessa orientação, o Plenário julgou improcedente pedido formulado em ação direta de inconstitucionalidade ajuizada em face das alíneas a, b e c do inciso VII do art. 82 da LC 170/1998 do Estado de Santa Catarina. A Corte destacou a necessidade de rever sua postura "prima facie" em casos de litígios constitucionais em matéria de competência legislativa, de forma a prestigiar as iniciativas regionais e locais, a menos que ofendam norma expressa e inequívoca da Constituição. Pontuou que essa diretriz se ajustaria à noção de federalismo como sistema que visaria a promover o pluralismo nas formas de organização política. Asseverou que, em matéria de educação, a competência da União e dos Estados-membros seria concorrente. Aduziu que, com relação às normas gerais, os Estados-membros e o Distrito Federal possuiriam competência suplementar (CF, art. 24, § 2º) e a eles caberia suprir lacunas. Frisou a necessidade de não se ampliar a compreensão das denominadas normas gerais, sob pena de se afastar a autoridade normativa dos entes regionais e locais para tratar do tema. Enfatizou que o limite máximo de alunos em sala de aula seria uma questão específica relativa à educação e ao ensino e, sem dúvida, matéria de interesse de todos os entes da federação, por envolver circunstâncias peculiares de cada região. Ademais, a sistemática normativa estadual também seria compatível com a disciplina federal sobre o assunto, hoje fixada pela Lei 9.394/1996, que estabelece "as diretrizes e bases da educação nacional". Em seu art. 25, a lei federal deixaria nítido espaço para atuação estadual e distrital na determinação da proporção professor e aluno dos sistemas de ensino. Possibilitaria, assim, que o sistema estadual detalhasse de que maneira a proporção entre alunos e professores se verificaria no âmbito local. Sob o prisma formal, portanto, a Lei 9.394/1996 habilitaria a edição de comandos estaduais como os previstos nas alíneas a, b e c do inciso VII do art. 82 da LC 170/1998 do Estado de Santa Catarina. Sob o ângulo material, a lei catarinense ainda apresentaria evidente diretriz de prudência ao criar uma proporção aluno-professor que se elevaria à medida que aumentasse a idade dos alunos.
ADI 4060/SC, rel. Min. Luiz Fux, 25.2.2015. (ADI-4060) (Inform. STF 775)

Representação estudantil: competência privativa da União e autonomia universitária – 1
O Plenário iniciou julgamento de ação direta ajuizada em face da Lei 14.808/2005 do Estado do Paraná ("Art. 1º. É assegurada, nos estabelecimentos de ensino superior, públicos e privados, a livre organização dos Centros Acadêmicos, Diretórios Acadêmicos e Diretórios Centrais dos Estudantes, para representar os interesses e expressar os pleitos dos alunos. Art. 2º. É de competência exclusiva dos estudantes a definição das formas, dos critérios, dos estatutos e demais questões referentes à organização dos Centros Acadêmicos, Diretórios Acadêmicos e Diretórios Centrais dos Estudantes. Art. 3º. Os estabelecimentos de ensino a que se refere o artigo 1º da presente lei deverão garantir espaços, em suas dependências, para a divulgação e instalações para os Centros Acadêmicos, Diretórios Acadêmicos e Diretórios Centrais Estudantis, além de garantir: I – a livre divulgação dos jornais e outras publicações dos Centros Acadêmicos, Diretórios Acadêmicos e do Diretório Central dos Estudantes, bem como de suas Entidades Estudantis Estaduais e Nacionais; II – a participação dos Centros Acadêmicos, Diretórios Acadêmicos e do Diretório Central dos Estudantes nos Conselhos Fiscais e Consultivos das instituições de ensino; III – aos Centros Acadêmicos, Diretórios Acadêmicos e do Diretório Central dos Estudantes o acesso à metodologia da elaboração das planilhas de custos das instituições de ensino; IV – o acesso dos representantes das entidades estudantis às salas de aula e demais espaços de circulação dos estudantes, respeitando-se o bom senso. Art. 4º. Os espaços aos quais se refere o artigo anterior, deverão ser cedidos, preferencialmente, no prédio correspondente ao curso que o órgão estudantil representa, um para cada curso, em local que permita fácil acesso do aluno ao Centro Acadêmico de seu curso. Art. 5º. No caso de descumprimento das disposições desta lei, os estabelecimentos particulares de ensino superior estarão sujeitos à aplicação de multa, a ser fixada entre R$ 5.000,00 e R$ 50.000,00, corrigidos anualmente a partir da publicação desta lei. Parágrafo único. A multa prevista no caput será cobrada mensalmente, até o total cumprimento dos dispositivos previstos neste diploma legal. Art. 6º. Esta Lei entrará em vigor na data de sua publicação").
ADI 3757/PR, rel. Min. Dias Toffoli, 12.2.2015. (ADI-3757)

3. DIREITO CONSTITUCIONAL

Representação estudantil: competência privativa da União e autonomia universitária – 2
O Ministro Dias Toffoli (relator) julgou procedente o pedido formulado para declarar a inconstitucionalidade, na íntegra, da mencionada norma. Afirmou que as previsões contidas na legislação atacada atentariam contra a competência legislativa privativa da União relativamente ao direito civil e contra a autonomia conferida às entidades de ensino superior (CF, art. 207). Frisou que os artigos 1º e 2º da norma impugnada tratariam da liberdade de organização e da forma de constituição dos órgãos de representação estudantil, cujo conteúdo, nitidamente, seria de direito associativo, sub-ramo do direito civil, cuja regulação seria de competência privativa da União, na forma do art. 22, I, da CF. Por essa razão, reconheceu a inconstitucionalidade formal desses dispositivos. Por outro lado, observou que os artigos 3º e 4º do mesmo diploma legal padeceriam de inconstitucionalidade material. Ao assegurar às entidades de representação estudantil direito de alocação nos prédios dos estabelecimentos de ensino superior, a lei teria ofendido a autonomia administrativa e financeira das instituições de ensino. Em consequência, geraria impacto nos orçamentos públicos ou nos custos operacionais dos entes privados, na medida em que a manutenção dos referidos espaços constituiria ônus, o qual não seria repartido com o órgão de representação. Ademais, a obrigação de participação de toda e qualquer representação estudantil na composição dos conselhos acadêmicos também promoveria invasão da autonomia universitária, fosse pelo fato de importar em intromissão indevida na gestão administrativa da entidade, fosse pela quebra da autonomia didático-científica, quando da análise de posturas pedagógicas. Além disso, seria imprópria a garantia da livre divulgação dos informes da entidade e do acesso indiscriminado dos representantes estudantis às salas de aula, já que essa situação, se levada ao extremo, acabaria por inviabilizar o exercício do poder organizacional de que disporia a universidade sobre suas instalações, bem como sobre a própria atividade letiva, que poderia ser prejudicada. Por fim, declarou a inconstitucionalidade do art. 5º por arrastamento, haja vista sua dependência em relação aos demais dispositivos. Em seguida, pediu vista o Ministro Roberto Barroso.
ADI 3757/PR, rel. Min. Dias Toffoli, 12.2.2015. (ADI-3757) (Inform. STF 774)

Conflito federativo e imóvel afetado ao MPDFT - 3
Em conclusão de julgamento, o Plenário julgou procedente pedido formulado em ação cível originária na qual discutida a ocupação, pela Associação dos Magistrados de Roraima, de imóvel pertencente à União. No caso, este ente federativo ajuizara ação de reintegração de posse contra o Estado de Roraima e requerera a inclusão da aludida associação na lide, na condição de litisconsorte passivo — v. Informativo 634. O Colegiado esclareceu que a União cedera o imóvel ao Ministério da Justiça que, por sua vez, o cedera para uso do Ministério Público do Distrito Federal e Territórios - MPDFT, quando Roraima ainda era Território. Asseverou que seria inconteste a entrega do imóvel para esse fim e que, com a criação do novo Estado-membro, este deixaria de integrar o MPDFT. Assim, fora implementada a condição aposta em termo de entrega, segundo a qual haveria reversão do imóvel em favor do Serviço do Patrimônio Público da União, caso não fosse utilizado na finalidade prevista. A propriedade do imóvel sempre fora da União, e o ato normativo editado pela recém criada unidade federativa (LC estadual 2/1993, art. 256, III, c) — no sentido de que todos os imóveis por ela ocupados passariam ao seu domínio — não poderia dispor sobre propriedade pertencente à União. Tendo isso em conta, o Tribunal declarou a inconstitucionalidade da alínea c do inciso III do art. 256 da LC estadual 2/1993 e determinou a reintegração da União na posse do imóvel, o qual poderia ser desocupado, voluntariamente, no prazo de 90 dias, a contar do trânsito em julgado.
ACO 685/RR, rel. orig. Min. Ellen Gracie, red. p/ o acórdão Min. Marco Aurélio, 11.12.2014. (ACO-685) **(Inform. STF 771)**

RE 673.681/SP
RELATOR: Ministro Celso de Mello
Lei **municipal** contestada *em face de Constituição estadual*. **Possibilidade** *de controle normativo abstrato* por Tribunal de Justiça (**CF**, art. 125, § 2º). **Competência do Município** *para dispor sobre preservação* e *defesa da integridade do meio ambiente*. A **incolumidade** do patrimônio ambiental **como expressão** de um direito fundamental *constitucionalmente atribuído* à **generalidade** das pessoas (**RTJ** 158/205-206 **RTJ** 164/158-161, *v.g*). *A questão do meio ambiente* como um dos tópicos **mais** relevantes *da presente agenda nacional* e *internacional*. **O poder de regulação** *dos Municípios* **em tema** de formulação de políticas públicas, de regras e de estratégias **legitimadas** *por seu peculiar interesse* e **destinadas a viabilizar**, de modo efetivo, *a proteção local* do meio ambiente. **Relações** *entre alei* e *o regulamento*. **Os regulamentos de execução** (*ou subordinados*) **como condição** de eficácia e aplicabilidade da norma legal **dependente** *de regulamentação executiva*. **Previsão**, *no próprio corpo do diploma legislativo*, **da necessidade** *de sua regulamentação*. **Inocorrência de ofensa**, em tal hipótese, *ao postulado da reserva constitucional de administração*, que **traduz** emanação resultante **do dogma** *da divisão funcional do poder*. **Doutrina**. **Precedentes**. **Legitimidade da competência monocrática** do Relator para, *em sede recursal extraordinária*, *tratando-se* de fiscalização abstrata **sujeita** à competência originária dos Tribunais de Justiça (**CF**, art. 125, § 2º), **julgar** o apelo extremo, **em ordem**, *até mesmo*, a declarar a inconstitucionalidade **ou** a confirmar a validade constitucional do ato normativo impugnado. **Precedentes** (RE 376.440-ED/DF, Rel. Min. DIAS TOFFOLI, **Pleno**, *v.g*.). **Recurso extraordinário** *conhecido e provido*. DJ 16.12.2014. **(Inform. STF 770)**

ADI: leis de organização administrativa e competência legislativa
O Plenário conheceu em parte de ação direta ajuizada em face da EC estadual 30/2001, que alterara o inciso III do art. 63 da Constituição do Estado do Espírito Santo, e, na parte conhecida, julgou improcedente o pedido. A norma impugnada, ao alterar o referido dispositivo da constituição capixaba, fixara a competência privativa do Governador do Estado para a iniciativa de leis que dispusessem sobre a organização administrativa e de pessoal do Poder Executivo, exclusivamente. Segundo alegado, essa modificação teria contrariado os artigos 2º, 61, § 1º, II, b, e 84, VI, da CF, porquanto a competência privativa para iniciar leis referentes à matéria orçamentária e aos serviços públicos em geral, incluídos os demais Poderes, seria do chefe do Poder Executivo. Inicialmente, a Corte destacou que o art. 84, VI, da CF, supostamente violado, teria sido alterado antes do ajuizamento da ação direta, o que enseharia, no ponto, o não conhecimento do pedido. Na parte conhecida, o Plenário asseverou que a jurisprudência do STF seria no sentido de que a iniciativa privativa do chefe do Poder Executivo, prevista art. 61, § 1º, II, b, da CF, somente se aplicaria aos territórios federais. Ademais, a norma impugnada não ensejaria eventual descumprimento da separação de Poderes (CF, art. 2º), porquanto envolvida, na espécie, questão especificamente alusiva a caso em que não haveria essa interferência indevida. **ADI 2755/ES, rel. Min. Cármen Lúcia, 6.11.2014. (ADI-2755) (Inform. STF 766)**

ADI: inclusão de município em região metropolitana e competência legislativa
O Plenário julgou improcedente pedido formulado em ação direta ajuizada em face da LC 11.530/2000 do Estado Rio Grande do Sul. Na espécie, apontava-se a inobservância da iniciativa privativa do chefe do Poder Executivo para a edição da citada lei, em suposta ofensa aos artigos 61, § 1º, e; 63, I; e 84, III e IV, da CF, além do descumprimento da disciplina prevista no art. 25, § 3º, também do texto constitucional ["Art. 25. Os Estados organizam-se e regem-se pelas Constituições e leis que adotarem, observados os princípios desta Constituição. ... § 3º - Os Estados poderão, mediante lei complementar, instituir regiões metropolitanas, aglomerações urbanas e microrregiões, constituídas por agrupamentos de municípios limítrofes, para integrar a organização, o planejamento e a execução de funções públicas de interesse comum; Art. 61. A iniciativa das leis complementares e ordinárias cabe a qualquer membro ou Comissão da Câmara dos Deputados, do Senado Federal ou do Congresso Nacional, ao Presidente da República, ao Supremo Tribunal Federal, aos Tribunais Superiores, ao Procurador-Geral da República e aos cidadãos, na forma e nos casos previstos nesta Constituição. § 1º - São de iniciativa privativa do Presidente da República as leis que: ... e) criação e extinção de Ministérios e órgãos da administração pública, observado o disposto no art. 84, VI; Art. 63. Não será admitido aumento da despesa prevista: I - nos projetos de iniciativa exclusiva do Presidente

da República, ressalvado o disposto no art. 166, § 3° e § 4°; Art. 84. Compete privativamente ao Presidente da República: ... III - iniciar o processo legislativo, na forma e nos casos previstos nesta Constituição; ... IV - sancionar, promulgar e fazer publicar as leis, bem como expedir decretos e regulamentos para sua fiel execução"]. A norma impugnada, de iniciativa parlamentar, determina a inclusão do município de Santo Antônio da Patrulha na região metropolitana de Porto Alegre. ADI 2803/RS, rel. Min. Dias Toffoli, 6.11.2014. (ADI-2803) **(Inform. STF 766)**

Venda de produtos de conveniência e prestação de serviços em farmácias e drogarias
Na linha de precedentes firmados no sentido da não usurpação da competência legislativa da União, o Plenário deu provimento a agravo regimental e julgou improcedente pedido formulado em ação direta ajuizada em face da Lei 7.668/2004 do Estado da Paraíba. A referida norma autoriza "as farmácias e as drogarias a comercializar mercadorias de caráter não farmacêutico, bem como a prestar serviços de menos complexidade, considerados úteis à população". O Colegiado asseverou que a lei não teria regulamentado a comercialização privativa de drogas, medicamentos, insumos farmacêuticos e correlatos por farmácias e drogarias, tema regulado, em bases gerais, pela Lei 5.991/1973. A ausência de usurpação de competência reforçaria a atuação legítima da iniciativa legislativa estadual no campo suplementar. ADI 4952 AgR/PB, rel. Min. Luiz Fux, 29.10.2014. (ADI-4952) **(Inform. STF 765)**

ADI: norma processual e competência legislativa da União
O Plenário julgou procedente pedido formulado em ação direta para declarar a inconstitucionalidade do art. 7° e parágrafos da Lei 6.816/2007 do Estado de Alagoas. O dispositivo criara como requisito de admissibilidade, para a interposição de recurso inominado no âmbito dos juizados especiais, o depósito prévio de 100% do valor da condenação. O Tribunal sublinhou que a norma atacada versaria sobre admissibilidade recursal e, consequentemente, teria natureza processual. Dessa forma, seria evidente a inconstitucionalidade formal por ofensa ao art. 22, I, da CF ("Compete privativamente à União legislar sobre: I - direito civil, comercial, penal, processual, eleitoral, agrário, marítimo, aeronáutico, espacial e do trabalho"). Ademais, a mencionada lei dificultaria ou inviabilizaria a interposição de recurso para o conselho recursal. Assim, vulneraria os princípios constitucionais do acesso à jurisdição, do contraditório e da ampla defesa, contidos no art. 5°, XXXV e LV, da CF. ADI 4161/AL, rel. Min. Cármen Lúcia, 30.10.2014. (ADI-4161)

ADI e competência para criação de juizado especial
O Plenário confirmou medida cautelar (noticiada no Informativo 107) e julgou procedente pedido formulado em ação direta para declarar a inconstitucionalidade dos artigos 9° e 60 da Lei 6.176/1993 do Estado de Mato Grosso, alterado pela Lei 6.490/1994. Os dispositivos questionados, editados antes do advento da Lei 9.099/1995, estabelecem, respectivamente, as hipóteses de competência dos juizados especiais cíveis e criminais no âmbito do Poder Judiciário local. O Tribunal endossou fundamentação lançada na cautelar deferida e ressaltou que, não obstante o art. 98, § 1°, da CF, a criação dos juizados especiais no âmbito dos estados-membros dependeria de normas processuais para seu funcionamento, e seria privativa da União a competência para legislar sobre direito processual (CF, art. 22, I). ADI 1807/MT, rel. Min. Dias Toffoli, 30.10.2014. (ADI-1807) **(Inform. STF 765)**

Venda de produtos de conveniência e prestação de serviços em farmácias e drogarias
Na linha de precedentes já firmados no sentido da não usurpação da competência legislativa da União, o Plenário julgou improcedentes pedidos formulados em ações diretas de inconstitucionalidade ajuizadas, respectivamente, em face da Lei 2.248/2010 do Estado de Rondônia e da Lei 14.103/2010 do Estado de Pernambuco. Ambas as normas dispõem sobre o comércio de artigos de conveniência e a prestação de serviços em farmácias e drogarias. ADI 4950/RO, rel. Min. Cármen Lúcia, 15.10.2014. (ADI-4950) ADI 4957/PE, rel. Min. Cármen Lúcia, 15.10.2014. (ADI-4957) **(Inform. STF 763)**

Telefonia fixa e proibição de assinatura mensal
Por reputar usurpada a competência privativa da União para legislar sobre telecomunicações (CF, art. 22, IV), o Plenário confirmou medida acauteladora (noticiada no Informativo 592) para julgar procedente pedido formulado em ação direta ajuizada em face da Lei 13.854/2009 do Estado de São Paulo. A norma proíbe a cobrança de assinatura mensal pelas concessionárias de serviços de telecomunicações. ADI 4369/SP, rel. Min. Marco Aurélio, 15.10.2014. (ADI-4369) **(Inform. STF 763)**

ADI N. 4.387-SP
RELATOR: MIN. DIAS TOFFOLI
EMENTA: Ação direta de inconstitucionalidade. Lei n° 8.107, de 27 de outubro de 1992, e Decretos n° 37.420 e n° 37.421, todos do Estado de São Paulo. Regulamentação da atividade de despachante perante os órgãos da Administração Pública estadual. Competência legislativa privativa da União (art. 22, I e XVI, da CF/88). Ratificação da cautelar. Ação julgada procedente.
1. A Lei estadual n° 8.107/92, a pretexto de prescrever regras de caráter administrativo acerca da atuação dos despachantes junto aos órgãos públicos estaduais, acabou por regulamentar essa atividade, uma vez que estabeleceu os próprios requisitos para seu exercício. Violação da competência legislativa da União, a quem compete privativamente editar leis sobre direito do trabalho e sobre condições para o exercício de profissões. Precedentes. A norma de que trata o art. 5°, XIII, da Carta Magna, que assegura ser "livre o exercício de qualquer trabalho, ofício ou profissão, atendidas as qualificações profissionais que a lei estabelecer", deve ter caráter nacional, não se admitindo que haja diferenças entre os entes federados quanto aos requisitos ou condições para o exercício de atividade profissional.
2. O Estado de São Paulo, conforme se verifica nos arts. 7° e 8° da lei impugnada, impôs limites excessivos ao exercício da profissão de despachante no âmbito do Estado, submetendo esses profissionais liberais a regime jurídico assemelhado ao de função delegada da administração pública, afrontando materialmente o disposto no art. 5°, inciso XIII, da Carta Magna.
3. Ação direta de inconstitucionalidade julgada procedente. **(Inform. STF 762)**

ADI e venda de produtos de conveniência em farmácias e drogarias
Na linha de precedentes já firmados no sentido da não usurpação da competência legislativa da União, o Plenário julgou improcedentes pedidos formulados em ações diretas de inconstitucionalidade, apreciadas em conjunto, ajuizadas contra as Leis 4.353/2009, 14.588/2009, 63/2009, 12.623/2007 e 5.465/2005, respectivamente, do Distrito Federal e dos Estados do Ceará, do Amazonas, de São Paulo e do Piauí. As normas impugnadas dispõem sobre o comércio de artigos de conveniência em farmácias e drogarias. ADI 4423/DF, rel. Min. Dias Toffoli, 24.9.2014. (ADI-4423) ADI 4955/CE, rel. Min. Dias Toffoli, 24.9.2014. (ADI-4955) ADI 4956/AM, rel. Min. Dias Toffoli, 24.9.2014. (ADI-4956) ADI 4093/SP, rel. Min. Rosa Weber, 24.9.2014. (ADI-4093) ADI 4951/PI, rel. Min. Teori Zavascki, 24.9.2014. (ADI-4951) **(Inform. STF 760)**

ADPF: legislação municipal e regime de portos
O Plenário referendou medida cautelar concedida, durante o curso de férias coletivas, pelo Ministro Ricardo Lewandowski (Presidente) em arguição de descumprimento de preceito fundamental para suspender a eficácia da expressão "exceto granel sólido" constante dos artigos 17, I, e 22, § 3°, III, bem como do item IV do anexo 11, todos da LC 730/2011 do Município de Santos/SP, na redação dada pela LC municipal 813/2013. A norma em questão disciplina o ordenamento do uso e da ocupação do solo na área insular municipal e dá outras providências. Preliminarmente, a Corte, por maioria, resolveu questão de ordem, suscitada pelo Ministro Marco Aurélio (relator), no sentido de permitir a sustentação oral em referendo em medida cautelar. O Tribunal apontou o quanto disposto no § 2° do art. 10 da Lei 9.868/1999 ("No julgamento do pedido de medida cautelar, será facultada sustentação oral aos representantes judiciais do requerente e das autoridades ou órgãos responsáveis pela expedição do ato, na forma estabelecida no Regimento do Tribunal"), o qual seria aplicado, por analogia, ao procedimento da ADPF. Vencido o suscitante, que destacava o teor do § 2°

do art. 131 do RISTF ("Não haverá sustentação oral nos julgamentos de agravo, embargos declaratórios, arguição de suspeição e medida cautelar"). No mérito, o Plenário apontou que a restrição à atividade portuária, no tocante às operações com granéis sólidos, apenas poderia ocorrer por meio de legislação federal, tendo em conta a interpretação sistemática dos artigos 21, XII, f, e 22, X, da CF ["Art. 21. Compete à União: ... XII - explorar, diretamente ou mediante autorização, concessão ou permissão: ... f) os portos marítimos, fluviais e lacustres; Art. 22. Compete privativamente à União legislar sobre: ... X - regime dos portos, navegação lacustre, fluvial, marítima, aérea e aeroespacial"]. Afirmou que a inobservância ou limitação à repartição constitucional de competências legislativas e materiais implicaria flagrante desprezo à autonomia política e funcional das entidades federativas. Por fim, julgou prejudicado o agravo regimental interposto. ADPF 316 Referendo-MC/ DF, rel. Min. Marco Aurélio, 25.9.2014. (ADPF-316) **(Inform. STF 760)**

ADI e competência legislativa - 1
O Plenário confirmou medida cautelar (noticiada no Informativo 43) e julgou procedente pedido formulado em ação direta para declarar a inconstitucionalidade do art. 300 da Constituição do Estado do Pará e da Lei Complementar paraense 31/1996. As normas impugnadas dispõem, respectivamente, sobre populações indígenas e instituição do Conselho Estadual Indigenista - Conei, com a imposição de atribuições ao Ministério Público estadual. O Tribunal reiterou a competência privativa da União para legislar sobre a matéria, bem como a missão institucional do Ministério Público Federal para a defesa dos direitos e interesses dessas populações.

ADI e competência legislativa - 2
Por afronta ao art. 22, XI, da CF, o Plenário confirmou medida cautelar (noticiada no Informativo 153) e julgou procedente pedido formulado em ação direta para declarar a inconstitucionalidade da Lei 11.311/1999, do Estado do Rio Grande do Sul, que dispõe sobre a inspeção técnica de veículos naquela unidade federada. O Tribunal destacou que a assembleia legislativa, ao disciplinar tema inserido na noção conceitual de trânsito, atuara com excesso no exercício de sua competência normativa. Salientou, ainda, que a matéria não se confundiria com a denominada "política de educação para segurança no trânsito", prevista no art. 23, XII, da CF.
ADI 1972/RS, rel. Min. Teori Zavascki, 18.9.2014. (ADI-1972) **(Inform. STF 759)**

ADI e venda de produtos de conveniência em farmácias e drogarias
Ao aplicar o entendimento firmado na ADI 4.954/AC (acórdão pendente de publicação — v. Informativo 755), o Plenário julgou improcedentes pedidos formulados em ações diretas de inconstitucionalidade ajuizadas contra as Leis 4.663/2005, 792/2010 e 18.679/2009, respectivamente, dos Estados do Rio de Janeiro, Roraima e Minas Gerais. As normas impugnadas disciplinam o comércio varejista de artigos de conveniência em farmácias e drogarias. O Tribunal reafirmou que as referidas leis não teriam usurpado competência da União para legislar sobre proteção e defesa à saúde, tampouco ofendido o direito à saúde.
ADI 4949/RJ, rel. Min. Ricardo Lewandowski, 11.9.2014. (ADI-4949)
ADI 4948/RR, rel. Min. Gilmar Mendes, 11.9.2014. (ADI-4948) ADI 4953/MG, rel. Min. Gilmar Mendes, 11.9.2014. (ADI-4953) **(Inform. STF 758)**

ADI e criação de município
O Plenário confirmou medida cautelar (noticiada no Informativo 712) e julgou procedente pedido formulado em ação direta para assentar a inconstitucionalidade da Lei 2.264/2010, do Estado de Rondônia. A norma questionada cria o Município de Extrema de Rondônia a partir de desmembramento de área territorial do Município de Porto Velho; fixa seus limites territoriais; e informa os distritos a integrarem a nova municipalidade. O Tribunal registrou a existência de inúmeros precedentes da Corte quanto à impossibilidade de criação de municípios em desconformidade com a Constituição (art. 18, § 4°). ADI 4992/RO, rel. Min. Gilmar Mendes, 11.9.2014 (ADI-4992) **(Inform. STF 758)**

Julgamento de contas de Presidente da Câmara Municipal e competência
O Plenário conheceu, em parte, de ação direta e, na parte conhecida, julgou o pedido procedente para declarar a inconstitucionalidade da expressão "e o Presidente da Câmara", contida no art. 29, § 2°, da Constituição do Estado do Espírito Santo. A norma prevê o julgamento das contas anuais do Presidente da Câmara Municipal pela respectiva Casa Legislativa. No tocante ao referido dispositivo, o Colegiado confirmou a medida cautelar (noticiada no Informativo 143). Reputou que a Constituição seria assente em definir o papel específico do Legislativo municipal para julgar, após parecer prévio do Tribunal de Contas, as contas anuais elaboradas pelo Chefe do Executivo local, sem abrir margem de ampliação para outros agentes ou órgãos públicos. Assim, a norma adversada, ao alargar a competência de controle externo exercida pelas Câmaras Municipais para alcançar, além do Prefeito, o Presidente da Câmara Municipal, alteraria esse modelo. Por outro lado, assentou o prejuízo da ação no que se refere aos incisos I e II do art. 71 da Constituição estadual, tendo em conta alteração substancial de seu texto, com a supressão das expressões "e pela Mesa da Assembleia Legislativa" e "e Mesas das Câmaras Municipais". ADI 1964/ES, rel. Min. Dias Toffoli, 4.9.2014. (ADI-1964) **(Inform. STF 757)**

Regulamentação de atividade profissional e competência legislativa
O Plenário julgou procedente pedido formulado em ação direta para declarar a inconstitucionalidade da Lei 8.107/1992 e dos Decretos 37.420/1993 e 37. 421/1993, todos do Estado de São Paulo. As normas regulamentam a atividade de despachante perante os órgãos da Administração Pública estadual. O Colegiado asseverou que os diplomas estabelecem requisitos para o exercício da atividade profissional, o que implicaria violação da competência legislativa da União, à qual cabe privativamente editar leis sobre direito do trabalho e sobre condições para o exercício profissional. Pontuou que o art. 5°, XIII, da CF ("XIII - é livre o exercício de qualquer trabalho, ofício ou profissão, atendidas as qualificações profissionais que a lei estabelecer") teria caráter nacional, e não se admitiriam diferenças entre os entes federados quanto a requisitos ou condições para exercer atividade profissional. Frisou que as normas em comento teriam imposto limites excessivos ao exercício do ofício de despachante e submetido esses profissionais liberais a regime jurídico assemelhado ao de função delegada da Administração Pública, em confronto material com a Constituição. ADI 4387/SP, rel. Min. Dias Toffoli, 4.9.2014. (ADI-4387) **(Inform. STF 757)**

ADI e venda de produtos de conveniência em farmácias e drogarias - 1
O Plenário julgou improcedente pedido formulado em ação direta de inconstitucionalidade ajuizada contra a Lei 2.149/2009, do Estado do Acre, que disciplina o comércio varejista de artigos de conveniência em farmácias e drogarias. O Tribunal, preliminarmente, afastou a alegação de que a via eleita seria inadequada por ser imprescindível o exame de compatibilidade entre a norma estadual impugnada e a legislação federal, para concluir-se pela usurpação ou não de competência da União. Aduziu que, à vista da regra constitucional do § 1° do art. 24 da CF, bastaria o exame do ato normativo atacado, mediante a ação direta, para saber se o Estado-membro adentrara o campo reservado à União. Observou que, nos autos, se discutiria se a lei estadual usurpara competência da União para legislar sobre normas gerais de proteção e de defesa da saúde, além de violar o direito à saúde (CF, artigos 6°, "caput"; 24, XII, §§ 1° e 2°; e 196). Reconheceu que o sistema de distribuição de competências materiais e legislativas privativas, concorrentes e comuns entre os três entes da Federação, assim como estabelecido na Constituição e tendo em vista a aplicação do princípio da predominância do interesse, seria marcado pela complexidade, e não seria incomum acionar-se o STF para solucionar problemas de coordenação e sobreposição de atos legislativos, especialmente federais e estaduais.

ADI e venda de produtos de conveniência em farmácias e drogarias - 2
A Corte verificou que a harmonia do sistema federativo encontraria no STF momento exegético determinante, com destaque para os conflitos surgidos ante o condomínio legislativo previsto no art. 24 da CF — a

competência da União para dispor acerca de normas gerais sobre as matérias previstas no § 1°, e a concorrente dos Estados-membros e do Distrito Federal para, em caráter suplementar, fazer observar a realidade própria de cada unidade federativa contida no § 2°. Mencionou que o inciso XII do aludido art. 24 versaria a competência concorrente entre a União e os Estados-membros no campo da proteção e defesa da saúde. Ressaltou que cumpriria ao ente central editar normas gerais e diretrizes fundamentais, e aos locais, as suplementares, em face do que estabelecesse o legislativo federal. Recordou que, na inicial, o Procurador-Geral da República apontara que a União teria exercido a competência geral, relativa ao tema do processo, por meio da Lei 5.991/1973, segundo a qual o comércio de drogas, medicamentos e de insumos farmacêuticos seria privativo de farmácias e drogarias. Concluiu que os Estados-membros e o Distrito Federal poderiam autorizar, mediante lei e em observância ao que disposto no mencionado diploma federal, a comercialização dos chamados artigos de conveniência pelos aludidos estabelecimentos sem que isso representasse invasão da esfera de ação legislativa da União. O Pleno explicou que a norma impugnada não cuidaria de proteção e defesa da saúde, mas sim de local de venda de certos produtos. Além disso, ainda que se entendesse existente a disciplina relativa à saúde, esta se dera no campo suplementar, e descaberia cogitar da edição de normas gerais pelo Estado do Acre.

ADI e venda de produtos de conveniência em farmácias e drogarias - 3
O Tribunal explicitou que, ao autorizar a venda de artigos de conveniência por farmácias e drogarias, o legislador estadual nada dispusera sobre saúde, e sim acerca do comércio local. Ponderou que não se trataria de operações de venda interestadual, em relação às quais incumbiria à União a disciplina (CF, art. 22, VIII), e que inexistiria norma constitucional específica a respeito da regulação do comércio de artigos de conveniência. Desse modo, remanesceria a competência dos Estados-membros para legislar sobre o tema (CF, art. 25, § 1°), permitido aos Municípios disporem de forma complementar, caso imprescindível diante de particularidades e interesses locais, em observância a normas federais e estaduais. Rememorou que, por meio da Lei 5.991/1973, regulamentada pelo Decreto 74.170/1974, a União estabelecera normas gerais sobre o controle sanitário do comércio de drogas, medicamentos, insumos farmacêuticos e correlatos. Entretanto, nada dispusera acerca da venda de bens de conveniência por farmácias e drogarias. Ao contrário do que afirmado na peça inicial, a disciplina federal não seria abrangente a ponto de ter excluído o legislador estadual margem política para editar atos dessa natureza e com esse conteúdo. Consignou que, apesar de ser privativo das farmácias e drogarias o comércio de drogas, medicamentos e de insumos farmacêuticos, não existiria proibição de esses estabelecimentos comercializarem outros produtos. Afirmou que, por meio da norma federal, procurara-se garantir a segurança da saúde do consumidor e, como diretriz essencial nesse campo, que esses produtos fossem vendidos apenas por estabelecimentos especializados, nos quais atuaria profissional habilitado — o farmacêutico. Contudo, isso não autorizaria interpretação no sentido de que a especialização necessária excluiria a possibilidade de farmácias e drogarias comercializarem bens diversos. Na realidade, esse entendimento implicaria situação inversa à alegada na ação direta — a de invasão de competência dos Estados--membros pela União, haja vista que uma norma com esse conteúdo, ao entrar em pormenores, viria a extrapolar o campo de normas gerais, princípios e questões fundamentais.

ADI e venda de produtos de conveniência em farmácias e drogarias - 4
O Plenário frisou que admitir que a União, a despeito de editar normas gerais, regulasse situações particulares, de modo a esgotar o tema legislado, implicaria esvaziamento do poder dos Estados-membros de legislar supletivamente. Ao assim proceder, não se preservariam regras de convivência entre os entes, pois se permitiria que o ente central sufocasse a autonomia política dos Estados-membros e do Distrito Federal. Reputou que, ausente normatização explicitamente oposta às diretrizes gerais estabelecidas em lei federal, dever-se-ia prestigiar a autonomia dos entes estaduais. Refutou a assertiva de que haveria legítima proibição ao comércio varejista de artigos de conveniência em farmácias e drogarias pela Anvisa (Resolução RDC 328/1999, com a redação dada pela Resolução RDC 173/2003). Realçou que inovação infralegal na ordem jurídica não poderia ser oposta ao exercício legislativo dos Estados-membros, sob pena de afronta ao princípio da legalidade. Depreendeu que a circunstância de a Lei 9.782/1999, mediante a qual for criada a aludida agência, haver instituído amplo espaço de atuação regulatória em favor da autarquia não a tornaria titular de atribuição tipicamente legislativa, de modo a poder expedir atos de hierarquia eventualmente superior às leis estaduais.

ADI e venda de produtos de conveniência em farmácias e drogarias - 5
A Corte sublinhou que, na espécie, a pretensão formulada na inicial revelaria medida restritiva de direitos inapta a atingir o fim público visado; desnecessária ante a possibilidade de o propósito buscado ser alcançado por meios menos onerosos às liberdades fundamentais envolvidas; e desproporcional por promover desvantagens que superariam, em muito, eventuais vantagens. Enfatizou não haver implicação lógica entre a proibição de venda de produtos de conveniência em farmácias e drogarias — o meio — e a prevenção do uso indiscriminado de medicamentos — o fim. Salientou que, ainda que se admitisse a adequação ínfima da medida, esta seria desnecessária em razão de haver outros meios menos onerosos e hábeis a alcançar o propósito almejado, sem representar limitações ao exercício da livre iniciativa, como, por exemplo, controle de venda de remédios mediante receita médica, bem assim políticas de informação e campanhas de conscientização. Asseverou que as desvantagens em cercear as atividades econômicas do referido segmento comercial, considerados os efeitos negativos, principalmente, no tocante à disponibilidade de empregos e à comodidade oferecida à população, revelar-se-iam superiores às vantagens, relativas ao campo da saúde, cujo alcance sequer se mostraria abstrato ou empiricamente viável. ADI 4954/AC, rel. Min. Marco Aurélio, 20.8.2014. (ADI-4954) **(Inform. STF 755)**

ADI: lei estadual e regras para empresas de planos de saúde
Afronta a regra de competência privativa da União para legislar sobre direito civil e comercial, e sobre política de seguros (CF, art. 22, I e VII, respectivamente), a norma estadual que determina prazos máximos para a autorização de exames, que necessitem de análise prévia, a serem cumpridos por empresas de planos de saúde, de acordo com a faixa etária do usuário. Com base nessa orientação, o Plenário julgou procedente pedido formulado em ação direta para declarar a inconstitucionalidade da Lei pernambucana 14.464/2011. Preliminarmente, o Tribunal reconheceu a legitimidade ativa da Unidas – União Nacional das Instituições de Autogestão em Saúde, porque teria como membros pessoas e entidades com um propósito específico. No mérito, asseverou que a lei questionada disporia sobre matéria contratual, portanto, de direito civil e, na hipótese, tema assimilável a seguros, da competência privativa da União. ADI 4701/PE, rel. Min. Roberto Barroso, 13.8.2014. (ADI-4701) **(Inform. STF 754)**

Carteira de identidade: tipo sanguíneo e fator Rh - 1
O Plenário, por maioria, julgou improcedentes pedidos formulados em ações diretas de inconstitucionalidade ajuizadas contra a Lei 12.282/2006, do Estado de São Paulo, e a Lei 14.851/2009, do Estado de Santa Catarina, que dispõem sobre a inclusão dos dados sanguíneos na carteira de identidade emitida pelo órgão de identificação do Estado-membro. O Tribunal observou que o devido equacionamento da distribuição constitucional de competências legislativas entre a União, os Estados-membros, o Distrito Federal e os Municípios levaria sempre em conta o princípio federativo. Sublinhou que a exigência de conformação legislativa uniforme da matéria no território nacional emergiria da própria finalidade social da manutenção de registros. Constatou que a natureza jurídica da cédula de identidade seria de registro público e sua disciplina legislativa competiria privativamente à União (CF, art. 22, XXV). Salientou que, ao fixar a competência privativa da União no tocante à natureza, à forma, à validade e aos efeitos dos registros públicos em geral e da carteira de identidade em particular, a Constituição imporia aos Estados--membros, ao Distrito Federal e aos Municípios a observância do quanto disciplinado pela União sobre a matéria.

3. DIREITO CONSTITUCIONAL

Carteira de identidade: tipo sanguíneo e fator Rh - 2
A Corte frisou que o art. 1º da Lei 7.116/1983 asseguraria a validade e a fé pública em todo o território nacional às carteiras de identidade emitidas pelos órgãos de identificação dos Estados-membros, do Distrito Federal e dos Territórios. O art. 3º desse diploma legislativo relacionaria os elementos que a carteira de identidade deveria conter obrigatoriamente e o art. 4º facultaria a inclusão de outros dados no documento, desde que solicitada pelo interessado ("Art 4º - Desde que o interessado o solicite a Carteira de Identidade conterá, além dos elementos referidos no art. 3º desta Lei, os números de inscrição do titular no Programa de Integração Social - PIS ou no Programa de Formação do Patrimônio do Servidor Público - PASEP e no Cadastro de Pessoas Físicas do Ministério da Fazenda. § 1º - O Poder Executivo Federal poderá aprovar a inclusão de outros dados opcionais na Carteira de Identidade. § 2º - A inclusão na Carteira de Identidade dos dados referidos neste artigo poderá ser parcial e dependerá exclusivamente da apresentação dos respectivos documentos comprobatórios"). Registrou que o rol das informações cujo registro nos documentos pessoais de identificação seria facultado ao cidadão teria sido ampliado pela Lei 9.049/1995 ("Art. 1º Qualquer cidadão poderá requerer à autoridade pública expedidora o registro, no respectivo documento pessoal de identificação, do número e, se for o caso, da data de validade dos seguintes documentos: 1. Carteira Nacional de Habilitação; 2. Título de Eleitor; 3. Cartão de Identidade do Contribuinte do Imposto de Renda; 4. Identidade Funcional ou Carteira Profissional; 5. Certificado Militar. Art. 2º Poderão, também, ser incluídas na Cédula de Identidade, a pedido do titular, informações sucintas sobre o tipo sanguíneo, a disposição de doar órgãos em caso de morte e condições particulares de saúde cuja divulgação possa contribuir para preservar a saúde ou salvar a vida do titular").

Carteira de identidade: tipo sanguíneo e fator Rh - 3
O Plenário consignou que o Poder Legislativo da União, no exercício da competência prevista no art. 22, XXV, da CF, introduzira no ordenamento jurídico pátrio, mediante o art. 2º da Lei 9.049/1995, autorização para que as autoridades públicas expedidoras — os órgãos estaduais responsáveis pela emissão das carteiras de identidade — registrassem, quando solicitado pelos interessados, informações relativas ao tipo sanguíneo e ao fator Rh nos documentos pessoais de identificação. Ressaltou, por oportuno, que a Lei 9.454/1997, ao instituir o número único de Registro de Identidade Civil - RIC de modo a centralizar o cadastro de registros de identificação pessoal no Sistema Nacional de Registro de Identificação Civil, e ainda em fase inicial de implementação, em nada alteraria o panorama legislativo federal pertinente. Enfatizou que, ao determinar que o órgão estadual responsável pela emissão da carteira de identidade incluísse no documento, quando solicitado pelo interessado, o registro do seu tipo sanguíneo e fator Rh, as leis impugnadas guardariam absoluta conformidade material com a disciplina da União relativamente ao documento pessoal de identificação, particularmente o disposto no art. 2º da Lei 9.049/1995. Explicitou que, ainda que vedado aos entes federados legislar sobre registros públicos propriamente, se inseriria no âmbito de sua competência legislativa a disciplina da organização e da atuação dos órgãos integrantes das estruturas administrativas dos Estados-membros e do Distrito Federal, aos quais competiria a expedição dos documentos pessoais de identificação. Afirmou que os diplomas em debate observariam fielmente a conformação legislativa do documento pessoal de identificação — cédula de identidade — como delineada pela União no exercício da competência privativa prevista no art. 22, XXV, da CF.

Carteira de identidade: tipo sanguíneo e fator Rh - 4
O Tribunal avaliou que as leis estaduais limitar-se-iam a orientar a atuação administrativa do órgão estadual responsável pela emissão da carteira de identidade, no tocante ao cumprimento do disposto no art. 2º da Lei 9.049/1995, de modo que não haveria usurpação de competência privativa da União para legislar sobre registros públicos. Realçou que as normas veiculariam comando e instruções endereçadas unicamente ao órgão estadual responsável pela emissão do documento, no sentido de observar o regramento federal. Asseverou que a vigência da norma federal que autorizaria as autoridades públicas expedidoras a registrar, quando solicitadas pelos interessados, informações relativas ao tipo sanguíneo e ao fator Rh nos documentos pessoais de identificação delimitaria a eficácia do diploma estadual impugnado. Reputou, por fim, que os diplomas estaduais em comento não disporiam sobre direitos ou deveres dos particulares — limitado o seu escopo a disciplinar a organização e a atuação do órgão da Administração estadual responsável pela emissão da carteira de identidade — tampouco se poderia falar em afronta à competência privativa da União para legislar sobre direito civil (CF, art. 22, I). Os Ministros Roberto Barroso, Marco Aurélio, Celso de Mello e Ricardo Lewandowski (Presidente eleito) acrescentaram que as normas estaduais inserir-se-iam no âmbito de proteção à saúde, o que justificaria a competência estadual. Vencido o Ministro Luiz Fux, que julgava procedentes os pedidos para declarar a inconstitucionalidade das lei estaduais. Pontuava que a competência seria exclusiva da União, por se tratar de matéria a envolver direitos da personalidade e de registros públicos, que deveriam ser uniformes em todo o Brasil. Precedente citado: ADI 2.254/ES (DJU de 26.9.2003). ADI 4007/SP, rel. Min. Rosa Weber, 13.8.2014. (ADI-4007) ADI 4343/SC, rel. Min. Rosa Weber, 13.8.2014. (ADI-4343) **(Inform. STF 754)**

ADI e competência estadual - 1
O Plenário confirmou medida cautelar e julgou procedente, em parte, pedido formulado em ação direta para declarar a inconstitucionalidade das expressões *municipais* e *de empresa pública e de sociedade de economia mista*, constantes do § 5º do art. 28 da Constituição do Estado do Rio Grande do Norte (*Os vencimentos dos servidores públicos estaduais e municipais, da administração direta, indireta autárquica, fundacional, de empresa pública e de sociedade de economia mista são pagos até o último dia de cada mês, corrigindo-se monetariamente os seus valores, se o pagamento se der além desse prazo*). O Tribunal asseverou, à época, que, ao incluir os municípios, a norma estadual estaria a afrontar a autonomia municipal, consagrada nos artigos 29 e 30 da CF. Aduziu, ainda, que os Estados-membros não poderiam impor obrigações de natureza civil, comercial ou trabalhista às empresas públicas e às sociedades de economia mista, porquanto sujeitas ao regime das empresas privadas.

ADI e competência estadual - 2
O Plenário julgou procedente pedido formulado em ação direta para confirmar medida cautelar e declarar a inconstitucionalidade do art. 40 do ADCT da Constituição do Estado de Minas Gerais (*Fica assegurada isonomia de remuneração entre os servidores das entidades Caixa Econômica do Estado de Minas Gerais e Banco de Desenvolvimento de Minas Gerais para os cargos, empregos e funções de atribuições iguais ou assemelhadas*). O Tribunal consignou que as empresas em questão estariam sujeitas a regime trabalhista, razão pela qual o constituinte estadual não poderia tratar de temática relativa a direito do trabalho no âmbito de empresas públicas e de sociedades de economia mista. ADI 318/MG, rel. Min. Gilmar Mendes, 19.2.2014. (ADI-318)

DIREITO CONSTITUCIONAL. HIPÓTESE DE DEFERIMENTO DE PEDIDO DE INTERVENÇÃO FEDERAL. Deve ser deferido pedido de intervenção federal quando verificado o descumprimento pelo Estado, sem justificativa plausível e por prazo desarrazoado, de ordem judicial que tenha requisitado força policial (art. 34, VI, da CF) para promover reintegração de posse em imóvel rural ocupado pelo MST, mesmo que, no caso, tenha se consolidado a invasão por um grande número de famílias e exista, sem previsão de conclusão, procedimento administrativo de aquisição da referida propriedade pelo Incra para fins de reforma agrária. Intervenção federal é medida de natureza excepcional, porque restritiva da autonomia do ente federativo. Daí serem as hipóteses de cabimento taxativamente previstas no art. 34 da CF. Nada obstante sua natureza excepcional, a intervenção se impõe nas hipóteses em que o Executivo estadual deixa de fornecer, sem justificativa plausível, força policial para o cumprimento de ordem judicial. É certo que a ocupação de grande número de famílias é sempre um fato que merece a consideração da autoridade encarregada da desocupação, mas não é em si impeditiva da intervenção. Ademais, a suposta ocupação por considerável contingente de pessoas pode ser resultado da falta de cumprimento da decisão judicial em tempo razoável. No estado democrático de direito, é crucial o funcionamento das instituições; entre elas, os órgãos do Poder Judiciário. A inércia do Estado-executivo em dar cumprimento à decisão do Estado-juiz enfraquece o Estado de direito, que caracteriza a República brasileira. Precedente citado: IF 103-PR, DJe 21/8/2008. **IF 107-PR, Rel. Min. João Otávio de Noronha, julgado em 15/10/2014. (Inform. STJ 550)**

DIREITO CONSTITUCIONAL. HIPÓTESE DE INDEFERIMENTO DE PEDIDO DE INTERVENÇÃO FEDERAL. Pode ser indeferido pedido de intervenção federal fundado no descumprimento de ordem judicial que tenha requisitado força policial para promover reintegração de posse em imóvel rural produtivo ocupado pelo MST caso, passados vários anos desde que prolatada a decisão transgredida, verifique-se que a remoção das diversas famílias que vivem no local irá, dada a inexistência de lugar para acomodar de imediato as pessoas de forma digna, causar estado de conflito social contrastante com a própria justificação institucional da medida de intervenção. Tecnicamente a recusa em fornecer força policial para a desocupação ordenada pelo Poder Judiciário caracteriza a situação prevista no art. 36, II, da CF, pois há desobediência à ordem "judiciária", o que justificaria a intervenção (art. 34, VI) para "prover a execução da ordem ou decisão judicial". Entretanto, a situação em análise – que envolve pedido de remoção, após corridos vários anos, de diversas famílias sem destino ou local de acomodação digna – revela quadro de inviável atuação judicial, assim como não recomenda a intervenção federal para compelir a autoridade administrativa a praticar ato do qual vai resultar conflito social muito maior que o suposto prejuízo do particular. Mesmo presente a finalidade de garantia da autoridade da decisão judicial, a intervenção federal postulada perde a intensidade de sua razão constitucional ao gerar ambiente de insegurança e intranquilidade em contraste com os fins da atividade jurisdicional, que se caracteriza pela formulação de juízos voltados à paz social e à proteção de direitos. Com efeito, pelo princípio da proporcionalidade, não deve o Poder Judiciário promover medidas que causem coerção ou sofrimento maior que sua justificação institucional e, assim, a recusa pelo Estado não é ilícita. Cabe registrar que se cuida de caso de afetação por interesse público que se submete ao regime próprio dessa modalidade jurisprudencial de perda e aquisição da propriedade, que se resolverá em reparação a ser buscada via ação de indenização (desapropriação indireta) promovida pelo interessado. Portanto, revela-se defensável o afastamento da necessidade de intervenção federal contra o Estado e, ao contrário, parece manifestar-se evidente a hipótese de perda da propriedade por ato lícito da administração, não remanescendo outra alternativa que respeitar a ocupação dos ora possuidores como corolário dos princípios constitucionais da dignidade da pessoa humana, da construção de sociedade livre, justa e solidária com direito à reforma agrária e acesso à terra e com erradicação da pobreza, marginalização e desigualdade social. **IF 111-PR, Rel. Min. Gilson Dipp, julgado em 1º/7/2014 (vide Informativo n. 401). (Inform. STJ 545)**

Súmula Vinculante STF 46
A definição dos crimes de responsabilidade e o estabelecimento das respectivas normas de processo e julgamento são da competência legislativa privativa da União.

Súmula Vinculante STF 39
Compete privativamente à União legislar sobre vencimentos dos membros das polícias civil e militar e do corpo de bombeiros militar do Distrito Federal.

Súmula Vinculante STF 38
É competente o Município para fixar o horário de funcionamento de estabelecimento comercial.

Súmula vinculante STF nº 2
É inconstitucional a lei ou ato normativo estadual ou distrital que disponha sobre sistemas de consórcios e sorteios, inclusive bingos e loterias.

Súmula STF nº 722
São da competência legislativa da união a definição dos crimes de responsabilidade e o estabelecimento das respectivas normas de processo e julgamento.

Súmula STF nº 647
Compete privativamente à União legislar sobre vencimentos dos membros das polícias civil e militar do Distrito Federal.

Súmula STF nº 646
Ofende o princípio da livre concorrência lei municipal que impede a instalação de estabelecimentos comerciais do mesmo ramo em determinada área.

Súmula STF nº 419
Os municípios têm competência para regular o horário do comércio local, desde que não infrinjam leis estaduais ou federais válidas.

Súmula STJ nº 19
A fixação do horário bancário, para atendimento ao público, é da competência da União.

4. ADMINISTRAÇÃO PÚBLICA

Ato do CNJ e extensão de gratificação de servidor público
A Primeira Turma iniciou julgamento de mandado de segurança impetrado em face de ato do CNJ, que determinara a alteração da Resolução 10/2010 do Tribunal de Justiça do Estado da Bahia, para que o referido ato normativo contemplasse, no rol de beneficiários da Gratificação por Condições Especiais de Trabalho – CET, determinada categoria de servidores. O Ministro Marco Aurélio (relator), ao deferir o mandado de segurança, afirmou que a alteração da Resolução 10/2010, determinada pelo CNJ, produziria o efeito de uma equiparação remuneratória, sob o fundamento de isonomia, entre atividades que, embora dotadas de algum grau de semelhança, não seriam idênticas. Não competiria àquele órgão de controle interferir em atividade reservada ao tribunal de justiça (CF, art. 99). Assim, o art. 6º da Resolução 10/2010, ao disciplinar o alcance subjetivo da gratificação em comento, teria observado o art. 1º da Lei estadual 11.919/2010. Este diploma conferira legítimo campo de avaliação quanto aos potenciais beneficiados, em atenção às funções desempenhadas e às restrições orçamentárias existentes. Portanto, a decisão impugnada, ao igualar a remuneração de categorias distintas de agentes públicos, revelaria desrespeito às balizas constitucionais relativas à atuação administrativa do CNJ. Ademais, se, conforme o Enunciado 339 da Súmula do STF, aos órgãos do Poder Judiciário seria vedado evocar o princípio da isonomia para implementar equiparação remuneratória, com maior razão não poderia fazê-lo órgão administrativo, porquanto este seria vinculado à lei (CF, artigos 37, "caput", e 103-B, § 4º, II). O Ministro Edson Fachin, em divergência, denegou a segurança. Destacou que a Lei estadual 11.919/2010, que criara a gratificação, não teria afastado o direito dos demais servidores efetivos – à luz do seu art. 1º, "caput" – à percepção daquele benefício. Essa interpretação seria corroborada pelo fato de que o próprio tribunal de justiça, ao regulamentar a lei, estendera a outros servidores efetivos o direito à citada gratificação. Fundamentada desse modo a possibilidade de extensão da gratificação criada por lei, não haveria como, em sede de mandado de segurança – cuja dilação probatória seria limitada – infirmar essa conclusão. Assim, havendo, em tese, direito à percepção da gratificação, não haveria ilegalidade na decisão do CNJ, que reconhecera a omissão e determinara que o tribunal de justiça regulamentasse as condições pelas quais outros servidores a recebessem. Em seguida, pediu vista dos autos o Ministro Roberto Barroso.
MS 31285/DF, rel. Min. Marco Aurélio, 27.10.2015. (MS-31285) (Inform. STF 805)

Remuneração de servidor público e vício formal
O Plenário, confirmando medida cautelar (noticiada no Informativo 603), julgou procedente pedido formulado em ação direta e assentou a inconstitucionalidade do art. 3º da Lei 15.215/2010 do Estado de Santa Catarina, que dispõe sobre a criação de gratificações para os servidores da Procuradoria-Geral do Estado, da Secretaria de Estado da Adminis-

tração e do Instituto de Previdência do Estado de Santa Catarina. Na espécie, a norma impugnada, que trata de matéria de iniciativa do Chefe do Poder Executivo, fora acrescida por meio de emenda parlamentar em projeto de conversão de medida provisória. A Corte declarou a inconstitucionalidade formal do referido dispositivo legal por entender que a emenda parlamentar teria implicado o aumento da despesa pública originalmente prevista, bem como por não haver pertinência entre o dispositivo inserido pela emenda parlamentar e o objeto original da medida provisória submetida à conversão em lei.
ADI 4433/SC, rel. Min. Rosa Weber, 18.6.2015. (ADI-4433) (Inform. STF 790)

Mandado de Injunção: aposentadoria especial de oficiais de justiça – 8
O Plenário, em conclusão de julgamento e por maioria, denegou a ordem em mandado de injunção coletivo impetrado contra alegada omissão quanto à regulamentação do art. 40, § 4º, da CF, para fins de aposentadoria especial de ocupantes do cargo de oficial de justiça avaliador federal. O sindicato impetrante requeria, ainda, a aplicação analógica da disciplina prevista na LC 51/1985, no que regulamenta a aposentadoria especial para servidor público policial – v. Informativos 594 e 764. A Corte afirmou que a eventual exposição a situações de risco – a que poderiam estar sujeitos os servidores ora substituídos – não garantiria direito subjetivo constitucional à aposentadoria especial. A percepção de gratificações ou adicionais de periculosidade, assim como o fato de poderem obter autorização para porte de arma de fogo de uso permitido (Lei 10.826/2003, art. 10, § 1º, I, c/c o art. 18, § 2º, I, da IN 23/2005-DG-DPF, e art. 68 da Lei 8.112/1990) não seriam suficientes para reconhecer o direito à aposentadoria especial, em razão da autonomia entre o vínculo funcional e o previdenciário. Os incisos do § 4º do art. 40 da CF utilizariam expressões abertas: "portadores de deficiência", "atividades de risco" e "condições especiais que prejudiquem a saúde ou a integridade física". Dessa forma, a Constituição teria reservado a concretização desses conceitos a leis complementares, com relativa liberdade de conformação, por parte do legislador, para traçar os contornos dessas definições. A lei poderia prever critérios para identificação da periculosidade em maior ou menor grau, nos limites da discricionariedade legislativa, mas o estado de omissão inconstitucional restringir-se-ia à indefinição das atividades inerentemente perigosas. Quanto às atribuições dos oficiais de justiça, previstas no art. 143 do CPC, eles poderiam estar sujeitos a situações de risco, notadamente quando no exercício de suas funções em áreas dominadas pela criminalidade, ou em locais marcados por conflitos fundiários. No entanto, esse risco seria contingente, e não inerente ao serviço, ou seja, o perigo na atividade seria eventual.
MI 833/DF, rel. Min. Cármen Lúcia, red. p/ o acórdão Min. Roberto Barroso, 11.6.2015. (MI-833)

Mandado de Injunção: aposentadoria especial de oficiais de justiça – 9
O Plenário asseverou que não se estaria a defender, entretanto, a impossibilidade jurídica de a lei prever critérios para aferição de situações concretas de risco no serviço público, para fins de concessão de aposentadoria especial. Seria uma questão de constatar que somente se enquadrariam no conceito de "atividade de risco" aquelas atividades perigosas por sua própria natureza. Portanto, somente em relação a essas atividades existiria um estado de omissão inconstitucional, salvo no caso das "estritamente policiais", já contempladas pela LC 51/1985. No tocante às demais, o reconhecimento do direito à aposentadoria especial dependeria da discricionariedade legislativa, respeitadas as disposições da Constituição. No que tange à alegada prerrogativa para portar arma de fogo, essa não projetaria, de forma automática, efeitos sobre o vínculo previdenciário, de modo a reduzir o tempo de contribuição necessário para aposentadoria. Os diferentes requisitos para usufruir de adicionais trabalhistas e para obter aposentadoria especial demonstrariam a autonomia entre esses institutos. O Congresso Nacional, ao cumprir o dever de legislar previsto no art. 40, § 4º, II, da CF, poderia prever critérios mais ou menos elásticos para identificação das "atividades de risco", mas não poderia deixar de contemplar as atividades inerentemente perigosas, sob pena de violação ao núcleo essencial do dispositivo. Assim, embora as atividades dos substituídos processualmente pudessem ser, em tese, previstas na lei a ser editada, a norma dependeria de escolha política, a

ser exercida dentro do espaço próprio de deliberação majoritária, respeitadas as disposições constitucionais. Vencidos os Ministros Cármen Lúcia (relatora) e Ricardo Lewandowski (Presidente), que concediam em parte a ordem para integrar a norma constitucional e garantir a viabilidade do direito assegurado aos substituídos que estivessem no desempenho efetivo da função de oficial avaliador, aplicado o inciso I do art. 1º da LC 51/1985, no que coubesse, a partir da comprovação dos dados, em cada caso concreto, perante a autoridade administrativa competente, e o Ministro Teori Zavascki, que também concedia a ordem em parte, mas por outros fundamentos. Entendia que fugiria ao âmbito do mandado de injunção a análise específica do enquadramento ou não da atividade desempenhada pelos servidores em algumas das hipóteses abrangidas pelo regime geral da previdência social – RGPS. Por essa razão, a exigência de prova do trabalho habitual e permanente em condições especiais – a partir de 29.4.1995, com a modificação do art. 57, § 3º, da Lei 8.213/1991 pela Lei 9.032/1995 e as limitações efetuadas pelo já revogado Decreto 2.172/1997, a partir de 6.3.1997 – deveria ser apreciada no pleito de aposentadoria especial e não na via do mandado de injunção. Assim, determinava que a autoridade administrativa competente procedesse à análise do pedido de aposentadoria especial dos servidores públicos representados pela entidade impetrante, com a aplicação subsidiária das normas do RGPS, conforme o Enunciado 33 da Súmula Vinculante.
MI 833/DF, rel. Min. Cármen Lúcia, red. p/ o acórdão Min. Roberto Barroso, 11.6.2015. (MI-833) (Inform. STF 789)

MI: aposentadoria especial e servidores do Poder Judiciário e do Ministério Público – 3
Por ocasião do julgamento do MI 833/DF, acima noticiado, o Tribunal apreciou, em conjunto, o MI 844/DF – v. Informativo 594 e 764. Na espécie, o substituto processual pleiteava o benefício da aposentadoria especial aos servidores inspetores e agentes de segurança judiciária, analistas e técnicos do Ministério Público da União com atribuições de segurança, e demais servidores com atribuições relacionadas a funções de segurança. O Plenário, por maioria, denegou a ordem, reiterada a fundamentação expendida no MI 833/DF, vencidos os Ministros Ricardo Lewandowski (relator e Presidente), Cármen Lúcia e Teori Zavascki.
MI 844/DF, rel. Min. Ricardo Lewandowski, red. p/ o acórdão Min. Roberto Barroso, 11.6.2015. (MI-844) (Inform. STF 789)

**REFERENDO EM MED. CAUT. EM AC N. 3.562-MG
RELATORA: MIN. CÁRMEN LÚCIA**
EMENTA: REFERENDO NA MEDIDA CAUTELAR NA AÇÃO CAUTELAR. ABSTENÇÃO DE INSCRIÇÃO DE ESTADO-MEMBRO NO CADPREV, NO CAUC E NO CADIN. SUSPENSÃO DOS REGISTROS DE INADIMPLÊNCIA. EMISSÃO DE CERTIFICADO DE REGULARIDADE PREVIDENCIÁRIA. MEDIDA LIMINAR PARCIALMENTE DEFERIDA. REFERENDO.
1. O Supremo Tribunal Federal tem reconhecido conflito federativo em situações nas quais a União, valendo-se de registros de pretensas inadimplências dos Estados no Sistema Integrado de Administração Financeira – SIAFI, impossibilita a emissão do Certificado de Regularidade Previdenciária, o repasse de verbas federais e a celebração de convênios. **2.** O registro da entidade federada, por alegada inadimplência, nesse cadastro federal pode sujeitá-la a efeitos gravosos, com desdobramentos para a transferência de recursos. **3.** Em cognição primária e precária, estão presentes o sinal do bom direito e o perigo da demora. **4.** Medida liminar referendada. **(Inform. STF 789)**

ADI e "softwares" abertos – 3
A preferência pelo "software" livre, longe de afrontar os princípios constitucionais da impessoalidade, da eficiência e da economicidade, promove e prestigia esses postulados, além de viabilizar a autonomia tecnológica do País. Com base nessa orientação, o Plenário reputou improcedente pedido formulado em ação direta ajuizada contra a Lei 11.871/2002 do Estado do Rio Grande do Sul, que estabelece regime de preferência abstrata em favor de "softwares" livres quando da aquisição de programas de computador pela Administração Pública gaúcha – v. Informativo 686 (medida cautelar noticiada no Informativo 343). De início, o Plenário distinguiu os "softwares" livres dos "softwares" proprietários. Enquanto os "softwares" proprietários

(também conhecidos como fechados) apenas permitiriam a utilização pelo seu destinatário, os "softwares" livres (cognominados abertos) viabilizariam, além da utilização, a sua cópia, sua alteração e a sua redistribuição para a Administração. Esclareceu que um mesmo programa de computador poderia configurar-se como "software" livre ou proprietário, a depender da extensão dos direitos conferidos ao seu usuário no contrato de licenciamento. A distinção, portanto, diria respeito à formatação jurídica da licença, ou seja, à extensão dos poderes facultados ao licenciado pelo negócio jurídico que possibilitasse acesso ao programa de computador. Lembrou que a Lei 11.871/2002 criara regras de preferência para a aquisição de "softwares" livres por parte da Administração Pública direta, indireta, autárquica e fundacional daquela entidade federativa, assim como os órgãos autônomos e empresas sob o controle do Poder Público estadual. A preferência, no entanto, fora apenas relativa porque a própria Lei 11.871/2002, em seu artigo 3º, admitira a contratação de programas de computador com restrições proprietárias, nas seguintes hipóteses específicas: a) quando o "software" analisado atender ao contento o objetivo licitado ou contratado; e b) quando a utilização de programa livre e/ou código fonte aberto causar incompatibilidade operacional com outros programas utilizados pela Administração. O Tribunal asseverou que a norma questionada não afrontaria o art. 61, II, b, da CF, na medida em que versa tema de licitação no âmbito da Administração Pública estadual, e não de matéria orçamentária, menos ainda de organização administrativa. Ademais, a iniciativa legislativa prevista no aludido dispositivo constitucional teria sido reservada ao Presidente da República apenas por se tratar de matéria adstrita aos Territórios.
ADI 3059/RS, rel. orig. Min. Ayres Britto, red. p/ o acórdão Min. Luiz Fux, 9.4.2015. (ADI-3059)

ADI e "softwares" abertos – 4
A Corte entendeu que tampouco haveria ofensa ao art. 22, XXVII, da CF, uma vez não haver contrariedade às normas gerais sobre licitações e contratações públicas em vigor. Frisou que a falta de previsão expressa no art. 24 da CF não representaria impedimento constitucional à atividade legiferante dos entes federativos sobre a matéria de licitações e contratos administrativos. Além disso, a Lei gaúcha 11.871/2002 apenas concretizaria o princípio da padronização já insculpido no art. 15, I, da Lei 8.666/1993 ("Art.15. As compras, sempre que possível, deverão: I – atender ao princípio da padronização, que imponha compatibilidade de especificações técnicas e de desempenho, observadas, quando for o caso, as condições de manutenção, assistência técnica e garantia oferecidas"). Assim, a norma questionada também não teria afrontado o devido processo legislativo por vício de iniciativa e o princípio da separação de Poderes. Segundo o Tribunal, em nenhum momento a regra legal teria excluído do universo de possíveis contratantes pelo Poder Público qualquer sujeito. O que a lei do Estado do Rio Grande do Sul fizera fora reconhecer que o contrato de licenciamento a ser celebrado pelo Poder Público deveria ter conteúdo amplo, a viabilizar não apenas a utilização do "software", mas também sua modificação e distribuição. Não haveria, na hipótese, qualquer restrição à competitividade. Ainda, não haveria afronta aos princípios da eficiência e da economicidade (CF, artigos 37, "caput" e 70, "caput") porque, ao optar por um "software" livre, a Administração Pública teria garantido sua: a) liberdade de execução, por poder executar o programa para qualquer propósito; b) liberdade de conhecimento, por poder estudar o funcionamento do programa e adaptá-lo livremente às suas necessidades; e c) liberdade de compartilhamento, porque uma única cópia do programa poderia ser utilizada por todos os funcionários de um mesmo órgão público ou por qualquer outro ente, fosse ele pessoa física ou jurídica, sem custos adicionais. Nesse cenário, existiriam razões suficientes para que o legislador, em nome do postulado constitucional da eficiência, determinasse que os contratos de licenciamento de "softwares" livres fossem preferencialmente adotados pela Administração Pública, em detrimento dos contratos de licenciamento proprietário.
ADI 3059/RS, rel. orig. Min. Ayres Britto, red. p/ o acórdão Min. Luiz Fux, 9.4.2015. (ADI-3059) (Inform. STF 780)

ADI N. 4.639-GO
RELATOR: MIN. TEORI ZAVASCKI
Ementa: PREVIDENCIÁRIO E CONSTITUCIONAL. LEI 15.150/05, DO ESTADO DE GOIÁS. CRIAÇÃO DE REGIME DE PREVIDÊNCIA ALTERNATIVO EM BENEFÍCIO DE CATEGORIAS DE AGENTES PÚBLICOS NÃO REMUNERADOS PELOS COFRES PÚBLICOS. INADMISSIBILIDADE. CONTRASTE COM OS MODELOS DE PREVIDÊNCIA PREVISTOS NOS ARTS. 40 (RPPS) E 201 (RGPS) DA CF.
1. A Lei estadual 15.150/05 estabeleceu regime previdenciário específico para três classes de agentes colaboradores do Estado de Goiás, a saber: (a) os delegatários de serviço notarial e registral, que tiveram seus direitos assegurados pelo art. 51 da Lei federal 8.935, de 18 de novembro de 1994; (b) os serventuários do foro judicial, admitidos antes da vigência da Lei federal 8.935, de 18 de novembro de 1994; e (c) os antigos segurados facultativos com contribuição em dobro, filiados ao regime próprio de previdência estadual antes da publicação da Lei 12.964, de 19 de novembro de 1996.
2. No julgamento da ADI 3106, Rel. Min. Eros Grau, DJe de 29/9/10, o Plenário invalidou norma que autorizava Estado-membro a criar sistema previdenciário especial para amparar agentes públicos não efetivos, por entender que, além de atentatória ao conteúdo do art. 40, § 13, da Constituição Federal, tal medida estaria além da competência legislativa garantida ao ente federativo pelo art. 24, XII, do texto constitucional.
3. Presente situação análoga, é irrecusável a conclusão de que, ao criar, no Estado de Goiás, um modelo de previdência extravagante – destinado a beneficiar agentes não remunerados pelos cofres públicos, cujo formato não é compatível com os fundamentos constitucionais do RPPS (art. 40), do RGPS (art. 201) e nem mesmo da previdência complementar (art. 202) – o poder legislativo local desviou-se do desenho institucional que deveria observar e, além disso, incorreu em episódio de usurpação de competência, atuando para além do que lhe cabia nos termos do art. 24, XII, da CF, o que resulta na invalidade de todo o conteúdo da Lei 15.150/05.
4. Ação direta de inconstitucionalidade julgada procedente, com modulação de efeitos, para declarar a inconstitucionalidade integral da Lei 15.150/2005, do Estado de Goiás, ressalvados os direitos dos agentes que, até a data da publicação da ata deste julgamento, já houvessem reunido os requisitos necessários para obter os correspondentes benefícios de aposentadoria ou pensão. **(Inform. STF 780)**

Embargos de declaração e modulação de efeitos
O Plenário iniciou julgamento de questão de ordem e de embargos de declaração opostos de acórdão que acolhera, em parte, pedido formulado em ação direta e declarara a inconstitucionalidade dos incisos I, II, IV e V do art. 7º da LC 100/2007 do Estado de Minas Gerais. Na ocasião, a Corte modulara os efeitos da declaração de inconstitucionalidade para: a) em relação aos cargos para os quais não tivesse havido concurso público em andamento ou com prazo de validade em curso, dar efeitos prospectivos à decisão, de modo a somente produzir efeitos a partir de 12 meses, contados da data da publicação da ata de julgamento; e b) quanto aos cargos para os quais existisse concurso em andamento ou dentro do prazo de validade, dar efeitos imediatos à decisão (mérito noticiado no Informativo 740). Ao apreciar os embargos de declaração, o Ministro Dias Toffoli (relator) asseverou não existir omissão, contradição ou obscuridade, além da impossibilidade de se analisar, em ação direta, todas as situações concretas decorrentes da declaração de inconstitucionalidade. No entanto, a respeito dos servidores da educação básica da rede estadual de ensino, informações trazidas aos autos teriam demonstrado necessidade de alargamento do prazo estipulado, porque a decisão teria alcançado 80 mil servidores em pleno ano letivo, com concursos em andamento e outros cuja validade teria sido prorrogada. No tocante ao ensino superior, teriam sido publicados editais de concurso para preenchimento de vagas. Nesse ponto, o relator acolheu, em parte, os embargos de declaração para, em relação aos servidores da educação básica e superior do Estado-membro, estender o prazo de modulação dos efeitos até o final de dezembro de 2015. Relativamente à questão de ordem apresentada, o relator declarou, ainda, que deveriam ser mantidos válidos os efeitos produzidos pelo acordo celebrado entre

3. DIREITO CONSTITUCIONAL

a União, o Estado de Minas Gerais e o INSS – o qual teria sido homologado pelo STJ em julgamento de recurso especial – no que tange à aplicação de regime próprio de previdência social aos servidores atingidos pela declaração de inconstitucionalidade parcial do art. 7º da LC 100/2007, com a manutenção do período de contribuição junto ao regime próprio. Em seguida, pediu vista a Ministra Cármen Lúcia.
ADI 4876 ED/DF, rel. Min. Dias Toffoli, 26.3.2015. (ADI-4876) (Inform. STF 779)

ADI: Previdência dos militares e lei específica – 1

O Plenário iniciou julgamento de ação direta ajuizada em face da LC 39/2002, do Estado do Pará, que institui o Regime de Previdência Estadual e estabelece regras jurídico-previdenciárias aplicáveis tanto a servidores públicos civis quanto a militares daquele ente federativo. O Ministro Luiz Fux (relator) julgou parcialmente procedente o pedido formulado para declarar a inconstitucionalidade dos dispositivos que regulam a previdência dos militares, no que foi acompanhado pelos Ministros Cármen Lúcia, Rosa Weber e Dias Toffoli. Afirmou que o regime jurídico previdenciário dos militares estaduais deveria ser fixado em lei específica, compreendida como lei monotemática, não orgânica e exclusivamente destinada a essa categoria de agentes públicos. Ressaltou que a Constituição, com as alterações promovidas pela EC 18/1998, teria imposto um dever de reconhecimento da situação especial dos militares, em virtude das peculiaridades de suas atividades, inerentes à soberania nacional e à segurança pública (CF, art. 142, § 3º, X). No caso, a LC estadual 39/2002 estabelecera em único diploma regra jurídico-previdenciária aplicada a servidores civis e militares do Estado do Pará. Desse modo, teria contrariado expressa e literalmente o art. 42, § 1º, c/c o art. 142, § 3º, X, da CF ("Art. 42 Os membros das Polícias Militares e Corpos de Bombeiros Militares, instituições organizadas com base na hierarquia e disciplina, são militares dos Estados, do Distrito Federal e dos Territórios. § 1º Aplicam-se aos militares dos Estados, do Distrito Federal e dos Territórios, além do que vier a ser fixado em lei, as disposições do art. 14, § 8º; do art. 40, § 9º; e do art. 142, §§ 2º e 3º, cabendo a lei estadual específica dispor sobre as matérias do art. 142, § 3º, inciso X, sendo as patentes dos oficiais conferidas pelos respectivos governadores. Art. 142. As Forças Armadas, constituídas pela Marinha, pelo Exército e pela Aeronáutica, são instituições nacionais permanentes e regulares, organizadas com base na hierarquia e na disciplina, sob a autoridade suprema do Presidente da República, e destinam-se à defesa da Pátria, à garantia dos poderes constitucionais e, por iniciativa de qualquer destes, da lei e da ordem. ... X – a lei disporá sobre o ingresso nas Forças Armadas, os limites de idade, a estabilidade e outras condições de transferência do militar para a inatividade, os direitos, os deveres, a remuneração, as prerrogativas e outras situações especiais dos militares, consideradas as peculiaridades de suas atividades, inclusive aquelas cumpridas por força de compromissos internacionais e de guerra").
ADI 5154/PA, rel. Min. Luiz Fux, 5.2.2015. (ADI-5154)

ADI: Previdência dos militares e lei específica – 2

A Ministra Cármen Lúcia ponderou que considerar as expressões constitucionais "nos termos da lei" ou "conforme a lei" como sinônimos de "lei específica" seria reconhecer que a Constituição conteria palavras inúteis, o que contrariaria a teoria constitucional. Em divergência, o Ministro Teori Zavascki julgou improcedente o pedido formulado. Pontuou que, no que se refere à exigência de lei específica para dispor sobre o regime dos militares, o sentido da palavra "lei" seria um sentido de tratamento normativo. Desse modo, não se poderia confundir essa exigência com a de simplesmente ter duas leis do ponto de vista formal. Assim, reputou ter havido tratamento jurídico específico para militares, embora inserido formalmente em lei que disposto também, mas de modo diferente, sobre o Regime Jurídico dos Servidores Civis. Salientou que compreendida a questão do ponto de vista material, ou seja, da imposição constitucional de existência de um regime jurídico específico para militares e não de uma lei específica do ponto de vista formal, não haveria a alegada inconstitucionalidade. Em seguida, pediu vista o Ministro Gilmar Mendes.
ADI 5154/PA, rel. Min. Luiz Fux, 5.2.2015. (ADI-5154) (Inform. STF 773)

ADI: constituição estadual e afastamento sindical

O Plenário, por maioria, julgou improcedente pedido formulado em ação direta ajuizada contra o § 7º do art. 110 da Constituição do Estado do Amazonas ("Art. 110 - O Estado e os Municípios instituirão, no âmbito de sua competência, regime jurídico único e planos de carreira para os servidores da administração pública direta, das autarquias e das fundações instituídas e mantidas pelo Poder Público. ... § 7º. O servidor público, investido em função executiva em Instituição Sindical representativa de classe, será afastado do serviço pelo tempo que durar seu mandato, sendo-lhe asseguradas todos os direitos e vantagens do cargo como se em exercício estivesse, exceto promoção por merecimento"). Inicialmente, a Corte afastou preliminar de prejudicialidade da ação, porque lei estadual superveniente limitara-se a regulamentar o dispositivo atacado. No mérito, o Tribunal afirmou que o § 7º do art. 110 da Constituição estadual continuaria em vigor e o preceito questionado, quanto ao afastamento para o mandato sindical, teria o mesmo teor da norma referente aos servidores federais (Lei 8.112/1990). Rememorou que, no julgamento da medida cautelar, o STF teria assentado que a Constituição estadual se afiguraria instrumento normativo hábil para assegurar aos respectivos dirigentes sindicais o afastamento do exercício do cargo, sem prejuízo de vencimentos e vantagens. Ressaltou que, se seria legítimo à União conceder aos servidores federais licença para o desempenho de atividade sindical por lei ordinária, com mais razão os Estados-membros poderiam adotar a mesma benesse por norma constitucional. Refutou a alegação de que o Estado-membro teria ônus pelo número de servidores que possivelmente tivesse de contratar, porquanto nada impediria que o legislador estadual viesse a fixar número máximo de servidores afastados. Sublinhou que a garantia da remuneração e dos direitos inerentes ao exercício de cargo público, ao servidor afastado para atividade em função executiva em instituição sindical, teria suporte no art. 37, VI, da CF. Destacou que sem essa prerrogativa ficaria inviável a atividade sindical por servidores públicos que dependeriam de remuneração. Vencido o Ministro Marco Aurélio, que julgava procedente o pedido. Pontuava que haveria inconstitucionalidade formal por vício de iniciativa, em virtude de a norma questionada não ter sido proposta pelo Poder Executivo. **ADI 510/AM, rel. Min. Cármen Lúcia, 11.6.2014. (ADI-510) (Inform. STF 750)**

🗎 Súmula vinculante STF nº 20

A Gratificação de Desempenho de Atividade Técnico-Administrativa – GDATA, instituída pela Lei n. 10.404/2002, deve ser deferida aos inativos nos valores correspondentes a 37,5 (trinta e sete vírgula cinco) pontos no período de fevereiro e maio de 2002 e, nos termos do artigo 5º, parágrafo único, da Lei n. 10.404/2002, no período de junho de 2002 até a conclusão dos efeitos do último ciclo de avaliação a que se refere o artigo 1º da Medida Provisória no 198/2004, a partir da qual passa a ser de 60 (sessenta) pontos.

🗎 Súmula vinculante STF nº 16

Os artigos 7º, IV, e 39, § 3º (redação da EC 19/98), da Constituição, referem-se ao total da remuneração percebida pelo servidor público.

🗎 Súmula vinculante STF nº 15

O cálculo de gratificações e outras vantagens do servidor público não incide sobre o abono utilizado para se atingir o salário mínimo.

🗎 Súmula STF nº 726

Para efeito de aposentadoria especial de professores, não se computa o tempo de serviço prestado fora da sala de aula.

No julgamento da ADI 3772 (DJe 29.10.2009), o Supremo Tribunal Federal, em Sessão Plenária, por maioria, decidiu que as funções de direção, coordenação e assessoramento pedagógico integram a carreira do magistério, desde que exercidos, em estabelecimentos de ensino básico, por professores de carreira, excluídos os especialistas em educação, fazendo jus aqueles que as desempenham ao regime especial de aposentadoria estabelecido nos arts. 40, § 4º, e 201, § 1º, da Constituição Federal.

🗎 Súmula STF nº 686

Só por lei se pode sujeitar a exame psicotécnico a habilitação de candidato a cargo público.

Súmula STF nº 685
É inconstitucional toda modalidade de provimento que propicie ao servidor investir-se, sem prévia aprovação em concurso público destinado ao seu provimento, em cargo que não integra a carreira na qual anteriormente investido.

Súmula STF nº 684
É inconstitucional o veto não motivado à participação de candidato a concurso público.

Súmula STF nº 683
O limite de idade para a inscrição em concurso público só se legitima em face do art. 7º, XXX, da Constituição, quando possa ser justificado pela natureza das atribuições do cargo a ser preenchido.

Súmula STF nº 681
É inconstitucional a vinculação do reajuste de vencimentos de servidores estaduais ou municipais a índices federais de correção monetária.

Súmula STJ nº 467
Prescreve em cinco anos, contados do término do processo administrativo, a pretensão da Administração Pública de promover a execução da multa por infração ambiental.

Súmula STJ nº 378
Reconhecido o desvio de função, o servidor faz jus às diferenças salariais decorrentes.

Súmula STJ nº 377
O portador de visão monocular tem direito de concorrer, em concurso público, às vagas reservadas aos deficientes.

5. PODER LEGISLATIVO
5.1. Poder legislativo em geral
Parlamentar e imunidade
A imunidade parlamentar é uma proteção adicional ao direito fundamental de todas as pessoas à liberdade de expressão, previsto no art. 5º, IV e IX, da Constituição. Assim, mesmo quando desbordem e se enquadrem em tipos penais, as palavras dos congressistas, desde que guardem alguma pertinência com suas funções parlamentares, estarão cobertas pela imunidade material do art. 53, "caput", da Constituição ("Art. 53. Os Deputados e Senadores são invioláveis, civil e penalmente, por quaisquer de suas opiniões, palavras e votos"). Com base nessa orientação, a Primeira Turma, em julgamento conjunto e por maioria, rejeitou a queixa-crime oferecida em face de senador a quem fora imputado a prática dos delitos de calúnia, injúria e difamação. Na espécie, parlamentar teria postado na rede social "facebook" que ex-Presidente da República teria cometido crimes e, ainda, teria impetrado "habeas corpus" preventivo relativo a atos de corrupção ocorrido no âmbito da Petrobrás. De início, a Turma assentou o caráter reprovável e lamentável com o qual as críticas à suposta condutas de um ex-Presidente da República teriam sido feitas. Na sequencia, ressaltou que a imunidade material conferida aos parlamentares não seria uma prerrogativa absoluta. Restringir-se-ia a opiniões e palavras externadas, dentro ou fora do recinto do Congresso Nacional, mas no exercício do mandato ou em razão dele. Prevaleceria, portanto, a compreensão de que a imunidade parlamentar não se estenderia para opiniões ou palavras que pudessem malferir a honra de alguém quando essa manifestação estivesse dissociada do exercício do mandato. Para o Colegiado, a Constituição teria garantido uma tolerância com o uso – que normalmente fosse considerado abusivo – do direito de expressar livremente suas opiniões, quando proveniente de parlamentar no exercício de seus respectivos mandatos. Essa condescendência se justificaria para assegurar um bem maior – a própria democracia. Entre um parlamentar acuado pelo eventual receio de um processo criminal e um parlamentar livre para expor as suspeitas que pairassem sobre outros homens públicos, mesmo que de forma que pudesse ser considerada abusiva e, portanto, criminosa, o caminho trilhado pela Constituição seria o de conferir liberdade ao congressista. Assim, a regra da imunidade deveria prevalecer nas situações limítrofes em que não fosse delineada a conexão entre a atividade parlamentar e as ofensas irrogadas a pretexto de exercê-la, mas que, igualmente, não se pudesse, de plano, dizer que exorbitassem do exercício do mandato. Inq 4088/DF, rel. Min. Edson Fachin, 1º.12.2015. (Inq-4088)
Inq 4097/DF, rel. Min. Edson Fachin, 1º.12.2015. (Inq-4097) (Inform. STF 810)

Agravo regimental e interesse recursal
O Plenário, por maioria, não conheceu de agravo regimental interposto pelo Presidente da Câmara dos Deputados em face de decisão monocrática que indeferira pedido de medida liminar formulado em mandado de segurança em que se pleiteava a suspensão da análise isolada, pela Câmara dos Deputados, dos Projetos de Decreto Legislativo 384/1997, 1.376/2009, 40/2011 e 42/2011, mas que sinalizara ao Congresso Nacional que as votações futuras de contas presidenciais anuais deveriam ocorrer em sessão conjunta. A Corte afirmou que estaria configurada, na espécie, a falta de interesse recursal, na medida em que não haveria, na decisão monocrática objeto de impugnação, ato com conteúdo decisório desfavorável ao agravante. Naquela decisão, quando da apreciação do pedido de liminar, fora assentada a existência do "fumus boni iuris". Isso porque decorreria da Constituição que a competência para julgar as contas do Presidente da República seria das duas casas do Congresso Nacional e não de cada uma delas individualmente. Essa interpretação seria extraída do seguinte conjunto de argumentos constitucionais, então demonstrados: a) caráter exemplificativo do rol de hipóteses de sessões conjuntas (CF, art. 57, § 3º); b) natureza mista da comissão incumbida do parecer sobre as contas (CF, art. 161, § 1º); c) reserva da matéria ao regimento comum, que disciplina as sessões conjuntas (CF, art. 161, "caput" e § 2º), nas quais ambas as Casas se manifestam de maneira simultânea; d) previsão expressa, pois quando a Constituição desejara a atuação separada de uma das Casas em matéria de contas presidenciais assim o fizera (CF, art. 51, II); e e) simetria entre a forma de deliberação das leis orçamentárias e a de verificação do respectivo cumprimento. Portanto, fora destacada, naquele ato, a existência de plausibilidade do direito alegado. No entanto, constatado que, na ocasião, as contas presidenciais em questão já haviam sido julgadas, não se verificaria o "periculum in mora", devendo ser denegada a liminar. Assim, não teria sido praticado nenhum ato desfavorável à Câmara dos Deputados. Em última análise, o agravo em questão se insurgiria contra a fundamentação da decisão monocrática proferida, na parte do "fumus boni iuris". Vencido o Ministro Gilmar Mendes, que negava provimento ao agravo regimental por entender presente o interesse recursal.
MS 33729/DF, rel. Min. Roberto Barroso, 3.9.2015. (MS-33729) (Inform. STF 797)

EMENTA: **CPI/PETROBRAS**. **IMPUGNAÇÃO MANDAMENTAL** AO ATO QUE DETERMINOU BUSCA E APREENSÃO *DE DOCUMENTOS E COMPUTADORES* DOS IMPETRANTES. **NATUREZA** *DOS PODERES DE INVESTIGAÇÃO* DAS COMISSÕES PARLAMENTARES DE INQUÉRITO. **DELIMITAÇÃO CONSTITUCIONAL** DAS ATRIBUIÇÕES *DESSE ÓRGÃO DE INVESTIGAÇÃO LEGISLATIVA*. ATOS CUJA PRÁTICA *É PERMITIDA* A QUALQUER CPI. **PRECEDENTES**. **IMPOSSIBILIDADE JURÍDICA** *DE CPI* PRATICAR ATOS **SOBRE OS QUAIS** INCIDA *A CLÁUSULA CONSTITUCIONAL DA RESERVA DE JURISDIÇÃO*, **COMO** A BUSCA E APREENSÃO *DOMICILIAR*, *v.g.*. **DOUTRINA**. **PRECEDENTE**. **POSSIBILIDADE**, *CONTUDO*, **DE A CPI** ORDENAR *BUSCA E APREENSÃO* DE BENS, OBJETOS E COMPUTADORES, **DESDE QUE** ESSA DILIGÊNCIA **NÃO SE EFETIVE** *EM LOCAL INVIOLÁVEL*, *COMO OS ESPAÇOS DOMICILIARES*, **SOB PENA**, *EM TAL HIPÓTESE*, **DE INVALIDADE** DA DILIGÊNCIA **E DE INEFICÁCIA** *PROBATÓRIA* DOS ELEMENTOS INFORMATIVOS DELA RESULTANTES. **DELIBERAÇÃO** *DA CPI/PETROBRAS* QUE, **EMBORA NÃO ABRANGENTE** DO DOMICÍLIO DOS IMPETRANTES, **RESSENTIR-SE-IA DA FALTA** *DA NECESSÁRIA FUNDAMENTAÇÃO SUBSTANCIAL*. **AUSÊNCIA** DE INDICAÇÃO, *NA ESPÉCIE*, **DE CAUSA PROVÁVEL E DE FATOS CONCRETOS** QUE, *SE PRESENTES*, **AUTORIZARIAM** *A MEDIDA*

EXCEPCIONAL DA BUSCA E APREENSÃO, **MESMO** *A DE CARÁTER NÃO DOMICILIAR*. **LEGITIMIDADE CONSTITUCIONAL** DO PODER DE CONTROLE, *PELO JUDICIÁRIO*, DOS ATOS E DELIBERAÇÕES **EMANADOS** DE COMISSÕES PARLAMENTARES DE INQUÉRITO, **NOS CASOS** EM QUE SE INVOQUE *SUPOSTO* ABUSO DE PODER **POR PARTE** DESSE ÓRGÃO DE INVESTIGAÇÃO LEGISLATIVA. **PRECEDENTES**. **MEDIDA CAUTELAR DEFERIDA**. MS 33.663 – MC/DF. RELATOR: Ministro Celso de Mello **(Inform. STF 791)**

Inq N. 3.817-DF
RELATOR: MIN. MARCO AURÉLIO
EMENTA: PARLAMENTAR – IMUNIDADE. A imunidade parlamentar, ante ideias veiculadas fora da tribuna da Casa Legislativa, pressupõe nexo de causalidade com o exercício do mandato.
QUEIXA – IMUNIDADE PARLAMENTAR – ARTIGO 53 DA CONSTITUIÇÃO FEDERAL – INCIDÊNCIA. As declarações do investigado, na qualidade de 2º Vice-Presidente da Comissão Permanente de Turismo e Desporto da Câmara dos Deputados, alusivas aos dirigentes do futebol brasileiro, fizeram-se ligadas ao exercício do mandato, estando cobertas pela imunidade parlamentar material. **(Inform. STF 785)**

Imunidade parlamentar de vereador e exercício do mandato
Nos limites da circunscrição do Município e havendo pertinência com o exercício do mandato, garante-se a imunidade prevista no art. 29, VIII, da CF aos vereadores ("Art. 29. O Município reger-se-á por lei orgânica, votada em dois turnos, com o interstício mínimo de dez dias, e aprovada por dois terços dos membros da Câmara Municipal, que a promulgará, atendidos os princípios estabelecidos nesta Constituição, na Constituição do respectivo Estado e os seguintes preceitos: ... VIII – inviolabilidade dos Vereadores por suas opiniões, palavras e votos no exercício do mandato e na circunscrição do Município"). Essa conclusão do Plenário que, por maioria, proveu recurso extraordinário em que se discutia o alcance da imunidade material de vereador em discurso, supostamente ofensivo à honra, proferido da tribuna da Casa Legislativa municipal. O Colegiado reputou que, embora as manifestações fossem ofensivas, teriam sido proferidas durante a sessão da Câmara dos Vereadores – portanto na circunscrição do Município – e teriam como motivação questão de cunho político, tendo em conta a existência de representação contra o prefeito formulada junto ao Ministério Público – portanto no exercício do mandato. O Ministro Teori Zavascki enfatizou ser necessário presumir que a fala dos parlamentares, em circunstâncias como a do caso, teria relação com a atividade parlamentar. Do contrário, seria difícil preservar a imunidade constitucional. O Ministro Gilmar Mendes sublinhou que, se o vereador tivesse de atuar com bons modos e linguagem escorreita, não haveria necessidade de a Constituição garantir a imunidade parlamentar. O Ministro Celso de Mello destacou que se o vereador, não obstante amparado pela imunidade material, incidisse em abuso, seria passível de censura, mas da própria Casa Legislativa a que pertencesse. Vencido o Ministro Marco Aurélio (relator), que desprovia o recurso. Consideraria que a inviolabilidade dos vereadores exigiria a correlação entre as manifestações e o desempenho do mandato, o que não teria havido na espécie.
RE 600063/SP, rel. orig. Min. Marco Aurélio, red. p/ o acórdão Min. Roberto Barroso, 25.2.2015. (RE-600063) (Inform. STF 775)

Imunidade material de parlamentar: calúnia e publicação em blogue
A imunidade material de parlamentar (CF, art. 53, "caput"), quanto a crimes contra a honra, alcança as supostas ofensas irrogadas fora do Parlamento, quando guardarem conexão com o exercício da atividade parlamentar. Com base nessa orientação, a 1ª Turma, por maioria, recebeu denúncia oferecida contra deputado federal pela suposta prática do crime de calúnia (CP, art. 138). Na espécie, o investigado, em blogue pessoal, imputara a delegado de polícia o fato de ter arquivado investigações sob sua condução para atender a interesses políticos de seus aliados — conduta definida como crime de corrupção passiva e/ou prevaricação. A Turma consignou que as afirmações expressas no blogue do investigado não se inseririam no exercício de sua atividade parlamentar e não guardariam liame com ela. Concluiu, pois, que a imunidade

material não seria aplicável ao caso concreto. Vencido o Ministro Dias Toffoli, que rejeitava a denúncia por considerar a conduta atípica. Aduzia que a crítica mais dura e ríspida faria parte da atividade de fiscalização parlamentar. Ressaltava que o fato de a crítica ter sido feita em um blogue em nada retiraria a sua qualidade de atividade fiscalizatória. Inq 3672/RJ, rel. Min. Rosa Weber, 14.10.2014. (Inq-3672) **(Inform. STF 763)**

Súmula STF nº 245
A imunidade parlamentar não se estende ao corréu sem essa prerrogativa.

5.2. Processo Legislativo em geral e iniciativa legislativa

ADI N. 1.077-RS
RELATOR: MIN. GILMAR MENDES
Ação direta de inconstitucionalidade.
2. Governador do Estado do Rio Grande do Sul.
3. Lei estadual nº 10.114, de 16 de março de 1994.
4. Alegação de ofensa aos artigos 2º; 5º, *caput* e incisos XVII, XVIII e XX; e 61, § 1º, II, "e", da Constituição Federal.
5. Lei que dispõe sobre entidades municipais legitimadas a integrar órgão da administração pública estadual ou firmar convênios com o Estado-membro.
6. Usurpação da competência legislativa exclusiva do Chefe do Poder Executivo. Artigo 61, § 1º, inciso II, "e", da Constituição Federal. Precedentes. Inconstitucionalidade formal configurada.
7. Violação aos princípios da autonomia municipal e da isonomia. Artigos 30, inciso I; 34, inciso VII, "c"; e, art. 5º, *caput* da Constituição Federal. Inconstitucionalidade material configurada.
8. Ação julgada procedente. **(Inform. STF 809)**

Medida provisória: emenda parlamentar e "contrabando legislativo" – 1
É incompatível com a Constituição a apresentação de emendas sem relação de pertinência temática com medida provisória submetida à sua apreciação. Essa a conclusão do Plenário que, com efeitos "ex nunc" e imediata cientificação do Poder Legislativo – que, por maioria, julgou improcedente pedido formulado em ação direta ajuizada em face do art. 76 da Lei 12.249/2010, inserido mediante emenda parlamentar em projeto de conversão de medida provisória em lei, a versar sobre objeto distinto daquele originalmente veiculado no texto apresentado à conversão. O dispositivo impugnado regula o exercício e a fiscalização da profissão contábil, ao passo que a Medida Provisória 472/2009, convertida na lei em comento, contemplava, originalmente, matérias educacionais, fiscais, tributárias e outras. O Colegiado assinalou que as regras formais do processo legislativo seriam construídas mediante escolhas fundamentais da comunidade nos momentos constituintes, de modo a canalizar os futuros julgamentos políticos e tomadas de decisão. Equacionou que a questão constitucional em foco diria respeito a dois aspectos relevantes: a) necessidade de lei específica para restringir o exercício de profissão; e b) possibilidade de, em processo legislativo de conversão de medida provisória em lei, ser apresentada emenda parlamentar com conteúdo temático distinto daquele objeto da medida provisória. No que se refere à suposta exigência de lei específica (CF, art. 5º, XIII), o texto constitucional seria claro ao estabelecer o direito fundamental ao livre exercício de qualquer trabalho, ofício ou profissão, trazendo a possibilidade de que lei estabeleça qualificações e exigências para o exercício desse direito fundamental. Assim, a liberdade profissional, em que pese seja direito individual de liberdade, impondo ao Estado um dever, em princípio, de abstenção, não fora outorgada sem limites. Não obstante, qualquer limitação legal somente poderia fixar exigências e limitações que guardassem nexo lógico com as funções e atividades a serem desempenhadas, sob pena de vício de inconstitucionalidade por violação ao princípio da igualdade. Destacou que essa restrição ao direito fundamental ao exercício de qualquer trabalho, ofício ou profissão consistiria em restrição legal qualificada. Nesse sentido, a Constituição não se limitaria a exigir que eventual restrição ao âmbito de proteção de determinado direito fosse apenas prevista em lei, mas também estabeleceria as condições especiais, os fins a serem perseguidos pela limitação.

No caso, a reserva legal qualificada fora satisfeita pela Lei 12.249/2010, tendo em vista que a matéria de seu art. 76 tem por finalidade não a mera restrição ao direito fundamental de livre exercício da profissão de contador, mas a imposição de qualificações para que o exercício desse direito, no âmbito da profissão contábil, seja mais adequadamente realizado. A necessidade de lei formal para o estabelecimento de qualificações para o exercício profissional deveria, portanto, observar as regras de competência legislativa e não poderia impedir o exercício da profissão. Ao contrário, deveria antes servir para assegurar à sociedade que determinados profissionais, em especial os liberais, fossem efetiva e adequadamente qualificados para exercer uma específica atividade. No ponto, a Lei 12.249/2010 estabelece, em seu art. 76, a exigência de determinadas qualificações a serem cumpridas para o regular exercício da profissão de contador. Inova ao fixar essas exigências e ainda estabelece uma regra de transição àqueles que exerçam o ofício de técnicos em contabilidade. O Tribunal assentou que estariam cumpridos os requisitos formais e materiais impostos constitucionalmente. Destacou, por outro lado, que o processo legislativo de conversão de medida provisória, não obstante ser peculiar e de tramitação mais célere, consistiria em espécie constitucionalmente prevista, sem restrição quanto à matéria versada na lei impugnada. Assim, não implicaria inconstitucionalidade o simples fato de a lei haver resultado de projeto de conversão de medida provisória.
ADI 5127/DF, rel. orig. Min. Rosa Weber, red. p/ o acórdão Min. Edson Fachin, 15.10.2015. (ADI-5127)

Medida provisória: emenda parlamentar e "contrabando legislativo" – 2
O Plenário, no que concerne à possibilidade de, em processo legislativo de conversão de medida provisória em lei, ser apresentada emenda parlamentar com conteúdo temático distinto daquele objeto da medida provisória, consignou que esta seria espécie normativa primária, de caráter excepcional, sujeita a condição resolutiva e de competência exclusiva do Presidente da República (CF, artigos 59, V; e 62, § 3º). Como espécie normativa de competência exclusiva do Presidente da República e excepcional, não seria possível tratar de temas diversos daqueles fixados como relevantes e urgentes. Uma vez estabelecido o tema relevante e urgente, toda e qualquer emenda parlamentar em projeto de conversão de medida provisória em lei se limitaria e circunscreveria ao tema definido como urgente e relevante. Assim, seria possível emenda parlamentar ao projeto de conversão, desde que observada a devida pertinência lógico-temática. De outro lado, editada a medida provisória, competiria ao Legislativo realizar o seu controle. Esse controle seria político e jurídico, pois diria respeito à urgência e relevância exigidas constitucionalmente. O Colegiado frisou que o uso hipertrofiado da medida provisória, instrumento excepcional, deturparia o processo legislativo, gerando distorções ilegítimas. Nessa quadra, a prática das emendas parlamentares no processo de conversão de medida provisória em lei com conteúdo temático distinto apresentaria fortes complexidades democráticas. O Legislativo, no procedimento de conversão, poderia aprovar emendas aditivas, modificativas ou supressivas. Por outro lado, o fato de a Constituição não ter expressamente disposto no art. 62 a impossibilidade de se transbordar a temática da medida provisória não significaria que o exercício da faculdade de emendar pelo Congresso fosse incondicionado.
ADI 5127/DF, rel. orig. Min. Rosa Weber, red. p/ o acórdão Min. Edson Fachin, 15.10.2015. (ADI-5127)

Medida provisória: emenda parlamentar e "contrabando legislativo" – 3
O Tribunal reputou que, quando uma medida provisória, ao ser convertida em lei, passa a tratar de diversos temas inicialmente não previstos, o seu papel de regulação da vida comum estaria enfraquecido do ponto de vista da legitimidade democrática. Com essa prática, se geraria insegurança. Um processo legislativo democrático, público e transparente deveria primar por uma uniformidade temática que o tornasse sempre mais acessível, pelos outros poderes e pelo povo. Esse entendimento não significaria fortalecimento do Executivo, pois seria importante função de controle do Legislativo no que diz respeito aos pressupostos autorizadores de medida provisória. Ademais, também não implicaria, necessariamente, o reconhecimento da inconstitucionalidade de todas as leis de conversão promulgadas até o presente julgamento, inclusive a lei objeto desta ação. Isso se daria por duas razões: em primeiro lugar, seria a primeira oportunidade de a Corte enfrentar o tema, e compreensão diversa subtrairia a possibilidade de diálogo entre os diversos ramos do Estado sobre a matéria. Em segundo lugar, essa prática alusiva à conversão de medidas provisórias estaria arraigada, a resultar em diversas normas produzidas de acordo com o procedimento. Assim, a decisão da Corte não poderia provocar insegurança jurídica, de modo que estariam preservadas as leis fruto de conversão de medida provisória, no que diz respeito à inconstitucionalidade formal. O Ministro Roberto Barroso acrescentou que o entendimento pela inconstitucionalidade das emendas parlamentares sem pertinência temática com a medida provisória decorreria de nova interpretação da Constituição quanto a esse costume, à luz do fato de que a prática seria reiterada há muito tempo. O Ministro Teori Zavascki frisou a LC 95/1998, a tratar da técnica de formulação das leis, segundo a qual a necessidade de pertinência temática estaria prevista. O Ministro Gilmar Mendes enfatizou a necessidade de se sinalizar ao Congresso Nacional que essa prática, muito embora mantidos os atos praticados até o momento, não poderia se repetir doravante. Vencidos os Ministros Rosa Weber (relatora), Marco Aurélio e Ricardo Lewandowski (Presidente), que julgavam o pedido procedente; e o Ministro Dias Toffoli, que julgava o pleito improcedente em maior extensão, por considerar que não caberia ao STF avaliar a pertinência temática entre a medida provisória e a emenda, o que seria de competência do Congresso Nacional.
ADI 5127/DF, rel. orig. Min. Rosa Weber, red. p/ o acórdão Min. Edson Fachin, 15.10.2015. (ADI-5127) (Inform. STF 803)

Constituição estadual e separação de poderes – 1
O Plenário, por maioria, julgou improcedente pedido formulado em ação direta e declarou a constitucionalidade do art. 77, XXIII, da Constituição do Estado do Rio de Janeiro ("XXIII – ressalvada a legislação federal aplicável, ao servidor público estadual é proibido substituir, sobre qualquer pretexto, trabalhadores de empresas privadas em greve"). O Colegiado asseverou, quanto à regularidade formal da norma, que o STF consolidara entendimento de que as regras básicas do processo legislativo presentes na CF/1988 incorporariam noções elementares do modelo de separação dos poderes, a que sua torna de observância inafastável no âmbito local (CF, art. 25). As regras de iniciativa reservada, por demarcarem as competências privativas assinaladas a cada uma das instâncias políticas do País, estariam entre as disposições mais representativas da Federação, razão pela qual a jurisprudência da Corte assevera que à força normativa dessas regras corresponderia não apenas um encargo positivo a ser cumprido pelas assembleias legislativas, mas também uma eficácia negativa, que as impede de abordar temas de iniciativa de outras autoridades públicas. Em casos nos quais o STF rechaçara a existência de regras, em Constituição local, que deveriam constar de legislação ordinária, ficara consignado que esses conteúdos deveriam contar com a avaliação do Chefe do Executivo local, investido da conveniência e oportunidade de propor o debate a respeito de temas que estariam tipicamente submetidos à sua alçada política, como remuneração de cargos, regime jurídico de servidores, organização da administração local, entre outros. Permitir o tratamento dessa temática diretamente na Constituição estadual equivaleria, portanto, a esvaziar as competências do Chefe do Executivo.
ADI 232/RJ, rel. Min. Teori Zavascki, 5.8.2015. (ADI-232)

Constituição estadual e separação de poderes – 2
O Plenário afirmou que, contudo, isso não significaria que as assembleias constituintes estaduais seriam submetidas a uma completa interdição na disciplina das regras gerais de funcionamento da Administração local, devendo se ater à estrita reprodução do texto federal. Somente as normas de cunho substantivo deveriam ser necessariamente adotadas pelo Constituinte local. Assim, desde que: a) as linhas básicas que regem a relação entre os poderes federados (no que se incluem as regras de reserva de iniciativa) fossem respeitadas; e b) o parlamento local não suprimisse do governador a possibilidade de exercício de uma opção política legítima dentre aquelas contidas na sua faixa de competências típicas, a Constituição estadual poderia dispor de modo singular a respeito do funcionamento da Administração, sobretudo quando essa disciplina peculiar traduzisse a concretização de princípios também contemplados

no texto federal. No caso, ressalvada a legislação federal aplicável, o texto impugnado proíbe que servidor público estadual seja designado para substituir, sob qualquer pretexto, trabalhadores de empresas privadas em greve. Embora o preceito esteja relacionado ao funcionamento da Administração local, ele não se sobrepusera ao campo de discricionariedade política que a Constituição Federal reserva, com exclusividade, à iniciativa do governador. Tampouco a regra dera à Administração local configuração definitiva em desacordo com o texto federal. A norma em exame não teria deficiência formal. Seu conteúdo, basicamente expletivo, veda a substituição de trabalhadores grevistas por servidores públicos, a coibir a institucionalização do desvio de função como prática a frustrar o direito de greve dos trabalhadores da iniciativa privada. A Constituição local apenas textualizara um comportamento administrativo já condenável pela ordem constitucional federal. Este texto contém hipóteses de excepcionalidade, em que envolvidas necessidades inadiáveis da comunidade (CF, art. 9º, § 1º) que poderiam justificar o deslocamento de servidores para o exercício temporário de funções alheias aos correspondentes cargos. Presentes situações emergenciais, a Constituição Federal relativiza até mesmo a exigência de concurso público (CF, art. 37, IX). A norma adversada contempla uma ressalva de emergencialidade, tanto que remete à legislação federal a respeito de greve. O preceito não retira do governador uma alternativa viável de aproveitamento dos servidores a ele submetidos para o benefício da Administração. O que se proíbe é que a substituição dos grevistas viesse a ser implementada para servir a pretextos outros que não o da própria emergencialidade. Vencidos os Ministros Marco Aurélio e Ricardo Lewandowski (Presidente), que julgavam procedente o pedido. Entendiam que o constituinte local antecipara-se ao disciplinar a matéria, de iniciativa do governador. O Ministro Marco Aurélio acrescia que a lei também padeceria de vício material, pois estaria indevidamente acrescida no texto constitucional local.
ADI 232/RJ, rel. Min. Teori Zavascki, 5.8.2015. (ADI-232) (Inform. STF 793)

Emenda parlamentar e pertinência temática
O Plenário julgou procedente pedido formulado em ação direta para declarar a inconstitucionalidade do art. 2º da LC 376/2007 do Estado de Santa Catarina. Na espécie, em projeto de iniciativa do governador do referido Estado-Membro (CF, art. 61, § 1º, II, a), a assembleia legislativa aprovara emenda aditiva sem pertinência com a proposição inicial do chefe do Poder Executivo. Assim, a referida emenda aditiva – formalizada no curso da tramitação de projeto de lei complementar que visava a criação de funções comissionadas no âmbito da Secretaria de Estado de Educação, Ciência e Tecnologia – impusera ao governador o reenquadramento de servidores do Instituto de Previdência estadual. A Corte afirmou que a ausência de pertinência temática de emenda da Casa Legislativa a projeto de lei de iniciativa exclusiva do Executivo levaria a concluir-se pela sua inconstitucionalidade formal. Ademais, aplicar-se-ia ao caso o teor do Enunciado 685 da Súmula do STF, no sentido de ser inconstitucional toda modalidade de provimento que propiciasse ao servidor investir-se, sem prévia aprovação em concurso público, em cargo que não integrasse a carreira na qual anteriormente investido.
ADI 3926/SC, rel. Min. Marco Aurélio, 5.8.2015. (ADI3926) (Inform. STF 793)

Processo legislativo: quórum qualificado e votação simbólica
É constitucional a LC 56/1987 – revogada pela LC 116/2003 —, que versava sobre ISS. Com base nesse entendimento, o Plenário proveu recurso extraordinário para reformar acórdão em que declarada a inconstitucionalidade formal do diploma. O Tribunal "a quo" assentara que o requisito de aprovação por maioria absoluta, no momento da votação na Câmara dos Deputados, não teria sido observado. De início, o Colegiado admitiu o recurso. No ponto, ainda que o julgamento do acórdão recorrido tivesse sido realizado por órgão fracionado, este proclamara a inconstitucionalidade formal da aludida lei complementar. A Constituição, em seu art. 102, III, b, não exigiria que a declaração de inconstitucionalidade, objeto do recurso extraordinário, fosse proferida por órgão específico. No mérito, o Colegiado aduziu que a LC 56/1987 teria sido aprovada por votação simbólica, na qual não se poderia aferir o número exato de votos alcançados. Esse método de votação estaria de acordo com o Regimento Interno da Câmara dos Deputados então em vigor, embora o art. 50 da Constituição pretérita estabelecesse que as leis complementares somente seriam aprovadas se obtivessem maioria absoluta dos votos dos membros das duas Casas do Congresso Nacional. Sucede que o citado regimento permitiria ao deputado que tivesse dúvida quanto ao resultado proclamado pedir verificação imediata. Assim, existente o instrumento de verificação, não seria possível dizer que fora desrespeitado o quórum qualificado apenas porque adotada a votação simbólica. No caso, não haveria notícia de ter sido utilizada essa prerrogativa, a revelar a inexistência de dúvida sobre a formação da maioria absoluta. Assim, não se poderia supor que teria sido ignorada a exigência do quórum qualificado, em franco desrespeito à Constituição. Esclareceu, por fim, que a alegação de inconstitucionalidade não teria por fundamento o chamado voto de liderança ou a participação somente dos líderes na votação.
RE 254559/SP, rel. Min. Marco Aurélio, 20.5.2015. (RE-254559) (Inform. STF 786)

Interpretação do Art. 62, § 6º, da CF e limitação do sobrestamento – 2
O Plenário retomou julgamento de mandado de segurança impetrado contra decisão do Presidente da Câmara dos Deputados que, em questão de ordem, formalizara, perante o Plenário dessa Casa Legislativa, seu entendimento no sentido de que o sobrestamento das deliberações legislativas, previsto no § 6º do art. 62 da CF ("§ 6º Se a medida provisória não for apreciada em até quarenta e cinco dias contados de sua publicação, entrará em regime de urgência, subseqüentemente, em cada uma das Casas do Congresso Nacional, ficando sobrestadas, até que se ultime a votação, todas as demais deliberações legislativas da Casa em que estiver tramitando"), só se aplicaria, supostamente, aos projetos de lei ordinária – v. Informativo 572. Em voto-vista, a Ministra Cármen Lúcia acompanhou o relator e denegou a segurança. Destacou que seria não apenas da competência do Presidente da Câmara valer-se da interpretação conforme, como também seria compatível com princípios e regras da Constituição. Nesse ponto, a interpretação conforme seria instrumento que poderia ser exercido tanto pelo Poder Judiciário quanto pelo Poder Legislativo no exercício da interpretação constitucional. Assim, na decisão questionada, ficara consignado que o regime de urgência, previsto no § 6º do art. 62 da CF, a impor o sobrestamento das deliberações legislativas das Casas do Congresso seria referente somente às matérias que se mostrassem passíveis de regramento por medida provisória. Estariam excluídos do âmbito de incidência das medidas provisórias, como dispõe o art. 62, § 1º, da CF, em consequência, as propostas de emenda à Constituição, os projetos de lei complementar, os projetos de decreto legislativo, os projetos de resolução e, até mesmo, tratando-se de projetos de lei ordinária, aqueles que veiculassem temas pré-excluídos, por determinação constitucional. Em seguida, pediu vista ao Ministro Roberto Barroso.
MS 27931/DF, rel. Min. Celso de Mello, 18.3.2015. (MS-27931) (Inform. STF 778)

Lei municipal e vício de iniciativa
Por vício de iniciativa, o Plenário deu provimento a recurso extraordinário para declarar a inconstitucionalidade dos incisos II, III, VIII, bem como dos §§ 1º e 2º do art. 55 da Lei Orgânica de Cambuí/MG, que concede benefícios a servidores públicos daquela municipalidade. Na espécie, a norma questionada decorrera de iniciativa de câmara legislativa municipal. A Corte asseverou que lei orgânica de município não poderia normatizar direitos de servidores, porquanto a prática afrontaria a iniciativa do chefe do Poder Executivo.
RE 590829/MG, rel. Min. Marco Aurélio, 5.3.2015. (RE-590829) (Inform. STF 776)

Vício de iniciativa e fonte de custeio – 1
O Plenário iniciou julgamento de ação direta ajuizada em face do parágrafo único do art. 110 da Lei 915/2005 do Estado do Amapá, que trata do regime próprio de previdência social dos servidores estaduais e da entidade de previdência estadual ["Art. 110. O Estado responderá subsidiariamente pelo pagamento das aposentadorias e pensões concedidas na forma desta Lei, na hipótese de extinção, insolvência ou eventuais insuficiências financeiras do Regime Próprio de Previdência

Social do Estado. Parágrafo único – No prazo de 180 (cento e oitenta) dias, contados da publicação desta Lei, a Amapá Previdência, desde que provocada pelo Órgão interessado, assumirá o pagamento dos benefícios de aposentadoria e pensão que tenham sido concedidos por qualquer dos Poderes do Estado, pelo Ministério Público ou pelo Tribunal de Contas durante o período de vigência do Decreto 87, de 6 de junho de 1991, e que, nesta data, estejam sendo suportados exclusiva e integralmente pelo Tesouro Estadual"]. O Ministro Dias Toffoli (relator) julgou procedente o pedido formulado para declarar a inconstitucionalidade do parágrafo único da mencionada norma. De início, afastou vício de inconstitucionalidade formal. Afirmou não haver ofensa à reserva de iniciativa legislativa privativa do chefe do Poder Executivo para tratar de matéria sobre organização e funcionamento da administração pública. Esclareceu que a Lei estadual 915/2005 seria oriunda de proposição legislativa feita pelo próprio Governador do Estado do Amapá. Ressaltou que a inserção do parágrafo único do art. 110, ora impugnado, teria sido obra de emenda de origem parlamentar. Salientou que a Constituição somente vedaria ao Poder Legislativo formalizar emendas a projetos de iniciativa exclusiva do Poder Executivo se delas resultasse aumento de despesa pública ou se elas fossem totalmente impertinentes à matéria. No caso, não houvera aumento de despesas, pois o pagamento dos benefícios de aposentadoria e pensão já viria sendo suportado pelo Tesouro estadual. Tampouco haveria impertinência temática da emenda parlamentar em relação ao projeto de lei apresentado pelo governador. ADI 3628/AP, rel. Min. Dias Toffoli, 5.2.2015. (ADI-3628)

Vício de inciativa e fonte de custeio – 2
Quanto ao mérito, o relator consignou que, durante o período de vigência do Decreto 87/1991, não teria havido contribuição dos servidores ao antigo Instituto de Previdência do Estado do Amapá (IPEAP) para o custeio dos benefícios de aposentadoria. Destacou que o art. 254 da Lei estadual 66/1993, expressamente, determinara que as despesas decorrentes com aposentadoria fossem de responsabilidade integral do governo do Estado do Amapá. A transferência à Amapá Previdência (Aprev) da responsabilidade pelo pagamento das aposentadorias e pensões que tivessem sido concedidas pelos Poderes do Estado, pelo Ministério Público ou pelo Tribunal de Contas durante a vigência do Decreto 84/1991, sem contrapartida dos segurados ou do próprio Estado do Amapá, acarretara grave ofensa à regra do equilíbrio financeiro e atuarial do sistema próprio de previdência. Essa regra destinar-se-ia à preservação da suficiência presente e futura do fundo de previdência, tendo em vista o equilíbrio entre as receitas e as despesas com os benefícios, que ficariam prejudicados com a assunção de obrigação desprovida de contraprestação pecuniária. Não caberia à Aprev arcar com o pagamento desses benefícios, os quais deveriam permanecer sob responsabilidade exclusiva e integral do Tesouro estadual. A inclusão do dispositivo ora impugnado, via emenda parlamentar, sem qualquer indicação de fonte de custeio, destoaria por completo do regime contributivo e contábil previsto no projeto legislativo original. Por fim, para que não ocorresse descontinuidade no pagamento dos benefícios de aposentadoria e pensão de que trata o dispositivo, o relator propôs a modulação dos efeitos da declaração de inconstitucionalidade, nos termos do art. 27 da Lei 9.868/1999, para dar efeitos prospectivos à decisão, de modo que somente produzisse seus efeitos a partir de seis meses, contados da data da publicação da ata julgamento da ação direta, tempo hábil para que os órgãos estaduais envolvidos cumprissem a decisão da Corte e regularizassem a situação perante o instituto Aprev. Em seguida, pediu vista o Ministro Teori Zavascki.
ADI 3628/AP, rel. Min. Dias Toffoli, 5.2.2015. (ADI-3628) (Inform. STF 773)

Medida provisória: Sistema Financeiro Nacional e requisitos do art. 62 da CF – 1
É constitucional o art. 5º da Medida Provisória 2.170-36/2001 ("Nas operações realizadas pelas instituições integrantes do Sistema Financeiro Nacional, é admissível a capitalização de juros com periodicidade inferior a um ano"). Essa a conclusão do Plenário que, por maioria, proveu recurso extraordinário em que discutida a constitucionalidade do dispositivo, tendo em conta suposta ofensa ao art. 62 da CF ("Em caso de relevância e urgência, o Presidente da República poderá adotar medidas provisórias, com força de lei, devendo submetê-las de imediato ao Congresso Nacional"). Preliminarmente, o Colegiado afastou alegação de prejudicialidade do recurso. Afirmou que o STJ, ao declarar a possibilidade de capitalização nos termos da referida norma, o fizera sob o ângulo estritamente legal, de modo que não estaria prejudicada a análise da regra sob o enfoque constitucional. No mérito, enfatizou que a medida provisória já teria aproximadamente 15 anos, e que a questão do prolongamento temporal dessas espécies normativas estaria resolvida pelo art. 2º da EC 32/2001 ("As medidas provisórias editadas em data anterior à da publicação desta emenda continuam em vigor até que medida provisória ulterior as revogue explicitamente ou até deliberação definitiva do Congresso Nacional"). Além disso, não estaria em discussão o teor da medida provisória, cuja higidez material estaria de acordo com a jurisprudência do STF, segundo a qual, nas operações do Sistema Financeiro Nacional, não se aplicariam as limitações da Lei da Usura.
RE 592377/RS, rel. orig. Min. Marco Aurélio, red. p/ o acórdão Min. Teori Zavascki, 4.2.2015. (RE-592377)

Medida provisória: Sistema Financeiro Nacional e requisitos do art. 62 da CF – 2
O Colegiado asseverou que os requisitos de relevância e urgência da matéria seriam passíveis de controle pelo STF, desde que houvesse demonstração cabal da sua inexistência. Assim, do ponto de vista da relevância, por se tratar de regulação das operações do Sistema Financeiro, não se poderia declarar que não houvesse o requisito. No que se refere à urgência, a norma fora editada em período consideravelmente anterior, cuja realidade financeira seria diferente da atual, e vigoraria até hoje, de modo que seria difícil afirmar com segurança que não haveria o requisito naquela oportunidade. Ademais, o cenário econômico contemporâneo, caracterizado pela integração da economia nacional ao mercado financeiro mundial, exigiria medidas céleres, destinadas à adequação do Sistema Financeiro Nacional aos padrões globais. Desse modo, se a Corte declarasse a inconstitucionalidade da norma, isso significaria atuar sobre um passado em que milhares de operações financeiras poderiam, em tese, ser atingidas. Por esse motivo, também, não se deveria fazê-lo. Vencido o Ministro Marco Aurélio (relator), que desprovia o recurso e declarava a inconstitucionalidade da norma. Considerava não atendido o teor do art. 62 da CF, e sublinhava que o art. 2º da EC 32/2001 não teria o poder de perpetuar norma editada para viger por período limitado.
RE 592377/RS, rel. orig. Min. Marco Aurélio, red. p/ o acórdão Min. Teori Zavascki, 4.2.2015. (RE-592377) (Inform. STF 773)

ADI: vício de iniciativa e forma de provimento de cargo público
O Plenário julgou procedente pedido formulado em ação direta ajuizada em face da LC 259/2002 do Estado do Espírito Santo. A norma impugnada, de iniciativa parlamentar, autoriza o Poder Executivo a instituir o Sistema Estadual de Auditoria da Saúde - SEAS e institui normas para sua estrutura e funcionamento, o que, conforme alegado, ofenderia os artigos 37, II; 61, § 1º, II, a e c; 63, I e 84, III, todos da CF, porquanto seria de competência privativa do Poder Executivo a iniciativa de leis concernentes à criação de cargos e estruturação de órgãos da Administração direta e autárquica, além de ser vedada a criação de forma derivada de provimento de cargo público. O Colegiado afirmou que, além da inconstitucionalidade formal evidenciada, o art. 13 da mencionada lei também padeceria de vício material, porque, ao ter possibilitado o provimento derivado — de servidores investidos em cargos de outras carreiras — no cargo de auditor de saúde, teria violado o disposto no art. 37, II, da CF, que exige a prévia aprovação em concurso para a investidura em cargo público, ressalvadas as exceções previstas na Constituição. O STF teria, inclusive, entendimento consolidado sobre o tema, revelado no Enunciado 685 de sua Súmula ("É inconstitucional toda modalidade de provimento que propicie ao servidor investir-se, sem prévia aprovação em concurso público destinado ao seu provimento, em cargo que não integra a carreira na qual anteriormente investido"). ADI 2940/ES, rel. Min. Marco Aurélio, 11.12.2014. (ADI-2940) (Inform. STF 771)

3. DIREITO CONSTITUCIONAL

ADI: chefia da polícia civil e iniciativa legislativa
O Plenário julgou procedente pedido formulado em ação direta para dar interpretação conforme ao § 1º do art. 106 da Constituição do Estado de Santa Catarina, no sentido de que se mostra inconstitucional nomear, para a chefia da polícia civil, delegado que não integre a respectiva carreira, ou seja, que nela não tenha ingressado por meio de concurso público. A norma impugnada, na redação conferida pela EC estadual 18/1999 — esta última de iniciativa parlamentar —, dispõe que o chefe da polícia civil, nomeado pelo governador, será escolhido entre os delegados de polícia. Na sua redação originária — norma também impugnada — o dispositivo determinava que a escolha recaísse sobre delegados de final de carreira. O Colegiado asseverou que, no caso, estaria viabilizada a disciplina da matéria em comento mediante emenda constitucional, considerado o parâmetro da Constituição Federal, portanto, a simetria. Não procederia, assim, a alegação de vício formal decorrente do vício de iniciativa privativa do Poder Executivo. No tocante ao vício material, ressaltou que, consoante disposto no art. 144, § 4º, da CF ("Às polícias civis, dirigidas por delegados de polícia de carreira, incumbem, ressalvada a competência da União, as funções de polícia judiciária e a apuração de infrações penais, exceto as militares"), as polícias civis seriam dirigidas por delegados de carreira. Não caberia, portanto, a inobservância da citada qualificação, nem a exigência de que se encontrassem no último nível da organização policial. ADI 3038/SC, rel. Min. Marco Aurélio, 11.12.2014. (ADI-3038) **(Inform. STF 771)**

ADI: norma administrativa e vício de iniciativa
O Plenário, por maioria, julgou procedente pedido formulado em ação direta para declarar a inconstitucionalidade da Lei 10.877/2001, do Estado de São Paulo, de iniciativa parlamentar ["Fica a Secretaria da Segurança Pública obrigada a enviar por correio, com 30 (trinta) dias de antecedência, aviso de vencimento da validade da Carteira Nacional de Habilitação, aos portadores cadastrados nos terminais da Companhia de Processamento de Dados do Estado de São Paulo – PRODESP"]. A Corte entendeu que, por ser tipicamente administrativa, a matéria deveria ser regulada pelo Poder Executivo e não pelo Poder Legislativo. Salientou que a norma criara ônus administrativo e financeiro ao obrigar a Secretaria de Segurança a destacar pessoal, equipamentos, tempo e energia para advertir o cidadão de que o prazo de validade da sua carteira estaria a expirar. Vencidos os Ministros Marco Aurélio (relator) e Luiz Fux, que julgavam improcedente o pedido. Pontuavam não haver inconstitucionalidade na lei em questão, que apenas buscaria valorizar a relação entre Estado e cidadão. ADI 3169/SP, rel. Min. Marco Aurélio, red. p/ o acórdão Min. Roberto Barroso, 11.12.2014. (ADI-3169) **(Inform. STF 771)**

Lei municipal e vício de iniciativa
Por vício de iniciativa, o Plenário deu provimento a recurso extraordinário para declarar, de forma incidental, a inconstitucionalidade do art. 1º da Lei 10.905/1990, do Município de São Paulo, que autoriza oficial de justiça a estacionar seu veículo de trabalho em vias públicas secundárias e em zonas azuis, sem pagamento das tarifas próprias. Na espécie, a norma questionada decorrera de iniciativa de vereador e, mesmo vetada pelo chefe do Poder Executivo local, fora aprovada pelo Poder Legislativo municipal. Dessa forma, ao aprovar a Lei 10.905/1990, a Câmara Municipal de São Paulo, por seus vereadores, teria criado regras para a prática de atos típicos da Administração pública municipal. Ademais, ao eximir os oficiais de justiça do pagamento da denominada "zona azul", a lei acarretara redução de receita legalmente estimada, cuja atribuição seria do Poder Executivo, a evidenciar afronta aos princípio da harmonia e independência dos Poderes ["Art. 2º São Poderes da União, independentes e harmônicos entre si, o Legislativo, o Executivo e o Judiciário"). RE 239458/SP, rel. Min. Cármen Lúcia, 11.12.2014. (RE-239458) **(Inform. STF 771)**

Vedação ao nepotismo e iniciativa legislativa - 1
Leis que tratam dos casos de vedação a nepotismo não são de iniciativa exclusiva do Chefe do Poder Executivo. Esse o entendimento do Plenário, que, por maioria, deu provimento a recurso extraordinário para reconhecer a constitucionalidade da Lei 2.040/1990, do Município de Garibaldi/RS, que proíbe a contratação, por parte do Executivo, de parentes de 1º e 2º graus do prefeito e vice-prefeito, para qualquer cargo do quadro de servidores, ou função pública. Discutia-se eventual ocorrência de vício de iniciativa. Na espécie, o acórdão recorrido, proferido em sede de ação direta de inconstitucionalidade, declarara a inconstitucionalidade formal do referido diploma normativo sob o fundamento de que, por se tratar de matéria respeitante ao regime jurídico dos servidores municipais, a iniciativa do processo legislativo competiria ao Chefe do Poder Executivo. O Colegiado, de início, rejeitou preliminares suscitadas acerca das supostas intempestividade do recurso e ilegitimidade do Procurador-Geral do Estado para a interposição de recurso extraordinário contra acórdão proferido em ação direta de inconstitucionalidade estadual. No tocante à legitimidade do Procurador-Geral do Estado para o recurso, a Corte destacou o que disposto no § 4º do art. 95 da Constituição do Estado do Rio Grande do Sul ("Quando o Tribunal de Justiça apreciar a inconstitucionalidade, em tese, de norma legal ou de ato normativo, citará previamente o Procurador-Geral do Estado, que defenderá o ato ou texto impugnado"), que repetiria, por simetria, o disposto no § 3º do art. 103 da CF ("Quando o Supremo Tribunal Federal apreciar a inconstitucionalidade, em tese, de norma legal ou ato normativo, citará, previamente, o Advogado-Geral da União, que defenderá o ato ou texto impugnado"). Pela teoria dos poderes implícitos, se a Constituição atribuísse competência a determinada instituição jurídica, a ela também deveria ser reconhecida a possibilidade de se utilizar dos instrumentos jurídicos adequados e necessários para o regular exercício da competência atribuída. No caso, a Constituição Estadual conferira ao Procurador-Geral do Estado — em simetria com o Advogado-Geral da União — o papel de defesa da norma estadual ou municipal atacada via ação direta, o que o tornaria, portanto, legitimado para a interposição de recurso extraordinário contra acórdão que tivesse declarado a inconstitucionalidade da norma defendida, sob pena de se negar a efetiva defesa desta última.

Vedação ao nepotismo e iniciativa legislativa - 2
No mérito, o Colegiado reafirmou o quanto decidido na ADI 1.521/RS (DJe de 13.8.2013), no sentido de que a vedação a que cônjuges ou companheiros e parentes consanguíneos, afins ou por adoção, até o segundo grau, de titulares de cargo público ocupassem cargos em comissão visaria a assegurar, sobretudo, o cumprimento ao princípio constitucional da isonomia, bem assim fazer valer os princípios da impessoalidade e moralidade na Administração Pública. Ademais, seria importante destacar a decisão proferida no RE 579.951 (DJe de 24.10.2008) — principal paradigma do Enunciado 13 da Súmula Vinculante do STF —, a afirmar que a vedação do nepotismo não exigiria a edição de lei formal para coibi-lo, proibição que decorreria diretamente dos princípios contidos no art. 37, "caput", da CF. Portanto, se os princípios do citado dispositivo constitucional sequer precisariam de lei para que fossem obrigatoriamente observados, não haveria vício de iniciativa legislativa em norma editada com o objetivo de dar evidência à força normativa daqueles princípios e estabelecer casos nos quais, inquestionavelmente, se configurassem comportamentos administrativamente imorais ou não-isonômicos. Vencido o Ministro Marco Aurélio, que negava provimento ao recurso. Reconhecia a existência de reserva de iniciativa, haja vista que a lei municipal em comento teria disposto sobre relação jurídica mantida pelo Executivo com o prestador de serviços desse mesmo Poder. RE 570392/RS, rel. Min. Cármen Lúcia, 11.12.2014. (RE-570392) **(Inform. STF 771)**

ADI: órgão de segurança pública e vício de iniciativa
O Plenário julgou procedente pedido formulado em ação direta ajuizada em face da EC 10/2001, que inseriu a Polícia Científica no rol dos órgãos de segurança pública previsto na Constituição do Estado do Paraná. A Corte afirmou que não se observara a reserva de iniciativa legislativa do Chefe do Poder Executivo para disciplinar o funcionamento de órgão administrativo de perícia. ADI 2616/PR, rel. Min. Dias Toffoli, 19.11.2014. (ADI-2616) **(Inform. STF 768)**

ADI e participação de empregados em órgãos de gestão
É constitucional o art. 24 da Lei Orgânica do Distrito Federal ("A direção superior das empresas públicas, autarquias, fundações e sociedades de economia mista terá representantes dos servidores, escolhidos do

quadro funcional, para exercer funções definidas, na forma da lei"). Com base nesse entendimento, o Plenário julgou improcedente pedido formulado em ação direta de inconstitucionalidade. O Tribunal esclareceu que a norma em questão, por ser oriunda do poder constituinte originário decorrente, não sofreria vício de reserva de iniciativa legislativa do chefe do Poder Executivo. Frisou, ainda, não haver violação da competência privativa da União para legislar sobre direito comercial. Além disso, a norma observaria a diretriz constitucional voltada à realização da ideia de gestão democrática. ADI 1167/DF, rel. Min. Dias Toffoli, 19.11.2014. (ADI-1167) **(Inform. STF 768)**

ADI: servidor público e iniciativa legislativa
O Plenário julgou procedente pedido formulado em ação direta ajuizada em face da Lei 751/2003 do Estado do Amapá. A norma impugnada, de iniciativa do Poder Legislativo, dispõe sobre a carga horária diária e semanal de cirurgiões-dentistas nos centros odontológicos do referido Estado-membro. A Corte afirmou que a disciplina legislativa da matéria em comento — jornada de trabalho de servidores públicos — seria de iniciativa privativa do Poder Executivo. Além do mais, o fato de o Governador do Estado ter sancionado a lei não sanaria o referido vício. ADI 3627/AP, rel. Min. Teori Zavascki, 6.11.2014. (ADI-3627) **(Inform. STF 766)**

ADI: disciplina de cargos em tribunal de contas estadual e iniciativa de lei
O Plenário julgou procedente pedido formulado em ação direta ajuizada em face do art. 35 da Lei 10.926/1998 do Estado de Santa Catarina. Na espécie, aponta-se a inconstitucionalidade formal do dispositivo em comento em razão de suposto vício de iniciativa, violados os artigos 75, "caput", e 96, da CF. A norma impugnada, de iniciativa do Poder Legislativo, determina a transposição de cargos de provimento efetivo do tribunal de contas estadual, com os respectivos ocupantes, para o quadro único de pessoal da administração pública direta, em órgão vinculado ao Poder Executivo. ADI 3223/SC, rel. Min. Dias Toffoli, 6.11.2014. (ADI-3223) **(Inform. STF 766)**

ADI e emenda parlamentar - 1
O Plenário, por maioria, confirmou medida acauteladora e julgou procedente pedido formulado em ação direta para declarar a inconstitucionalidade do art. 2º da Lei 10.385/1995 do Estado do Rio Grande do Sul. O artigo impugnado decorre de emenda parlamentar ao texto de iniciativa do Poder Judiciário. Considera, de efetivo exercício, "para todos os efeitos legais, os dias de paralisação dos servidores do Poder Judiciário, compreendidos no período de 13 de março de 1995 a 12 de abril de 1995, mediante compensação a ser definida pelo próprio Poder". O Tribunal asseverou que a jurisprudência do STF admitiria emendas parlamentares a projetos de lei de iniciativa privativa dos Poderes Executivo e Judiciário, desde que guardassem pertinência temática e não importassem em aumento de despesas. O cotejo entre o Projeto de Lei 54/1995, apresentado pelo Poder Judiciário gaúcho e a Proposta de Emenda Parlamentar 4/1995, que dera origem à norma ora impugnada evidenciaria que a emenda não guardaria pertinência temática com o projeto originário — reajuste de vencimentos dos servidores do Poder Judiciário gaúcho. Ao fundamento de que o preceito desrespeitaria os limites do poder de emenda, o Tribunal entendeu haver ofensa ao princípio da separação de Poderes (CF, art. 2º). Por se tratar de iniciativa de competência do Poder Judiciário, inviável à assembleia legislativa gaúcha propor emendas que afetassem a autonomia financeira e administrativa do Poder Judiciário, sob pena de exercer poder de iniciativa paralela. Vencido o Ministro Marco Aurélio, que julgava improcedente o pedido. Apontava que a Constituição, em seu art. 96, nada disporia sobre a iniciativa privativa de lei voltada à anistia. Dessa forma, o Poder Legislativo poderia atuar no sentido de implementar a anistia.

ADI e emenda parlamentar - 2
O Plenário confirmou medida cautelar (noticiada no Informativo 189) e julgou procedente pedido formulado em ação direta para declarar a inconstitucionalidade do art. 1º das Disposições Transitórias da Lei 10.207/1999 do Estado de São Paulo. O dispositivo questionado, resultante de emenda parlamentar, determina a admissão automática de servidores da Fundação para o Desenvolvimento da Universidade Estadual Paulista - Fundnesp no quadro de pessoal da recém-criada Fundação Instituto de Terras do Estado de São Paulo "José Gomes da Silva" - Itesp. O Tribunal assentou que o aproveitamento de empregados em cargo público, submetidos a simples processo seletivo, sem concurso, afrontaria o art. 37, II, da CF. Ademais, também conflitaria com a Constituição introduzir, em projeto de iniciativa do Poder Executivo, emenda parlamentar a implicar aumento de despesas (CF, artigos 61, § 1º, II, a e c; e 63, I). Precedente citado: ADI 2.305/SE (DJe de 4.8.2011). ADI 2186/SP, rel. Min. Marco Aurélio, 29.10.2014. (ADI-2186) **(Inform. STF 765)**

Anistia e vício de iniciativa
O Plenário, por maioria, confirmou medida acauteladora (noticiada no Informativo 33) e julgou procedente pedido formulado em ação direta ajuizada em face da Lei 10.076/1996 do Estado de Santa Catarina. A norma trata de concessão de anistia a servidores públicos punidos em virtude de participação em movimentos reivindicatórios. O Colegiado registrou a ocorrência de vício formal, uma vez cuidar-se de lei que dispõe sobre servidores públicos, mas que não tivera a iniciativa do Chefe do Executivo (CF, art. 61, § 1º, II, c). Vencido o Ministro Marco Aurélio, que julgava o pedido improcedente. Entendia que lei a versar sobre anistia não requereria iniciativa privativa do Chefe do Executivo. ADI 1440/SC, rel. Min. Teori Zavascki, 15.10.2014. (ADI-1440) **(Inform. STF 763)**

Emenda parlamentar e aumento de despesa
O Plenário, por maioria, confirmou medida cautelar (noticiada no Informativo 118) e julgou parcialmente procedente pedido formulado em ação direta para declarar a inconstitucionalidade da expressão "e extrajudiciais" contida no parágrafo único do art. 1º da Lei Complementar 164/1998 do Estado de Santa Catarina. Na espécie, o dispositivo impugnado estende aos servidores inativos e extrajudiciais aumento remuneratório dado aos servidores do Poder Judiciário daquele Estado. O Colegiado esclareceu que referida lei complementar tem origem em emenda aditiva parlamentar a projeto do Poder Judiciário local. Assinalou a constitucionalidade da extensão do aumento remuneratório aos servidores inativos do tribunal de justiça, porquanto a norma questionada, editada no início de 1998, seria anterior às reformas do regime público de previdência (EC 20/1998 e EC 41/2003), quando a Corte entendia que a cláusula de equiparação seria de aplicabilidade imediata. Reputou que, ante a ampliação de despesa não prevista no projeto originalmente encaminhado, estaria caracterizada a inconstitucionalidade da extensão de aumento aos servidores extrajudiciais. Vencido o Ministro Marco Aurélio, que julgava improcedente o pedido. Assinalava não vislumbrar ingerência do Poder Legislativo porque a iniciativa do projeto teria sido do Poder Judiciário. ADI 1835/SC, rel. Min. Dias Toffoli, 17.9.2014. (ADI-1835) **(Inform. STF 759)**

ADI: lei estadual e vício de iniciativa
O Plenário confirmou medida cautelar (noticiada no Informativo 342) e julgou procedente pedido formulado em ação direta para declarar a inconstitucionalidade da Lei 11.605/2001 do Estado do Rio Grande do Sul. A referida lei, de iniciativa parlamentar, versa sobre programa estadual de desenvolvimento do cultivo e aproveitamento da cana-de--açúcar e dispõe sobre a estrutura de órgão da administração pública. O Tribunal consignou que haveria vício de iniciativa em relação à referida norma, na medida em que seria atribuição do chefe do Poder Executivo deflagrar o processo legislativo que envolvesse órgão da administração pública, nos termos do art. 61, §1º, II, e, da CF ["Art. 61. A iniciativa das leis complementares e ordinárias cabe a qualquer membro ou Comissão da Câmara dos Deputados, do Senado Federal ou do Congresso Nacional, ao Presidente da República, ao Supremo Tribunal Federal, aos Tribunais Superiores, ao Procurador-Geral da República e aos cidadãos, na forma e nos casos previstos nesta Constituição. § 1º. São de iniciativa privativa do Presidente da República as leis que: ... II - disponham sobre: ... e) criação e extinção de Ministérios e órgãos da administração pública, observado o disposto no art. 84, VI"]. ADI 2799/RS, rel. Min. Marco Aurélio, 18.9.2014. (ADI-2799) **(Inform. STF 759)**

3. DIREITO CONSTITUCIONAL

ADI e vício de iniciativa - 1
O Plenário confirmou medida cautelar e julgou procedente pedido formulado em ação direta para declarar a inconstitucionalidade da Lei 899/1995, do Distrito Federal. A referida norma, de iniciativa parlamentar, dentre outras providências, transfere da Região Administrativa IX – Ceilândia, e inclui "... à base territorial de jurisdição administrativa da RA IV - Brazlândia, parte da área onde se situa o Núcleo denominado INCRA 9...". O Tribunal assentou que compete privativamente ao Presidente da República a iniciativa de lei que disponha sobre a organização administrativa federal (CF, art. 61, § 1º, II, b), prerrogativa que cabe ao Governador do Distrito Federal, quando se tratar dessa unidade da Federação.

ADI e vício de iniciativa - 2
O Plenário confirmou medida cautelar (noticiada no Informativo 578) e julgou procedente pedido formulado em ação direta ajuizada contra a Lei distrital 3.189/2003, que inclui no calendário anual de eventos oficiais do Distrito Federal o "Brasília Music Festival". A referida norma destina, ainda, recursos do Poder Executivo para o patrocínio do festival, além de aparato de segurança e controle de trânsito a cargo da Secretaria de Segurança Pública distrital. O Tribunal asseverou que a norma questionada, de iniciativa parlamentar, teria afrontado os artigos 61, § 1º, II, b, e 165, III, ambos da CF.
ADI 4180/DF, rel. Min. Gilmar Mendes, 11.9.2014. (ADI-4180) **(Inform. STF 758)**

ADI: Diário Oficial estadual e iniciativa de lei
O Plenário confirmou medida cautelar e julgou procedente pedido formulado em ação direta para declarar a inconstitucionalidade da Lei 11.454/2000, do Estado do Rio Grande do Sul. A lei, de iniciativa parlamentar, disciplina as matérias suscetíveis de publicação pelo Diário Oficial do Estado, órgão vinculado ao Poder Executivo. O Tribunal consignou que, no caso, estaria configurada a inconstitucionalidade formal e material do ato normativo impugnado. Afirmou que a edição de regra que disciplinasse o modo de atuação de órgão integrante da Administração Indireta do Estado-membro somente poderia advir de ato do Chefe do Poder Executivo estadual. Haveria, ademais, na edição da norma em comento, nítida afronta ao princípio constitucional da separação dos Poderes, na medida em que, ao se restringir a proibição de publicações exclusivamente ao Poder Executivo, teria sido criada situação discriminatória em relação a um dos Poderes do Estado--membro. ADI 2294/RS, rel. Min. Ricardo Lewandowski, 27.8.2014. (ADI-2294) **(Inform. STF 756)**

ADI: aumento de despesas e vício de iniciativa - 1
É possível emenda parlamentar a projeto de lei de iniciativa reservada ao Chefe do Poder Executivo, desde que haja pertinência temática e não acarrete aumento de despesas. Com base nesse entendimento, o Plenário, por maioria, concedeu medida cautelar em ação direta de inconstitucionalidade para suspender a vigência do art. 31 do ADCT da Constituição do Estado do Rio Grande do Norte, com a redação dada pelo art. 2º da EC 11/2013 ("Art. 31. Não serão computados, para efeito dos limites remuneratórios de que trata o art. 26, inciso XI, da Constituição Estadual, valores recebidos a título de indenização prevista em lei, nos termos do art. 37, § 11, da Constituição Federal, o abono de permanência de que trata o art. 40, § 19, da Constituição Federal, bem como o adicional por tempo de serviço e outras vantagens pessoais percebidas até 31 de dezembro de 2003, data da publicação da Emenda Constitucional nº 41, de 19 de dezembro de 2003, que compunham a remuneração ou integravam o cálculo de aposentadoria ou pensão do ocupante de cargo, função e emprego público da Administração Direta e Indireta, observado, neste último caso, o disposto no § 9º do art. 37 da Constituição Federal, do membro de qualquer dos Poderes do Estado, do Ministério Público, do Tribunal de Contas, da Defensoria Pública, do Procurador Público, dos demais agentes políticos e dos beneficiários de proventos, pensões ou outra espécie remuneratória, percebidos cumulativamente ou não").

ADI: aumento de despesas e vício de iniciativa - 2
No caso, a norma contestada resultara de processo legislativo desencadeado pela governadora do estado-membro que, com base no art. 37, § 12, da CF, encaminhara à assembleia legislativa proposta de alteração de um único artigo da Constituição Estadual (art. 26, XI), que passaria a prever o subsídio mensal, em espécie, dos desembargadores do tribunal de justiça, como teto para a remuneração de todos os servidores estaduais, à exceção dos deputados estaduais, conforme determinado pela Constituição Federal após a EC 41/2003. No curso de sua tramitação na casa legislativa, o projeto fora alterado pelos parlamentares para excluir, do referido teto, as verbas contidas no art. 31 do ADCT. O Tribunal afirmou que os traços básicos do processo legislativo estadual deveriam prestar reverência obrigatória ao modelo contemplado no texto da Constituição Federal, inclusive no tocante à reserva de iniciativa do processo legislativo. Sublinhou que, por força da prerrogativa instituída pelo art. 61, § 1º, II, a, da CF, somente o Chefe do Poder Executivo estadual teria autoridade para instaurar processo legislativo sobre o regime jurídico dos servidores estaduais, no que se incluiria a temática do teto remuneratório. Salientou que esta prerrogativa deveria ser observada mesmo quanto a iniciativas de propostas de emenda à Constituição Estadual. A Corte frisou que o dispositivo ora impugnado configuraria imoderação no exercício do poder parlamentar de emenda. Concluiu que, ao criar hipóteses de exceção à incidência do teto remuneratório do serviço público estadual e, consequentemente, exceder o prognóstico de despesas contemplado no texto original do projeto encaminhado pelo Chefe do Poder Executivo estadual, a assembleia legislativa atuara em domínio temático sobre o qual não lhe seria permitido interferir, de modo a configurar abuso de poder legislativo. Vencido, em parte, o Ministro Marco Aurélio, que deferia a medida cautelar em menor extensão para suspender, por vício material e formal, os dispositivos que excluem do teto o adicional por tempo de serviço e, de uma forma genérica, outras vantagens pessoais percebidas até 31.12.2003. Pontuava que a Constituição Federal excluiria do teto as verbas recebidas a título de indenização, nelas incluída o abono de permanência (CF, art. 40, § 19).
ADI 5087 MC/DF, rel. Min. Teori Zavascki, 27.8.2014. (ADI-5087) **(Inform. STF 756)**

ADI e vício de iniciativa - 1
Usurpa a competência privativa do Chefe do Poder Executivo norma de iniciativa parlamentar que dispõe sobre regime jurídico, remuneração e critérios de provimento de cargo público. Com base nesse entendimento, o Plenário julgou procedente pedido formulado em ação direta para declarar a inconstitucionalidade da Lei 7.385/2002, do Estado do Espírito Santo, que dispõe sobre a reestruturação da carreira de fotógrafo criminal pertencente ao quadro de serviços efetivos da polícia civil daquele Estado-membro. O Tribunal destacou que a norma impugnada conteria vício formal de iniciativa.

ADI e vício de iniciativa - 2
O Plenário confirmou medida cautelar e julgou procedente pedido formulado em ação direta para declarar a inconstitucionalidade da Lei 5.729/1995, do Estado de Alagoas, que insere regras atinentes à transferência para a reserva, à reforma e à elegibilidade de policiais militares. A Corte asseverou que a matéria tratada na norma seria de reserva do Governador, porém, o diploma impugnado decorrera de iniciativa parlamentar.

ADI e vício de iniciativa - 3
Ao confirmar a orientação proferida quando do julgamento de medida cautelar no sentido de que compete ao Chefe do Poder Executivo a iniciativa de lei referente a direitos e vantagens de servidores públicos, o Plenário julgou procedente pedido formulado em ação direta para declarar a inconstitucionalidade da LC 11.370/1999 do Estado do Rio Grande do Sul. Na espécie, a norma impugnada, de iniciativa parlamentar, veda a supressão administrativa de direitos e vantagens que foram legalmente incorporados ao patrimônio funcional dos servidores, que somente

poderiam tê-los suprimido pela via judicial. O Tribunal asseverou que a lei complementar operara modificação no estado de direito, em área de competência privativa do Governador. ADI 2300/RS, rel. Min. Teori Zavascki, 21.8.2014. (ADI-2300) **(Inform. STF 755)**

ADI: agentes públicos e vício de iniciativa
Ao confirmar a orientação proferida quando do julgamento da medida cautelar no sentido de que compete ao Poder Executivo estadual a iniciativa de lei referente aos direitos e deveres de servidores públicos (CF, art. 61, § 1º, II, c), o Plenário julgou procedente pedido formulado em ação direta para declarar a inconstitucionalidade da Lei Complementar 109/2005, do Estado do Paraná. Na espécie, a norma impugnada, de iniciativa da Assembleia Legislativa paranaense, previa prazo de 90 dias, após o trânsito em julgado, sob pena de multa correspondente a 1/30 do montante da remuneração mensal, para os procuradores ajuizarem ação regressiva contra os agentes públicos que, nesta qualidade, por dolo ou culpa, tivessem dado causa à condenação da Administração Pública, direta ou indireta em ações de responsabilidade civil. O Tribunal asseverou que o Chefe do Executivo estadual seria a autoridade competente para iniciar o processo legislativo de norma criadora de obrigações funcionais aos servidores de procuradoria-geral estadual. Consignou que a Constituição conferira aos Estados-membros a capacidade de auto-organização e autogoverno e imporia observância obrigatória de vários princípios, dentre os quais o pertinente ao processo legislativo. Assentou que o legislador estadual não poderia, validamente, dispor sobre as matérias reservadas à iniciativa privativa do Chefe do Executivo. O Ministro Marco Aurélio acrescentou que a norma, ao disciplinar tema que envolveria, em tese, a própria prescrição, estaria, de forma indireta, a disciplinar sobre processo, tema de competência exclusiva da União. ADI 3564/PR, rel. Min. Luiz Fux, 13.8.2014. (ADI-3564) **(Inform. STF 754)**

ADI: conselho estadual de educação e vício de iniciativa
O Plenário confirmou orientação proferida quando do julgamento da medida cautelar no sentido de que compete ao Chefe do Poder Executivo a iniciativa privativa das leis que disponham sobre a organização e a estruturação de Conselho Estadual de Educação, órgão integrante da Administração Pública. Assim, julgou procedente pedido formulado em ação direta para declarar a inconstitucionalidade da Emenda Constitucional 24/2002, do Estado de Alagoas. A norma impugnada regula o processo de escolha dos integrantes do referido órgão e prevê que um dos representantes do mencionado Conselho seria indicado pela Assembleia Legislativa. O Tribunal asseverou que, além da ofensa ao princípio da separação de Poderes, teria sido afrontado o disposto no art. 61, § 1º, II, e, da CF. Por fim, esclareceu que o presente julgamento teria efeitos "ex tunc". ADI 2654/AL, rel. Min. Dias Toffoli, 13.8.2014. (ADI-2654) **(Inform. STF 754)**

Súmula STF nº 651
A medida provisória não apreciada pelo congresso nacional podia, até a Emenda Constitucional n. 32/01, ser reeditada dentro do seu prazo de eficácia de trinta dias, mantidos os efeitos de lei desde a primeira edição.

5.3. Fiscalização Contábil, Financeira e Orçamentária

TCU e critério de escolha de Ministro
O Plenário confirmou medida cautelar e julgou parcialmente procedente pedido formulado em ação direta para declarar a inconstitucionalidade do art. 105, III, da Lei 8.443/1992 - Lei Orgânica do TCU ("Art. 105. O processo de escolha de ministro do Tribunal de Contas da União, em caso de vaga ocorrida ou que venha a ocorrer após a promulgação da Constituição de 1988, obedecerá ao seguinte critério: ... III - a partir da décima vaga, reinicia-se o processo previsto nos incisos anteriores, observada a alternância quanto à escolha de auditor e membro do Ministério Público junto ao Tribunal, nos termos do inciso I do § 2º do art. 73 da Constituição Federal"), bem como do art. 280, III, do Regimento Interno do TCU. Referidas normas dispõem sobre o processo de escolha de Ministros daquela Corte de Contas. O Colegiado ressaltou que, a persistirem os dispositivos impugnados, haveria possibilidade de não se observar a razão de ser da distribuição das vagas, que se destacaria pela composição heterogênea daquele Tribunal. Registrou a necessidade de se respeitar a regra contida no § 2º do art. 73 da CF. ADI 2117/DF, rel. Min. Marco Aurélio, 27.8.2014. (ADI-2117) **(Inform. STF 756)**

Tribunal de Contas estadual: preenchimento de vagas e separação de Poderes - 1
O Plenário iniciou julgamento de recurso extraordinário em que se discute a constitucionalidade de eventual preenchimento, por membro do Ministério Público de Contas estadual, de cargo vago de conselheiro da Corte de Contas local, a ser escolhido pelo Governador, cujo ocupante anterior teria sido nomeado mediante indicação da Assembleia Legislativa. O Ministro Marco Aurélio (relator), acompanhado pelos Ministros Dias Toffoli, Cármen Lúcia e Ricardo Lewandowski (Presidente eleito), proveu o recurso, e assentou a competência da Assembleia Legislativa para a indicação do nome do futuro ocupante da vaga aberta ante a aposentadoria de conselheiro anteriormente escolhido pelo aludido órgão legislativo. Apontou as premissas fáticas do caso: a) a Corte de Contas seria composta por sete Conselheiros, quatro indicados pela Assembleia Legislativa e três pelo Governador, um deles nomeado pelo Executivo antes da CF/1988; b) a inexistência de conselheiros oriundos do Ministério Público Especial no Tribunal de Contas até o momento; c) o primeiro concurso público para ingresso no Ministério Público Especial junto ao Tribunal de Contas ocorrera em 2008, e a primeira posse, em 2011; d) a aposentadoria, em 2012, de um dos Conselheiros indicados pela Assembleia, e o surgimento da vaga em questão. O relator examinou o alcance dos artigos 73, § 2º, I e II ("Art. 73. O Tribunal de Contas da União, integrado por nove Ministros, tem sede no Distrito Federal, quadro próprio de pessoal e jurisdição em todo o território nacional, exercendo, no que couber, as atribuições previstas no art. 96. ... § 2º - Os Ministros do Tribunal de Contas da União serão escolhidos: I - um terço pelo Presidente da República, com aprovação do Senado Federal, sendo dois alternadamente dentre auditores e membros do Ministério Público junto ao Tribunal, indicados em lista tríplice pelo Tribunal, segundo os critérios de antiguidade e merecimento; II - dois terços pelo Congresso Nacional"); e 75 ("As normas estabelecidas nesta seção aplicam-se, no que couber, à organização, composição e fiscalização dos Tribunais de Contas dos Estados e do Distrito Federal, bem como dos Tribunais e Conselhos de Contas dos Municípios"), ambos da CF.

Tribunal de Contas estadual: preenchimento de vagas e separação de Poderes - 2
O Ministro Marco Aurélio, no ponto, afirmou que os Tribunais de Contas possuiriam a atribuição, constitucionalmente estabelecida, de auxiliar o Legislativo no controle da execução do orçamento público e de emitir parecer final sobre as contas da Administração. Asseverou que o constituinte, no sentido de concretizar o sistema de freios e contrapesos e viabilizar a natureza eminentemente técnica desempenhada por esses órgãos, disciplinara modelo heterogêneo de composição, e o fizera em dois níveis: partilhara a formação, consoante a autoridade responsável pela indicação, entre o Legislativo e o Executivo (CF, art. 73, § 2º, I e II) e, tendo em vista o âmbito de escolha deste, determinara éque uma vaga reservada a auditor, e outra, a membro do Ministério Público Especial (CF, art. 73, § 2º, I). Frisou que, para o TCU, composto por nove Ministros, o aludido § 2º dispõe que 1/3 seja indicado pelo Presidente da República, observadas as vagas específicas acima descritas, e 2/3 pelo Congresso Nacional. No tocante aos tribunais estaduais, integrados por sete Conselheiros, essas regras devem ser aplicadas no que couberem (CF, art. 75), e o STF, no Enunciado 653 de sua Súmula, definira que a escolha de quatro membros competiria à Assembleia Legislativa, e a de três, ao Governador. Nesse último caso, um deles seria de livre escolha, um auditor e um membro do Ministério Público Especial. Sintetizou que o constituinte preconizara a formação dos Tribunais de Contas em dois passos: a partilha interpoderes, fundada no princípio da separação de Poderes; e a intrapoder, no âmbito das indicações do Executivo, motivada pela necessidade de conferir tecnicidade e independência ao órgão.

Tribunal de Contas estadual: preenchimento de vagas e separação de Poderes - 3

O relator consignou que o Supremo, ao enfrentar o tema, proclamara prevalecer a regra constitucional de divisão proporcional das indicações entre o Legislativo e o Executivo sobre a obrigatória indicação de clientelas específicas pelos Governadores. Apontou que o STF definira tratar-se de regras sucessivas: primeiro, observar-se-ia a proporção de escolhas entre os Poderes para, então, cumprirem-se os critérios impostos ao Executivo. Não haveria exceção, nem mesmo em face de ausência de membro do Ministério Público Especial. Assim, o atendimento da norma quanto à distribuição de cadeiras em favor de auditores e do Ministério Público somente poderia ocorrer quando surgida vaga pertencente ao Executivo, e não seria legítimo o sacrifício ao momento e ao espaço de escolha do Legislativo. Explicitou não haver autêntico conflito entre normas constitucionais contidas no art. 73, § 2º, da CF, mas dualidade de critérios a reclamar aplicação sucessiva: dever-se-ia cumprir, primeiro, o critério a levar em conta o órgão competente para a escolha e, depois, o ligado à clientela imposta ao Executivo. Sublinhou que, de acordo com a jurisprudência do Tribunal, a liberdade para formular ordem de escolha de conselheiros, a fim de, mais efetivamente, estruturar as Cortes de Contas segundo as balizas constitucionais, não permitiria afastar, mesmo transitoriamente, a regra de proporção dessas vagas entre o Executivo e o Legislativo. De acordo com a Constituição, mais importaria a autoridade que indica do que a clientela à qual pertencente o indicado. Assim, a escolha desta última, em qualquer circunstância, incluída a de ausência de membro do Ministério Público Especial do Tribunal de Contas, apenas poderia ocorrer se estivesse disponível cadeira pertencente à cota do Governador.

Tribunal de Contas estadual: preenchimento de vagas e separação de Poderes - 4

O Ministro Marco Aurélio ressaltou ser inequívoca a circunstância de a vaga em exame decorrer de aposentadoria de conselheiro escolhido pelo Legislativo local, a significar a impossibilidade de destinar-la a membro do Ministério Público Especial do Tribunal de Contas, mediante indicação do Chefe do Executivo. Assinalou que o fato de a Corte de Contas estadual possuir membro nomeado sob a égide da Constituição pretérita não seria capaz de alterar essa premissa. Assentou que, mesmo que as Cortes de Contas não estivessem inteiramente organizadas segundo a disciplina constitucional vigente, a liberdade dos Estados-membros quanto à ocupação de vagas por clientelas específicas seria limitada pela preponderância temporal da partilha das cadeiras entre Assembleia e Governador. Afirmou que a ausência de membro do Ministério Público Especial no Tribunal de Contas não autorizaria a superação dessa regra, solução esta que deveria ser reservada a situações nas quais presente conflito de princípios. Anotou haver, na espécie, regras rígidas que reclamariam o cumprimento sucessivo no plano temporal e institucional, cuja sequência teria sido claramente definida pelo STF. O Ministro Dias Toffoli acrescentou que o Ministério Público não seria um dos três Poderes, mas sim função essencial à Justiça. No caso, o Ministério Público de Contas exerceria o mister de fiscalização do órgão encarregado de análise das prestações de contas. A Ministra Cármen Lúcia pontuou que o art. 73, § 2º, da CF deveria ser aplicado como norma de simetria e, portanto, de repetição obrigatória por parte dos Estados-membros. O Ministro Ricardo Lewandowski (Presidente eleito) sublinhou que o constituinte de 1988 quisera dar ao Poder Legislativo preeminência maior no que tange ao controle externo das contas dos demais Poderes, razão pela qual o número de indicados estaria estabelecido nessa proporção.

Tribunal de Contas estadual: preenchimento de vagas e separação de Poderes - 5

Em divergência, os Ministros Teori Zavascki, Rosa Weber, Luiz Fux e Celso de Mello desproveram o recurso. O Ministro Teori Zavascki salientou a existência, no plano normativo, de disposição constitucional segundo a qual quatro membros do Tribunal de Contas Estadual deveriam ser indicados pela Assembleia Legislativa e três pelo Governador. Observou, por outro lado, que haveria outra disposição normativa constitucional, de mesma hierarquia, a estabelecer que um dos membros do Tribunal de Contas deveria ser representante do Ministério Público, dentre os três indicados pelo Governador. Assinalou que, embora esses dois comandos constitucionais fossem harmônicos, na situação dos autos um deles deveria ser restringido, de acordo com alguns princípios: o da necessidade; o da menor restrição possível ou da proibição do excesso; e o da manutenção do núcleo essencial dos princípios colidentes no plano concreto. Lembrou que, se fosse chancelada a possibilidade de a Assembleia Legislativa nomear novo conselheiro, isso significaria perpetuar a situação de não haver representante ministerial no Tribunal de Contas. Considerou que a solução recorrida, por sua vez, seria mais adequada, porque privilegiaria a participação do Ministério Público no órgão e determinaria que a próxima vaga, que seria de indicação do Governador, fosse atendida pela Assembleia. Assim, não obstante mantida, momentaneamente, uma disfunção constitucional, desde logo seria sanado um vício importante, que seria a ausência de membro do Ministério Público. A Ministra Rosa Weber sublinhou que o caso revelaria situação transitória, tendo em vista que uma das cadeiras do Tribunal de Contas ainda seria ocupada por membro designado em momento anterior à Constituição atual, e que, considerados os valores em conflito, deveria prevalecer a exigência de membro do Ministério Público na composição do órgão.

Tribunal de Contas estadual: preenchimento de vagas e separação de Poderes - 6

O Ministro Luiz Fux frisou a supremacia do interesse da sociedade em ter, na composição do Tribunal e Contas, membro do Ministério Público, em face de indicação de Conselheiro ora pela Assembleia Legislativa, ora pelo Executivo. Apontou que a integração de membro ministerial levaria em conta a necessidade de haver Conselheiros de fora da classe política, que auxiliariam o Legislativo na aferição do gasto do dinheiro público. Reputou que, na solução de problemas de transição de um para outro modelo constitucional, deveria prevalecer, sempre que possível, a interpretação que viabilizasse a implementação mais rápida do novo ordenamento. Assinalou que, no caso, desde o advento da CF/1988 ainda não haveria membro do Ministério Público nos quadros do Tribunal de Contas local. O Ministro Celso de Mello registrou que a situação concreta de permanente transgressão constitucional, que a solução recorrida buscaria superar, não poderia subsistir, tendo em conta a ausência, na composição do Tribunal de Contas, de representante ministerial. Em seguida, o julgamento foi suspenso para se aguardar o voto desempate do Ministro Gilmar Mendes.

Tribunal de Contas estadual: preenchimento de vagas e separação de Poderes - 7

Para definir-se a ocupação de cadeiras vagas nos Tribunais de Contas estaduais, nos casos de regime de transição, prevalece a regra constitucional de divisão proporcional das indicações entre o Legislativo e o Executivo em face da obrigatória indicação de clientelas específicas pelos Governadores. Esse o entendimento do Plenário que, em conclusão e por maioria, proveu recurso extraordinário em que discutida a constitucionalidade de eventual preenchimento, por membro do Ministério Público de Contas estadual, de cargo vago de conselheiro da Corte de Contas local, a ser escolhido pelo Governador, cujo ocupante anterior teria sido nomeado mediante indicação da Assembleia Legislativa — v. Informativo 754. O Colegiado assentou a competência da Assembleia Legislativa para a indicação do nome do futuro ocupante da vaga aberta ante a aposentadoria de conselheiro anteriormente escolhido pelo aludido órgão legislativo. Afirmou que os Tribunais de Contas possuiriam a atribuição, constitucionalmente estabelecida, de auxiliar o Legislativo no controle da execução do orçamento público e de emitir parecer final sobre as contas da Administração. Asseverou que o constituinte, no sentido de concretizar o sistema de freios e contrapesos e viabilizar a natureza eminentemente técnica desempenhada por esses órgãos, disciplinara modelo heterogêneo de composição, e o fizera em dois níveis: partilhara a formação, consoante a autoridade responsável pela indicação, entre o Legislativo e o Executivo (CF, art. 73, § 2º, I e II); e, tendo em vista o âmbito de escolha deste, determinara fosse uma vaga reservada a auditor, e outra, a membro do Ministério Público Especial (CF, art. 73, § 2º, I). Frisou que, para o TCU, composto por nove Ministros, o aludido § 2º dispõe que 1/3 seja indicado pelo Presidente da República, observadas as vagas específicas acima descritas, e 2/3 pelo Congresso Nacional. No tocante aos tribunais estaduais, integrados por sete Conselheiros, essas regras devem ser aplicadas no que couberem (CF, art. 75), e o STF, no Enunciado 653 de sua Súmula, definira que a escolha de quatro membros competiria à Assembleia Legislativa, e a de três, ao Governador. Nesse último caso, um deles seria de livre escolha, um auditor e um membro do Ministério Público Especial. Sintetizou que o constituinte preconizara a formação dos Tribunais de Contas em dois passos: a partilha interpoderes, fundada no princípio da separação de Poderes; e a intrapoder, no âmbito das indicações do Executivo, motivada pela necessidade de conferir tecnicidade e independência ao órgão.

Tribunal de Contas estadual: preenchimento de vagas e separação de Poderes - 8
O Plenário apontou haver regras sucessivas: primeiro, observar-se-ia a proporção de escolhas entre os Poderes para, então, cumprirem-se os critérios impostos ao Executivo. Não haveria exceção, nem mesmo em face de ausência de membro do Ministério Público Especial. Assim, o atendimento da norma quanto à distribuição de cadeiras em favor de auditores e do Ministério Público somente poderia ocorrer quando surgida vaga pertencente ao Executivo, e não seria legítimo o sacrifício ao momento e ao espaço de escolha do Legislativo. Explicitou não haver autêntico conflito entre normas constitucionais contidas no art. 73, § 2º, da CF, mas dualidade de critérios a reclamar aplicação sucessiva: dever-se-ia cumprir, primeiro, o critério a levar em conta o órgão competente para a escolha e, depois, o ligado à clientela imposta ao Executivo. De acordo com a Constituição, mais importaria a autoridade que indica do que a clientela à qual pertencente o indicado. Assim, a escolha desta última, em qualquer circunstância, incluída a de ausência de membro do Ministério Público Especial do Tribunal de Contas, apenas poderia ocorrer se estivesse disponível cadeira pertencente à cota do Governador. Ressaltou ser inequívoca a circunstância de a vaga em exame decorrer de aposentadoria de conselheiro escolhido pelo Legislativo local, a significar a impossibilidade de destiná-la a membro do Ministério Público Especial junto ao Tribunal de Contas, mediante indicação do Chefe do Executivo. Assinalou que o fato de a Corte de Contas estadual possuir membro nomeado sob a égide da Constituição pretérita não seria capaz de alterar essa premissa. Assentou que, mesmo que as Cortes de Contas não estivessem inteiramente organizadas segundo a disciplina constitucional vigente, a liberdade dos Estados-membros quanto à ocupação de vagas por clientelas específicas seria limitada pela preponderância temporal da partilha das cadeiras entre Assembleia e Governador. Vencidos os Ministros Teori Zavascki, Rosa Weber, Luiz Fux e Celso de Mello, que desproviam o recurso, ao fundamento de que a solução impugnada seria a mais adequada, por privilegiar a participação do Ministério Público. RE 717424/AL, rel. Min. Marco Aurélio, 21.8.2014. (RE-717424) **(Inform. STF 755)**

Tribunal de Contas: competências institucionais e modelo federal
O Plenário confirmou medida cautelar e julgou procedente pedido formulado em ação direta para declarar a inconstitucionalidade da expressão "licitação em curso, dispensa ou inexigibilidade", contida no inciso XXVIII do art. 19 e no § 1º do art. 33; da expressão "excetuados os casos previstos no § 1º deste artigo", constante do inciso IX do art. 33; e do inteiro teor do § 5º do art. 33, todos da Constituição do Estado do Tocantins, com a redação dada pela EC estadual 16/2006. Na decisão acauteladora, o Tribunal consignara que os preceitos atribuiriam, à Assembleia Legislativa, a competência para sustar as licitações em curso, e os casos de dispensa e inexigibilidade de licitação, bem como para criarem recurso, dotado de efeito suspensivo, para o Plenário da Assembleia Legislativa, das decisões do Tribunal de Contas estadual acerca do julgamento das contas dos administradores e demais responsáveis por dinheiro, bens e valores públicos. Naquela assentada, entenderia que os preceitos impugnados não observariam o modelo instituído pela Constituição Federal, de observância compulsória pelos Estados-membros (CF, art. 75), que limitaria a competência do Congresso Nacional a sustar apenas os contratos (CF, art. 71, § 1º), e não preveria controle, pelo Poder Legislativo, das decisões proferidas pelo Tribunal de Contas, quando do julgamento das referidas contas (CF, art. 71, II). ADI 3715/TO, rel. Min. Gilmar Mendes, 21.8.2014. (ADI-3715) **(Inform. STF 755)**

Súmula vinculante STF nº 3
Nos processos perante o Tribunal de Contas da União asseguram-se o contraditório e a ampla defesa quando da decisão puder resultar anulação ou revogação de ato administrativo que beneficie o interessado, excetuada a apreciação da legalidade do ato de concessão inicial de aposentadoria, reforma e pensão.

Súmula STF nº 347
O Tribunal de Contas, no exercício de suas atribuições, pode apreciar a constitucionalidade das leis e dos atos do poder público.

6. PODER EXECUTIVO

Autonomia federativa: crimes de responsabilidade e crimes comuns praticados por governador – 1
O Plenário iniciou julgamento conjunto de três ações diretas de inconstitucionalidade ajuizadas, respectivamente, em face de expressões contidas no art. 44, VII e VIII, e no art. 81, ambos da Constituição do Estado do Acre; no art. 26, XI e XVI, e no art. 68, ambos da Constituição do Estado de Mato Grosso; bem assim no art. 63, XIII, e no art. 104, ambos da Constituição do Estado do Piauí. Todos os trechos legais impugnados tratam da competência privativa da Assembleia Legislativa local para processar e julgar o governador nos crimes de responsabilidade e cuidam do processo e julgamento do Chefe do Executivo estadual, em crimes comuns, mediante admissão da acusação pelo voto de 2/3 da representação popular local. O Ministro Celso de Mello (relator) julgou parcialmente procedentes os pedidos nos três casos. De início, assinalou a legitimidade da Advocacia-Geral da União para emitir pronunciamento favorável à parcial procedência da ação, uma vez se tratar de conteúdo normativo já declarado incompatível com a Constituição pelo STF. No mérito, acentuou que a Corte, em reiterados pronunciamentos, afirmara competir privativamente à União a atribuição de legislar em tema de crimes de responsabilidade, seja para tipificá-los, seja para definir-lhes o rito aplicável. Assim, de acordo com a orientação majoritária, não caberia ao Estado-Membro dispor sobre o tema, sob pena de ofensa ao art. 22, I, da CF, na linha do que contido no Enunciado 46 da Súmula Vinculante ("A definição dos crimes de responsabilidade e o estabelecimento das respectivas normas de processo e julgamento são de competência legislativa privativa da União"). Entretanto, expôs entendimento pessoal no sentido de que o crime de responsabilidade, de natureza jurídica político-constitucional, teria caráter extrapenal, razão pela qual o Estado-Membro poderia legislar a respeito. Constatou, enfim, que, no caso, as expressões normativas alusivas a processo e julgamento de governador nos crimes de responsabilidade, constantes dos dispositivos impugnados, seriam inconstitucionais.
ADI 4764/AC, rel. Min. Celso de Mello, 5.8.2015. (ADI-4764)
ADI 4797/MT, rel. Min. Celso de Mello, 5.8.2015. (ADI-4797)
ADI 4798/PI, rel. Min. Celso de Mello, 5.8.2015. (ADI-4798)

Autonomia federativa: crimes de responsabilidade e crimes comuns praticados por governador – 2
O relator, no que se refere às expressões relacionadas à possibilidade de controle prévio, por parte das Assembleias Legislativas locais, para processo e julgamento do governador em crimes comuns, afirmou que o princípio republicano consagra a ideia de que todos os agentes públicos, inclusive governadores, seriam responsáveis perante a lei. Além disso, a organização federativa do País e a autonomia institucional dos Estados-Membros desempenhariam papel importante na definição dos requisitos condicionadores da persecução penal eventualmente instaurada contra os Chefes do Executivo local. A respeito, a jurisprudência dominante do STF qualificara a necessidade de prévio consentimento da Assembleia Legislativa local como requisito de procedibilidade para

a válida instauração da persecução penal contra o governador. Essa orientação tem por fundamento a preservação da intangibilidade da autonomia estadual. Em suma, reputou inconstitucionais os trechos normativos impugnados que atribuem ao Estado-Membro competência para tipificar crimes de responsabilidade e para definir-lhes o respectivo processo e julgamento, reconhecendo, de outro lado, a plena validade constitucional das expressões legais segundo as quais o governador, tratando-se de infração penal comum, só poderá sofrer a instauração de processo penal uma vez admitida a acusação pela representação popular legislativa local. Em seguida, pediu vista dos autos o Ministro Roberto Barroso.
ADI 4764/AC, rel. Min. Celso de Mello, 5.8.2015. (ADI-4764)
ADI 4797/MT, rel. Min. Celso de Mello, 5.8.2015. (ADI-4797)
ADI 4798/PI, rel. Min. Celso de Mello, 5.8.2015. (ADI-4798) (Inform. STF 793)

Norma estadual e princípio da simetria
Por reputar inexistir ofensa ao princípio da simetria, o Plenário julgou improcedente pedido formulado em ação direta de inconstitucionalidade proposta contra a expressão "e ao Vice-Governador", constante do art. 65 da Constituição do Estado do Mato Grosso ("Aplicam-se ao Governador e ao Vice-Governador, no que couber, as proibições e impedimentos estabelecidos para os Deputados Estaduais"). A Corte assentou que a determinação de observância aos princípios constitucionais não significaria caber ao constituinte estadual apenas copiar as normas federais. A inexistência da vedação no plano federal não obstaculizaria o constituinte de o fazer com relação ao vice-governador. Asseverou que o estabelecimento de restrições a certas atividades ao vice-governador, visando a preservar a sua incolumidade política, seria matéria que o Estado-Membro poderia desenvolver no exercício da sua autonomia constitucional. Precedentes citados: ADI 4.298 MC/TO (DJe de 27.11.2009) e ADI 331/PB (DJe de 2.5.2014).
ADI 253/MT, rel. Min. Gilmar Mendes, 28.5.2015. (ADI-253) (Inform. STF 787)

EMENTA: MANDADO DE SEGURANÇA. **DENÚNCIA** *CONTRA A PRESIDENTE DA REPÚBLICA.* **PRINCÍPIO** *DA LIVRE DENUNCIABILIDADE POPULAR* (**Lei** nº 1.079/50, art. 14). **IMPUTAÇÃO** *DE CRIME DE RESPONSABILIDADE* À CHEFE DO PODER EXECUTIVO DA UNIÃO. **NEGATIVA DE SEGUIMENTO** POR PARTE DO PRESIDENTE DA CÂMARA DOS DEPUTADOS. **RECURSO** *DO CIDADÃO DENUNCIANTE* **AO PLENÁRIO** DESSA CASA LEGISLATIVA. **DELIBERAÇÃO** *QUE DEIXA DE ADMITIR* REFERIDA MANIFESTAÇÃO RECURSAL. **IMPUGNAÇÃO MANDAMENTAL** A ESSE ATO **EMANADO** *DO PRESIDENTE DA CÂMARA DOS DEPUTADOS.* **RECONHECIMENTO,** *NA ESPÉCIE,* **DA COMPETÊNCIA ORIGINÁRIA** DO SUPREMO TRIBUNAL FEDERAL **PARA O PROCESSO E O JULGAMENTO** DA CAUSA MANDAMENTAL. **PRECEDENTES**. A **QUESTÃO** *DO "JUDICIAL REVIEW"* E O **PRINCÍPIO** *DA SEPARAÇÃO DE PODERES.* **ATOS** *"INTERNA CORPORIS"* **E DISCUSSÕES** *DE NATUREZA REGIMENTAL*: **APRECIAÇÃO VEDADA** AO PODER JUDICIÁRIO, **POR TRATAR-SE** DE TEMA *QUE DEVE SER RESOLVIDO* NA ESFERA DE ATUAÇÃO *DO PRÓPRIO* CONGRESSO NACIONAL **OU** DAS CASAS LEGISLATIVAS QUE O COMPÕEM. **PRECEDENTES**. **MANDADO DE SEGURANÇA** *NÃO CONHECIDO*. MS 33558/DF. RELATOR: Ministro Celso de Mello **(Inform. STF 783)**

Licença prévia para julgamento de governador em crime de responsabilidade e crime comum – 1
Por violar a competência privativa da União, o Estado-membro não pode dispor sobre crime de responsabilidade. No entanto, durante a fase inicial de tramitação de processo por crime de responsabilidade instaurado contra governador, a Constituição estadual deve obedecer à sistemática disposta na legislação federal. Assim, é constitucional norma prevista em Constituição estadual que preveja a necessidade de autorização prévia da Assembleia Legislativa para que sejam iniciadas ações por crimes comuns e de responsabilidade eventualmente dirigidas contra o governador de Estado. Com base nesse entendimento, o Plenário, em julgamento conjunto e por maioria, julgou parcialmente procedentes os pedidos formulados em ações diretas para declarar a inconstitucionalidade das expressões "processar e julgar o Governador ... nos crimes de responsabilidade" e "ou perante a própria Assembleia Legislativa, nos crimes de responsabilidade" previstas, respectivamente, nos artigos 54 e 89 da Constituição do Estado do Paraná. Declarou também a inconstitucionalidade do inciso XVI do art. 29, e da expressão "ou perante a Assembleia Legislativa, nos crimes de responsabilidade", contida no art. 67, ambos da Constituição do Estado de Rondônia, bem como a inconstitucionalidade do inciso XXI do art. 56, e da segunda parte do art. 93, ambos da Constituição do Estado do Espírito Santo. A Corte rememorou que a Constituição Estadual deveria seguir rigorosamente os termos da legislação federal sobre crimes de responsabilidade, por imposição das normas dos artigos 22, I, e 85, da CF, que reservariam a competência para dispor sobre matéria penal e processual penal à União. Ademais, não seria possível interpretar literalmente os dispositivos atacados de modo a concluir que o julgamento de mérito das imputações por crimes de responsabilidade dirigidos contra o governador de Estado teria sido atribuído ao discernimento da Assembleia Legislativa local, e não do Tribunal Especial previsto no art. 78, § 3º, da Lei 1.079/1950. Esse tipo de exegese ofenderia os artigos 22, I, e 85, da CF.
ADI 4791/PR, rel. Min. Teori Zavascki, 12.2.2015. (ADI-4791)
ADI 4800/RO, rel. Min. Cármen Lúcia, 12.2.2015. (ADI-4800)
ADI 4792/ES, rel. Min. Cármen Lúcia, 12.2.2015. (ADI-4792)

Licença prévia para julgamento de governador em crime de responsabilidade e crime comum – 2
Por outro lado, o Colegiado reconheceu a constitucionalidade das normas das Constituições estaduais que exigiriam a aprovação de dois terços dos membros da Assembleia Legislativa como requisito indispensável – a denominada licença prévia – para se admitir a acusação nas ações por crimes comuns e de responsabilidade, eventualmente dirigidas contra o governador do Estado. Consignou que o condicionamento da abertura de processo acusatório ao beneplácito da Assembleia Legislativa, antes de constituir uma regalia antirrepublicana deferida em favor da pessoa do governador, serviria à preservação da normalidade institucional das funções do Executivo e à salvaguarda da autonomia política do Estado-membro, que haveria de sancionar, pelo voto de seus representantes, medida de drásticas consequências para a vida pública local. Salientou que a exigência de licença para o processamento de governador não traria prejuízo para o exercício da jurisdição, porque, enquanto não autorizado o prosseguimento da ação punitiva, ficaria suspenso o transcurso do prazo prescricional contra a autoridade investigada cujo marco interruptivo contaria da data do despacho que solicitasse a anuência do Poder Legislativo para a instauração do processo, e não da data da efetiva manifestação. O controle político exercido pelas Assembleias Legislativas sobre a admissibilidade das acusações endereçadas contra governadores não conferiria aos parlamentos locais a autoridade para decidir sobre atos constritivos acessórios à investigação penal, entre eles as prisões cautelares. Todavia, a supressão da exigência de autorização das respectivas Casas parlamentares para a formalização de processos contra deputados e senadores (CF, art. 51, I), materializada pela EC 35/2001, não alteraria o regime de responsabilização dos governadores de Estado. Isso encontraria justificativa no fato de que – diferentemente do que ocorreria com o afastamento de um governador de Estado, que tem valor crucial para a continuidade de programas de governo locais – a suspensão funcional de um parlamentar seria uma ocorrência absolutamente menos expressiva para o pleno funcionamento do Poder Legislativo.
ADI 4791/PR, rel. Min. Teori Zavascki, 12.2.2015. (ADI-4791)
ADI 4800/RO, rel. Min. Cármen Lúcia, 12.2.2015. (ADI-4800)
ADI 4792/ES, rel. Min. Cármen Lúcia, 12.2.2015. (ADI-4792)

Licença prévia para julgamento de governador em crime de responsabilidade e crime comum – 3
Vencido o Ministro Marco Aurélio, que julgava improcedente o pedido formulado em relação à atribuição da Assembleia quanto aos crimes de responsabilidade, e procedente para afastar a necessidade de licença para fins de persecução criminal contra governador nos crimes comuns. Pontuava que a Constituição estadual poderia reger a matéria pertinente a crime de responsabilidade. Afastava a possibilidade de se cogitar do Tribunal Especial, previsto no art. 78, § 3º, da Lei 1.079/1950, que seria tribunal de exceção, porque não fora criado em norma jurídica, mas

estaria apenas previsto sem se ter, inclusive, indicação da composição. Esse Tribunal Especial seria incompatível com o inciso XXXVI do art. 5º da CF, que vedaria juízo ou tribunal de exceção. No que se refere aos crimes comuns, reputava que os artigos 51, I, e 86, da CF, deveriam ser interpretados restritivamente, especialmente porque o texto seria expresso ao tratar do Presidente da República, de modo que não se poderia estender a governador e muito menos a prefeito. Destacava que a competência do STJ para julgar governador de Estado não estaria condicionada a aprovação de licença prévia como se poderia observar do art. 105 da CF. Sublinhava, ademais, que, mantida essa licença, haveria transgressão à Constituição Federal e estaria colocado, em segundo plano, o primado do Judiciário, pois somente haveria persecução criminal por crime comum de governador se ele não tivesse bancada na Casa Legislativa.
ADI 4791/PR, rel. Min. Teori Zavascki, 12.2.2015. (ADI-4791)
ADI 4800/RO, rel. Min. Cármen Lúcia, 12.2.2015. (ADI-4800)
ADI 4792/ES, rel. Min. Cármen Lúcia, 12.2.2015. (ADI-4792) **(Inform. STF 774)**

ADI N. 1.964-ES
RELATOR: MIN. DIAS TOFFOLI
EMENTA: Ação direta de inconstitucionalidade. Constituição do Estado do Espírito Santo. Alteração da redação de parte dos dispositivos impugnados, eliminando-se as expressões objeto do pedido. Parcial prejudicialidade da ação. Previsão de julgamento das contas anuais do presidente da câmara municipal pela respectiva casa legislativa. Ofensa ao modelo constitucional. Agressão aos arts. 31, § 2º; 71, I e II; e 75 da Lei Fundamental. Conhecimento parcial da ação, a qual, nessa parte, é julgada procedente.
1. Prejudicialidade parcial da ação, em virtude de alteração substancial da redação dos incisos I e II do art. 71 da Constituição do Estado do Espírito Santo, a qual resultou na eliminação das expressões impugnadas.
2. A Constituição Federal foi assente em definir o papel específico do legislativo municipal para julgar, após parecer prévio do tribunal de contas, as contas anuais elaboradas pelo chefe do poder executivo local, sem abrir margem para a ampliação para outros agentes ou órgãos públicos. O art. 29, § 2º, da Constituição do Estado do Espírito Santo, ao alargar a competência de controle externo exercida pelas câmaras municipais para alcançar, além do prefeito, o presidente da câmara municipal, alterou o modelo previsto na Constituição Federal.
3. Ação direta de inconstitucionalidade de que se conhece parcialmente e que se julga, na parte de que se conhece, procedente. **(Inform. STF 762)**

ADI e vício material
O Plenário confirmou medida cautelar (noticiada no Informativo 334) e julgou procedente pedido formulado em ação direta para declarar a inconstitucionalidade da Lei 14.235/2003 do Estado do Paraná. A norma citada proíbe o Poder Executivo estadual de iniciar, renovar e manter, em regime de exclusividade, as contas dos depósitos que especifica, em qualquer instituição bancária privada, e adota outras providências. O Tribunal asseverou que a norma questionada teria intentado revogar o regime anterior, estabelecido pela Lei 12.909/2000, além de desconstituir os atos e contratos firmados com base em suas normas. Destacou, ainda, que o art. 3º da Lei 14.235/2003, ao afirmar que "caberá ao Poder Executivo revogar, imediatamente, todos os atos e contratos firmados nas condições previstas no art. 1º desta lei", teria violado os princípios da separação dos Poderes e da segurança jurídica. ADI 3075/PR, rel. Min. Gilmar Mendes, 24.9.2014. (ADI-3075) **(Inform. STF 760)**

ADI e princípios da separação de Poderes e da segurança jurídica
O Plenário confirmou medida cautelar (noticiada no Informativo 231) e julgou procedente pedido formulado em ação direta para declarar a inconstitucionalidade da Lei 11.529/2000 do Estado do Rio Grande do Sul. Referida norma, de origem parlamentar, dispõe sobre a unificação, por meio do número 190, de central de atendimento telefônico para emergências, naquele estado-membro. Em preliminar, a Corte rejeitou a alegação de prejudicialidade do pedido em face da modificação do parâmetro de controle (nova redação dada ao art. 61, § 1º, II, e, da CF pela EC 32/2001). Destacou que a EC 32/2001 não retirara a iniciativa privativa do Chefe do Executivo para enviar projetos de lei sobre as atribuições e a estruturação de órgãos da Administração Pública. Ao contrário, teria permitido que essas medidas fossem veiculadas por decreto, desde que não houvesse aumento de despesa, nem criação e extinção de entes públicos. No mérito, aduziu a permanência da vedação de o Poder Legislativo iniciar proposições que interfiram na organização de órgãos da Administração. ADI 2443/RS, rel. Marco Aurélio, 25.9.2014. (ADI-2443) **(Inform. STF 760)**

7. PODER JUDICIÁRIO

7.1. Supremo Tribunal Federal

Competência do STF e ação ordinária contra ato do CNJ
A Segunda Turma iniciou julgamento de agravo regimental em reclamação em que se discute a competência do STF para apreciar ações ordinárias ajuizadas contra ato do CNJ. O referido agravo busca desconstituir decisão monocrática que, ao acolher o pedido formulado na reclamação, assentara a competência do STF para o julgamento em questão. Na espécie, o CNJ anulara resolução administrativa de TRT e determinara a suspensão de processo de escolha de desembargador no âmbito daquela Corte. A justiça federal de primeira instância, então, deferira liminar em ação ordinária ajuizada para suspender a referida decisão do CNJ. A Ministra Cármen Lúcia (relatora) negou provimento ao agravo regimental. Afirmou que a Constituição conferira ao CNJ a competência para exercer o controle da atuação administrativa do Poder Judiciário (CF, art. 103-B, § 4º, II). Outrossim, o julgamento das questões relativas ao desempenho das atribuições daquele órgão competiria ao STF, não havendo, conforme inferido do disposto na alínea r do inciso I do art. 102 da CF, restrição ao instrumento processual a ser utilizado, como ocorreria com as autoridades mencionadas na alínea d do mesmo dispositivo constitucional ["Art. 102. Compete ao Supremo Tribunal Federal, precipuamente, a guarda da Constituição, cabendo-lhe: I – processar e julgar, originariamente: ... d) o 'habeas corpus', sendo paciente qualquer das pessoas referidas nas alíneas anteriores; o mandado de segurança e o 'habeas data' contra atos do Presidente da República, das Mesas da Câmara dos Deputados e do Senado Federal, do Tribunal de Contas da União, do Procurador-Geral da República e do próprio Supremo Tribunal Federal; ... r) as ações contra o Conselho Nacional de Justiça e contra o Conselho Nacional do Ministério Público"]. Em seguida, pediu vista dos autos o Ministro Teori Zavascki.
Rcl 15551/GO, rel. Min. Cármen Lúcia, 25.8.2015. (Rcl-15551) **(Inform. STF 796)**

Competência do STF e ação ordinária contra ato do CNJ – 2
A Segunda Turma retomou julgamento de agravo regimental em reclamação em que se discute a competência do STF para apreciar ações ordinárias ajuizadas contra ato do CNJ. O referido agravo busca desconstituir decisão monocrática que, ao acolher o pedido formulado na reclamação, assentara a competência do STF para o julgamento em questão. Na espécie, o CNJ anulara resolução administrativa de TRT e determinara a suspensão de processo de escolha de desembargador no âmbito daquela Corte. A justiça federal de primeira instância, então, deferira liminar em ação ordinária ajuizada para suspender a referida decisão do CNJ – v. Informativo 796. Em voto-vista, o Ministro Teori Zavascki deu provimento ao agravo regimental para julgar improcedente a reclamação. Reiterou o que decidido na ACO 1680 AgR/AL (DJe de 1º.12.2014) e na AO 1.814 QO/MG (DJe de 3.12.2014) no sentido de que não se enquadraria na competência originária do STF, de que trata o art. 102, I, "r", da CF, a ação de rito comum ordinário. Ademais, quanto ao tema da correta aplicação do art. 1º, § 1º, da Lei 8.437/1992 ("Não será cabível, no juízo de primeiro grau, medida cautelar inominada ou a sua liminar, quando impugnado ato de autoridade sujeita, na via de mandado de segurança, à competência originária de tribunal"), o controle jurisdicional do acerto ou desacerto da decisão reclamada deveria ser realizado pelas vias recursais ordinárias. Já o Ministro Dias Toffoli acompanhou voto anteriormente proferido pela Ministra Cármen Lúcia (relatora) para negar provimento ao agravo. Em seguida, pediu vista dos autos o Ministro Gilmar Mendes.
Rcl 15551/GO, rel. Min. Cármen Lúcia, 24.11.2015. (Rcl-15551) **(Inform. STF 809)**

Competência originária do STF e repasse de recursos estaduais

O Plenário iniciou julgamento de ação cível originária ajuizada, pelo Estado da Bahia, em face da União e de duas instituições financeiras, visando compelir as últimas ao cumprimento das obrigações previstas na Lei estadual 9.276/2004 e no Decreto 9.197/2004. O art. 1º da referida lei estabelece a obrigação de as instituições financeiras recebedoras de depósitos judiciais oriundos da Justiça local repassarem determinado percentual para conta bancária do Sistema de Caixa Único do Estado da Bahia. No caso, assevera o autor que o descumprimento da obrigação de transferência estaria a acarretar prejuízos, presente a alegada dificuldade para prover o Fundo de Aparelhamento Judiciário (FAJ) com os recursos necessários ao desempenho das atribuições do Judiciário estadual. O Ministro Marco Aurélio (relator) não conheceu da ação, no que foi acompanhado pelos Ministros Roberto Barroso, Rosa Weber, Luiz Fux e Cármen Lúcia. Assentou não caber ao Supremo julgar o feito, considerado o disposto no artigo 102, I, f, da CF. No caso, tratar-se-ia de controvérsia meramente patrimonial, sem que se justificasse a presença da União no polo passivo. Em seguida, pediu vista dos autos o Ministro Gilmar Mendes.
ACO 989/BA, rel. Min. Marco Aurélio, 11.6.2015. (ACO-989) (Inform. STF 789)

STF e competência em decisões negativas do CNMP

O Supremo Tribunal Federal não tem competência para processar e julgar ações decorrentes de decisões negativas do CNMP e do CNJ. Com base nessa orientação, a Primeira Turma, por maioria, não conheceu de mandado de segurança impetrado para fins de anular decisão do CNMP proferida em Reclamação para Preservação da Autonomia do Ministério Público – RPA, que mantivera avocação de inquérito civil público instaurado para investigar atos praticados no âmbito da administração superior de Ministério Público estadual. Na espécie, promotoras de justiça instauraram procedimento para apurar o encaminhamento, à Assembleia Legislativa, de projeto de lei que criara cargos em comissão e concedera aumento aos servidores comissionados do Ministério Público estadual, a afrontar o art. 37, II e V, da CF. Na sequência, o Colégio de Procuradores de Justiça reconheceu, em razão do disposto no § 1º do art. 8º da LC estadual 25/1998, a competência do decano para a condução do inquérito, ante a existência de investigação a respeito de possível prática de atos de improbidade por parte do Procurador-Geral de Justiça e dos demais membros da administração superior. Com base nessa decisão, o Procurador de Justiça decano avocou o inquérito civil público, que foi arquivado por ausência de ilegalidade, decisão homologada pelo CNMP estadual. Seguiu-se o ajuizamento de RPA em que pretendida a nulidade do ato de avocação, julgada improcedente. A Turma asseverou que não se trataria de negativa de acesso à jurisdição, mas as impetrantes não teriam acesso à jurisdição do STF. Reiterou o quanto decidido no MS 31453 AgR/DF (DJe de 10.2.2015), sentido de que o pronunciamento do CNJ – aqui, o CNMP, órgão similar – que consubstanciasse recusa de intervir em determinado procedimento, ou, então, que envolvesse mero reconhecimento de sua incompetência, não faz instaurar, para efeito de controle jurisdicional, a competência originária do STF. Vencido o Ministro Marco Aurélio, que deferia a ordem para restaurar a investigação interrompida na origem e cujo processo fora avocado pela administração superior de Ministério Público Estadual. Esclarecia que a situação concreta em que o Conselho não adentrasse a controvérsia seria distinta daquela em que apreciasse e referendasse o pronunciamento de origem. Aduzia que, por analogia, estaria configurado o disposto no art. 512 do CPC ("O julgamento proferido pelo tribunal substituirá a sentença ou a decisão recorrida no que tiver sido objeto de recurso"), a revelar que a decisão subsequente a confirmar ou a reformar a anterior, por ela seria substituída.
MS 33163/DF, rel. orig. Min. Marco Aurélio, red. p/ o acórdão Min. Roberto Barroso, 5.5.2015. (MS-33163) (Inform. STF 784)

EMENTA: EXECUÇÃO JUDICIAL CONTRA ESTADO ESTRANGEIRO. COMPETÊNCIA ORIGINÁRIA DO SUPREMO TRIBUNAL FEDERAL (**CF**, art. 102, I, "e"). **IMUNIDADE DE JURISDIÇÃO** (*imunidade à jurisdição cognitiva*) **E IMUNIDADE DE EXECUÇÃO** (*imunidade à jurisdição executiva*). *O*"*STATUS QUAESTIONIS*" **NA JURISPRUDÊNCIA** DO SUPREMO TRIBUNAL FEDERAL. **PRECEDENTES**. **DOUTRINA**. **PREVALÊNCIA** DO ENTENDIMENTO **NO SENTIDO** *DA IMPOSSIBILIDADE JURÍDICA* DE EXECUÇÃO JUDICIAL **CONTRA** ESTADOS ESTRANGEIROS, **EXCETO** *NA HIPÓTESE DE EXPRESSA RENÚNCIA*, **POR ELES**, A ESSA PRERROGATIVA DE ORDEM JURÍDICA. **POSIÇÃO PESSOAL DO RELATOR** (MINISTRO CELSO DE MELLO), **QUE ENTENDE VIÁVEL** A EXECUÇÃO **CONTRA** ESTADOS ESTRANGEIROS, **DESDE** QUE OS ATOS DE CONSTRIÇÃO JUDICIAL **RECAIAM** SOBRE BENS **QUE NÃO GUARDEM VINCULAÇÃO ESPECÍFICA** COM A ATIVIDADE DIPLOMÁTICA **E/OU** CONSULAR. **OBSERVÂNCIA**, *NO CASO*, **PELO RELATOR**, *DO PRINCÍPIO DA COLEGIALIDADE*. JULGAMENTO DA CAUSA **NOS TERMOS** *DA JURISPRUDÊNCIA PREDOMINANTE* NO SUPREMO TRIBUNAL FEDERAL. **PROCESSO DE EXECUÇÃO** *DECLARADO EXTINTO*, **SEM** RESOLUÇÃO DE MÉRITO. ACO 1.769/PE. RELATOR: Ministro Celso de Mello **(Inform. STF 779)**

Súmula STF nº 735
Não cabe recurso extraordinário contra acórdão que defere medida liminar.

Súmula STF nº 734
Não cabe reclamação quando já houver transitado em julgado o ato judicial que se alega tenha desrespeitado decisão do Supremo Tribunal Federal.

Súmula STF nº 733
Não cabe recurso extraordinário contra decisão proferida no processamento de precatórios.

Súmula STF nº 731
Para fim da competência originária do Supremo Tribunal Federal, é de interesse geral da magistratura a questão de saber se, em face da Lei Orgânica da Magistratura Nacional, os juízes têm direito à licença prêmio.

Súmula STF nº 691
Não compete ao Supremo Tribunal Federal conhecer de *habeas corpus* impetrado contra decisão do relator que, em *habeas corpus* requerido a Tribunal Superior, indefere a liminar.

Súmula STF nº 640
É cabível recurso extraordinário contra decisão proferida por juiz de primeiro grau nas causas de alçada, ou por Turma Recursal de Juizado Especial Cível e Criminal.

Súmula STF nº 624
Não compete ao Supremo Tribunal Federal conhecer originariamente de mandado de segurança contra atos de outros tribunais.

Súmula STF nº 72
No julgamento de questão constitucional, vinculada à decisão do Tribunal Superior Eleitoral, não estão impedidos os Ministros do Supremo Tribunal Federal que ali tenham funcionado no mesmo processo, ou no processo originário.

7.2. Tribunais e Juízes Estaduais

Art. 93, XI, da CF: Tribunal Pleno e Órgão Especial – 4
Compete aos tribunais de justiça definir as competências que serão delegadas ao Órgão Especial, desde que aprovadas pela maioria absoluta de seus membros. Esse o entendimento do Plenário que, em conclusão de julgamento, deferiu medida liminar em mandado de segurança para suspender a eficácia de decisão do CNJ. A decisão impugnada deferira, em parte, medida liminar em procedimento de controle administrativo – PCA para anular a expressão "a ser submetida à apreciação do Tribunal Pleno", contida no art. 1º e todo o art. 5º da Portaria 7.348/2006 do Presidente do TJSP, bem como para cassar todas as deliberações administrativas ou normativas do Tribunal Pleno que usurparam atribuições do Órgão Especial, em violação do Enunciado Administrativo 2 do CNJ e das Constituições Estadual e Federal. Entendera o voto condutor da decisão do CNJ que todas as atribuições administrativas e jurisdicionais que eram do Pleno, exceto a eletiva, passariam automaticamente para a competência do Órgão Especial, assim que este fosse criado. Na espécie, diante da extinção dos Tribunais de Alçada paulistas (EC 45/2004, art. 4º), o Presidente do TJSP convocara o Plenário para deliberar sobre as competências a delegar ao Órgão Especial, haja vista o disposto

no novo inciso XI do art. 93 da CF. Isso resultara no requerimento de instauração do aludido PCA, ao CNJ, por integrantes do Órgão Especial, visando manter a supremacia jurisdicional e administrativa deste (CF, art. 93: "XI – nos tribunais com número superior a vinte e cinco julgadores, poderá ser constituído órgão especial, com o mínimo de onze e o máximo de vinte e cinco membros, para o exercício das atribuições administrativas e jurisdicionais delegadas da competência do tribunal pleno, provendo-se metade das vagas por antiguidade e a outra metade por eleição pelo tribunal pleno") – v. Informativo 460.
MS 26411 MC/DF, rel. orig. Min. Sepúlveda Pertence, red. p/ o acórdão Min. Teori Zavascki, 26.11.2015. (MS-26411)

Art. 93, XI, da CF: Tribunal Pleno e Órgão Especial – 5

O Colegiado reputou que a decisão do CNJ minimiza a inovação substancial do texto ditado pela EC 45/2004 para o inciso XI do art. 93 da CF. Seria de importância decisiva a menção, nele contida, ao exercício de atribuições delegadas da competência do Tribunal Pleno, inexistente nos textos anteriores concernentes à instituição do Órgão Especial – compulsória na EC 7/1977 à Constituição anterior, e facultada no texto original da atual. Afirmou que a Constituição não delega competências, mas as confere aos órgãos que ela própria constitui, e que, por isso, a delegação introduzida pela EC 45/2004 tem dois pressupostos sucessivos: primeiro, que o seu objeto seja da competência original do órgão delegante e, segundo, o ato deste que delega a outro o seu exercício. Assim, a Constituição nem institui, ela própria, o Órgão Especial nos grandes tribunais – diferentemente do que determinava a EC 7/1977 —, nem lhe concede todas as atribuições jurisdicionais e administrativas do Tribunal Pleno, mas apenas faculta a este que, por meio de delegação, transfira o exercício dessas atribuições ao Órgão Especial que resolva instituir. Diante disso, concluiu caber ao Tribunal Pleno constituir ou manter o Órgão Especial e delegar-lhe parcial ou totalmente suas atribuições com, pelo menos, uma única exceção, qual seja, o poder normativo de elaborar o regimento interno do tribunal e nele dispor sobre a competência e o funcionamento dos respectivos órgãos jurisdicionais e administrativos. O Ministro Teori Zavascki acrescentou que, incumbindo ao Plenário, de modo facultativo, a criação do Órgão Especial, competiria somente a ele definir as atribuições delegadas ao referido órgão, que, por expressa disciplina do art. 93, XI, da CF, exerce as atribuições administrativas e jurisdicionais da competência do Pleno que lhes sejam delegadas.
MS 26411 MC/DF, rel. orig. Min. Sepúlveda Pertence, red. p/ o acórdão Min. Teori Zavascki, 26.11.2015. (MS-26411) (Inform. STF 809)

ADI e estrutura organizacional de tribunal de justiça

O Plenário confirmou medida cautelar e julgou procedente pedido formulado em ação direta para assentar a inconstitucionalidade de dispositivos da Constituição do Estado do Ceará e de seu ADCT. Na espécie, foram declarados inconstitucionais: a) a expressão "ou a determinação de abertura de tal procedimento contra o juiz acusado" contida no art. 96, II, f; b) o § 1º do art. 105; c) a expressão "vinte e um", constante do art. 107; d) o art. 109, "caput" e parágrafos; e) os artigos 110 a 113; f) o § 5º do art. 11 do ADCT; e g) o art. 12 do ADCT. As normas questionadas alteram a estrutura organizacional do tribunal de justiça cearense e a carreira da magistratura.
ADI 251/CE, rel. Min. Gilmar Mendes, 27.8.2014. (ADI-251) (Inform. STF 756)

Procurador-Geral do Estado e foro por prerrogativa de função – 1

O Plenário denegou a ordem em "habeas corpus", afetado pela 2ª Turma, no qual discutida eventual nulidade de ação penal por incompetência do juízo de 1º grau e pretendida a revogação da prisão cautelar imposta ao paciente. Ademais declarou, "incidenter tantum", a inconstitucionalidade da expressão "os Agentes Públicos a ele equiparados", contida no art. 77, X, a, da Constituição do Estado de Roraima. No caso, o paciente, Procurador-Geral do Estado à época dos fatos, pretendia fosse-lhe garantido o foro por prerrogativa de função no TJ/RR, à luz da regra prevista no art. 77, X, a, da Constituição estadual ["Art. 77. Compete ao Tribunal de Justiça: ... X - processar e julgar, originariamente: a) nos crimes comuns e de responsabilidade, o Vice-governador do Estado, os Secretários de Estado, os Agentes Públicos a ele equiparados, os Juízes Estaduais, os membros do Ministério Público e os Prefeitos, ressalvada a competência da Justiça Eleitoral"], bem assim do que disposto no parágrafo único do art. 4º da LC Estadual 71/2003 ("O Procurador-Geral do Estado terá, além do contido nesta Lei Complementar, as mesmas prerrogativas, subsídio e obrigações de Secretário de Estado"). Inicialmente, o Tribunal rememorou decisão proferida, em situação análoga, nos autos da ADI 3.140/CE (DJU de 29.6.2007), oportunidade em que declarada a inconstitucionalidade de norma de Constituição estadual, tendo em vista ser ela incompatível com o art. 125, § 1º, da CF. Salientou que, na ocasião, o STF ponderara que a Constituição estadual haveria de definir, de um lado, o que o tribunal de justiça poderia julgar e, de outro, quem poderia ser julgado por aquela Corte. Nesse sentido, o art. 125, § 1º, da CF, firma o âmbito de atuação do constituinte estadual na matéria especificada, de modo a caber a ele definir a competência do tribunal de justiça. Em outras palavras, a Constituição da República convoca o constituinte estadual para demarcar a competência do tribunal de justiça. O Colegiado salientou que esse mesmo entendimento deveria nortear a decisão em comento, na qual o constituinte do Estado de Roraima, ao promulgar norma aberta referente à definição de competência do tribunal estadual, delegara ao legislador infraconstitucional o poder de dispor sobre a matéria e de ampliar seus limites, circunstância incompatível com o art. 125, § 1º, da CF. Concluiu, no ponto, pela inconstitucionalidade da expressão acima referida, contida na norma constitucional estadual.

Procurador-Geral do Estado e foro por prerrogativa de função – 2

O Plenário afastou, de igual modo, a invocação do princípio da simetria. Segundo a defesa, o cargo de Procurador-Geral do Estado equivaleria, na esfera estadual, ao de Advogado-Geral da União, a quem o STF reconhecera foro por prerrogativa de função igual ao de Ministro de Estado, por ocasião do julgamento do Inq 1.660 QO/DF (DJU de 6.6.2003). A respeito, a Corte afirmou não haver similitude com o quadro normativo considerado no exame da aludida questão de ordem. Frisou que, naquele caso, o STF reconhecera sua competência originária ao adotar como premissa a existência de norma segundo a qual o Advogado-Geral da União seria Ministro de Estado. Por outro lado, ressaltou que a legislação estadual roraimense não estabeleceria que o Procurador-Geral do Estado seria Secretário de Estado. Nesse aspecto, o parágrafo único do art. 4º da LC estadual roraimense não afirmaria que o Procurador-Geral seria Secretário, mas dispensaria a ele o mesmo tratamento dado aos Secretários, equiparação que não garantiria foro por prerrogativa de função no TJ/RR. No que concerne à segregação cautelar do paciente, o Colegiado não identificou incompatibilidade com o art. 312 do CPP. Constatou que a ordem de prisão preventiva estaria devidamente fundamentada, voltada à garantia da ordem pública, consubstanciada na possibilidade de reiteração delituosa. Sublinhou que haveria evidências acerca de vasta rede de crimes sexuais contra menores, sob influência política e funcional do paciente. Além disso, registrou que o paciente tentara evadir-se do distrito da culpa, mediante plano de fuga, com o uso de recursos estaduais, o que demonstraria a intenção de furtar-se à aplicação da lei penal. HC 103803/RR, rel. Min. Teori Zavascki, 1º.7.2014. **(HC-103803) (Inform. STF 756)**

7.3. Conselho Nacional de Justiça

Ato do CNJ e controle de constitucionalidade – 1

A Segunda Turma retomou julgamento de agravo regimental ajuizado contra liminar deferida em mandado de segurança impetrado contra decisão monocrática de conselheira do CNJ que, em procedimento de controle administrativo, determinara a tribunal de justiça estadual que elaborasse nova lista de antiguidade de membros da magistratura, com exclusão de critério não previsto na Lei Orgânica da Magistratura Nacional – Loman. No caso, a conselheira afastara como critério de desempate o tempo de serviço público fixado em lei complementar estadual para considerar-se apenas o tempo na magistratura e, mantido o empate, a classificação no concurso, respeitada a ordem de investidura da magistratura estadual. Na sessão de 30.6.2015, o Ministro Teori Zavascki (relator) desproveu o agravo regimental e manteve a liminar que suspendera os efeitos do ato do CNJ até o julgamento de mérito do mandado de segurança. Afirmou que a alteração do critério adotado

há muito tempo pelo tribunal, por decisão monocrática da conselheira relatora, sem a participação direta dos atingidos, evidenciaria a plausibilidade do argumento de afronta ao direito à ampla defesa, tese que teria respaldo da orientação firmada pelo Plenário do STF no julgamento do MS 27.154/DF (DJe de 8.2.2011). Na sessão de 25.8.2015, o Ministro Dias Toffoli, em voto-vista, deu provimento ao agravo regimental para indeferir a liminar. Frisou que o vício de procedimento considerado pelo relator deveria ser superado tendo em conta que o ato impugnado estaria em consonância com o entendimento pacífico do STF, no sentido da impossibilidade de se adotar o tempo de serviço público como critério de desempate entre magistrados. Dessa forma, deveria ser mantida a decisão atacada, sob pena de postergar-se a aplicação da orientação adequada para a solução da matéria.
MS 33586 AgR/DF, rel. Min. Teori Zavascki, 1º.12.2015. (MS-33586)

Ato do CNJ e controle de constitucionalidade – 2
Nessa assentada, a Ministra Cármen Lúcia salientou que o Regimento Interno do CNJ conferiria ao relator a atribuição de deferir, monocraticamente, pedido em estrita obediência a enunciado administrativo ou a entendimento firmado pelo CNJ ou pelo STF. Sublinhou que, apesar de a decisão impugnada harmonizar-se com a orientação do STF, a lei estadual não teria sido declarada inconstitucional. Além disso, a incidência da teoria dos motivos determinantes teria sido rejeitada pelo STF. Assim, a aplicação da norma regimental exigiria a declaração de inconstitucionalidade do dispositivo legal pelo STF. Realçou que a inconstitucionalidade do dispositivo da lei estadual teria sido assentada por decisão singular de membro de órgão administrativo ao qual a jurisprudência do STF não reconheceria a competência para exercer o controle de constitucionalidade de leis (AC 2.390 MC/PB, DJe de 2.5.2011). A Ministra Cármen Lúcia não vislumbrou, contudo, relevância jurídica suficiente para deferir a liminar pleiteada, pois, no julgamento de mérito do mandado de segurança, o STF poderia, prestigiando a jurisprudência, declarar incidentalmente a inconstitucionalidade da norma legal, A adoção desse procedimento imporia a denegação da ordem, a despeito dos vícios observados no ato impugnado. A anulação do ato do CNJ, nessas circunstâncias excepcionais, serviria apenas para postergar a aplicação do entendimento consolidado pelo STF, do qual não poderia o CNJ dissentir. Em seguida, pediu vista ao Ministro Gilmar Mendes.
MS 33586 AgR/DF, rel. Min. Teori Zavascki, 1º.12.2015.. (MS-33586)
(Inform. STF 810)

CNJ e revisão disciplinar
A Segunda Turma iniciou julgamento de mandado de segurança impetrado em face de ato do CNJ, no qual aplicada a pena de disponibilidade com proventos proporcionais a magistrada acusada de condicionar o resultado de medida liminar em processo sob sua responsabilidade a favorecimento pessoal. Na espécie, o tribunal de justiça em que atuava a impetrante instaurara processo administrativo disciplinar para a apuração da referida conduta, sendo-lhe imposta, ao fim da instrução processual, a pena de censura. Tendo em conta essa decisão, o Ministério Público estadual requerera ao CNJ a instauração de revisão disciplinar – ao fundamento de ser desproporcional a pena aplicada em relação à gravidade da infração disciplinar praticada —, que fora julgada procedente. A Ministra Cármen Lúcia (relatora) denegou a segurança, no que foi acompanhada pelo Ministro Teori Zavascki. Asseverou não procederem as alegações de intempestividade e descabimento da revisão disciplinar, tampouco de ilegitimidade ativa do Ministério Público para instaurá-la. No inciso V do § 4º do art. 103-B da CF não se estabeleceria prazo para o julgamento do pedido de revisão pelo CNJ, apenas prazo para a instauração da revisão. O processo administrativo disciplinar instaurado contra a impetrante fora julgado pelo tribunal de justiça em 17.12.2008 e o pedido de revisão disciplinar fora protocolizado no Conselho em menos de um ano (15.12.2009), do que decorreria sua tempestividade. Por outro lado, a Constituição Federal e o Regimento Interno do CNJ confeririam legitimidade universal para a propositura da revisão disciplinar, a qual poderia ser instaurada por provocação de terceiros e até mesmo de ofício, o que demonstraria a legitimidade do Ministério Público para atuar na matéria em comento. Ademais, a possibilidade de instauração da revisão disciplinar de ofício ou por provocação de qualquer interessado,

juntamente com o extenso prazo para sua apresentação e a previsão regimental de se poder modificar a pena imposta, corroborariam a assertiva de que a revisão não se trataria de recurso ou revisão administrativa ordinária, menos ainda de instrumento exclusivo ou da defesa. Outrossim, estariam configurados, no caso, os pressupostos para instauração da revisão disciplinar – na forma do art. 83 do Regimento Interno do CNJ —, dado que a decisão proferida pelo tribunal local seria contrária à lei e às provas coligidas nos autos. Isso se daria porque a pena aplicada não seria condizente com a gravidade da conduta. Assim, concluíra o CNJ que os fatos apurados evidenciariam comportamento de acentuada reprovabilidade, insusceptível de aplicação de pena de censura. Esta última incidiria nas hipóteses de "reiterada negligência no cumprimento dos deveres do cargo, ou no de procedimento incorreto, se a infração não justificar punição mais grave" (LC 35/1979, art. 44). Nessa senda, constatar-se-ia que a parte final do preceito seria suficientemente clara, ao dispor que o descumprimento dos deveres funcionais poderia justificar a aplicação de pena mais grave. Disso decorreria que a manifesta inadequação da repreenda aplicada diante da gravidade da conduta poderia indicar a necessidade de revisão disciplinar. Em seguida, pediu vista dos autos o Ministro Gilmar Mendes.
MS 30364/PA, rel. Min. Cármen Lúcia, 17.11.2015. (MS-30364)
(Inform. STF 808)

CNJ: revisão disciplinar e prazo de instauração
A Segunda Turma concedeu a ordem em mandado de segurança para determinar o arquivamento de reclamação disciplinar em trâmite no CNJ. Na espécie, após a instauração da reclamação disciplinar em comento, esta fora sobrestada para que se aguardasse a conclusão de processo administrativo disciplinar que apuraria os mesmos fatos no âmbito de tribunal de justiça local. No julgamento do referido processo administrativo disciplinar, o impetrante fora absolvido por ausência de provas. O CNJ, então, requerera ao tribunal de justiça o envio da íntegra dos autos, bem como do acórdão, para a análise de eventual revisão disciplinar, nos termos do art. 103-B, §4º, V, da CF ("Art. 103-B. ... § 4º Compete ao Conselho o controle da atuação administrativa e financeira do Poder Judiciário e do cumprimento dos deveres funcionais dos juízes, cabendo-lhe, além de outras atribuições que lhe forem conferidas pelo Estatuto da Magistratura: ... V – rever, de ofício ou mediante provocação, os processos disciplinares de juízes e membros de tribunais julgados há menos de um ano"). Sustentava a impetrante que teria ocorrido a decadência do prazo constitucional da revisão disciplinar. O Colegiado afirmou que, apesar de o CNJ ter instaurado processo disciplinar para apuração dos fatos antes de se dar o julgamento da questão pela corregedoria local, o feito encontrar-se-ia sobrestado, no aguardo de decisão por parte desta última. Uma vez que se dera o julgamento do processo disciplinar no tribunal de justiça, a pretensão de reapreciação dos fatos – se não estabelecida por meio de um processo apuratório concomitante ao instaurado na origem – adquiriria natureza revisional. Em razão disso, deveria ser retomada dentro do prazo constitucional estabelecido, ou seja, em 1 ano. Haveria, portanto, um específico efeito que o julgamento pelo órgão de origem implicaria à apreciação disciplinar do CNJ. Seria iniciada a sua pretensão revisional (art. 103-B, §4º, V), que tanto incidiria sobre a reapreciação propriamente dita dos fatos – por meio de processo instaurado especificamente para esse fim —, como também sobre a continuidade de apuração eventualmente em curso, que deveria ser retomada dentro do citado prazo. Admitir o contrário, ou seja, que o CNJ pudesse, a qualquer tempo, reaviar discussão travada em processo disciplinar já julgado – somente porque já instaurado processo apuratório antes daquele julgamento —, seria desconsiderar o prazo inserto no art. 103-B, § 4º, V, da CF. Seria, ainda, ignorar o poder disciplinar das instâncias locais, dotado, como o concretizado no âmbito do CNJ, de imperatividade, atributo que não poderia ser desconsiderado por meio de reapreciação tardia dos mesmos fatos. Em que pese o CNJ estar em posição hierárquica, no âmbito do Poder Judiciário, que lhe permitiria proferir a última decisão administrativa em questões disciplinares, esse fato não excluiria o poder censório do órgão local. Esse poder seria concorrente ao exercível pelo Conselho, dele diferindo apenas pela ausência de terminatividade, já que sujeito ao exercício do poder revisional pela Corregedoria Nacional, desde que exercitado no prazo de 1 ano. No caso dos autos, o CNJ fora cientificado da decisão proferida

no procedimento disciplinar local em 7.8.2012, tendo, porém, adotado a primeira medida para revisão do julgado apenas em 23.12.2013, após, portanto, o decurso do lapso temporal constitucional.
MS 32724/DF, rel. Min. Dias Toffoli, 17.11.2015. (MS-32724) (Inform. STF 808)

CNJ: sindicância e delegação de competência
É regular a designação de juiz auxiliar, seja ele originário do Judiciário estadual ou federal, para a condução de sindicância, por delegação do CNJ, ainda que o investigado seja magistrado federal. Com base nesse entendimento, a Segunda Turma denegou mandado de segurança impetrado em face de ato do Corregedor-Nacional de Justiça, que instaurara sindicância para apurar violação, por parte de magistrado federal, à Lei Complementar 35/1979, delegando a prática de diligências a juiz estadual. Inicialmente, a Turma reiterou o que decidido na ADI 4.638 MC-Ref/DF (DJe de 30.10.2014), no sentido de que a competência constitucional do CNJ seria autônoma, não prosperando a tese da subsidiariedade de sua atuação. Outrossim, relativamente à alegada nulidade da designação de juiz estadual para cumprir diligência determinada pelo Corregedor-Nacional de Justiça, asseverou que a autoridade delegada atuaria em nome da Corregedoria, sendo irrelevante se o magistrado fosse oriundo da esfera estadual ou da esfera federal.
MS 28513/DF, rel. Min. Teori Zavascki, 15.9.2015. (MS-28513) (Inform. STF 799)

MS N. 28.932-DF
RELATORA: MIN. CÁRMEN LÚCIA
EMENTA: *MANDADO DE SEGURANÇA. CONSELHO NACIONAL DE JUSTIÇA. VOTO DIVULGADO DIFERENTE DO VOTO LIDO EM SESSÃO. FORMAÇÃO DA LISTA DE ANTIGUIDADE DA MAGISTRATURA PAULISTA. ALTERAÇÃO DE CRITÉRIOS. PROCURADOR-GERAL DA REPÚBLICA. DISTRIBUIÇÃO POR PREVENÇÃO. DESCABIMENTO: PRORROGAÇÃO DA COMPETÊNCIA (§ 1º DO ART. 69 DO REGIMENTO INTERNO DO SUPREMO TRIBUNAL FEDERAL). FALTA DE PEÇA ESSENCIAL PARA A COMPROVAÇÃO DO ALEGADO. PROVA PRÉ-CONSTITUÍDA. IMPOSSIBILIDADE DE DILAÇÃO PROBATÓRIA. PRECEDENTES. POSSIBILIDADE DE O ÓRGÃO JURISDICIONAL COMPETENTE ALTERAR DE OFÍCIO O RESULTADO DE JULGAMENTO NÃO PUBLICADO. PRECEDENTES. MANDADO DE SEGURANÇA DENEGADO.* (Inform. STF 788)

EMENTA: CONSELHO NACIONAL DE JUSTIÇA (CNJ). CORREGEDORA NACIONAL DE JUSTIÇA. ATO QUE SUSPENDE A EFICÁCIA DE DECISÃO MONOCRÁTICA PROFERIDA NOS AUTOS DE AÇÃO CAUTELAR. INADMISSIBILIDADE. ATUAÇÃO "*ULTRA VIRES*" DA SENHORA CORREGEDORA NACIONAL DE JUSTIÇA, PORQUE EXCEDENTE DOS ESTRITOS LIMITES QUE CONFORMAM O EXERCÍCIO DAS ATRIBUIÇÕES MERAMENTE ADMINISTRATIVAS OUTORGADAS PELA CONSTITUIÇÃO DA REPÚBLICA AO CONSELHO NACIONAL DE JUSTIÇA E AOS ÓRGÃOS E AGENTES QUE O INTEGRAM. INCOMPETÊNCIA ABSOLUTA DO CONSELHO NACIONAL DE JUSTIÇA, NÃO OBSTANTE ÓRGÃO CONSTITUCIONAL DE CONTROLE INTERNO DO PODER JUDICIÁRIO, PARA INTERVIR EM PROCESSOS E EM DECISÕES DE NATUREZA JURISDICIONAL. IMPOSSIBILIDADE CONSTITUCIONAL DE O CONSELHO NACIONAL DE JUSTIÇA (QUE SE QUALIFICA COMO ÓRGÃO DE CARÁTER EMINENTEMENTE ADMINISTRATIVO) FISCALIZAR, REEXAMINAR E SUSPENDER OS EFEITOS DECORRENTES DE ATO DE CONTEÚDO JURISDICIONAL. PRECEDENTES DO SUPREMO TRIBUNAL FEDERAL. MAGISTÉRIO DA DOUTRINA. MEDIDA LIMINAR DEFERIDA.
MS 33.570-MC/DF. RELATOR: Min. Celso de Mello (Inform. STF 788)

CNJ: PAD e punição de magistrado
É desnecessário esgotar as vias ordinárias para que o CNJ instaure processo de revisão disciplinar. Com base nessa orientação, a 1ª Turma negou provimento a agravo regimental em mandado de segurança. A Turma assinalou que a análise do processo de revisão disciplinar instaurado contra magistrado pelo CNJ cumpriria os requisitos previstos nos artigos 82 e 83 de seu regimento interno, de modo que seria desnecessária a comprovação do esgotamento das vias ordinárias. De igual maneira, reiterou o que decidido em julgado monocrático no sentido de ser possível a aplicação subsidiária da Lei 8.112/1990 nos casos em que a LC 35/1979 (Loman) se mostrasse omissa, porém, não seria aplicável a prescrição da pretensão punitiva em perspectiva.
MS 28918 AgR/DF, rel. Min. Dias Toffoli, 4.11.2014. (MS-28918) (Inform. STF 766)

MS N. 32.375-DF
RELATORA: MIN. CÁRMEN LÚCIA
EMENTA: *MANDADO DE SEGURANÇA. CONSELHO NACIONAL DE JUSTIÇA. RECLAMAÇÃO DISCIPLINAR. SUSTENTAÇÃO ORAL. PEDIDO DE VISTA. RETOMADA DO JULGAMENTO. COMPOSIÇÃO DO CONSELHO ALTERADA. PRETENSÃO DE RENOVAÇÃO DO JULGAMENTO: ALEGADA VIOLAÇÃO AO DEVIDO PROCESSO LEGAL E SEUS COROLÁRIOS. INOCORRÊNCIA. PRECEDENTES. MANDADO DE SEGURANÇA DENEGADO.*
1. A informatização do processo tem facilitado o acesso dos julgadores a todos os elementos existentes nos autos, conferindo-lhes, assim, o pleno conhecimento das questões jurídicas postas na causa e os argumentos desenvolvidos a favor e contra as teses das partes, autorizando a participação no julgamento daqueles que não tenham assistido à sustentação oral, ao relatório ou aos debates.
2. Mandado de segurança denegado. (Inform. STF 764)

PAD no âmbito do CNJ: sindicados de tribunais diversos e princípio do juiz natural
Por reputar observado o princípio do juiz natural, a 1ª Turma denegou ordem em mandado de segurança impetrado em face do CNJ, com o objetivo de anular decisão administrativa que determinara a instauração de processo administrativo disciplinar - PAD em desfavor do impetrante. Este alegava que a designação do Ministro-Corregedor para a relatoria do processo teria violado os princípios do juiz natural e do devido processo legal, uma vez que, de acordo com o Regimento Interno do Conselho Nacional de Justiça - RICNJ, àquele conselheiro não deveriam ser distribuídos processos administrativos disciplinares. Sustentava que a distribuição seria livre, dentre todos os conselheiros, inclusive ausentes ou licenciados por até 30 dias. Defendia que, no tocante ao processamento de procedimentos disciplinares, a competência do Corregedor Nacional de Justiça estaria adstrita à realização de sindicâncias, inspeções e correições, quando houvesse fatos graves ou relevantes que as justificassem. A Turma afirmou que o caso diria respeito a suposto envolvimento de quatro magistrados integrantes de tribunais diversos, inclusive de tribunal superior. Anotou que o ato impugnado registrara omissão do RICNJ quanto à instauração de processo disciplinar decorrente de sindicância com multiplicidade de sindicados de tribunais diversos, e que o CNJ concluíra, com fulcro no art. 120 do aludido diploma ("Os casos omissos serão resolvidos pelo Plenário"), designar o Corregedor Nacional de Justiça como relator. A Turma, ademais, reputou viger, à época da decisão adversada, o art. 44 da Resolução CNJ 2/2005 ("Não serão objeto de distribuição os feitos de natureza disciplinar cuja tramitação, após protocolizada a respectiva peça na Secretaria, se inicia na Corregedoria do Conselho"), bem assim normas do RICNJ a preverem a competência do Plenário para receber e conhecer das reclamações contra membros ou órgãos do Judiciário e para julgar os processos disciplinares regularmente instaurados. MS 27021/DF, rel. Min. Dias Toffoli, 14.10.2014. (MS-27021) (Inform. STF 763)

MS N. 28.127-DF
RELATOR: MIN. DIAS TOFFOLI
EMENTA: **Mandado de segurança. Conselho Nacional de Justiça. Decadência do direito de instaurar o processo de revisão disciplinar não configurada. Competência do colegiado. Motivação do ato. Respeito à garantia constitucional do devido processo legal. Segurança indeferida.**
1. Compete ao plenário do CNJ instaurar, de ofício, processo de revisão disciplinar (art. 86 do RICNJ), consistindo o posterior despacho do Corregedor Nacional de Justiça mera execução material da decisão administrativa.

3. DIREITO CONSTITUCIONAL

2. O julgamento pelo plenário do CNJ ocorreu em data anterior ao decurso do prazo disposto no inciso V do § 4º do art. 103-B da Constituição Federal, razão pela qual não se configura a decadência do direito do Poder Público de instaurar o procedimento.
3. A instauração de ofício foi motivada nos elementos do processo disciplinar objeto da revisão, os quais eram de conhecimento do impetrante, uma vez que os autos se encontravam apensados ao processo revisional. Não houve violação da garantia constitucional do devido processo legal.
4. Segurança indeferida. **(Inform. STF 762)**

Ato praticado pelo CNJ e competência - 1
O Plenário iniciou julgamento conjunto de questão de ordem em ação originária e de agravo de instrumento em ação cível originária nas quais se discute o alcance do disposto na alínea r do inciso I do art. 102 da CF. Em ambos os casos, examina-se o órgão competente para processar e julgar demanda que envolva ato do CNJ: se o STF, à luz do art. 102, I, r, da CF, ou se a justiça federal, conforme o art. 109, I, da CF. O Ministro Marco Aurélio, relator da ação originária, resolveu a questão de ordem no sentido de fixar a competência do juízo federal. Explicou que os autos referir-se-iam à ação movida por magistrado tendo em vista supostos descontos em seu subsídio. Asseverou que o art. 102, I, r, da CF, deveria ser interpretado de maneira sistemática. Consignou que a referência a "ações" alcançaria apenas mandado de segurança. Aduziu que seria impróprio concluir que toda e qualquer ação a envolver o CNJ ou o CNMP competiria ao STF, uma vez que, no tocante a atos do Presidente da República, das Mesas da Câmara dos Deputados e do Senado Federal, do TCU, do Procurador-Geral da República e do próprio STF, caberia a esta Corte apreciar somente mandado de segurança. Assentou que, proposta ação contra a União, ainda que alusiva a ato do CNJ, cumpriria ao juízo federal processá-la e julgá-la, a teor do art. 109, I, da CF. O Ministro Teori Zavascki, relator da ação cível originária, adotou essa mesma orientação e negou provimento ao agravo regimental. Acresceu que o STF não seria competente para processar e julgar apenas mandado de segurança impetrado contra ato do CNJ, mas também as outras ações tipicamente constitucionais: mandado de injunção, "habeas data" e "habeas corpus". Mencionou que a Corte já firmara esse posicionamento na AO 1.706 AgR/DF (DJe de 18.2.2014). Em seguida, pediu vista o Ministro Dias Toffoli.

Ato praticado pelo CNJ e competência - 2
Em regra, à justiça federal compete, nos termos do art. 109, I, da CF ("Art. 109. Aos juízes federais compete processar e julgar: I - as causas em que a União, entidade autárquica ou empresa pública federal forem interessadas na condição de autoras, rés, assistentes ou oponentes, exceto as de falência, as de acidentes de trabalho e as sujeitas à Justiça Eleitoral e à Justiça do Trabalho") processar e julgar demanda que envolva ato praticado pelo CNJ. Ao STF compete julgar apenas as ações tipicamente constitucionais movidas em face desse mesmo órgão. Essa a conclusão do Plenário que, em julgamento conjunto, resolveu questão de ordem em ação originária e desproveu agravo regimental em ação cível originária nas quais discutido o alcance do disposto na alínea r do inciso I do art. 102 da CF ["Art. 102. Compete ao Supremo Tribunal Federal, precipuamente, a guarda da Constituição, cabendo-lhe: I - processar e julgar, originariamente: ... r) as ações contra o Conselho Nacional de Justiça e contra o Conselho Nacional do Ministério Público] — v. Informativo 744. O Colegiado asseverou que o art. 102, I, r, da CF, deveria ser interpretado de maneira sistemática. Consignou que a referência a "ações" alcançaria apenas mandado de segurança, mandado de injunção, "habeas data" e "habeas corpus". Aduziu que seria impróprio concluir que toda e qualquer ação a envolver o CNJ ou o CNMP competiria ao STF, uma vez que, no tocante a atos do Presidente da República, das Mesas da Câmara dos Deputados e do Senado Federal, do TCU, do Procurador-Geral da República e do próprio STF, caberia a esta Corte apreciar somente mandado de segurança. Assentou que, proposta ação ordinária contra a União, ainda que alusiva a ato do CNJ, cumpriria ao juízo federal processá-la e julgá-la.

Ato praticado pelo CNJ e competência - 3
O Ministro Dias Toffoli, ao acompanhar o dispositivo da decisão do Pleno — tendo em conta as particularidades dos casos concretos, haja vista um deles envolver serventias extrajudiciais, e o outro, supostos descontos em subsídio de magistrado —, adotou fundamentos diversos. Analisou que o critério para a fixação da competência não deveria ser formal, mas material. Frisou que não seria a pessoalidade na integração do polo passivo o elemento definidor da competência originária do STF, e sim o objeto do ato do CNJ. Assim, deveriam ser preservadas à apreciação primária do Supremo as demandas que dissessem respeito a atividades disciplinadora e fiscalizadora do CNJ, a repercutirem frontalmente sobre os tribunais ou seus membros (magistrados), ainda que não veiculadas por ação mandamental, ou seja, todas as ações alusivas à autonomia dos tribunais ou ao regime disciplinar da magistratura. Além disso, a Corte também seria competente para processar e julgar demanda a respeito de decisões do CNJ que desconstituíssem ato normativo ou deliberação de tribunal, relacionados a matérias diretamente afetas a este. Ademais, o STF possuiria competência no tocante aos casos em que a atuação do CNJ se desse, precipuamente, na consecução de sua atividade finalística, quando direta e especialmente incidente sobre membros (magistrados) e órgãos a ele diretamente subordinados. AO 1814 QO/MG, rel. Min. Marco Aurélio, 24.9.2014. (AO-1814) ACO 1680 AgR/AL, rel. Min. Teori Zavascki, 24.9.2014. (AO-1680) **(Inform. STF 760)**

MS 32.865 - MC/RJ
RELATOR: Ministro Celso de Mello
EMENTA: CONSELHO NACIONAL DE JUSTIÇA. CONTROLE DE CONSTITUCIONALIDADE. INADMISSIBILIDADE. ATRIBUIÇÃO ESTRANHA À ESFERA DE COMPETÊNCIA *DESSE ÓRGÃO DE PERFIL ESTRITAMENTE ADMINISTRATIVO.* **ATUAÇÃO** *"ULTRA VIRES".* **LEGITIMIDADE** DO CONTROLE JURISDICIONAL. **PRECEDENTES** DO SUPREMO TRIBUNAL FEDERAL **(PLENO).** *AUTOGOVERNO* DA MAGISTRATURA, *PRERROGATIVA INSTITUCIONAL* DOS TRIBUNAIS JUDICIÁRIOS **E** *AUTONOMIA* DOS ESTADOS-MEMBROS: **LIMITAÇÕES CONSTITUCIONAIS** *QUE NÃO PODEM SER DESCONSIDERADAS* PELO CONSELHO NACIONAL DE JUSTIÇA. **LIMINAR MANDAMENTAL E A QUESTÃO DA INVESTIDURA APARENTE. PRINCÍPIOS** *DA SEGURANÇA JURÍDICA, DA PROTEÇÃO DA CONFIANÇA* **E** *DA BOA-FÉ OBJETIVA.* **CONSEQUENTE SUBSISTÊNCIA** *DOS ATOS ADMINISTRATIVOS* **E/OU** *JURISDICIONAIS* PRATICADOS **EM DECORRÊNCIA** DO PROVIMENTO CAUTELAR, **AINDA** *QUE EVENTUALMENTE DENEGADO* O MANDADO DE SEGURANÇA. **DOUTRINA. JURISPRUDÊNCIA. MEDIDA CAUTELAR DEFERIDA.** DJe de 5.6.2014. **(Inform. STF 760)**

Quinto constitucional: requisito constitucional da reputação ilibada e inquérito - 1
A 2ª Turma iniciou julgamento de mandado de segurança em que se discute a legitimidade de ato do CNJ, que, em procedimento de controle administrativo, obstara liminarmente a posse de advogado no cargo de desembargador em vaga destinada ao quinto constitucional (CF: "Art. 94. Um quinto dos lugares dos Tribunais Regionais Federais, dos Tribunais dos Estados, e do Distrito Federal e Territórios será composto de membros, do Ministério Público, com mais de dez anos de carreira, e de advogados de notório saber jurídico e de reputação ilibada, com mais de dez anos de efetiva atividade profissional, indicados em lista sêxtupla pelos órgãos de representação das respectivas classes"). Na espécie, o MPF promovera a instauração do procedimento de controle administrativo com o intuito de obstar a posse de advogado investigado em inquérito, o que, segundo alegara, demonstraria a ausência do requisito constitucional da reputação ilibada. No âmbito do CNJ, o relator do referido procedimento, ao deferir liminar cujo conteúdo acatava o argumento do MPF, afirmara, ademais, que o CNJ não teria, ainda, decidido se integrantes de tribunais regionais eleitorais poderiam, ou não, ser candidatos ao cargo de desembargador. O Ministro Ricardo Lewandowski (relator), de início, assentou a legitimidade ativa "ad causam" da OAB. Consignou que, no caso, a OAB buscaria preservar sua própria competência no tocante à elaboração de lista sêxtupla encaminhada ao tribunal de justiça. Além disso, seria função institucional da referida entidade defender a Constituição e a ordem jurídica, conforme

disposto na Lei 8.906/1994. No mérito, o relator ressaltou ser pacífica a jurisprudência do STF no sentido de que o princípio constitucional da presunção de inocência vedaria o tratamento diferenciado a qualquer pessoa, ou a restrição de seus direitos, pelo simples fato de responder a inquérito. Registrou que, por conseguinte, a existência de um único inquérito instaurado em face do postulante ao cargo de desembargador, não demonstraria sua inidoneidade moral. Ressaltou, inclusive, que o aludido inquérito tramitaria há mais de sete anos e que nem mesmo a denúncia teria sido formulada, à míngua de provas. Observou, ainda, que o fato de o indicado ser, à época, juiz de TRE, nomeado pelo Presidente da República, reforçaria o entendimento de que ele preencheria as condições exigidas para ocupar o cargo de desembargador. Quanto à alegação de que o CNJ não teria, ainda, decidido sobre a viabilidade de juiz de TRE tornar-se desembargador, o relator afirmou que não existiria impedimento legal e que, por isso, a ausência de pronunciamento do CNJ não prejudicaria o nomeado. Em seguida, pediu vista dos autos o Ministro Gilmar Mendes.

Quinto constitucional: requisito constitucional da reputação ilibada e inquérito - 2
Em conclusão de julgamento, a 2ª Turma concedeu mandado de segurança para anular ato do CNJ, que, em procedimento de controle administrativo, obstara liminarmente a posse de advogado no cargo de desembargador em vaga destinada ao quinto constitucional (CF: "Art. 94. Um quinto dos lugares dos Tribunais Regionais Federais, dos Tribunais dos Estados, e do Distrito Federal e Territórios será composto de membros, do Ministério Público, com mais de dez anos de carreira, e de advogados de notório saber jurídico e de reputação ilibada, com mais de dez anos de efetiva atividade profissional, indicados em lista sêxtupla pelos órgãos de representação das respectivas classes") — v. Informativo 754. A Turma ressaltou ser pacífica a jurisprudência do STF no sentido de que o princípio constitucional da presunção de inocência vedaria o tratamento diferenciado a qualquer pessoa, ou a restrição de seus direitos, pelo simples fato de responder a inquérito. Observou que o fato de o indicado ser, à época, juiz de TRE, nomeado pelo Presidente da República, reforçaria o entendimento de que ele preencheria as condições exigidas para ocupar o cargo de desembargador. Quanto à alegação de que o CNJ não teria, ainda, decidido sobre a viabilidade de juiz de TRE tornar-se desembargador, a Turma afirmou que não existiria impedimento legal e que, por isso, a ausência de pronunciamento do CNJ não prejudicaria o nomeado. MS 32491/DF, rel. Min. Ricardo Lewandowski, 19.8.2014. (MS-32491) **(Inform. STF 755)**

Ações contra atos do CNJ e competência do STF
A competência originária do STF para as ações ajuizadas contra o CNJ se restringe ao mandado de segurança, mandado de injunção, "habeas data" e "habeas corpus". As demais ações em que questionado ato do CNJ ou do CNMP submetem-se consequentemente ao regime de competência estabelecido pelas normas comuns de direito processual. Com base nesse entendimento, a 2ª Turma, negou provimento a agravos regimentais em ações cíveis originárias e manteve a decisão monocrática atacada que assentara a incompetência do STF e remetera os autos à justiça federal. ACO 2373 AgR/DF, rel. Min. Teori Zavascki, 19.8.2014. (ACO-2373) **(Inform. STF 755)**

CNJ: deferimento de liminares e dispensa de interstício para remoção de magistrados
A 1ª Turma concedeu mandado de segurança para anular ato do CNJ que, em procedimento de controle administrativo, suspendera, liminarmente, decisão do Órgão Especial do TJ/RJ, a qual determinara a adoção do critério do interstício de dois anos de exercício, na mesma entrância, como requisito para a remoção de magistrados (CF, art. 93, II, b). De início, a Turma assentou a competência do CNJ para o deferimento de medidas liminares. No mérito, registrou a impossibilidade de aplicação do mencionado interstício, porque inexistiriam candidatos que preenchessem essa exigência. MS 27704/RJ, rel. Min. Dias Toffoli, 5.8.2014. (MS-27704) **(Inform. STF 753)**

Promoção por antiguidade: recusa de juiz mais antigo e quórum de deliberação - 1
Em julgamento conjunto, a 1ª Turma, por maioria, concedeu mandados de segurança para anular ato do CNJ que, em procedimento de controle administrativo instaurado para verificar a legitimidade de recusa de magistrado à promoção por antiguidade, entendera incabível a relativização do quórum de deliberação previsto na alínea d do inciso II do art. 93 da CF ("Art. 93. Lei complementar, de iniciativa do Supremo Tribunal Federal, disporá sobre o Estatuto da Magistratura, observados os seguintes princípios: ... II - promoção de entrância para entrância, alternadamente, por antiguidade e merecimento, atendidas as seguintes normas: ... d) na apuração de antiguidade, o tribunal somente poderá recusar o juiz mais antigo pelo voto fundamentado de dois terços de seus membros, conforme procedimento próprio, e assegurada ampla defesa, repetindo-se a votação até fixar-se a indicação"). Discutia-se, na espécie, qual o parâmetro a ser adotado na fixação do quórum de deliberação. Segundo o CNJ, dever-se-ia ter em conta o número de cargos de desembargador existentes na estrutura do tribunal de justiça. Para um dos impetrantes, a totalidade dos membros da Corte local, assim considerados aptos a exercer a jurisdição, excluídos do cômputo os desembargadores afastados dos cargos em caráter não eventual. E, para o outro impetrante, o número de cargos de desembargador efetivamente preenchidos em determinado momento, descontados os vagos.

Promoção por antiguidade: recusa de juiz mais antigo e quórum de deliberação - 2
Prevaleceu o voto do Ministro Marco Aurélio (relator) que, de início, registrou que a previsão constitucional de quórum qualificado para a deliberação acerca da recusa de promoção por antiguidade de magistrado representaria importante norma protetiva dos integrantes da magistratura nacional. Consignou que a relativização do quórum acarretaria, portanto, a fragilização da sistemática prevista na Constituição para o acesso aos cargos nos tribunais. Afirmou, entretanto, que a interpretação do dispositivo constitucional em comento não prescindiria da análise detida do cenário excepcional em que aplicado. O constituinte, ao prever o quórum qualificado, teria levado em consideração a composição legal do órgão, a presumir que os tribunais atuassem na sua composição plena, ou seja, providos todos os seus cargos. Em circunstâncias normais, portanto, o quórum de deliberação deveria ser computado tendo como base o número de cargos da estrutura do tribunal. Ressaltou, porém, que a contingência fática caracterizada pela eventual incompletude da composição teria de ser sopesada pelo intérprete. Pontuou, então, que a vontade do órgão composto por uma pluralidade de agentes resultaria da conjugação de vontades externadas por seus membros, desde que devidamente investidos nos respectivos cargos, e desde que juridicamente aptos a exercer suas atribuições. Nesse sentido, enfatizou que os cargos vagos, bem como os cargos providos, mas cujos ocupantes estivessem afastados cautelarmente do exercício da função jurisdicional, não deveriam ser computados para o fim de determinação do referido quórum. Contudo, deveriam ser levados em consideração os cargos preenchidos por membros afastados em caráter eventual, nesses incluídos todos aqueles que, juridicamente aptos a exercer suas atribuições, estivessem impedidos por motivos transitórios. Vencidos os Ministros Rosa Weber e Dias Toffoli, que denegavam os mandados de segurança. A Ministra Rosa Weber destacava que as prerrogativas judiciais visariam mais do que a pessoa do juiz, mas a própria sociedade, e, portanto, entendia adequado um olhar mais rígido sobre o mencionado quórum de deliberação. MS 31357/DF, rel. Min. Marco Aurélio, 5.8.2014. (MS-31357) MS 31361/MT, rel. Min. Marco Aurélio, 5.8.2014. (MS-31361) **(Inform. STF 753)**

Competência do STF: ato do CNJ e interesse de toda a magistratura
Compete ao STF julgar mandado de segurança contra ato do Presidente do TJDFT que, na condição de mero executor, apenas dê cumprimento à resolução do CNJ. Com base nessa orientação, a 2ª Turma julgou procedente pedido formulado em reclamação ajuizada pela União para determinar a remessa ao Supremo dos autos do "writ" impetrado pela Associação dos Magistrados do Distrito Federal e Territórios (Amagis/DF). No caso, a impetrante obtivera liminarmente, junto ao TJDFT, a

suspensão do ato praticado pelo Presidente daquela Corte que, em obediência aos artigos 3º, 4º e 12 da Resolução 13/2006 do CNJ, excluíra o adicional por tempo de serviço do subsídio mensal dos juízes vinculados ao tribunal. A Turma consignou que teria havido usurpação de competência do STF. Destacou que a verdadeira autoridade coatora seria o CNJ e que, na situação, se discutiria matéria de interesse da magistratura nacional (CF, art. 102, I, n e r). Rcl 4731/DF, rel. Min. Cármen Lúcia, 5.8.2014. (Rcl-4731) **(Inform. STF 753)**

CNJ e âmbito de atuação
A 2ª Turma concedeu mandado de segurança para anular decisão do CNJ que declarara a invalidade de norma do regimento interno de tribunal de justiça estadual, que dispõe sobre a competência de Vice-Presidentes ("Compete ao 1º Vice-Presidente indeferir a distribuição de recursos, bem como das ações e outras medidas de competência originária do Tribunal, quando manifestamente inadmissíveis no que concerne à tempestividade, preparo e ausência de peças obrigatórias e, ainda, declarar a deserção e homologar pedidos de desistência ou renúncia; e ao 2º Vice-Presidente decidir sobre pedidos de desistência de recursos, antes da distribuição"). Na espécie, em procedimento de controle administrativo, o CNJ assentara a invalidade da norma regimental ao fundamento de sua incompatibilidade com os artigos 93, XV e 96, I, a, da CF e, de imediato, determinara a distribuição dos autos. A Turma asseverou que a existência de mais de uma vice-presidência e a fixação de suas competências por norma regimental estariam previstas no § 1º do art. 103 da LC 35/1979 (Loman). Destacou a possibilidade de tribunal local, por meio de seu regimento, estabelecer regras de competência interna, organização e atuação, desde que respeitadas a lei e a Constituição. Frisou que, ao instituir o CNJ, a EC 45/2004 a ele teria atribuído o controle da atuação administrativa e financeira do Poder Judiciário e do cumprimento dos deveres funcionais dos juízes. No ponto, afirmou que as competências e limitações institucionais daquele Conselho seriam as mesmas previstas para os órgãos administrativos de igual natureza existentes no País, dos quais se distinguiria em face de sua competência nacional e de seu fundamento constitucional, ausente a função jurisdicional. Por fim, assinalou que a decisão questionada teria feito inserção em matéria que a Constituição não incluíra no rol de competências do CNJ. MS 30793/DF, rel. Min. Cármen Lúcia, 5.8.2014. (MS-30793) **(Inform. STF 753)**

Princípio da inamovibilidade e elevação de entrância de comarca
O princípio da inamovibilidade, assegurado aos magistrados, não admite a abertura de concurso — seja para promoção, seja para remoção — sem que o cargo a ser ocupado esteja vago. Essa a conclusão da 1ª Turma ao denegar mandado de segurança impetrado contra ato do CNJ que determinara ao tribunal de justiça estadual a anulação de concurso de promoção por merecimento ao juízo de determinada comarca — terceira entrância —, em que fora beneficiado o impetrante. Na espécie, lei estadual elevara de segunda para terceira entrância a comarca em que o impetrante atuava como magistrado titular. Na sequência, o tribunal de justiça local, aberto processo de provimento para a mencionada comarca (por remoção ou promoção), pelo critério de merecimento, viera a promover o impetrante. Por sua vez, outro magistrado integrara, pela terceira vez consecutiva, lista de promoção pelo critério do merecimento. Essa a origem do procedimento de controle administrativo por parte do CNJ, iniciado pelo magistrado preterido, ora impetrante. A Turma enfatizou que o juiz que figurara pela terceira vez consecutiva em lista de merecimento teria direito à promoção compulsória. Frisou que aquele tribunal, ao promover o impetrante em detrimento daquele magistrado, desrespeitara o disposto no art. 93, II, da CF. Destacou ser legítima, por parte do CNJ, a glosa do ato administrativo que não se coadunasse com a Constituição. Asseverou que, ainda que a comarca tivesse sido elevada à terceira entrância por lei estadual, nada obstaria a permanência do juiz que anteriormente a ocupasse na condição de titular, com todas as prerrogativas do cargo, inclusive a inamovibilidade. Rememorou o Enunciado 40 da Súmula do STF ("A elevação da entrância da comarca não promove automaticamente o Juiz, mas não interrompe o exercício de suas funções na mesma comarca"). Explicou que o ato do CNJ salvaguardara os interesses do próprio impetrante

que, na condição de juiz de segunda entrância, não poderia ser removido compulsoriamente, salvo por motivo de interesse público, na forma do art. 93, VIII, da CF. MS 26366/PI, rel. Min. Marco Aurélio, 24.6.2014. (MS-26366) **(Inform. STF 752)**

CNJ: processo de revisão disciplinar e prazo de instauração
O despacho do Corregedor Nacional de Justiça que instaura processo de revisão disciplinar com base no art. 86 do Regimento Interno do CNJ ("A instauração de ofício da Revisão de Processo Disciplinar poderá ser determinada pela maioria absoluta do Plenário do CNJ, mediante proposição de qualquer um dos Conselheiros, do Procurador-Geral da República ou do Presidente do Conselho Federal da OAB") é mero ato de execução material da decisão do Plenário do CNJ e não deve ser considerado na contagem do prazo previsto no inciso V do § 4º do art. 103-B da CF ("§ 4º Compete ao Conselho o controle da atuação administrativa e financeira do Poder Judiciário e do cumprimento dos deveres funcionais dos juízes, cabendo-lhe, além de outras atribuições que lhe forem conferidas pelo Estatuto da Magistratura: ... V - rever, de ofício ou mediante provocação, os processos disciplinares de juízes e membros de tribunais julgados há menos de um ano"). Com base nessa orientação, a 1ª Turma denegou mandado de segurança impetrado em face de ato do CNJ, que, em processo de revisão disciplinar, aplicara a pena de aposentadoria compulsória a juiz de direito. Na espécie, alegava-se ofensa ao que disposto no referido preceito constitucional quanto ao prazo de instauração do processo de revisão disciplinar. A Turma aduziu que a determinação para instaurar o processo revisional teria ocorrido em 19.6.2006, quando o Plenário do CNJ, por unanimidade, determinara a instauração, de ofício, do referido processo. Consignou que o despacho do Corregedor Nacional de Justiça, datado de 29.8.2006, e protocolado em 15.9.2006, constituiria mera execução material do que antes já decidira o CNJ, pela sua maioria absoluta, na forma do art. 86 do seu regimento interno. Consignou, portanto, que, ocorrido o julgamento pelo tribunal de origem em 23.8.2005, e determinada, em 19.6.2006, a instauração do processo de revisão por deliberação do Plenário do CNJ, estaria devidamente respeitado o prazo do mencionado dispositivo constitucional. Quanto à arguição de desrespeito à garantia do devido processo legal, no ponto em que não teriam sido especificados os motivos fáticos ou jurídicos que deram ensejo à instauração do juízo revisional, a Turma destacou que o fato atribuído ao impetrante, e acerca do qual deveria exercer o contraditório e a ampla defesa, seria o mesmo tratado no processo disciplinar do juízo de origem, objeto da revisão no âmbito do CNJ. No ponto, consignou que o processo revisional estaria devidamente instruído e que, ademais, não haveria nulidade sem prejuízo. MS 28127/DF, rel. Min. Dias Toffoli, 25.6.2014. (MS-28127) **(Inform. STF 752)**

Ato do CNJ e matéria sujeita à apreciação judicial
Tendo em conta a jurisprudência da Corte no sentido de que o CNJ não pode se manifestar quando a matéria está submetida à apreciação do Poder Judiciário, a 2ª Turma concedeu mandado de segurança para declarar nula decisão do CNJ, proferida em sede de procedimento de controle administrativo. A decisão impugnada, o CNJ determinara que o TJ/MT deixasse de conceder qualquer afastamento aos magistrados daquela unidade federativa, nos termos do Código de Organização e Divisão Judiciárias do Estado-membro (art. 252, b). A Turma ressaltou a existência de mandado de segurança com o mesmo objeto. MS 27650/DF, rel. Min. Cármen Lúcia, 24.6.2014. (MS-27650) **(Inform. STF 752)**

8. RECLAMAÇÃO

Lei de Imprensa e abuso do direito de informar – 1
A Segunda Turma retomou julgamento de agravo regimental em reclamação na qual se impugna acórdão proferido em suposta ofensa ao que decidido pelo STF na ADPF 130/DF (DJe de 6.11.2009), que assentara a não recepção da Lei 5.250/1967 (Lei de Imprensa) pela CF/1988. Na espécie, a decisão agravada julgara procedente a reclamação para declarar a invalidade do acórdão impugnado – que condenara jornalista ao pagamento de danos morais em razão de abuso do direito de informar –, reconhecida, portanto, a ofensa à decisão proferida na referida

ADPF. No agravo alega-se, em suma, que o acórdão reclamado não teria usurpado a competência do STF, tampouco teria ferido a autoridade de suas decisões, uma vez que não se teria aplicado qualquer dispositivo da Lei de Imprensa. Assim, não haveria que se falar em descumprimento da citada decisão. Por outro lado, a própria jurisprudência da Corte assentaria não ser cabível reclamação constitucional para garantir a autoridade e a eficácia do quanto decidido na arguição em referência. Na sessão de 30.6.2015, o Ministro Celso de Mello (relator), ao negar provimento ao agravo, primeiramente assentou a admissibilidade da reclamação nos casos em que se sustentasse, como na hipótese em comento, transgressão à eficácia vinculante de que se mostraria impregnado o julgamento do STF proferido em processos objetivos de controle normativo abstrato, como a ADPF 130/DF. Relativamente ao mérito, destacou que a questão em exame assumiria indiscutível magnitude de ordem político-jurídica, notadamente em face de seus claros lineamentos constitucionais, analisados, de modo efetivo, no julgamento da referida ADPF, em cujo âmbito o STF pusera em destaque, de maneira muito expressiva, uma das mais relevantes franquias constitucionais: a liberdade de manifestação do pensamento, que representaria um dos fundamentos em que se apoiaria a própria noção de Estado Democrático de Direito. O exercício concreto, pelos profissionais da imprensa, da liberdade de expressão, cujo fundamento residiria no próprio texto da Constituição, asseguraria ao jornalista o direito de expender crítica, ainda que desfavorável e em tom contundente, contra quaisquer pessoas ou autoridades. No contexto de uma sociedade fundada em bases democráticas, mostrar-se-ia intolerável a repressão estatal ao pensamento, ainda mais quando a crítica – por mais dura que fosse – se revelasse inspirada pelo interesse coletivo e decorresse da prática legítima de uma liberdade pública de extração eminentemente constitucional (CF, art. 5º, IV, c/c o art. 220). Desse modo, a crítica jornalística traduziria direito impregnado de qualificação constitucional, plenamente oponível aos que exercessem qualquer atividade de interesse da coletividade em geral, pois o interesse social, que legitimaria o direito de criticar, sobrepor-se-ia a eventuais suscetibilidades que pudessem revelar as figuras públicas, independentemente de ostentarem qualquer grau de autoridade.
Rcl 15243/RJ, rel. Min. Celso de Mello, 6.10.2015. (Rcl-15243)

Lei de Imprensa e abuso do direito de informar – 2
Na presente assentada, o Ministro Teori Zavascki, em voto-vista, deu provimento ao agravo regimental para julgar improcedente a reclamação, divergindo do relator. Asseverou que a reclamação seria cabível para preservação da competência do STF e para garantia da autoridade de suas decisões ou para atacar atos que contrariassem ou indevidamente aplicassem enunciado da súmula vinculante. Em ambas as hipóteses, os atos reclamados deveriam guardar estrita aderência ao parâmetro de controle utilizado. Não haveria, porém, no caso em comento, qualquer incompatibilidade com decisão do STF. Embora o julgado impugnado tratasse de indenização por danos morais e direito de resposta em decorrência da veiculação de matéria jornalística, o aresto não estaria assentado na Lei de Imprensa. Não haveria, assim, a indispensável identidade material entre o ato reclamado e o parâmetro de controle, o que seria suficiente para o não acolhimento do pedido. Não haveria dúvida, por outro lado, que a declaração de não recepção dos dispositivos da Lei de Imprensa na ADPF 130/DF teria representado um precedente histórico e fundamental para inibir a prática de qualquer controle prévio sobre a liberdade de imprensa e expurgar indevidas limitações infraconstitucionais ao exercício desse direito. Todavia, embora tivesse afirmado categoricamente a liberdade de expressão, esse precedente não teria chegado ao ponto de afirmar a absoluta irresponsabilidade civil ou penal de quem, abusivamente, expressasse ou veiculasse publicamente informações que causassem a terceiro danos morais ou materiais. Realmente, a não recepção da Lei de Imprensa não teria afastado nem limitado a observância aos direitos fundamentais da personalidade relacionados no art. 5º da CF, como os que protegem os atingidos por danos materiais ou morais praticados por abusivo exercício da liberdade de manifestação. Assim, verificada a violação desses direitos fundamentais por publicação de matéria jornalística, nada impediria que, independentemente da não recepção da lei em questão, fosse assegurado não apenas o direito de resposta, mas também o direito à reparação dos correspondentes danos, nos termos da lei civil e da própria Constituição. Em seguida, pediu vista dos autos a Ministra Cármen Lúcia.
Rcl 15243/RJ, rel. Min. Celso de Mello, 6.10.2015. (Rcl-15243) (Inform. STF 802)

Reclamação: conflito federativo e usurpação de competência do STF
A 1ª Turma julgou procedente pedido formulado em reclamação para determinar a remessa ao STF de três ações correlacionadas que tramitam na 7ª Vara Federal da Seção Judiciária do Amazonas. ["Art. 102. Compete ao Supremo Tribunal Federal, precipuamente, a guarda da Constituição, cabendo-lhe: I - processar e julgar, originariamente: ... f) as causas e os conflitos entre a União e os Estados, a União e o Distrito Federal, ou entre uns e outros, inclusive as respectivas entidades da administração indireta"]. No caso, o Estado do Amazonas propusera, contra a União e o Instituto do Patrimônio Histórico e Artístico Nacional - IPHAN, ação ordinária com o objetivo de anular o processo administrativo de tombamento do "Encontro das Águas dos Rios Negro e Solimões". Em razão da alegada ofensa aos princípios ambientais da informação e da participação, o juízo reclamado deferira parcialmente o pedido para declarar a nulidade do processo administrativo a partir do tombamento provisório do fenômeno natural. Na exordial, o Ministério Público Federal argumentava que o juiz federal, ao conhecer da ação e demais causas a ela relacionadas, teria usurpado competência do STF por se tratar de ação instaurada entre o Estado do Amazonas, a União e uma autarquia federal. Aduzia que o Estado do Amazonas não se voltara simplesmente contra supostas irregularidades formais do processo de tombamento. Salientava que o fim último do ente estatal seria evitar a proteção do "Encontro das Águas" como forma de garantir a instalação de empreendimento portuário privado no seu entorno. A Turma destacou que, mesmo reconhecido o conflito entre entes da federação, a disputa deveria ter densidade suficiente para abalar o pacto federativo e, assim, deslocar a competência para o STF. Registrou que, após a decisão que anulara o tombamento provisório e suspendera a impossibilidade de licenciamento, o Instituto de Proteção Ambiental do Amazonas - IPAAM concedera autorização de instalação para o porto privado em tempo recorde. Consignou, a partir da moldura fático-jurídica do objeto da reclamação, que o agente motivador oculto nos autos da ação ordinária de anulação seria a autonomia do Estado do Amazonas na gestão de seus recursos naturais. Asseverou que o tombamento do "Encontro das Águas" pela União — para preservação do cenário paisagístico como patrimônio cultural brasileiro — acabaria por se contrapor ao interesse jurídico, econômico, financeiro e social do Estado do Amazonas. Dessa forma, concluiu que a controvérsia seria apta a colocar em risco o equilíbrio federativo e suficiente para instaurar a jurisdição de competência originária do Supremo. Rcl 12957/AM, rel. Min. Dias Toffoli, 26.8.2014. (Rcl-12957) **(Inform. STF 756)**

Reclamação e competência legislativa
A 2ª Turma julgou improcedente pedido formulado em reclamação ajuizada em face de decisão que denegara mandado de segurança preventivo. Na espécie, alegava-se ofensa ao que decidido na Representação 1.246/PR (DJU de 12.9.1986) na qual, sob a égide da CF/1967, se afirmara a competência exclusiva da União para legislar sobre normas gerais de produção, comércio e consumo de mercadorias que contivessem substâncias nocivas, e se declarara a inconstitucionalidade de determinados dispositivos de lei estadual e respectivo decreto regulamentador. A Turma afirmou que a CF/1988 mudou o modelo de repartição de competências legislativas no Brasil e que, em consequência, o Estado-membro seria competente para condicionar a prévio cadastramento o uso de agrotóxicos e biocidas em seu território. Asseverou, ademais, que a reclamação não seria meio apto a questionar eventual desrespeito a fundamentos determinantes de votos proferidos em decisão do STF ou para se afirmar, no caso, a recepção de dispositivos que tenham sido examinados sob a égide da CF/1967. Rcl 5847/PR, rel. Min. Cármen Lúcia, 25.6.2014. (Rcl-5847) **(Inform. STF 752)**

9. CONTROLE DE CONSTITUCIONALIDADE

Juntada do incidente de inconstitucionalidade – 4

Em conclusão de julgamento e, por maioria, o Plenário deu provimento a agravo regimental em recurso extraordinário no sentido de dispensar a exigência de juntada do aresto que servira de base ao acórdão recorrido nas hipóteses em que já houver o pronunciamento do STF sobre a questão. Assim como ocorreu no caso concreto, a Corte entendeu que, se o parágrafo único do art. 481 do CPC ("Art. 481. Se a alegação for rejeitada, prosseguirá o julgamento; se for acolhida, será lavrado o acórdão, a fim de ser submetida a questão ao tribunal pleno. Parágrafo único. Os órgãos fracionários dos tribunais não submeterão ao plenário, ou ao órgão especial, a arguição de inconstitucionalidade, quando já houver pronunciamento destes ou do plenário do Supremo Tribunal Federal sobre a questão) permite que, nesses casos, o órgão fracionário não submeta ao plenário do STF o incidente de inconstitucionalidade, exigir-se a juntada do inteiro teor do acórdão proferido pelo Tribunal "a quo" no incidente de inconstitucionalidade para o conhecimento do recurso extraordinário resultaria em desmedida valoração do julgamento do órgão especial do Tribunal de origem sobre a decisão do STF. Na espécie, trata-se de agravo regimental interposto contra decisão de relator que, ante a ausência da juntada da arguição de inconstitucionalidade aos autos, negara seguimento a recurso extraordinário. Tal recurso fora manejado contra acórdão de tribunal regional federal que, fundado em precedente do Plenário daquela Corte, não integrado aos autos, reconhecera a inconstitucionalidade do art. 3º, I, da Lei 8.200/1991, declarado constitucional pelo STF nos autos do RE 201.465/MG (DJU de 17.10.2003) – v. Informativos 310, 346 e 583. A Corte destacou que, embora o órgão recorrido não tenha transcrito integralmente o acórdão do tribunal regional que apreciara o incidente de inconstitucionalidade, sua ementa fora reproduzida. Apontou que estariam sumariadas as razões da decisão, suficientes para afastar qualquer dúvida a respeito do tema. Ademais, o acórdão recorrido conteria vasta e minuciosa fundamentação própria a respeito da matéria constitucional, condição suficiente para atestar a higidez do que nele contido e viabilizar o conhecimento do recurso extraordinário. Vencidos os Ministros Sepúlveda Pertence (relator), Cármen Lúcia, Eros Grau e Marco Aurélio, que negavam provimento ao recurso. Afastaram a incidência, na espécie, do parágrafo único do art. 481 do CPC.
RE 196752 AgR/MG, rel. orig. Min. Sepúlveda Pertence, red. p/ o acórdão Min. Gilmar Mendes, 5.11.2015. (RE-196752) (Inform. STF 806)

Ato de efeitos concretos e Enunciado 10 da Súmula Vinculante

A Segunda Turma iniciou julgamento de agravo regimental interposto de decisão que desprovera reclamação, em que discutido se órgão fracionário de tribunal regional federal, ao afastar a aplicação do Decreto Legislativo 006/2010, editado pela Assembleia Legislativa do Estado de Roraima, teria violado o Enunciado 10 da Súmula Vinculante ["Viola a cláusula de reserva de plenário (CF, artigo 97) a decisão de órgão fracionário de tribunal que, embora não declare expressamente a inconstitucionalidade de lei ou ato normativo do Poder Público, afasta sua incidência, no todo ou em parte"]. O referido decreto determinara a sustação do andamento de ação penal movida contra deputado estadual, com fundamento no art. 53, § 3º, da CF e no art. 34, §§ 4º e 5º, da Constituição do Estado de Roraima. Sustenta o agravante, em suma, que o ato normativo possuiria grau de abstração, generalidade e impessoalidade suficientes a exigir a observância do art. 97 da CF e do Enunciado 10 da Súmula Vinculante. O Ministro Teori Zavascki (relator) negou provimento ao agravo regimental. Considerou que, por não se tratar o referido decreto legislativo de lei em sentido formal ou material, bem como por não possuir caráter de ato normativo, não se aplicaria ao caso a regra inscrita no art. 97 da CF, não havendo, dessa forma, ofensa ao Enunciado 10 da Súmula Vinculante. Em divergência, o Ministro Gilmar Mendes, ao prover o agravo regimental, reputou que a jurisprudência da Corte, atenta à ideia de que o controle abstrato, a rigor, teria a ver com seus próprios requisitos processuais, passara a admitir a propositura de ações diretas em face de atos normativos de efeitos individuais e concretos, afastando-se da compreensão tradicional de que, para ser ato normativo, teria de ser dotado de generalidade e abstração. Assinalou que se a Constituição submete a lei ao processo de controle abstrato, não seria admissível que o intérprete debilitasse essa garantia, isentando um número elevado de atos aprovados, sob a forma de lei, do controle abstrato de normas e, muito provavelmente, de qualquer forma de controle. Ressaltou, ainda, a índole política da discussão, pois o tribunal local, por meio de órgão fracionário, teria frustrado uma decisão tomada por uma assembleia legislativa. Por sua vez, o Ministro Celso de Mello acompanhou o relator. Entendeu que o decreto legislativo em apreço, por ter um destinatário específico e se referir a uma dada situação individual e concreta, exaurindo-se no momento de sua promulgação, não atenderia às exigências da abstração, da generalidade e da impessoalidade, de maneira que caracterizaria um típico ato estatal de efeitos concretos. Em seguida, pediu vista dos autos o Ministro Dias Toffoli.
Rcl 18165 AgR/RR, rel. Min. Teori Zavascki, 2.6.2015. (Rcl-18165) (Inform. STF 788)

Efeitos da declaração de inconstitucionalidade e ação rescisória

A decisão do Supremo Tribunal Federal que declara a constitucionalidade ou a inconstitucionalidade de preceito normativo não produz a automática reforma ou rescisão das decisões anteriores que tenham adotado entendimento diferente. Para que haja essa reforma ou rescisão, será indispensável a interposição do recurso próprio ou, se for o caso, a propositura da ação rescisória própria, nos termos do art. 485, V, do CPC, observado o respectivo prazo decadencial (CPC, art. 495). Com base nessa orientação, o Plenário negou provimento a recurso extraordinário em que discutida a eficácia temporal de decisão transitada em julgado fundada em norma superveniente declarada inconstitucional pelo STF. À época do trânsito em julgado da sentença havia preceito normativo segundo o qual, nos casos relativos a eventuais diferenças nos saldos do FGTS, não caberiam honorários advocatícios. Dois anos mais tarde, o STF declarara a inconstitucionalidade da verba que vedava honorários. Por isso, o autor da ação voltara a requerer a fixação dos honorários. Examinava-se, assim, se a declaração de inconstitucionalidade posterior teria reflexos automáticos sobre a sentença anterior transitada em julgado. A Corte asseverou que não se poderia confundir a eficácia normativa de uma sentença que declara a inconstitucionalidade – que retira do plano jurídico a norma com efeito "ex tunc" – com a eficácia executiva, ou seja, o efeito vinculante dessa decisão. O efeito vinculante não nasceria da inconstitucionalidade, mas do julgado que assim a declarasse. Desse modo, o efeito vinculante seria "pro futuro", isto é, da decisão do Supremo para frente, não atingindo os atos passados, sobretudo a coisa julgada. Apontou que, quanto ao passado, seria indispensável a ação rescisória. Destacou que, em algumas hipóteses, ao declarar a inconstitucionalidade de norma, o STF modularia os efeitos para não atingir os processos julgados, em nome da segurança jurídica.
RE 730462/SP, rel. Min. Teori Zavascki, 28.5.2015. (RE-730462) (Inform. STF 787)

ADI e conversão de julgamento de medida cautelar em julgamento de mérito

O Plenário, ao resolver questão de ordem suscitada pelo Ministro Roberto Barroso (relator), converteu o julgamento de medida cautelar em ação direta de inconstitucionalidade em julgamento de mérito, a ser realizado futuramente. O relator explicitou que, por ocasião do exame conjunto de cautelares em duas ações diretas, o Ministro Joaquim Barbosa, então relator, proferira o mesmo voto em relação aos dois casos. Entretanto, a Ministra Ellen Gracie, em voto-vista, entendera que os pedidos formulados em ambas as ações não seriam idênticos, pois um deles seria mais amplo. Em razão disso, o Ministro Joaquim Barbosa indicara adiamento em relação à ação direta cujo objeto seria mais extenso – e sobre a qual incide a presente questão de ordem —, e o Plenário prosseguira apenas na apreciação relativa ao outro caso – v. Informativos 614 e 623. O relator afirmou que seria necessário definir se o voto proferido pelo Ministro Joaquim Barbosa, no tocante ao julgamento adiado, deveria ser computado ou não. O Colegiado entendeu que, tendo em vista se

tratar de análise de medida cautelar, e em razão da relevância do tema, a cuidar de tributação de embalagens em atividade gráfica, seria mais salutar proceder diretamente ao mérito de ambas as ações diretas, superando-se a questão do cômputo do voto já proferido em cautelar.
ADI 4413 MC QO/DF, rel. Min. Roberto Barroso, 15.4.2015. (ADI-4413) (Inform. STF 781)

Art. 27 da Lei 9.868/99 e suspensão de julgamento – 3
O Plenário retomou julgamento de questão de ordem suscitada no sentido de se aguardar a presença de Ministro que não participara da sessão em que declarada a inconstitucionalidade do § 1º do art. 7º da Lei 10.254/1990 do Estado de Minas Gerais, para colher o seu voto relativamente à modulação de efeitos na referida decisão – v. Informativo 481. O Ministro Ricardo Lewandowski (Presidente), em voto-vista, acompanhado pela Ministra Cármen Lúcia, rejeitou a proposição. Considerou totalmente encerrado o julgamento da ADI 2.949/MG (v. Informativo 481) e, por conseguinte, preclusa, à luz do postulado do devido processo legal, a possibilidade de reabertura da deliberação sobre a modulação dos efeitos da declaração de inconstitucionalidade. Sublinhou que a modulação dos efeitos da declaração de inconstitucionalidade configuraria exceção à regra legal dos efeitos "ex tunc", de modo que não poderia dar interpretação extensiva ao dispositivo que o consagrasse. Ressaltou que o art. 27 da Lei 9.868/1999 seria claro no sentido de se exigir a maioria qualificada de dois terços dos membros do Tribunal, ou seja, oito votos, para superação dos efeitos "ex tunc". Contudo, em nenhuma circunstância esse diploma legal teria imposto, para a votação, a presença da totalidade dos membros da Corte. Pensar de modo diverso equivaleria a exigir sempre a presença de todos os integrantes da Casa nos julgamentos das ações diretas de inconstitucionalidade. Em outras palavras, estar-se-ia a criar regra procedimental em matéria da mais alta relevância que não encontraria respaldo no ordenamento jurídico. Pontuou, por fim, que o julgamento dessa ação direta se encerrara na sessão de 26.9.2007, com a regular proclamação do resultado final. Portanto, não seria possível cogitar-se de sua reabertura. Em seguida, pediu vista o Ministro Roberto Barroso.
ADI 2949 QO/MG, rel. Min. Joaquim Barbosa, 5.3.2015. (ADI-2949) (Inform. STF 776)

Art. 27 da Lei 9.868/1999 e suspensão de julgamento – 4
Em ação direta de inconstitucionalidade, com a proclamação do resultado final, se tem por concluído e encerrado o julgamento e, por isso, inviável a sua reabertura para fins de modulação. Com base nesse entendimento, o Plenário, por maioria, resolveu questão de ordem no sentido de afirmar que o exame da presente ação direta fora concluído e que não seria admissível reabrir discussão após o resultado ter sido proclamado. Na espécie, na data do julgamento estavam presentes dez Ministros da Corte, porém, não se teria obtido a maioria de dois terços (oito votos) para se modular os efeitos da decisão, nos termos do art. 27 da Lei 9.868/1999 ("Ao declarar a inconstitucionalidade de lei ou ato normativo, e tendo em vista razões de segurança jurídica ou de excepcional interesse social, poderá o Supremo Tribunal Federal, por maioria de dois terços de seus membros, restringir os efeitos daquela declaração ou decidir que ela só tenha eficácia a partir de seu trânsito em julgado ou de outro momento que venha a ser fixado") e o julgamento fora encerrado Na sessão subsequente, tendo em conta o comparecimento do Ministro ausente da sessão anterior, cogitou-se prosseguir no julgamento quanto à modulação – v. Informativos 481 e 776. A Corte destacou que a análise da ação direta de inconstitucionalidade seria realizada de maneira bifásica: a) primeiro se discutiria a questão da constitucionalidade da norma, do ponto de vista material; e, b) declarada a inconstitucionalidade, seria discutida a aplicabilidade da modulação dos efeitos temporários, nos termos do art. 27 da Lei 9.868/1999. Assim, se a proposta de modulação tivesse ocorrido na data do julgamento de mérito, seria possível admiti-la. Ressalvou que não teria havido erro material e, uma vez que a apreciação do feito fora concluída e proclamado o resultado, não se poderia reabrir o que decidido. Por conseguinte, estaria preclusa, à luz do postulado do devido processo legal, a possibilidade de nova deliberação. Vencidos os Ministros Gilmar Mendes, Menezes Direito e Teori Zavascki, que admitiam a retomada do julgamento quanto à modulação dos efeitos. Para o Ministro Teori Zavascki, teria havido "error in procedendo". Apontava que, em caso de modulação, se não fosse alcançado o quórum e houvesse magistrado para votar, o julgamento deveria ser adiado.
ADI 2949 QO/MG, rel. orig. Min. Joaquim Barbosa, red. p/ o acórdão Min. Marco Aurélio, 8.4.2015. (ADI-2949) (Inform. STF 780)

AG. REG. NA ADI N. 4.600-DF
RELATOR: MIN. LUIZ FUX
Ementa: AGRAVO REGIMENTAL NA AÇÃO DIRETA DE INCONSTITUCIONALIDADE. AÇÃO PROPOSTA PELA ASSOCIAÇÃO NACIONAL DOS MAGISTRADOS ESTADUAIS – ANAMAGES. ENTIDADE QUE REPRESENTA APENAS PARTE OU FRAÇÃO DA CATEGORIA PROFISSIONAL DOS MAGISTRADOS. ILEGITIMIDADE ATIVA AD *CAUSAM*. AÇÃO QUE NÃO MERECE SER CONHECIDA. PRECEDENTES. AGRAVO A QUE SE NEGA PROVIMENTO.
1. As associações que congregam mera fração ou parcela de categoria profissional por conta de cujo interesse vem a juízo não possuem legitimidade ativa para provocar a fiscalização abstrata de constitucionalidade. Precedentes: ADI 4.372, redator para o acórdão Min. Luis Fux, Pleno, DJe de 26/09/2014; ADPF 154-AgR, rel. Min. Cármen Lúcia, Pleno, DJe de 28/11/2014; ADI 3.6717-AgR, rel. Min. Cezar Peluso, Pleno, DJe de 1/7/2011.
2. *In casu*, à luz do estatuto social da agravante, resta claro que a entidade tem por finalidade representar os magistrados estaduais, defendendo seus interesses e prerrogativas. Nota-se, assim, que a entidade congrega apenas fração da categoria profissional dos magistrados, uma vez que não compreende, dentro de seu quadro, os Juízes Federais, por exemplo.
3. É firme o entendimento do Supremo Tribunal Federal no sentido da ilegitimidade ativa da ANAMAGES para a propositura de Ação Direta de Inconstitucionalidade, ou qualquer outra ação do controle concentrado de constitucionalidade.
4. Agravo regimental a que se nega provimento. **(Inform. STF 779)**

REFERENDO EM MED.CAUT. EM ADC N 27-DF
RELATOR: MIN. MARCO AURÉLIO
PROCESSO OBJETIVO – LIMINAR – APRECIAÇÃO – COLEGIADO. Cumpre ao Colegiado o exame de pedido de liminar, apenas cabendo a atuação individual do relator ante a impossibilidade de atuação, a tempo, do Órgão Maior.
AÇÃO DECLARATÓRIA DE CONSTITUCIONALIDADE – REFERENDO. Uma vez não atendidos os requisitos de relevância e urgência, incumbe indeferir o pleito de implemento de medida acauteladora. **(Inform. STF 777)**

Entidade de classe e legitimidade ativa
O Plenário, por maioria, não conheceu de ação direta proposta pela Federação Nacional de Entidades de Oficiais Militares – FENEME, pelo Clube dos Oficiais da Polícia Militar do Pará – COPMPA, pelo Clube dos Oficiais do Corpo de Bombeiros Militar do Pará – COCB, pela Associação dos Cabos e Soldados da Polícia Militar do Pará – ASSUBSAR e pelo Instituto de Defesa dos Servidores Públicos Civis e Militares do Estado do Pará – INDESPCMEPA, em razão da falta de legitimidade ativa "ad causam", reiterado o quanto decidido na ADI 4.473 AgR/PA (DJe de 1º.8.2012). No referido precedente, a Corte decidira que a FENEME não abrangeria a totalidade dos atuantes dos corpos militares estaduais, compostos de praças e oficiais. Ademais, aquela entidade não preencheria o requisito da ampla representatividade do conjunto de todas as pessoas às quais a norma atacada se aplicaria. No presente caso, a norma impugnada – LC 39/2002 do Estado do Pará – instituí o regime de previdência dos servidores do Estado do Pará e dá outras providências. Vencido, em parte, o Ministro Marco Aurélio, que reconhecia a legitimidade ativa da FENEME. Afirmava que, no caso, tratar-se-ia de ação direta de inconstitucionalidade ajuizada por associação de classe de âmbito nacional, cuja legitimidade estaria prevista no art. 103 da CF.
ADI 4967/PA, rel. Min. Luiz Fux, 5.2.2015. (ADI-4967) (Inform. STF 773)

3. DIREITO CONSTITUCIONAL

ADPF: fungibilidade e erro grosseiro
O Plenário desproveu agravo regimental em arguição de descumprimento de preceito fundamental, na qual se discutia a inconstitucionalidade por omissão relativa à Lei 12.865/2013. O Tribunal, de início, reconheceu a possibilidade de conversão da arguição de descumprimento de preceito fundamental em ação direta quando imprópria a primeira, e vice-versa, se satisfeitos os requisitos para a formalização do instrumento substituto. Afirmou que dúvida razoável sobre o caráter autônomo de atos infralegais impugnados, como decretos, resoluções e portarias, e alteração superveniente da norma constitucional dita violada legitimariam a Corte a adotar a fungibilidade em uma direção ou em outra, a depender do quadro normativo envolvido. Ressaltou, porém, que essa excepcionalidade não estaria presente na espécie. O recorrente incorrera naquilo que a doutrina processual denominaria de erro grosseiro ao escolher o instrumento formalizado, ante a falta de elementos, considerados os preceitos legais impugnados, que pudessem viabilizar a arguição. No caso, ainda que a arguição de descumprimento de preceito fundamental tivesse sido objeto de dissenso no STF quanto à extensão da cláusula da subsidiariedade, nunca houvera dúvida no tocante à inadequação da medida quando o ato pudesse ser atacado mediante ação direta de inconstitucionalidade. Por se tratar de impugnação de lei ordinária federal pós-constitucional, propor a arguição em vez de ação direta, longe de envolver dúvida objetiva, encerraria incontestável erro grosseiro, por configurar atuação contrária ao disposto no § 1º do art. 4º da Lei 9.882/1999. Os Ministros Roberto Barroso, Gilmar Mendes e Cármen Lúcia negaram provimento ao agravo por outro fundamento. Consideraram que o requerente, Sindicato Nacional das Empresas de Medicina de Grupo, por não ser uma confederação sindical, não preencheria o requisito da legitimação ativa "ad causam". ADPF 314 AgR/DF, rel. Min. Marco Aurélio, 11.12.2014. (ADPF-314) **(Inform. STF 771)**

ADC N. 33-DF
RELATOR: MIN. GILMAR MENDES
Ação Declaratória de Constitucionalidade. Medida Cautelar. 2. Julgamento conjunto com as ADIs 4.947, 5.020 e 5.028. 3. Relação de dependência lógica entre os objetos das ações julgadas em conjunto. Lei Complementar 78/1993, Resolução/TSE 23.389/2013 e Decreto Legislativo 424/2013, este último objeto da ação em epígrafe. 4. O Plenário considerou que a presente ADC poderia beneficiar-se da instrução levada a efeito nas ADIs e transformou o exame da medida cautelar em julgamento de mérito. 5. Impossibilidade de alterar-se os termos de lei complementar, no caso, a LC 78/1993, pela via do decreto legislativo. 6. Ausência de previsão constitucional para a edição de decretos legislativos que visem a sustar atos emanados do Poder Judiciário. Violação à separação dos poderes. 7. O DL 424/2013 foi editado no mês de dezembro de 2013, portanto, há menos de 1 (um) ano das eleições gerais de 2014. Violação ao princípio da anterioridade eleitoral, nos termos do art. 16 da CF/88. 8. Inconstitucionalidade formal e material do Decreto Legislativo 424/2013. Ação Declaratória de Constitucionalidade julgada improcedente. **(Inform. STF 765)**

Declaração de inconstitucionalidade por órgão fracionário e cláusula de reserva de plenário
A existência de pronunciamento anterior, emanado do Plenário do STF ou do órgão competente do tribunal de justiça local, sobre a inconstitucionalidade de determinado ato estatal, autoriza o julgamento imediato, monocrático ou colegiado, de causa que envolva essa mesma inconstitucionalidade, sem que isso implique violação à cláusula de reserva de plenário (CF, art. 97). Essa a conclusão da 2ª Turma, que desproveu agravo regimental em reclamação na qual discutido eventual desrespeito ao Enunciado 10 da Súmula Vinculante do STF ["Viola a cláusula de reserva de plenário (CF, artigo 97) a decisão de órgão fracionário de tribunal que, embora não declare expressamente a inconstitucionalidade de lei ou ato normativo do poder público, afasta sua incidência, no todo ou em parte"]. No caso, a eficácia de norma estadual fora suspensa, em virtude de provimento cautelar em ação direta de inconstitucionalidade ajuizada perante a Corte local. Em seguida, a eficácia desse provimento cautelar fora mantida pelo STF. Os reclamantes ajuizaram ação perante o juízo de 1º grau, que declarara, incidentalmente, a inconstitucionalidade da mesma lei estadual, decisão esta mantida, em apelação, por câmara do tribunal de justiça, com base na decisão do STF. Alegava-se que esse órgão não teria competência para proferir declaração de inconstitucionalidade. A Turma reputou que o citado órgão fracionário apenas teria cumprido a decisão do STF, sem infringir a cláusula da reserva de plenário. Além disso, não haveria motivo para se submeter a questão a julgamento do Plenário da Corte local, que já teria decidido a controvérsia. Rcl 17185 AgR/MT, rel. Min. Celso de Mello, 30.9.2014. (Rcl-17185) **(Inform. STF 761)**

AG. REG. NA ADI N. 4.036-DF
RELATOR: MIN. ROBERTO BARROSO
Ementa: AGRAVO REGIMENTAL. AÇÃO DIRETA DE INCONSTITUCIONALIDADE. 1. Se a decisão agravada adota dois ou mais fundamentos autônomos, suficientes para mantê-la, a ausência de impugnação de um ou de alguns deles torna inviável o agravo regimental. Aplicação analógica da Súmula 283/STF.
2. Agravo a que se nega provimento. **(Inform. STF 761)**

Inconstitucionalidade de lei e decisão monocrática - 2
É possível o julgamento de recurso extraordinário por decisão monocrática do relator nas hipóteses oriundas de ação de controle concentrado de constitucionalidade em âmbito estadual de dispositivo de reprodução obrigatória, quando a decisão impugnada refletir pacífica jurisprudência do STF sobre o tema. Com base nessa orientação, por maioria, o Plenário recebeu os embargos de declaração como agravo regimental e a este negou provimento. Na espécie, tratava-se de declaratórios opostos de decisão monocrática proferida pelo Ministro Dias Toffoli (CPC, art. 557, § 1º, a), na qual assentada — com fundamento na jurisprudência consolidada da Corte — a inconstitucionalidade de lei que dispõe sobre a criação de cargos em comissão para funções que não exigissem o requisito da confiança para o seu preenchimento. Na mencionada decisão, o relator destacara que os cargos, consoante a norma impugnada, deveriam ser ocupados por pessoas determinadas conforme a descrição nela constante — v. Informativo 707. Em acréscimo, o Ministro Teori Zavascki, tendo em conta a natureza objetiva do recurso extraordinário nesses casos, destacou que o procedimento se justificaria pelas mesmas razões que autorizariam a dispensa da cláusula da reserva de plenário (CPC, art. 481, parágrafo único), invocáveis por analogia. Observou, também, que a análise pelo órgão colegiado não estaria excluída, pois poderia ser provocada por recurso interno. Vencido o Ministro Marco Aurélio quanto à conversão e ao mérito. Destacava impossibilidade de o relator, monocraticamente, julgar o tema de fundo de processo objetivo a envolver controvérsia constitucional. RE 376440 ED/DF, rel. Min. Dias Toffoli, 18.9.2014. (RE-376440) **(Inform. STF 759)**

ADI 5.089-MC/CE
RELATOR: Ministro Celso de Mello
CONTROLE ABSTRATO DE CONSTITUCIONALIDADE. LEI COMPLEMENTAR MUNICIPAL. AÇÃO DIRETA AJUIZADA, ORIGINARIAMENTE, PERANTE O SUPREMO TRIBUNAL FEDERAL. IMPOSSIBILIDADE. FALTA DE COMPETÊNCIA ORIGINÁRIA DA SUPREMA CORTE. INVIABILIDADE DE FISCALIZAÇÃO ABSTRATA DE CONSTITUCIONALIDADE, MEDIANTE AÇÃO DIRETA, DE LEI MUNICIPAL CONTESTADA EM FACE DA CONSTITUIÇÃO FEDERAL. DOUTRINA. PRECEDENTES. POSSIBILIDADE, TÃO SOMENTE, DE CONTROLE INCIDENTAL DE LEI MUNICIPAL, CONFRONTADA COM A CONSTITUIÇÃO FEDERAL, EM FISCALIZAÇÃO REALIZADA, DE MODO DIFUSO, NO EXAME DE UMA DADA SITUAÇÃO CONCRETA. CONTROLE PRÉVIO DO PROCESSO OBJETIVO DE FISCALIZAÇÃO CONCENTRADA DE CONSTITUCIONALIDADE PELO RELATOR DA CAUSA. LEGITIMIDADE DO EXERCÍCIO MONOCRÁTICO DESSE PODER PROCESSUAL (RTJ 139/67, v.g.). AÇÃO DIRETA NÃO CONHECIDA. DJe de 20.2.2014. **(Inform. STF 749)**

Súmula vinculante STF nº 10

Viola a cláusula de reserva de plenário (CF, artigo 97) a decisão de órgão fracionário de tribunal que, embora não declare expressamente a inconstitucionalidade de lei ou ato normativo do poder público, afasta sua incidência, no todo ou em parte.

Súmula STF nº 729
A decisão na ADC-4 não se aplica à antecipação de tutela em causa de Natureza previdenciária.

Súmula STF nº 649
É inconstitucional a criação, por constituição estadual, de órgão de controle administrativo do Poder Judiciário do qual participem representantes de outros poderes ou entidades.

Súmula STF nº 642
Não cabe ação direta de inconstitucionalidade de lei do distrito federal derivada da sua competência legislativa municipal.

10. MINISTÉRIO PÚBLICO

Procedimento de controle administrativo e notificação pessoal
Reveste-se de nulidade a decisão do Conselho Nacional do Ministério Público – CNMP que, em procedimento de controle administrativo (PCA) notifica o interessado por meio de edital publicado no Diário Oficial da União para restituir valores aos cofres públicos. Com base nessa orientação, a Segunda Turma concedeu a ordem em mandado de segurança impetrado por servidor para determinar a anulação do PCA a partir do momento em que deveria ter sido notificado pessoalmente, sem prejuízo da renovação dos procedimentos voltados à apuração das irregularidades a ele associadas nesse processo administrativo. Na espécie, no PCA considerara-se indevido o pagamento de gratificação de adicional de tempo de serviço sobre férias e licença-prêmio não gozadas, por caracterizar tempo de serviço ficto, além de não existir previsão legal. A Turma aduziu que referida comunicação fora feita com fundamento no art. 105 do Regimento Interno do Ministério Público ("O Relator determinará a oitiva da autoridade que praticou o ato impugnado e, por edital, dos eventuais beneficiários de seus efeitos, no prazo de quinze dias"), de conteúdo semelhante a uma disposição normativa que existia no CNJ e que o STF declarara inconstitucional. Os Ministros Dias Toffoli e Cármen Lúcia ressaltaram que decisões do CNJ contra determinações de caráter normativo geral não implicariam a necessidade de intimação pessoal de todos os atingidos, como no caso dos concursos públicos.
MS 26419/DF, rel. Min. Teori Zavascki, 27.10.2015. (MS-26419) (Inform. STF 805)

Controle de constitucionalidade e órgão administrativo – 2
O direito subjetivo do exercente da função de Promotor de Justiça de permanecer na comarca elevada de entrância não pode ser analisado sob o prisma da constitucionalidade da lei local que previu a ascensão, máxime se a questão restou judicializada no STF. Com base nessa orientação, a Primeira Turma concedeu a ordem em mandado de segurança impetrado por procurador-geral de justiça contra decisão do Conselho Nacional do Ministério Público – CNMP, que declarara a inconstitucionalidade de norma local e glosara a pretensão do impetrante de permanecer na comarca que fora elevada de entrância – v. Informativo 745. A Turma asseverou que o CNMP não ostentaria competência para efetuar controle de constitucionalidade de lei, haja vista se tratar de órgão de natureza administrativa, cuja atribuição se circunscreveria ao controle da legitimidade dos atos administrativos praticados por membros ou órgãos do Ministério Público federal e estadual (CF, art. 130-A, § 2º). Assim, o CNMP, ao declarar a inconstitucionalidade do art. 141, "in fine", da Lei Orgânica do Ministério Público de Santa Catarina ("O membro do Ministério Público terá garantida a sua permanência na comarca cuja entrância for elevada e, quando promovido, nela será efetivado, desde que formalize a opção no prazo de cinco dias") teria exorbitado de suas funções, que se limitariam ao controle de legitimidade dos atos administrativos praticados por membros do "parquet".
MS 27744/DF, rel. Min. Luiz Fux, 14.4.2015. (MS-27744)

Controle de constitucionalidade e órgão administrativo – 3
O Ministro Roberto Barroso acompanhou o Ministro Luiz Fux (relator) para conceder a ordem, porém, com fundamentação diversa. Aduziu que não houvera, na espécie, controle abstrato de constitucionalidade. A declaração de inconstitucionalidade da parte final do art. 141 da LC estadual 197/2000 fora feita "incidenter tantum" e desconstituíra, de forma específica, determinadas "promoções virtuais". Assinalou que o acórdão atacado não alcançara promoções pretéritas ou futuras, mas apenas aquelas havidas à época do Processo de Controle Administrativo – PCA, por não terem as respectivas promotorias de justiça sido ofertadas aos demais membros do Ministério Público estadual. Dessa forma, o controle teria se realizado no caso concreto. Defendeu que quem tem a incumbência de aplicar a norma a uma situação concreta não poderia ser compelido a deixar de aplicar a Constituição e aplicar a norma que com ela considerasse incompatível. Concluiu ser razoável que os membros do Ministério Público, ao serem promovidos, pudessem permanecer nas promotorias que já ocupassem, sem que fossem obrigados a deixá-las apenas porque teriam sido pré-elevadas de entrância. Do contrário, além de acarretar gastos públicos com remoção e trânsito, a medida prejudicaria a continuidade da linha de atuação ministerial local e a manutenção das unidades familiares dos promotores.
MS 27744/DF, rel. Min. Luiz Fux, 14.4.2015. (MS-27744) (Inform. STF 781)

Conflito de atribuições e Fundef
O Plenário retomou julgamento de ação cível originária em que o Ministério Público Federal suscita conflito negativo de atribuição relativamente ao Ministério Público do Estado do Rio Grande do Norte para a investigação de supostas irregularidades concernentes à gestão de recursos oriundos do Fundo de Manutenção e Desenvolvimento do Ensino Fundamental e de Valorização do Magistério - Fundef — v. Informativos 604 e 699. Em voto-vista, o Ministro Joaquim Barbosa (Presidente), acompanhado pelos Ministros Roberto Barroso e Rosa Weber, não conheceu do conflito de atribuições. O Ministro Roberto Barroso assinalou que a competência do STF seria de direito estrito, e não poderia ser ampliada, sobretudo acerca de tema que deveria ser resolvido intrainstitucionalmente. Consignou não haver razão para o Poder Judiciário resolver conflito de atribuições no âmbito do Ministério Público. Ponderou que o órgão apto a dirimir a controvérsia seria o Conselho Nacional do Ministério Público, tendo em conta sua composição plural. Salientou, no ponto, o art. 130-A, § 2º, da CF. Destacou que esse conflito seria tipicamente administrativo e que, muito embora não conhecesse do feito, deveria ser apontada solução nesse sentido. Em seguida, pediu vista dos autos o Ministro Dias Toffoli. ACO 1394/RN, rel. Min. Marco Aurélio, 1º.7.2014. (ACO-1394) (Inform. STF 752)

Súmula STJ nº 470
O Ministério Público não tem legitimidade para pleitear, em ação civil pública, a indenização decorrente do DPVAT em benefício do segurado.

Súmula STJ nº 226
O Ministério Público tem legitimidade para recorrer na ação de acidente do trabalho, ainda que o segurado esteja assistido por advogado.

Súmula STJ nº 99
O Ministério Público tem legitimidade para recorrer no processo em que oficiou como fiscal da lei, ainda que não haja recurso da parte.

11. ADVOCACIA E DEFENSORIA PÚBLICA

Art. 132 da CF e criação de cargos comissionados
O Plenário referendou medida liminar concedida monocraticamente com o fim de suspender os efeitos da alínea a do inciso I do art. 3º; dos artigos 16 e 19; e do Anexo IV, todos da Lei 8.186/2007, do Estado da Paraíba. Os dispositivos criam cargos em comissão, no âmbito do Estado-membro, de "Consultor Jurídico do Governo"; "Coordenador da Assessoria Jurídica"; e "Assistente Jurídico". O Colegiado reputou violado o art. 132 da CF, que confere aos Procuradores de Estado a representação exclusiva do Estado-membro em matéria de atuação judicial e de assessoramento jurídico, sempre mediante investidura fundada em prévia aprovação em concurso público. O aludido dispositivo constitucional teria por escopo conferir às procuradorias não apenas a representação judicial, como também o exame da legalidade interna dos atos estaduais, a consultoria e a assistência jurídica. O órgão deveria possuir ocupantes detentores das garantias constitucionais conducentes à independência funcional, para o bom exercício de seu mister, em ordem a que os atos não fossem

praticados somente de acordo com a vontade do administrador, mas também conforme a lei. Assim, essa função não poderia ser exercida por servidores não efetivos, como no caso. Por fim, julgou prejudicados embargos declaratórios opostos pelo Governador. ADI 4843 MC-Referendo/PB, rel. Min. Celso de Mello, 11.12.2014. (ADI-4843) **(Inform. STF 771)**

12. DEFESA DO ESTADO E DAS INSTITUIÇÕES DEMOCRÁTICAS

ADI: órgão de segurança pública e reprinstinação - 1
O Plenário iniciou julgamento de ação direta ajuizada em face da EC 10/2001, que inseriu a Polícia Científica no rol dos órgãos de segurança pública previsto na Constituição do Estado do Paraná. Além disso, também se impugna o art. 50 da Constituição estadual ("A Polícia Científica, com estrutura própria, incumbida das perícias de criminalísticas e médico-legais, e de outras atividades técnicas congêneres, será dirigida por peritos de carreira da classe mais elevada, na forma da lei") em virtude da repristinação de sua redação primitiva, diante da declaração de inconstitucionalidade da EC 10/2001. O Ministro Dias Toffoli (relator) julgou parcialmente procedente o pedido formulado para declarar a inconstitucionalidade da EC 10/2001 — já mencionada no caso acima —, bem como para conferir interpretação conforme à expressão "polícia científica", constante da redação primitiva do art. 50 da Constituição do Estado do Paraná. O relator rememorou o entendimento firmado na ADI 2.827/RS (DJe de 6.4.2011) no sentido de que o rol de órgãos encarregados do exercício da segurança pública, previsto no art. 144, I a V, da CF, seria taxativo e de que esse modelo federal deveria ser observado pelos Estados-membros e pelo Distrito Federal. Frisou que nada impediria que a polícia científica, órgão responsável pelas perícias, continuasse a existir e a desempenhar suas funções, sem estar, necessariamente, vinculada à polícia civil, razão pela qual afastou a alegada inconstitucionalidade da redação originária do art. 50 da Constituição paranaense. Contudo, reputou necessário, com vistas a evitar confusão pelo uso do termo "polícia científica", conferir-lhe interpretação conforme, para afastar qualquer interpretação que lhe outorgasse o caráter de órgão de segurança pública.

ADI: órgão de segurança pública e reprinstinação - 2
Em divergência, o Ministro Roberto Barroso julgou integralmente procedente o pedido formulado. Inicialmente, acompanhou o relator na parte em que declarada a inconstitucionalidade da citada emenda. Entretanto, dissentiu, em parte, para não repristinar o art. 50 da Constituição paranaense. Considerou que esse artigo cairia por arrastamento, pelos mesmos fundamentos pelos quais julgada inconstitucional a aludida emenda, qual seja, a de instituir órgão — polícia técnica — fora da estrutura da polícia civil, o que seria materialmente incompatível com a Constituição. Sublinhou não ser possível criar uma polícia técnica fora da estrutura dos órgãos de segurança pública. Enfatizou que a polícia técnica deveria ter autonomia e não poderia estar subordinada ao delegado de polícia, mas sim à estrutura geral da polícia civil, a qual integraria, por mandamento constitucional. Ressaltou que sem a polícia técnica, a polícia civil não poderia cumprir as duas missões que a Constituição lhe atribuíra: polícia judiciária e a condução da investigação criminal. Em seguida, pediu vista o Ministro Teori Zavascki. ADI 2575/PR, rel. Min. Dias Toffoli, 19.11.2014. (ADI-2575) **(Inform. STF 768)**

13. TRIBUTAÇÃO E ORÇAMENTO

ADI: matéria orçamentária e competência legislativa
O Plenário julgou parcialmente procedente pedido formulado em ação direta para declarar a inconstitucionalidade do inciso I do art. 189 da Constituição do Estado de Rondônia, inserido pela EC estadual 17/1999, e confirmou, quanto a esse dispositivo, medida cautelar anteriormente deferida (noticiada no Informativo 195). A Corte afirmou que a norma impugnada, ao considerar como integrantes da receita aplicada na manutenção e desenvolvimento do ensino as despesas empenhadas, liquidadas e pagas no exercício financeiro, afrontaria o quanto disposto no art. 24, I, II, e § 1°, da CF ("Art. 24. Compete à União, aos Estados e ao Distrito Federal legislar concorrentemente sobre: I - direito tributário, financeiro, penitenciário, econômico e urbanístico; II - orçamento; ... § 1° - No âmbito da legislação concorrente, a competência da União limitar-se-á a

estabelecer normas gerais"). O Ministro Roberto Barroso, ao acompanhar esse entendimento, acrescentou que o art. 212 da CF ("A União aplicará, anualmente, nunca menos de dezoito, e os Estados, o Distrito Federal e os Municípios vinte e cinco por cento, no mínimo, da receita resultante de impostos, compreendida a proveniente de transferências, na manutenção e desenvolvimento do ensino") estabeleceria a necessidade de efetiva liquidação das despesas nele versadas. Não bastaria, portanto, o simples empenho da despesa para que se considerasse cumprido o mandamento constitucional, prática adotada pelo Estado de Rondônia. ADI 2124/RO, rel. Min. Gilmar Mendes, 19.11.2014. (ADI-2124) **(Inform. STF 768)**

ADI e vinculação de receita
O Plenário, por maioria, julgou parcialmente procedente pedido formulado em ação direta para declarar a inconstitucionalidade dos artigos 309, § 1°, e 314, "caput", § 5° e da expressão "e garantirá um percentual mínimo de 10% (dez por cento) para a educação especial", contida na parte final do § 2° do art. 314, todos da Constituição do Estado do Rio de Janeiro. Além disso, o Colegiado declarou a inconstitucionalidade por arrastamento das expressões "à UERJ e", "306, § 1° (atual 309), e" e "e, na hipótese da UERJ, sobre a sua receita tributária líquida" do art. 1° da Lei fluminense 1.729/1990 e do art. 6° da Lei fluminense 2.081/1993, que regulamentam os referidos dispositivos da Constituição estadual. As citadas normas estabelecem vinculação de receita para a educação em geral e, especificamente, para a UERJ e a FAPERJ. O Tribunal ressaltou que a jurisprudência do STF seria pacífica no sentido da inconstitucionalidade das normas que estabelecessem vinculação de parcelas das receitas tributárias a órgãos, fundos ou despesas. Frisou que essas leis desrespeitariam a vedação contida no art. 167, IV, da CF, bem como restringiriam a competência constitucional do Poder Executivo para a elaboração das propostas de leis orçamentárias. Essa regra constitucional somente seria excepcionada nos casos expressamente previstos na parte final do inciso IV do art. 167 da CF, que ressalva "a destinação de recursos para as ações e serviços públicos de saúde, para manutenção e desenvolvimento do ensino e para realização de atividades da administração tributária, como determinado, respectivamente, pelos artigos 198, § 2°, 212 e 37, XXII, e a prestação de garantias às operações de crédito por antecipação de receita, previstas no art. 165, § 8°, bem como o disposto no § 4° deste artigo". Em relação ao art. 332 da Constituição fluminense, também impugnado, o Colegiado recordou que o STF já teria declarado a constitucionalidade de norma de conteúdo semelhante prevista no art. 329 da Constituição estadual. Rememorou que a EC 32/2003 à Constituição estadual apenas alterara a sua redação sem modificar sua essência, além de deslocar essa norma para o art. 332 da Constituição estadual ["Art. 332. O Estado do Rio de Janeiro destinará, anualmente, à Fundação de Amparo à Pesquisa - FAPERJ, 2% (dois por cento) da receita tributária do exercício, deduzidas as transferências e vinculações constitucionais e legais"]. Concluiu que o art. 332 da Constituição fluminense estaria em harmonia com o art. 218, § 5°, da CF. Vencido, em parte, o Ministro Marco Aurélio, que julgava procedente o pedido para declarar também a inconstitucionalidade do art. 332, por afrontar a iniciativa do Chefe do Poder Executivo para propor lei orçamentária. ADI 4102/RJ, rel. Min. Cármen Lúcia, 30.10.2014. (ADI-4102) **(Inform. STF 765)**

🗎 Súmula vinculante STF 32
O ICMS não incide sobre alienação de salvados de sinistro pelas seguradoras.

🗎 Súmula vinculante STF 31
É inconstitucional a incidência do Imposto sobre Serviços de Qualquer Natureza – ISS sobre operações de locação de bens móveis.

🗎 Súmula vinculante STF 29
É constitucional a adoção, no cálculo do valor de taxa, de um ou mais elementos da base de cálculo própria de determinado imposto, desde que não haja integral identidade entre uma base e outra.

🗎 Súmula vinculante STF 28
É inconstitucional a exigência de depósito prévio como requisito de admissibilidade de ação judicial na qual se pretenda discutir a exigibilidade de crédito tributário.

Súmula vinculante STF 24
Não se tipifica crime material contra a ordem tributária, previsto no art. 1º, incisos I a IV, da Lei n. 8.137/90, antes do lançamento definitivo do tributo.

Súmula vinculante STF nº 19
A taxa cobrada exclusivamente em razão dos serviços públicos de coleta, remoção e tratamento ou destinação de lixo ou resíduos provenientes de imóveis, não viola o artigo 145, II, da Constituição Federal.

Súmula vinculante STF nº 8
São inconstitucionais o parágrafo único do artigo 5º do Decreto-lei n. 1.569/1977 e os artigos 45 e 46 da Lei n. 8.212/1991, que tratam de prescrição e decadência de crédito tributário.

Súmula STF nº 70
É inadmissível a interdição de estabelecimento como meio coercitivo para cobrança de tributo.

Súmula STJ nº 468
A base de cálculo do PIS, até a edição da MP n. 1.212/1995, era o faturamento ocorrido no sexto mês anterior ao do fato gerador.

Súmula STJ nº 463
Incide imposto de renda sobre os valores percebidos a título de indenização por horas extraordinárias trabalhadas, ainda que decorrentes de acordo coletivo.

Súmula STJ nº 461
O contribuinte pode optar por receber, por meio de precatório ou por compensação, o indébito tributário certificado por sentença declaratória transitada em julgado.

Súmula STJ nº 460
É incabível o mandado de segurança para convalidar a compensação tributária realizada pelo contribuinte.

Súmula STJ nº 458
A contribuição previdenciária incide sobre a comissão paga ao corretor de seguros.

Súmula STJ nº 447
Os Estados e o Distrito Federal são partes legítimas na ação de restituição de imposto de renda retido na fonte proposta por seus servidores.

14. ORDEM SOCIAL

REPERCUSSÃO GERAL EM RE N. 858.075-RJ
RELATOR: MIN. MARCO AURÉLIO
ORÇAMENTO – APLICAÇÃO DE RECURSOS MÍNIMOS NA ÁREA DA SAÚDE – CONTROLE JUDICIAL – SEPARAÇÃO DE PODERES – ALCANCE DOS ARTIGOS 2º, 160, PARÁGRAFO ÚNICO, INCISO II, E 198, § 2º E § 3º, DO CORPO PERMANENTE E 77, INCISO III, § 3º E § 4º, DO ATO DAS DISPOSIÇÕES TRANSITÓRIAS DA CARTA DE 1988 – RECURSO EXTRAORDINÁRIO – REPERCUSSÃO GERAL CONFIGURADA. Possui repercussão geral a controvérsia alusiva à possibilidade de o Poder Judiciário impor aos municípios e à União a aplicação de recursos mínimos na área da saúde, antes da edição da lei complementar referida no artigo 198, § 3º, da Constituição Federal, considerados os preceitos dos artigos 2º, 160, parágrafo único, inciso II, e 198, § 2º e § 3º, do corpo permanente e 77, inciso III, § 3º e § 4º, do Ato das Disposições Transitórias da Carta de 1988. **(Inform. STF 790)**

Publicidade de bebidas alcoólicas e omissão legislativa – 1
O Plenário, por maioria, conheceu de ação direta de inconstitucionalidade por omissão, e, no mérito, julgou improcedente pedido formulado em face de alegada omissão legislativa parcial do Congresso Nacional, tendo em vista ausência de regulamentação acerca da propaganda de bebidas de teor alcoólico inferior a 13 graus Gay Lussac (13º GL), em desacordo com o comando constitucional previsto no art. 220, § 4º, da CF ("§ 4º – A propaganda comercial de tabaco, bebidas alcoólicas, agrotóxicos, medicamentos e terapias estará sujeita a restrições legais, nos termos do inciso II do parágrafo anterior, e conterá, sempre que necessário, advertência sobre os malefícios decorrentes de seu uso"). O Tribunal, de início, asseverou que estaria assentada na jurisprudência do STF, com fundamento na interpretação dos princípios da harmonia e independência entre os Poderes, a impossibilidade de, em sede jurisdicional, criar-se norma geral e abstrata em substituição ao legislador, reiterado o quanto decidido na ADI 1.755/DF (DJU de 18.5.2001). No entanto, no caso em comento, o primeiro item a ser considerado deveria ser a real existência da alegada omissão inconstitucional em matéria de propaganda de bebidas alcoólicas. O legislador federal, no exercício da atribuição a ele conferida pelo poder constituinte originário, aprovara a Lei 9.294/1996, que dispõe sobre as restrições ao uso e à propaganda de produtos fumígeros, bebidas alcoólicas, medicamentos, terapias e defensivos agrícolas, nos termos do § 4º do art. 220 da CF. Da análise do trâmite do projeto que dera origem à referida lei constatar-se-ia que a matéria teria sido amplamente debatida durante sete anos nas casas do Congresso Nacional. A elaboração da lei em análise teria sido, inclusive, seguida de: a) aprovação do Decreto 2.018/1996, que a regulamenta; b) instituição da Política Nacional sobre o Álcool – que dispõe sobre as medidas para redução do uso indevido de álcool e respectiva associação com a violência e criminalidade –, aprovada pelo Decreto 6.117/2007; e c) regulamentação e fiscalização implementadas pelo Conselho Nacional de Autorregulamentação Publicitária – Conar. Não se demonstraria, pois, omissão inconstitucional na espécie.
ADO 22/DF, rel. Min. Cármen Lúcia, 22.4.2015. (ADO-22)

Publicidade de bebidas alcoólicas e omissão legislativa – 2
A Corte destacou que a análise dos dados constantes da norma vigente e mesmo do elemento histórico – o qual não seria o melhor critério de interpretação, mas fator demonstrativo da ação legislativa, a deitar por terra, no caso, a afirmativa de omissão do legislador –, comprovariam que a questão estaria afeita ao exercício de competência legítima e prioritária do Poder Legislativo. Ademais, a irresignação quanto ao critério fixado no parágrafo único do art. 1º da Lei 9.294/1996 – bebidas alcoólicas, para efeitos da lei, seriam as bebidas potáveis com teor alcoólico superior a 13º GL – não seria suficiente para evidenciar a alegada omissão inconstitucional, dado que, como dito, estaria demonstrado nos autos ter sido a matéria relativa à propaganda de bebidas alcoólicas objeto de amplos debates em ambas as Casas do Poder Legislativo. Ainda que se pudessem considerar relevantes as razões sociais motivadoras da ação direta em apreciação, o pedido não poderia prosperar. Isso porque, tão importante quanto a preservação da saúde daqueles que excedem no uso de bebidas alcoólicas, e que poderiam consumi-las em níveis menores, seria a observância de princípios fundamentais do direito constitucional, como o da separação dos Poderes. Assim, para afirmar a omissão inconstitucional na espécie, o STF teria de analisar a conveniência política de normas legitimamente elaboradas pelos representantes eleitos pelo povo. Portanto, não se estaria diante de uma omissão, mas diante de uma opção, ou seja, o que teria havido seria uma opção do legislador na escolha das propagandas que seriam viáveis, ou não. Outrossim, a Lei 9.294/1996 não contradita a Lei 11.705/2008, pela qual instituída a chamada "Lei Seca", estabelecendo-se restrições ao uso de álcool por motoristas. No caso, estaria em discussão a questão da liberdade de expressão com relação à propaganda. Não se estaria a julgar teor alcoólico de bebida, e, sim, até que limite poderia ir sua publicidade. Vencido, em parte, o Ministro Marco Aurélio, que não conhecia da ação direta, dado que seu autor seria carecedor de ação.
ADO 22/DF, rel. Min. Cármen Lúcia, 22.4.2015. (ADO-22) **(Inform. STF 782)**

Súmula vinculante STF nº 12
A cobrança de taxa de matrícula nas universidades públicas viola o disposto no art. 206, IV, da Constituição Federal.

Súmula STF nº 732
É constitucional a cobrança da contribuição do salário-educação, seja sob a Carta de 1969, seja sob a Constituição Federal de 1988, e no regime da Lei 9424/1996.

3. DIREITO CONSTITUCIONAL

Súmula STF nº 729
A decisão na ADC-4 não se aplica à antecipação de tutela em causa de Natureza previdenciária.

Súmula STF nº 650
Os incisos I e XI do art. 20 da Constituição Federal não alcançam terras de aldeamentos extintos, ainda que ocupadas por indígenas em passado remoto.

Súmula STJ nº 469
Aplica-se o Código de Defesa do Consumidor aos contratos de plano de saúde.

Súmula STJ nº 467
Prescreve em cinco anos, contados do término do processo administrativo, a pretensão da Administração Pública de promover a execução da multa por infração ambiental.

Súmula STJ nº 416
É devida a pensão por morte aos dependentes do segurado que, apesar de ter perdido essa qualidade, preencheu os requisitos legais para a obtenção de aposentadoria até a data do seu óbito.

15. DISPOSIÇÕES CONSTITUCIONAIS GERAIS

AG. REG. EM MS N. 29.583-DF
RELATOR: MIN. TEORI ZAVASCKI
Ementa: CONSTITUCIONAL. SERVENTIA EXTRAJUDICIAL. PROVIMENTO SEM CONCURSO PÚBLICO. ILEGITIMIDADE. ART. 236, E PARÁGRAFOS, DA CONSTITUIÇÃO FEDERAL: NORMAS AUTOAPLICÁVEIS, COM EFEITOS IMEDIATOS, MESMO ANTES DA LEI 9.835/1994. INAPLICABILIDADE DO PRAZO DECADENCIAL DO ART. 54 DA LEI 9.784/1999. PRECEDENTES DO PLENÁRIO. AGRAVO NÃO PROVIDO.
1. A jurisprudência do STF é no sentido de que o art. 236, *caput*, e o seu § 3º da CF/88 são normas autoaplicáveis, que incidiram imediatamente desde a sua vigência, produzindo efeitos, portanto, mesmo antes do advento da Lei 8.935/1994. Assim, a partir de 5/10/1988, o concurso público é pressuposto inafastável para a delegação de serventias extrajudiciais, inclusive em se tratando de remoção, observado, relativamente a essa última hipótese, o disposto no art. 16 da referida lei, com a redação que lhe deu a Lei 10.506/2002. As normas estaduais editadas anteriormente, que admitem o ingresso na atividade notarial e de registro independentemente de prévio concurso público, são incompatíveis com o art. 236, § 3º, da Constituição, razão pela qual não foram por essa recepcionadas.
2. É igualmente firme a jurisprudência do STF no sentido de que a atividade notarial e de registro, sujeita a regime jurídico de caráter privado, é essencialmente distinta da exercida por servidores públicos, cujos cargos não se confundem.
3. O Plenário do STF, em reiterados julgamentos, assentou o entendimento de que o prazo decadencial de 5 (cinco) anos, de que trata o art. 54 da Lei 9.784/1999, não se aplica à revisão de atos de delegação de serventias extrajudiciais editados após a Constituição de 1988, sem o atendimento das exigências prescritas no seu art. 236.
4. É legítima, portanto, a decisão da autoridade impetrada que considerou irregular o provimento de serventia extrajudicial, sem concurso público, com ofensa ao art. 236, § 3º, da Constituição. Jurisprudência reafirmada no julgamento do MS 28.440 AgR, de minha relatoria, na Sessão do Plenário de 19/6/2013.
5. Agravo regimental a que se nega provimento. **(Inform. STF 788)**

Provimento de serventias extrajudiciais e desistência de mandado de segurança
Não é cabível a desistência de mandado de segurança, nas hipóteses em que se discute a exigibilidade de concurso público para delegação de serventias extrajudiciais, quando na espécie já houver sido proferida decisão de mérito, objeto de sucessivos recursos. Com base nessa orientação, a Segunda Turma, em julgamento conjunto, resolveu questão de ordem suscitada pelo Ministro Teori Zavascki (relator) e deliberou não homologar pedidos de desistência formulados em mandados de segurança que impugnavam atos proferidos pelo CNJ, nos quais foram considerados irregulares os provimentos – decorrentes de permuta, e, portanto, sem concurso público – de serventias extrajudiciais, em ofensa ao art. 236, § 3º, da CF. A Turma destacou que a jurisprudência do STF seria pacífica quanto à necessidade de realização de concurso público para o provimento das serventias extrajudiciais. No caso em apreciação na questão de ordem – desistências formuladas em mandados de segurança quando em apreciação agravos regimentais a impugnar decisões proferidas em sede de embargos de declaração interpostos em face de decisões monocráticas de mérito sobre a referida matéria —, o STF estaria a apreciar ações originárias, sendo, portanto, a última instância sobre o caso. Essas desistências não se dariam simplesmente porque se estaria de acordo com os atos do CNJ. Tudo levaria a crer que teriam como finalidade secundária levar essa matéria em ação ordinária perante a justiça comum, perpetuando a controvérsia. No mérito, superada a questão quanto à continuidade de apreciação dos mandados de segurança, a Turma negou provimento a agravos regimentais neles interpostos, reiterado o quanto decidido no MS 28.440 ED-AgR (DJe de 7.2.2014) e no MS 30.180 AgR (DJe de 21.11.2014).
MS 29093 ED-ED-AgR/DF, rel. Min. Teori Zavascki, 14.4.2015. (MS-29093)
MS 29129 ED-ED-AgR/DF, rel. Min. Teori Zavascki, 14.4.2015. (MS-29129)
MS 29189 ED-ED-AgR/DF, rel. Min. Teori Zavascki, 14.4.2015. (MS-29189)
MS 29128 ED-ED-AgR/DF, rel. Min. Teori Zavascki, 14.4.2015. (MS-29128)
MS 29130 ED-ED-AgR/DF, rel. Min. Teori Zavascki, 14.4.2015. (MS-29130)
MS 29186 ED-ED-AgR/DF, rel. Min. Teori Zavascki, 14.4.2015. (MS-29186)
MS 29101 ED-ED-AgR/DF, rel. Min. Teori Zavascki, 14.4.2015. (MS-29101)
MS 29146 ED-ED-AgR/DF, rel. Min. Teori Zavascki, 14.4.2015. (MS-29146) (Inform. STF 781)

16. OUTRAS MATÉRIAS E DECISÕES DE CONTEÚDOS VARIADOS

Lei 12.485/2011 e TV por assinatura – 1
O Plenário iniciou julgamento de ações diretas ajuizadas em face de diversos dispositivos da Lei 12.485/2011, que dispõe sobre a comunicação audiovisual de acesso condicionado. O Ministro Luiz Fux (relator) julgou procedente em parte o pedido formulado na ADI 4.679/DF para declarar a inconstitucionalidade apenas do art. 25 da Lei 12.485/2011, e improcedentes os pedidos formulados nas demais ações diretas. O relator asseverou que a norma adversada, ao instituir o novo marco regulatório da TV por assinatura no Brasil, teria almejado unificar a disciplina normativa aplicável ao setor, até então fragmentada em diplomas diferentes, a depender da tecnologia usada para a transmissão do sinal ao consumidor. Em linhas gerais, a lei em referência promoveria a uniformização regulatória do setor de TV por assinatura frente ao processo de convergência tecnológica; reduziria as barreiras à entrada no mercado; restringiria a verticalização da cadeia produtiva; proibiria a propriedade cruzada entre setores de telecomunicações e radiodifusão; e, por fim, instituiria cotas para produtoras e programadoras brasileiras. Na espécie, o desafio que se colocaria perante o STF seria o de conciliar os valores democrático-republicanos, especificamente a existência de efetivo controle judicial dos atos estatais e os riscos associados à intervenção judiciária sobre os marcos regulatórios desenhados pelo legislador. Relativamente à alegada inconstitucionalidade formal dos artigos 9º, parágrafo único, 10, 12, 13, 15, 19, §3º, 21, 22, 25, § 1º e 42, todos da Lei 12.485/2011, em razão de suposta violação à iniciativa legislativa privativa do Chefe do Poder Executivo, destacou que a iniciativa normativa verificada quando da edição da lei em questão estaria amparada, em primeiro lugar, na competência da União para legislar sobre telecomunicações (CF, art. 22, IV), e, em segundo lugar, na autoridade do Congresso Nacional para dar concretude a diversos

dispositivos do Capítulo V ("Comunicação Social") do Título VIII ("Da Ordem Social") da Constituição, no que teriam destaque, em especial, os princípios constitucionais incidentes sobre a produção e a programação das emissoras de rádio e televisão (CF, art. 221). Esse entendimento não implicaria ab-rogação hermenêutica da sistemática constitucional aplicável ao processo legislativo, notadamente no que respeitasse às matérias sujeitas a iniciativa reservada. A Constituição conteria diversas regras sobre o tema, sendo todas de observância compulsória e passíveis de exigibilidade judicial sempre que descumpridas. Contudo, não se poderia interpretar o art. 61, §1º, da CF sem maiores considerações sobre a dinâmica da separação de Poderes, sob pena de, em vez de harmônicos entre eles (CF, art. 2º), ter-se Poderes rivais uns dos outros. Por outro lado, os referidos dispositivos da lei impugnada não criariam novas atribuições para a Ancine. Na realidade, apenas promoveriam a adaptação das regras que estabelecem a competência da referida agência para regular e fiscalizar as atividades de comunicação audiovisual, contidas no art. 7º da Medida Provisória 2.228-1/2001, às hipóteses em que a prestação dessas atividades ocorresse por meio do serviço de acesso condicionado. Com efeito, a citada medida provisória, ao criar a Ancine, lhe teria atribuído, dentre outras missões, a de "fiscalizar o cumprimento da legislação referente à atividade cinematográfica e videofonográfica nacional e estrangeira nos diversos segmentos de mercados". Portanto, o que se estaria a promover seria exatamente o cumprimento das atribuições da Ancine, sem a criação de nenhum órgão ou ministério (CF, art. 61), que conduzisse à inconstitucionalidade formal dos dispositivos.
ADI 4747/DF, rel. Min. Luiz Fux, 25.6.2015. (ADI-4747)
ADI 4756/DF, rel. Min. Luiz Fux, 25.6.2015. (ADI-4756)
ADI 4923/DF rel. Min. Luiz Fux, 25.6.2015. (ADI-4923)
ADI 4679/DF, rel. Min. Luiz Fux, 25.6.2015. (ADI-4679)

Lei 12.485/2011 e TV por assinatura – 2

O relator destacou que, em relação à impugnação aos artigos art. 5º, "caput" e §1º, e 6º, I e II, da Lei 12.485/2011 – dispositivos que estabelecem restrições à propriedade cruzada entre os setores de telecomunicações e de radiodifusão, bem como segmentam a cadeia de valor do audiovisual, separando as atividades de produção de conteúdo e de transmissão do produto ao consumidor final —, não haveria que se falar em inconstitucionalidade. As diretrizes constitucionais antitruste (CF, artigos 173, § 4º, e 220, § 5º), voltadas a coibir o abuso do poder econômico, e a evitar concentração excessiva dos mercados, permitiriam combater a ineficiência econômica e a injustiça comutativa tendentes a florescer em regimes de monopólio e oligopólio. No setor audiovisual prestar-se-ia também a promover a diversificação do conteúdo produzido, impedindo que o mercado se fechasse e asfixiasse a produção de novas manifestações. Nessa senda, as normas impugnadas pretenderiam, de forma imediata, concretizar os comandos constitucionais inscritos nos referidos dispositivos constitucionais, com o objetivo de realizarem de forma mediata a dimensão objetiva do direito fundamental à liberdade de expressão e de informação, no que teria destaque o papel promocional do Estado no combate à concentração do poder comunicativo. Relativamente à alegada inconstitucionalidade dos artigos 9º, parágrafo único, 21 e 22 da Lei 12.485/2011, que teriam estendido os poderes normativos conferidos à Ancine, ressaltou serem legítimos os dispositivos. A moderna concepção do princípio da legalidade, em sua acepção principiológica, ou formal-axiológica, chancelaria a atribuição de poderes normativos ao Poder Executivo, desde que pautada por princípios inteligíveis, capazes de permitir o controle legislativo e judicial sobre os atos da Administração. Na espécie, as normas impugnadas, apesar de conferirem autoridade normativa à Ancine, estariam acompanhadas por parâmetros aptos a conformar a conduta de todas as autoridades do Estado envolvidas na disciplina do setor audiovisual, o que impediria que qualquer delas se transformasse em órgão titular de um pretenso poder regulatório absoluto. No que toca à restrição à participação de estrangeiros nas atividades de programação e empacotamento de conteúdo audiovisual de acesso condicionado verificada no art. 10, "caput" e §1º, asseverou que a CF/1988 não teria estabelecido qualquer regra jurídica que interditasse a distinção entre brasileiro e estrangeiro, ao contrário do que aconteceria com a situação do brasileiro nato e do naturalizado. Para esses, haveria explícita reserva constitucional acerca das hipóteses de tratamento diferenciado, na forma do art. 12, § 2º, da CF. Mas seria juridicamente possível ao legislador ordinário fixar regimes distintos – respeitado o princípio geral da igualdade – revelando fundamento constitucional suficiente para a diferenciação, bem como demonstrando a pertinência entre o tratamento diferenciado e a causa jurídica distintiva. No caso em comento, o art. 10º, "caput" e § 1º, da lei referida, ao restringir a gestão, a responsabilidade editorial e as atividades de seleção e de direção – inerentes à programação e ao empacotamento —, a brasileiros natos e naturalizados há mais de dez anos, teria representado típica intervenção legislativa evolutiva do comando constitucional encartado no art. 222, § 2º, da CF. Isso seria condizente com os vetores axiológicos que informariam, em âmbito constitucional, a atividade de comunicação de massa, entre os quais a preservação da soberania e identidades nacionais, o pluralismo informativo e a igualdade entre os prestadores de serviço, a despeito da tecnologia utilizada na atividade.
ADI 4747/DF, rel. Min. Luiz Fux, 25.6.2015. (ADI-4747)
ADI 4756/DF, rel. Min. Luiz Fux, 25.6.2015. (ADI-4756)
ADI 4923/DF rel. Min. Luiz Fux, 25.6.2015. (ADI-4923)
ADI 4679/DF, rel. Min. Luiz Fux, 25.6.2015. (ADI-4679)

Lei 12.485/2011 e TV por assinatura – 3

O Ministro Luiz Fux asseverou que descaberia falar, ademais, em inconstitucionalidade dos artigos 12, 13, 31, "caput", §§ 1º e 2º, da lei sob análise, que estabelecem: a) a exigência de prévio credenciamento junto à Ancine para exercício das atividades de programação e empacotamento, b) o dever de prestação de informações solicitadas pela agência para fins de fiscalização do cumprimento das obrigações de programação, empacotamento e publicidade; e c) a vedação à distribuição de conteúdo empacotado por empresa não credenciada pela Ancine. Em realidade, tratar-se-ia de exercício típico do poder de polícia preventivo do Estado, ou mesmo do chamado direito administrativo ordenador. O poder de polícia administrativa manifestar-se-ia tanto preventiva quanto repressivamente, traduzindo-se ora no consentimento prévio para o exercício regular de certas liberdades, ora na sanção aplicada ao particular em razão do descumprimento de regras materiais aplicáveis à atividade regulada. Em qualquer caso, a ingerência estatal, fiscalizatória e punitiva, seria garantia da efetividade da disciplina jurídica aplicável. No caso sob exame, os artigos 12 e 13 da Lei 12.485/2011 simplesmente fixariam deveres instrumentais de colaboração das empresas para fins de permitir a atividade fiscalizatória da Ancine quanto ao cumprimento das novas obrigações materiais a que estariam sujeitos todos os agentes do mercado audiovisual. Já o art. 31, "caput", §§ 1º e 2º, da mesma lei, consubstanciaria engenhosa estratégia do legislador para conduzir as empacotadoras ao credenciamento exigido pela nova disciplina normativa, bem como induzir o cumprimento das respectivas cotas de conteúdo nacional. No que diz com a fixação de cotas de conteúdo nacional, nos moldes em que estabelecida nos artigos 16, 17, 18, 19, 20 e 23 – dispositivos também impugnados nas ações diretas em apreciação —, a questão perante o STF seria saber se o legislador teria agido com excesso, impondo restrições arbitrárias ou desproporcionais aos direitos do cidadão. Nesse passo, constatar-se-ia que a legitimidade constitucional de toda intervenção do Estado sobre a esfera jurídica do particular estaria condicionada à existência de uma finalidade lícita que a motivasse, bem como ao respeito ao postulado da proporcionalidade. As referidas normas, ao fixarem cotas de conteúdo nacional para canais e pacotes de TV por assinatura, promoveriam a cultura brasileira e estimulariam a produção independente, dando concretude ao art. 221 da CF e ao art. 6º da Convenção Internacional sobre a Proteção e Promoção da Diversidade das Expressões Culturais. Outrossim, também não haveria que se falar em inconstitucionalidade em relação ao art. 24 da Lei 12.485/2011, dispositivo que fixa limites máximos para a publicidade comercial na TV por assinatura. A citada norma encontrar-se-ia em harmonia com o dever constitucional de proteção do consumidor (CF, art. 170, V), haja vista o histórico quadro registrado pela Anatel de reclamação de assinantes quanto ao volume de publicidade na grade de programação dos canais pagos.
ADI 4747/DF, rel. Min. Luiz Fux, 25.6.2015. (ADI-4747)
ADI 4756/DF, rel. Min. Luiz Fux, 25.6.2015. (ADI-4756)
ADI 4923/DF rel. Min. Luiz Fux, 25.6.2015. (ADI-4923)
ADI 4679/DF, rel. Min. Luiz Fux, 25.6.2015. (ADI-4679)

3. DIREITO CONSTITUCIONAL

Lei 12.485/2011 e TV por assinatura – 4

O relator afirmou, contudo, que, relativamente ao art. 25 da Lei 12.485/2011, o argumento de inconstitucionalidade mereceria acolhida, em virtude da violação ao princípio constitucional da isonomia (CF, art. 5°, "caput"), núcleo elementar de qualquer regime republicano e democrático. Esse princípio, enquanto regra de ônus argumentativo, exigiria que o tratamento diferenciado entre os indivíduos fosse acompanhado de causas jurídicas suficientes para amparar a discriminação, cujo exame de consistência, embora preservasse um pequeno espaço de discricionariedade legislativa, seria sempre passível de aferição judicial por força do princípio da inafastabilidade da jurisdição. O art. 25 da lei proíbe a oferta de canais que veiculem publicidade comercial direcionada ao público brasileiro contratada no exterior por agência de publicidade estrangeira, estabelecendo uma completa exclusividade em proveito das empresas brasileiras e não apenas preferência percentual, sem prazo para ter fim e despida de qualquer justificação que indicasse a vulnerabilidade das empresas brasileiras de publicidade, sendo, portanto, inconstitucional. Relativamente à impugnação ao art. 29 da Lei 12.485/2011, que estabelece a possibilidade de outorga do serviço de distribuição de acesso condicionado por autorização administrativa, sem necessidade de prévia licitação, não se verificaria qualquer inconstitucionalidade. O dever constitucional de licitar, previsto no art. 37, XXI, da CF, somente incidiria nas hipóteses em que o acesso de particulares a alguma situação jurídica de vantagem relacionada ao Poder Público não pudesse ser universalizada. Descabendo cogitar de certame licitatório quando a contratação pública não caracterizasse escolha da Administração e todo cidadão pudesse ter acesso ao bem pretendido. Ademais, no campo das telecomunicações, seria certo que Constituição admitiria a outorga de serviço mediante simples autorização, como previsto no art. 21, XI, da CF. O art. 29, ora em análise, viabilizaria que a atividade de distribuição de serviço de acesso condicionado fosse outorgado mediante autorização administrativa, sem necessidade de prévio procedimento licitatório. Isso se justificaria diante da nova e abrangente definição desse serviço de acesso condicionado previsto no art. 2° da lei sob debate, apta a abarcar todas as possíveis plataformas tecnológicas existentes, e não apenas cabos físicos e ondas de radiofrequência, bem como diante da qualificação privada recebida pela atividade no novo marco regulatório da comunicação audiovisual. Quanto à suposta inconstitucionalidade do artigo 32, §§ 2°, 13 e 14, da Lei 12.485/2011, ressaltou que impor a disponibilidade gratuita dos canais de TV aberta pelas distribuidoras e geradoras de programação de TV por assinatura não ofenderia a liberdade de iniciativa nem os direitos de propriedade intelectual, porquanto o serviço de radiodifusão seria hoje inteiramente disponibilizado aos usuários de forma gratuita. A lei do serviço de acesso condicionado apenas teria replicado, no âmbito desse serviço, a lógica vigente na televisão aberta.
ADI 4747/DF, rel. Min. Luiz Fux, 25.6.2015. (ADI-4747)
ADI 4756/DF, rel. Min. Luiz Fux, 25.6.2015. (ADI-4756)
ADI 4923/DF rel. Min. Luiz Fux, 25.6.2015. (ADI-4923)
ADI 4679/DF, rel. Min. Luiz Fux, 25.6.2015. (ADI-4679)

Lei 12.485/2011 e TV por assinatura – 5

O Ministro Luiz Fux ressaltou que, no tocante ao art. 36 da Lei 12.485/2011, que permite o cancelamento do registro de agente econômico perante a Ancine, por descumprimento de obrigações legais, do mesmo modo não haveria que se falar em inconstitucionalidade. De fato, a referida norma representaria a garantia de eficácia das normas jurídicas aplicáveis ao setor, sendo certo que haveria evidente contradição ao se impedir o início da atividade sem o registro, por não preenchimento originário das exigências legais, e, ao mesmo tempo, permitir a continuidade da sua exploração quando configurada a perda superveniente de regularidade. Desse modo, a possibilidade de cancelamento do registro seria análoga à possibilidade do indeferimento do credenciamento. Por fim, destacou que seria constitucionalmente válido o regime jurídico de transição, fixado no art. 37, §§ 1°, 5°, 6°, 7° e 11, da Lei 12.485/2011, que fixa regras sobre a renovação das outorgas após o fim do respectivo prazo original de vigência de normas pertinentes a alterações subjetivas sobre a figura do prestador de serviço. Não haveria direito definitivo à renovação automática da outorga, sendo, ademais, possível a margem de conformação do legislador para induzir os antigos prestadores a migrarem para o novo regime. Outrossim, o art. 37, §§ 1° e 5°, ao vedar o pagamento de indenização aos antigos prestadores dos serviços, em virtude das novas obrigações não previstas no ato de outorga original, não violaria qualquer previsão constitucional. Isso porque, em um cenário regulatório e contratual marcado pela liberdade de preços, descaberia cogitar de qualquer indenização pela criação de novas obrigações legais, desde que constitucionalmente válidas. É que eventuais aumentos de custos que pudessem surgir em razão dessa transição obrigatória deveriam ser administrados exclusivamente pelas próprias empresas, que poderiam, inclusive, repassá-los aos consumidores, bem como retê-los em definitivo. Seria, assim, impertinente a invocação, no âmbito privado, do equilíbrio econômico-financeiro dos contratos, regra essa que se aplicaria aos contratos administrativos. Em seguida, o julgamento foi suspenso.
ADI 4747/DF, rel. Min. Luiz Fux, 25.6.2015. (ADI-4747)
ADI 4756/DF, rel. Min. Luiz Fux, 25.6.2015. (ADI-4756)
ADI 4923/DF rel. Min. Luiz Fux, 25.6.2015. (ADI-4923)
ADI 4679/DF, rel. Min. Luiz Fux, 25.6.2015. (ADI-4679) (Inform. STF 791)

Lei 12.485/2011 e TV por assinatura – 6

O Plenário retomou julgamento de ações diretas de inconstitucionalidade ajuizadas em face de diversos dispositivos da Lei 12.485/2011, que dispõe sobre a comunicação audiovisual de acesso condicionado – v. Informativo 791. Na sessão de 25.6.2015, o Ministro Luiz Fux (relator) julgara procedente em parte o pedido formulado na ADI 4.679/DF para declarar a inconstitucionalidade apenas do art. 25 da lei impugnada ("Art. 25. Os programadores não poderão ofertar canais que contenham publicidade de serviços e produtos em língua portuguesa, legendada em português ou de qualquer forma direcionada ao público brasileiro, com veiculação contratada no exterior, senão por meio de agência de publicidade nacional. § 1° A Ancine fiscalizará o disposto no 'caput' e oficiará à Anatel e à Secretaria da Receita Federal do Brasil em caso de seu descumprimento. § 2° A Anatel oficiará às distribuidoras sobre os canais de programação em desacordo com o disposto no § 1°, cabendo a elas a cessação da distribuição desses canais após o recebimento da comunicação"), e improcedentes os pedidos formulados nas demais ações diretas. Na presente assentada, o Ministro Edson Fachin divergiu parcialmente do voto preferido pelo relator e julgou totalmente improcedentes os pedidos formulados nas ações. Assim, reputou constitucional inclusive o referido art. 25 da Lei 12.485/2011, na perspectiva de se respeitar a especialidade da liberdade de conformação normativa pelo Poder Legislativo, sobretudo na hipótese de refundação de um marco regulatório, o que se daria com a edição da lei em questão. O quadro fático-normativo permitiria reputar justificada a escolha legislativa, à luz da correção da conduta estatal, podendo-se observar uma preocupação do Poder Legislativo em relação à publicidade, tendo em conta o que consignado nos §§ 3° e 4° do art. 220 da CF, reiterado o quanto decidido na ADI 1.950/SP (DJU de 2.6.2006). Os Ministros Roberto Barroso, Teori Zavascki e Rosa Weber acompanharam o relator e também julgaram parcialmente procedente o pedido para declarar a inconstitucionalidade apenas do art. 25 da Lei 12.485/2011. Em seguida, pediu vista dos autos o Ministro Dias Toffoli.
ADI 4747/DF, rel. Min. Luiz Fux, 5.8.2015. (ADI-4747)
ADI 4756/DF, rel. Min. Luiz Fux, 5.8.2015. (ADI4756)
ADI 4923/DF, rel. Min. Luiz Fux, 5.8.2015. (ADI-4923)
ADI 4679/DF, rel. Min. Luiz Fux, 5.8.2015. (ADI4679) (Inform. STF 793)

📖 Súmula STJ n° 410

A prévia intimação pessoal do devedor constitui condição necessária para a cobrança de multa pelo descumprimento de obrigação de fazer ou não fazer.

📖 Súmula STJ n° 193

O direito de uso de linha telefônica pode ser adquirido por usucapião.

4. DIREITO PREVIDENCIÁRIO

1. CONTRIBUIÇÕES SOCIAIS

REPERCUSSÃO GERAL EM RE N. 852.796-RS
RELATOR: MIN. DIAS TOFFOLI
EMENTA: RECURSO EXTRAORDINÁRIO. REPERCUSSÃO GERAL. CONTRIBUIÇÃO PREVIDENCIÁRIA. ART. 20, LEI 8.212/91. SISTEMÁTICA DE CÁLCULO. EXPRESSÃO DE FORMA NÃO CUMULATIVA. DECLARAÇÃO DE INCONSTITUCIONALIDADE. JUIZADO ESPECIAL.
A matéria envolvendo a constitucionalidade da expressão de forma não cumulativa constante no caput do art. 20 da Lei n° 8.212/91, o qual prevê a sistemática de cálculo da contribuição previdenciária devida pelo segurado empregado e pelo trabalhador avulso, possui viés constitucional e repercussão geral, pois concerne a afronta aos princípios da capacidade contributiva, da proporcionalidade e da isonomia. **(Inform. STF 802)**

AG. REG. NO ARE N. 789.012-SC
RELATOR: MIN. ROBERTO BARROSO
EMENTA: DIREITO PREVIDENCIÁRIO. AGRAVO REGIMENTAL EM AGRAVO DE INSTRUMENTO. RESGATE DE CONTRIBUIÇÕES VERTIDAS EM FAVOR DE FUNDO DE PREVIDÊNCIA PRIVADA. CORREÇÃO MONETÁRIA. AUSÊNCIA DE REPERCUSSÃO GERAL.
1. Decisão agravada que está alinhado com a jurisprudência do Supremo Tribunal Federal que assentara a ausência de repercussão geral da controvérsia envolvendo a incidência de correção monetária sobre o resgate de contribuições vertidas em favor de entidade de previdência privada (RE 582.504-RG, Rel. Min. Cezar Peluso – Tema 174), por restringir-se a tema infraconstitucional.
2. O art. 543-A, § 5°, do CPC, bem como os arts. 326 e 327 do RI/STF, dispõe que a decisão desta Corte quanto à inexistência de repercussão geral valerá para todos os casos que versem sobre questão idêntica.
3. Agravo regimental a que se nega provimento, com aplicação da multa prevista no art. 557, § 2°, do CPC. **(Inform. STF 790)**

Contribuição previdenciária e participação nos lucros - 1
O Plenário iniciou julgamento de recurso extraordinário em que se discute a incidência da contribuição previdenciária sobre as parcelas pagas a título de participação nos lucros referentes ao período entre a promulgação da CF/1988 e a entrada em vigor da Medida Provisória 794/1994, que regulamentou o art. 7°, XI, da CF ("Art. 7°. São direitos dos trabalhadores urbanos e rurais, além de outros que visem à melhoria de sua condição social: ... XI - participação nos lucros, ou resultados, desvinculada da remuneração, e, excepcionalmente, participação na gestão da empresa conforme definido em lei"), convertida, posteriormente, na Lei 10.101/2000. O Ministro Dias Toffoli (relator) negou provimento ao recurso. Destacou que, antes da CF/1988, a participação dos empregados nos lucros da empresa teria caráter salarial. Afirmou que com o advento do art. 7°, XI, da CF houvera substancial alteração da natureza jurídica dessa participação em face de ter sido desvinculada da remuneração. Após mencionar as correntes doutrinárias acerca da eficácia da norma constitucional em comento, acolheu aquela que defende a autoaplicabilidade da primeira parte do mencionado preceito constitucional referente à participação nos lucros ou resultados apenas no que diz respeito à desvinculação da remuneração, e que ficaria a cargo do legislador ordinário disciplinar a forma como se daria essa participação. Frisou que, no período que antecedera a referida medida provisória, não poderia o Poder Público, a pretexto de ausência de regulamentação, vincular à remuneração do empregado, para fins de incidência da contribuição previdenciária, os valores recebidos na rubrica participação nos lucros ou resultados.
RE 569441/RS, rel. Min. Dias Toffoli, 25.9.2014. (RE-569441)

Contribuição previdenciária e participação nos lucros - 2
O relator ressaltou que, na vigência da atual Constituição, não seria possível dar tratamento diferenciado aos valores pagos a título de participação nos lucros pelas empresas que teriam implementado esse programa antes da lei regulamentadora específica. Consignou que apenar a empresa que se antecipara à regulamentação e efetivara o direito social à participação nos lucros ou resultados, desvinculada da remuneração, mediante regular acordo coletivo e convenção, seria reduzir o direito à norma, e não elevá-lo, de modo a garantir a máxima eficácia do texto constitucional. Realçou que a regulamentação estabelecida pela Medida Provisória 794/1994 pouco inovara, ao prestigiar a livre negociação entre as partes e ao procurar não interferir substancialmente nas relações entre as empresas e seus empregados. Registrou que, atento ao verdadeiro conteúdo do inciso XI do art. 7° da CF, o legislador se limitara a prever que dos instrumentos decorrentes da negociação deveriam constar regras claras e objetivas quanto à fixação dos direitos substantivos concernentes à participação nos lucros ou resultados, assim como das regras adjetivas, aí incluídos os mecanismos de aferição do cumprimento do acordo celebrado, a periodicidade da distribuição dos benefícios, o período de vigência e os prazos para a revisão dos acordos. Concluiu que a importância recebida a título de participação nos lucros ou resultados da empresa não integraria a base de cálculo da contribuição previdenciária a que se refere o art. 195, I, da CF, por se tratar de hipótese de não incidência.
RE 569441/RS, rel. Min. Dias Toffoli, 25.9.2014. (RE-569441)

Contribuição previdenciária e participação nos lucros - 3
Em divergência, os Ministros Teori Zavascki, Rosa Weber, Marco Aurélio e Luiz Fux deram provimento ao recurso. O Ministro Marco Aurélio pontuou que a seguridade social seria financiada por toda a sociedade, conforme se depreenderia dos artigos 195, I, a, e 201, § 11, ambos da CF ["Art. 195. A seguridade social será financiada por toda a sociedade, de forma direta e indireta, nos termos da lei, mediante recursos provenientes dos orçamentos da União, dos Estados, do Distrito Federal e dos Municípios, e das seguintes contribuições sociais: I - do empregador, da empresa e da entidade a ela equiparada na forma da lei, incidentes sobre: a) a folha de salários e demais rendimentos do trabalho pagos ou creditados, a qualquer título, à pessoa física que lhe preste serviço, mesmo sem vínculo empregatício ... Art. 201. A previdência social será organizada sob a forma de regime geral, de caráter contributivo e de filiação obrigatória, observados critérios que preservem o equilíbrio financeiro e atuarial, e atenderá, nos termos da lei, a: ... § 11. Os ganhos habituais do empregado, a qualquer título, serão incorporados ao salário para efeito de contribuição previdenciária e consequente repercussão em benefícios, nos casos e na forma da lei"]. Enfatizou que, ao se interpretar teleologicamente a cláusula prevista no inciso XI do art. 7° da CF, se concluiria que o objetivo da desvinculação seria impedir que essa parcela servisse de base de cálculo para outras. Asseverou que a aludida medida provisória estabelecera hipótese de isenção e não de não incidência, por isso mesmo, não poderia abranger período pretérito. Os Ministros Rosa Weber, Teori Zavascki e Luiz Fux, ao salientarem o caráter residual da situação, aduziram haver precedentes de ambas as Turmas do STF no sentido da incidência da contribuição previdenciária sobre as mencionadas parcelas. Em seguida, o relator indicou adiamento.
RE 569441/RS, rel. Min. Dias Toffoli, 25.9.2014. (RE-569441) **(Inform. STF 760)**

DIREITO TRIBUTÁRIO E PREVIDENCIÁRIO. INCIDÊNCIA DE CONTRIBUIÇÃO PREVIDENCIÁRIA NO AUXÍLIO QUEBRA DE CAIXA.
Incide contribuição previdenciária sobre o auxílio quebra de caixa, consubstanciado em pagamento efetuado mês a mês ao empregado em razão da função que desempenha, que tenha sido pago por liberalidade do empregador, mesmo que não se verifiquem diferenças no caixa. O empregado, quando exerce função de operador de caixa, auxiliar de caixa, conferente, tesoureiro, cobrador ou qualquer outra função que possibilite o desconto na sua remuneração quando há diferença entre a quantia existente em caixa e a que efetivamente deveria existir, faz jus ao recebimento do auxílio quebra de caixa, desde

que previsto em norma coletiva, já que não há previsão legal para o seu pagamento. Nesse contexto, esse auxílio consubstancia-se no pagamento efetuado mês a mês ao empregado como uma forma de compensar os riscos assumidos pela função exercida. Considerando que a Primeira Seção do STJ (EREsp 775.701-SP, DJ 1º/8/2006) assentou a natureza não-indenizatória das gratificações feitas por liberalidade do empregador, o auxílio quebra de caixa, consubstanciado no pagamento efetuado mês a mês ao empregado em razão da função que desempenha, que tenha sido pago por liberalidade do empregador tem nítida natureza salarial e, portanto, integra a remuneração, razão pela qual se tem como pertinente a incidência da contribuição previdenciária. Isso porque, nos termos do art. 28, I, da Lei 8.212/1991, o salário de contribuição tem como base de cálculo a remuneração considerada como os rendimentos pagos, devidos ou creditados a qualquer título, durante o mês, destinado a retribuir o trabalho. Precedente citado: EDcl no REsp 733.362-RJ, Segunda Turma, DJe 14/4/2008. **REsp 1.434.082-RS, Rel. Min. Humberto Martins, julgado em 1º/10/2015, DJe 9/10/2015 (Inform. STJ 570).**

DIREITO TRIBUTÁRIO E PREVIDENCIÁRIO. GRATIFICAÇÕES E PRÊMIOS E CONTRIBUIÇÃO PREVIDÊNCIÁRIA.
Não incide contribuição previdenciária sobre prêmios e gratificações de caráter eventual. A fim de verificar a sua inclusão ou não no salário de contribuição, uma das principais características a ser aferida sobre as gratificações e os prêmios é a habitualidade ou não de seu pagamento. Havendo pagamento com habitualidade, manifesto o caráter salarial, implicando ajuste tácito entre as partes, razão pela qual incide contribuição previdenciária. A propósito, o STF possui entendimento firmado pela Súmula 207 ("As gratificações habituais, inclusive a de natal, consideram-se tacitamente convencionadas, integrando o salário"). Tratando-se de prêmio ou gratificação eventual, fica afastada a incidência da contribuição, conforme o art. 28, § 9º, "e", 7, da Lei 8.212/1991. **REsp 1.275.695-ES, Rel. Min. Mauro Campbell Marques, julgado em 20/8/2015, DJe 31/8/2015 (Inform. STJ 568).**

DIREITO TRIBUTÁRIO E PREVIDENCIÁRIO. SALÁRIO-FAMÍLIA E CONTRIBUIÇÃO PREVIDENCIÁRIA.
Não incide contribuição previdenciária sobre salário-família. A doutrina aponta que a natureza jurídica do salário-família não é de salário, em que pese o nome, na medida em que não é pago como contraprestação de serviços prestados pelo empregado. Realizando-se uma interpretação sistemática da legislação de regência (art. 70 da Lei 8.213/1991 e art. 28, § 9º, "a", da Lei 8.212/1991), verifica-se que se trata de benefício de natureza previdenciária não incorporável ao cômputo dos rendimentos que integrarão a aposentadoria do trabalhador. **REsp 1.275.695-ES, Rel. Min. Mauro Campbell Marques, julgado em 20/8/2015, DJe 31/8/2015 (Inform. STJ 568).**

Súmula Vinculante STF 8
São inconstitucionais o parágrafo único do artigo 5º do Decreto-Lei n. 1.569/1977 e os artigos 45 e 46 da Lei nº 8.212/1991, que tratam de prescrição e decadência de crédito tributário.

Súmula STF nº 688
É legítima a incidência da contribuição previdenciária sobre o 13º salário.

Súmula STJ nº 458
A contribuição previdenciária incide sobre a comissão paga ao corretor de seguros.

Súmula STJ nº 425
A retenção da contribuição para a seguridade social pelo tomador do serviço não se aplica às empresas optantes pelo Simples.

Súmula STJ nº 351
A alíquota de contribuição para o Seguro de Acidente do Trabalho (SAT) é aferida pelo grau de risco desenvolvido em cada empresa, individualizada pelo seu CNPJ, ou pelo grau de risco da atividade preponderante quando houver apenas um registro.

2. PRESTAÇÕES EM GERAL

REPERCUSSÃO GERAL EM ARE N. 888.938-PE
RELATOR: MINISTRO PRESIDENTE
Ementa: RECURSO EXTRAORDINÁRIO COM AGRAVO. PREVIDENCIÁRIO. BENEFÍCIO. ÍNDICE DE REAJUSTE. MATÉRIA DE ÍNDOLE INFRACONSTITUCIONAL. OFENSA INDIRETA À CONSTITUIÇÃO. INEXISTÊNCIA DE REPERCUSSÃO GERAL.
I – A controvérsia relativa ao índice de reajuste aplicável aos benefícios previdenciários, de modo a preservar o seu valor real, está restrita ao âmbito infraconstitucional.
II – O exame da questão constitucional não prescinde da prévia análise de normas infraconstitucionais, o que afasta a possibilidade de reconhecimento do requisito constitucional da repercussão geral.
III – Repercussão geral inexistente. **(Inform. STF 792)**

EMB. DECL. NO ARE N. 863.068-PE
RELATOR: MIN. ROBERTO BARROSO
EMENTA: DIREITO PREVIDENCIÁRIO. EMBARGOS DE DECLARAÇÃO RECEBIDOS COMO AGRAVO REGIMENTAL EM RECURSO EXTRAORDINÁRIO COM AGRAVO. CONCESSÃO DE BENEFÍCIOS. CUMPRIMENTO DE REQUISITOS. MATÉRIA INFRACONSTITUCIONAL. REEXAME DE FATOS E PROVAS DOS AUTOS. SÚMULA 279/STF. CÔMPUTO DO TEMPO DE SERVIÇO EXERCIDO EM CONDIÇÕES ESPECIAIS, PARA EFEITO DE APOSENTADORIA. AUSÊNCIA DE REPERCUSSÃO GERAL.
1. A jurisprudência do Supremo Tribunal Federal é firme no sentido de que matéria relativa ao cumprimento dos requisitos para concessão de benefícios previdenciários não tem natureza constitucional, justamente por tratar-se de matéria infraconstitucional e demandar o reexame do acervo probatório dos autos (Súmula 279/STF). Precedentes. 2. O Plenário do Supremo Tribunal Federal, no julgamento do AI 841.047, sob a relatoria do Min. Cezar Peluso, concluiu pela ausência da repercussão geral da matéria versada nos autos, atinentes ao cômputo do tempo de serviço exercido em condições especiais, para efeito de aposentadoria.
3. Embargos de declaração recebidos como agravo regimental a que se nega provimento. **(Inform. STF 791)**

REPERCUSSÃO GERAL EM ARE N. 868.457-SC
RELATOR: MIN. TEORI ZAVASCKI
Ementa: PROCESSUAL CIVIL E PREVIDENCIÁRIO. RECURSO EXTRAORDINÁRIO COM AGRAVO. JUIZADOS ESPECIAIS. OFENSA AO PRINCÍPIO DA RESERVA DE PLENÁRIO (ART. 97 DA CF/88). ALEGAÇÃO MANIFESTAMENTE IMPROCEDENTE. REVISÃO DE BENEFÍCIO PREVIDENCIÁRIO. EFEITOS FINANCEIROS RETROATIVOS. MATÉRIA INFRACONSTITUCIONAL. AUSÊNCIA DE REPERCUSSÃO GERAL.1. O princípio da reserva de plenário não se aplica no âmbito dos juizados de pequenas causas (art. 24, X, da Constituição Federal) e dos juizados especiais em geral (art. 98, I, da CF/88), que, pela configuração atribuída pelo legislador, não funcionam, na esfera recursal, sob o regime de plenário ou de órgão especial. 2. A manifesta improcedência da alegação de ofensa ao art. 97 da Carta Magna pela Turma Recursal de Juizados Especiais demonstra a ausência da repercussão geral da matéria, ensejando a incidência do art. 543-A do CPC.3. É de natureza infraconstitucional a controvérsia relativa à legitimidade da retroação dos efeitos financeiros da revisão de benefício previdenciário, nas hipóteses em que o segurado preencheu, na data de entrada do requerimento administrativo, os requisitos para a concessão de prestação mais vantajosa.4. É cabível a atribuição dos efeitos da declaração de ausência de repercussão geral quando não há matéria constitucional a ser apreciada ou quando eventual ofensa à Carta Magna ocorra de forma indireta ou reflexa (RE 584.608 RG, Min. ELLEN GRACIE, DJe de 13/03/2009). 5. Ausência de repercussão geral das questões suscitadas, nos termos do art. 543-A do CPC. **(Inform. STF 783)**

DIREITO PREVIDENCIÁRIO. HIPÓTESE DE MITIGAÇÃO DO REQUISITO ETÁRIO PARA A CONCESSÃO DE SALÁRIO-MATERNIDADE.
O não preenchimento do requisito etário exigido para a filiação ao RGPS como segurado especial não constitui óbice à concessão de salário-maternidade a jovem menor de dezesseis anos impedida

a exercer trabalho rural em regime de economia familiar (art. 11, VII, "c" e § 6º da Lei 8.213/1991). Realmente, a Lei 8.213/1991 fixou a idade mínima de dezesseis anos para que se ostente a condição de segurado especial a que se refere o art. 11, VII, "c" e § 6º, desse mesmo diploma legal. Além disso, a idade mínima de dezesseis anos constitui o limite constitucional para o trabalho (art. 7º, XXXIII, da CF) e o marco etário para filiação ao RGPS. Apesar disso, não se pode admitir, na hipótese, que o não preenchimento do requisito etário para filiação ao RGPS prejudique o acesso ao benefício previdenciário do salário-maternidade. Inicialmente, o sistema de Seguridade Social, em seu conjunto, tem por objetivo constitucional proteger o indivíduo, assegurando direitos à saúde, à assistência social e à previdência social, revelando-se, dessa forma, elemento indispensável para garantia da dignidade humana. Nesse contexto, prejudicar o acesso ao benefício previdenciário em razão do não preenchimento do requisito etário implicaria desamparar não só a jovem trabalhadora, mas também o nascituro, que seria privado não apenas da proteção social, como também do convívio familiar, já que sua mãe teria de voltar às lavouras após o nascimento. Além do mais, a intenção do legislador infraconstitucional ao impor o limite mínimo de dezesseis anos de idade para a inscrição no RGPS era a de evitar a exploração do trabalho da criança e do adolescente, ancorado no art. 7º, XXXIII, da CF. Negar o salário-maternidade à jovem grávida a que se refere a hipótese contraria essa proteção, na medida em que coloca a adolescente em situação ainda mais vulnerável, afastando a proteção social de quem mais necessita. Corroborando esse entendimento, o STJ já assentou a orientação de que a legislação, ao vedar o trabalho infantil, teve por escopo a proteção da criança ou adolescente, tendo sido estabelecida a proibição em seu benefício, e não em seu prejuízo, aplicando-se o princípio da universalidade da cobertura da Seguridade Social (REsp 541.103-RS, Quinta Turma, DJ 1º/7/2004; e AgRg no Ag 922.625-SP, Sexta Turma, DJ 29/10/2007). **REsp 1.440.024-RS, Rel. Min. Napoleão Nunes Maia Filho, julgado em 18/8/2015, DJe 28/8/2015 (Inform. STJ 567).**

DIREITO PREVIDENCIÁRIO. CÁLCULO DO SALÁRIO DE BENEFÍCIO DECORRENTE DE ATIVIDADES CONCOMITANTES PRESTADAS EM REGIMES DIVERSOS.
O segurado que tenha preenchido os requisitos para aposentadoria pelo RGPS e que tiver desenvolvido concomitante atividade secundária por regime Próprio da Previdência Social (RPPS), sem, no entanto, preencher os requisitos para concessão do benefício neste regime, tem direito que seu salário de benefício seja calculado com base na soma dos salários de contribuição da atividade principal, acrescido de percentual da média do salário de contribuição da atividade concomitante, nos termos do art. 32, II, "a" e "b", e III, da Lei 8.213/1991. Nos termos do art. 32 da Lei 8.213/1991, o desempenho de atividades concomitantes por parte do segurado pode lhe garantir que o salário de benefício seja (a) o resultado da soma dos salários de contribuição em cada atividade cujas condições foram totalmente satisfeitas (inciso I), ou (b) será a soma do salário de contribuição da atividade cuja condição foi totalmente satisfeita (atividade principal) acrescido de um percentual decorrente dos valores recolhidos das demais atividades (incisos II, "a" e "b", e III). Nesse contexto, o fato de o segurado ao RGPS ter prestado atividade concomitante secundária vinculada a regime próprio não afasta o direito à soma do percentual estipulado para efetivação do cálculo do salário de benefício de aposentadoria vinculada àquele regime, visto que a norma contida no art. 32 da Lei de Benefícios Previdenciários não se restringe às atividades concomitantes exercidas exclusivamente no RGPS. Ressalte-se, ainda, que o art. 94 da referida lei garante a compensação financeira entre os sistemas existentes. **REsp 1.428.981-PR, Rel. Min. Humberto Martins, julgado em 2/6/2015, DJe 6/8/2015 (Inform. STJ 565).**

DIREITO PREVIDENCIÁRIO E PROCESSUAL CIVIL. DEMONSTRAÇÃO DE DESEMPREGO PARA PRORROGAÇÃO DE PERÍODO DE GRAÇA.
Ainda que o registro no órgão próprio do MTE não seja o único meio de prova admissível para que o segurado desempregado comprove a situação de desemprego para a prorrogação do período de graça – conforme o exigido pelo § 2º do art. 15 da Lei 8.213/1990 –, a falta de anotação na CTPS, por si só, não é suficiente para tanto. A Terceira Seção do STJ já firmou o entendimento de que o registro no Ministério do Trabalho não é o único meio de prova da condição de desempregado do segurado, admitindo-se outras provas, inclusive testemunhal. Entretanto, a mera ausência de anotação na CTPS não se revela capaz de demonstrar, inequivocamente, a situação de desemprego (Pet 7.115-PR, Terceira Seção, DJe 6/4/2010). Precedente citado: AgRg no Ag 1.182.277-SP, Quinta Turma, DJe 6/12/2010). **REsp 1.338.295-RS, Rel. Min. Sérgio Kukina, julgado em 25/11/2014, DJe 1º/12/2014 (Inform. STJ 553).**

DIREITO PREVIDENCIÁRIO. BENEFÍCIO ESPECIAL DE RENDA CERTA. RECURSO REPETITIVO (ART. 543-C DO CPC E RES. 8/2008-STJ). O Benefício Especial de Renda Certa, instituído pela Caixa de Previdência dos Funcionários do Banco do Brasil (PREVI), é devido exclusivamente aos assistidos que, no período de atividade, contribuíram por mais de 360 meses (30 anos) para o plano de benefícios. Se o tempo de contribuição exigido para aquisição dos proventos "integrais" de complementação de aposentadoria é 360 meses (30 anos), e aqueles participantes que permanecem na ativa após cumprir esse período continuaram vertendo contribuições para o seu plano de benefícios, as parcelas pagas a partir da 361ª, embora constituam parte de suas reservas individuais de poupança, não foram consideradas na apuração dos benefícios de complementação correspondentes, tornando-se excedentes e sem finalidade alguma no fundo constituído no plano de benefícios. Com efeito, o Benefício Especial de Renda Certa destina-se a compensar o excedente contributivo em prol daqueles que, em atividade, aportaram um número superior aos 360 contribuições levadas em conta para o cálculo do benefício. Verifica-se situação diversa em relação aos participantes que contribuíram por exatos 360 meses ou por prazo ainda menor (aposentadoria proporcional ao tempo de contribuição), que tiveram todas as contribuições computadas no cálculo de seus proventos de aposentadoria complementar e, portanto, as respectivas reservas individuais de poupança não receberam recurso algum que possa ser considerado excedente. Acrescente-se que a circunstância de o participante ultrapassar o número de 360 contribuições para a PREVI, já na condição de aposentado e auferindo os rendimentos de seu benefício complementar, não tem relevância alguma para efeito de concessão do Benefício Especial de Renda Certa, porque não se constituem em fonte de custeio da referida renda, tratando-se, portanto, de obrigação decorrente das próprias regras do plano, que impõem a continuidade das contribuições indistintamente a todos os assistidos, tenham ou não contribuído, no período de atividade, por mais de 360 meses. Observa-se, pois, que a extensão do referido benefício especial a todos os participantes da PREVI que recebem complementação de aposentadoria, independentemente de terem contribuído por mais de 360 meses, no período de atividade, sem previsão de custeio para o plano de benefícios correspondente, não se compatibiliza com o princípio do mutualismo, inerente ao regime fechado de previdência privada, e nem com os dispositivos da Constituição Federal e da legislação complementar que regulamentam o sistema, porque enseja transferência de reservas financeiras a parcela dos filiados, frustrando o objetivo legal de proporcionar benefícios previdenciários ao conjunto dos participantes e assistidos, a quem, de fato, pertence o patrimônio constituído. Ademais, a destinação dos valores do Benefício Especial de Renda Certa não tem semelhança alguma com a hipótese de rateio entre todos os participantes do resultado superavitário dos planos de benefícios, apurado no final do exercício (art. 20 da LC 109/2001). Precedentes citados: REsp 1.313.665-RJ, Terceira Turma, DJe 8/6/2012; e REsp 1.224.594-RJ, Quarta Turma, DJe 17/10/2011. **REsp 1.331.168-RJ, Rel. Min. Maria Isabel Gallotti, julgado em 12/11/2014. (Inform. STJ 552).**

DIREITO PREVIDENCIÁRIO. FLEXIBILIZAÇÃO DO CRITÉRIO BAIXA RENDA PARA A CONCESSÃO DE AUXÍLIO-RECLUSÃO. É possível a concessão de auxílio-reclusão aos dependentes do segurado que recebia salário de contribuição pouco superior ao limite estabelecido como critério de baixa renda pela legislação da época de seu encarceramento. À semelhança do entendimento do STJ que reconheceu a possibilidade de flexibilização do critério econômico definido legalmente para a concessão do Benefício Assistencial de Prestação Continuada, previsto na LOAS (REsp 1.112.557-MG, Terceira Seção, DJe 20/11/2009, julgado sob o rito do art. 543-C do CPC), é possível a concessão do auxílio-reclusão quando o caso concreto revelar a necessidade de proteção social, permitindo ao julgador a flexibilização do critério econômico para deferimento do benefício pleiteado, ainda que o salário de contribuição do segurado supere o valor legalmente fixado como critério de baixa renda no momento de sua reclusão. **REsp 1.479.564-SP**, Rel. Min. Napoleão Nunes Maia Filho, julgado em 6/11/2014. (Inform. STJ 552)

DIREITO PREVIDENCIÁRIO E PROCESSUAL CIVIL. DISPENSA DE PRÉVIO REQUERIMENTO ADMINISTRATIVO PARA OBTENÇÃO DE BENEFÍCIO PREVIDENCIÁRIO. Para o ajuizamento de ação judicial em que se objetive a concessão de benefício previdenciário, dispensa-se, excepcionalmente, o prévio requerimento administrativo quando houver: (i) recusa em seu recebimento por parte do INSS; ou (ii) resistência na concessão do benefício previdenciário, a qual se caracteriza (a) pela notória oposição da autarquia previdenciária à tese jurídica adotada pelo segurado ou (b) pela extrapolação da razoável duração do processo administrativo. Como regra geral, a falta de postulação administrativa de benefício previdenciário resulta em ausência de interesse processual dos que litigam diretamente no Poder Judiciário. Isso porque a pretensão, nesses casos, carece de elemento configurador de resistência pela autarquia previdenciária à pretensão. Não há conflito. Não há lide. Por conseguinte, não existe interesse de agir nessas situações. Ademais, o Poder Judiciário é a via destinada à resolução dos conflitos, o que também indica que, enquanto não houver resistência do devedor, carece de ação aquele que "judicializa" sua pretensão. Nessa linha intelectiva, a dispensa do prévio requerimento administrativo impõe grave ônus ao Poder Judiciário, uma vez que este, nessas circunstâncias, passa a figurar como órgão administrativo previdenciário, pois acaba assumindo atividades administrativas. Em contrapartida, o INSS passa a ter que pagar benefícios previdenciários que poderiam ter sido deferidos na via administrativa, acrescidos pelos custos de um processo judicial, como juros de mora e honorários advocatícios. Nesse passo, os próprios segurados, ao receberem, por meio de decisão judicial, benefícios previdenciários que poderiam ter sido deferidos na via administrativa, terão parte de seus ganhos reduzidos pela remuneração contratual de advogado. Entretanto, haverá interesse processual do segurado nas hipóteses de negativa do recebimento do requerimento ou de resistência na concessão do benefício previdenciário, caracterizada pela notória oposição da autarquia à tese jurídica adotada pelo segurado, ou, ainda, por extrapolação da razoável duração do processo administrativo. No caso da notória oposição da autarquia à tese jurídica adotada pelo segurado, vale dizer que a resistência à pretensão se concretiza quando o próprio INSS adota, institucionalmente ou pela prática, posicionamento contrário ao embasamento jurídico do pleito, de forma que seria mera formalidade impor ao segurado a prévia protocolização de requerimento administrativo. Esse entendimento, aliás, está em consonância com a decisão proferida pelo STF em Repercussão Geral, no RE 631.240-MG (julgado em 3/9/2014, DJe 10/11/2014). Precedente citado: AgRg no AREsp 152.247-PE, Segunda Turma, DJe 8/2/2013. **REsp 1.488.940-GO**, Rel. Min. Herman Benjamin, julgado em 18/11/2014. (Inform. STJ 552)

DIREITO PREVIDENCIÁRIO. CRITÉRIO ECONÔMICO PARA CONCESSÃO DO AUXÍLIO-RECLUSÃO. Na análise de concessão do auxílio-reclusão a que se refere o art. 80 da Lei 8.213/1991, o fato de o recluso que mantenha a condição de segurado pelo RGPS (art. 15 da Lei 8.213/1991) estar desempregado ou sem renda no momento do recolhimento à prisão indica o atendimento ao requisito econômico da baixa renda, independentemente do valor do último salário de contribuição. Inicialmente, cumpre ressaltar que o Estado entendeu por bem amparar os que dependem do segurado preso e definiu como critério econômico para a concessão do benefício a baixa renda do segurado (art. 201, IV, da CF). Diante disso, a EC 20/1998 estipulou um valor fixo como critério de baixa renda para todos os anos é corrigido pelo Ministério da Previdência Social. De fato, o art. 80 da Lei 8.213/1991 determina que o auxílio-reclusão será devido quando o segurado recolhido à prisão "não receber remuneração da empresa". Da mesma forma, ao regulamentar a concessão do benefício, o § 1º do art. 116 do Decreto 3.048/1999 estipula que "é devido auxílio-reclusão aos dependentes do segurado quando não houver salário de contribuição na data do seu efetivo recolhimento à prisão, desde que mantida a qualidade de segurado". É certo que o critério econômico da renda deve ser constatado no momento da reclusão, pois é nele que os dependentes sofrem o baque da perda do provedor. Ressalte-se que a jurisprudência do STJ assentou posição de que os requisitos para a concessão do benefício devem ser verificados no momento do recolhimento à prisão, em observância ao princípio *tempus regit actum* (AgRg no REsp 831.251-RS, Sexta Turma, DJe 23/5/2011; REsp 760.767-SC, Quinta Turma, DJ 24/10/2005; e REsp 395.816-SP, Sexta Turma, DJ 2/9/2002). **REsp 1.480.461-SP**, Rel. Min. Herman Benjamin, julgado em 23/9/2014. (Inform. STJ 550)

DIREITO PREVIDENCIÁRIO. ATIVIDADES CONCOMITANTES PRESTADAS SOB O RGPS E PRINCÍPIO DA UNICIDADE DE FILIAÇÃO. O segurado que manteve dois vínculos concomitantes com o RGPS – um na condição de contribuinte individual e outro como empregado público – pode utilizar as contribuições efetivadas como contribuinte individual na concessão de aposentadoria junto ao RGPS, sem prejuízo do cômputo do tempo como empregado público para a concessão de aposentadoria sujeita ao Regime Próprio, diante da transformação do emprego público em cargo público. De fato, o contribuinte possuía dois vínculos com o Regime Geral, um na condição de contribuinte individual e outro como empregado público, regido pela CLT. Entretanto, o tempo de serviço e as contribuições recolhidas na condição de contribuinte individual não se confundem com o vínculo empregatício mantido como servidor público. Assim, não há óbice para utilizar o tempo prestado ao estado no regime celetista para fins de aposentadoria estatutária e as contribuições como contribuinte individual na concessão de aposentadoria previdenciária por tempo de contribuição, não havendo falar em violação ao princípio da unicidade de filiação. Ademais, o art. 96 da Lei 8.213/1991 veda apenas que o mesmo lapso temporal, durante o qual o segurado exerceu simultaneamente uma atividade privada e outra sujeita a regime próprio de previdência, seja computado em duplicidade, o que não é o caso, pois não há contagem em duplicidade, uma é decorrente da contratação celetista, e outra da condição de contribuinte individual. AgRg no **REsp 1.444.003-RS**, Rel. Min. Humberto Martins, julgado em 8/5/2014. (Inform. STJ 544)

Súmula STJ nº 456

É incabível a correção monetária dos salários de contribuição considerados no cálculo do salário de benefício de auxílio-doença, aposentadoria por invalidez, pensão ou auxílio-reclusão concedidos antes da vigência da CF/1988.

Súmula STJ nº 427

A ação de cobrança de diferenças de valores de complementação de aposentadoria prescreve em cinco anos contados da data do pagamento.

Súmula STJ nº 159

O benefício acidentário, no caso de contribuinte que perceba remuneração variável, deve ser calculado com base na média aritmética dos últimos doze meses de contribuição.

Súmula STJ nº 146

O segurado, vítima de novo infortúnio, faz jus a um único benefício somado ao salário de contribuição vigente no dia do acidente.

3. APOSENTADORIA POR INVALIDEZ

DIREITO PREVIDENCIÁRIO. ADICIONAL DE 25% PREVISTO NO ART. 45 DA LEI 8.213/1991 (GRANDE INVALIDEZ).
O segurado já aposentado por tempo de serviço e/ou por contribuição que foi posteriormente acometido de invalidez que exija assistência permanente de outra pessoa não tem direito ao acréscimo de 25% sobre o valor do benefício que o aposentado por invalidez faz jus em razão de necessitar dessa assistência (art. 45, *caput*, da Lei 8.213/1991). Isso porque o mencionado dispositivo legal restringiu sua incidência ao benefício de aposentadoria por invalidez, não podendo, assim, ser estendido a outras espécies de benefícios previdenciários. **REsp 1.533.402-SC, Rel. Min. Sérgio Kukina, julgado em 1º/9/2015, DJe 14/9/2015 (Inform. STJ 569).**

4. APOSENTADORIA POR IDADE E POR TEMPO DE SERVIÇO

DIREITO PREVIDENCIÁRIO. NATUREZA DO TRABALHO EXERCIDO IMEDIATAMENTE ANTES DE REQUERIMENTO DE APOSENTADORIA HÍBRIDA POR IDADE.
O reconhecimento do direito à aposentadoria híbrida por idade não está condicionado ao exercício de atividade rurícola no período imediatamente anterior ao requerimento administrativo. A aposentadoria híbrida tem por objetivo alcançar os trabalhadores que, ao longo de sua vida, mesclaram períodos de labor urbano e rural sem, contudo, perfazer tempo suficiente para se aposentar em nenhuma dessas atividades, quando isoladamente consideradas, permitindo-se, por conseguinte, a soma de ambos os tempos. Assim, como a Lei 11.718/2008, ao alterar o art. 48 da Lei 8.213/1991, não trouxe nenhuma distinção acerca de qual seria a atividade a ser exercida pelo segurado no momento imediatamente anterior ao requerimento, tem-se como infundada a tese de que o cômputo de labor urbano e rural de forma conjunta apenas é possível quando a atividade rurícola tenha sido exercida por último. Precedente citado: AgRg no REsp 1.477.835-PR, Segunda Turma, DJe 20/5/2015. **REsp 1.476.383-PR, Rel. Min. Sérgio Kukina, julgado em 1º/10/2015, DJe 8/10/2015 (Inform. STJ 570).**

DIREITO PREVIDENCIÁRIO. CARÊNCIA DA APOSENTADORIA HÍBRIDA POR IDADE E ADVENTO DA LEI 8.213/1991.
É possível considerar o tempo de serviço rural anterior ao advento da Lei 8.213/1991 para fins de carência de aposentadoria híbrida por idade, sem que seja necessário o recolhimento de contribuições previdenciárias para esse fim. A Lei 11.718/2008, ao alterar o art. 48 da Lei dos Planos de Benefícios da Previdência Social, não vedou a possibilidade de se computar o tempo de serviço rural anterior à vigência da Lei 8.213/1991 na carência da aposentadoria híbrida por idade nem exigiu qualquer recolhimento de contribuições para esse fim. Precedente citado: AgRg no REsp 1.497.086-PR, Segunda Turma, DJe 6/4/2015. **REsp 1.476.383-PR, Rel. Min. Sérgio Kukina, julgado em 1º/10/2015, DJe 8/10/2015 (Inform. STJ 570).**

DIREITO PREVIDENCIÁRIO E PROCESSUAL CIVIL. TERMO INICIAL DA APOSENTADORIA RURAL POR IDADE.
Na ausência de prévio requerimento administrativo, o termo inicial para a implantação da aposentadoria por idade rural deve ser a data da citação válida do INSS – e não a data do ajuizamento da ação. No julgamento do REsp 1.369.165-SP, submetido ao rito do artigo 543-C do CPC, a Primeira Seção do STJ firmou compreensão segundo a qual, na ausência de prévio requerimento administrativo, o termo inicial para a implantação da aposentadoria por invalidez deve ser a data da citação da autarquia previdenciária federal, ao invés da data da juntada do laudo médico-pericial que atestou a invalidez do segurado. O caso em análise guarda certa identidade com o que já foi decidido naquela oportunidade, sendo desinflunte a natureza dos benefícios (aposentadoria por invalidez naquele e aposentadoria rural por idade neste). Isso porque, na linha do que já decido no REsp 1.369.165-SP, na ausência de interpelação do INSS, habitualmente tratada como prévio requerimento administrativo, a cobertura por parte da Previdência Social só deve ocorrer quando em mora, e a mora, no caso, só se verifica com a citação válida, não retroagindo à data do ajuizamento do feito. Ademais, a jurisprudência desta Corte também tem afirmado ser devido o benefício na data da citação válida da Administração Pública, quando ausente a sua prévia interpelação, nas seguintes hipóteses: concessão de auxílio-acidente regido pelo art. 86 da Lei 8.213/1991 e não precedido de auxílio-doença; concessão de benefício assistencial previsto na Lei 8.742/1993; concessão de pensão especial de ex-combatentes; e pensão por morte de servidor público federal ou pelo RGPS. **REsp 1.450.119-SP, Rel. originário Min. Mauro Campbell Marques, Rel. para acórdão Min. Benedito Gonçalves, julgado em 08/10/2014, DJe 1º/7/2015 (Inform. STJ 565).**

DIREITO PREVIDENCIÁRIO. APOSENTADORIA POR IDADE HÍBRIDA.
Caso o trabalhador rural, ao atingir a idade prevista para a concessão da aposentadoria por idade rural (60 anos, se homem, e 55 anos, se mulher), ainda não tenha alcançado o tempo mínimo de atividade rural exigido na tabela de transição prevista no art. 142 da Lei 8.213/1991, poderá, quando completar 65 anos, se homem, e 60 anos, se mulher, somar, para efeito de carência, o tempo de atividade rural aos períodos de contribuição sob outras categorias de segurado, para fins de concessão de aposentadoria por idade "híbrida", ainda que inexistam contribuições previdenciárias no período em que exerceu suas atividades como trabalhador rural. A modalidade "híbrida" foi introduzida pela Lei 11.718/2008 para permitir uma adequação da norma para as categorias de trabalhadores urbanos e rurais, possibilitando ao segurado especial a soma do tempo de atividade rural sem contribuições previdenciárias ao tempo de contribuição em outra classificação de segurado, com a finalidade de implementar o tempo necessário de carência. Com isso, o legislador permitiu ao rurícola o cômputo de tempo rural como período contributivo, para efeito de cálculo e pagamento do benefício etário. Assim, sob o enfoque da atuária, não se mostra razoável exigir do segurado especial contribuição para obtenção da aposentadoria por idade híbrida, relativamente ao tempo rural. Por isso, não se deve inviabilizar a contagem do trabalho rural como período de carência. **REsp 1.367.479-RS, Rel. Min. Mauro Campbell Marques, julgado em 4/9/2014. (Inform. STJ 548)**

5. APOSENTADORIA ESPECIAL

REPERCUSSÃO GERAL EM ARE N. 906.569-PE
RELATOR: MIN. EDSON FACHIN
RECURSO EXTRAORDINÁRIO COM REPERCUSSÃO GERAL. DIREITO PREVIDENCIÁRIO. APOSENTADORIA ESPECIAL. CONVERSÃO DO TEMPO DE SERVIÇO. CARACTERIZAÇÃO DA ESPECIALIDADE DO LABOR. ARTIGOS 57 E 58 DA LEI 8.213/91.
1. A avaliação judicial de critérios para a caracterização da especialidade do labor, para fins de reconhecimento de aposentadoria especial ou de conversão de tempo de serviço, conforme previsão dos artigos 57 e 58 da Lei 8.213/91, é controvérsia que não apresenta repercussão geral, o que inviabiliza o processamento do recurso extraordinário, nos termos do art. 543-A, §5º, do Código de Processo Civil.
2. O juízo acerca da especialidade do labor depende necessariamente da análise fático-probatória, em concreto, de diversos fatores, tais como o reconhecimento de atividades e agentes nocivos à saúde ou à integridade física do segurado; a comprovação de efetiva exposição aos referidos agentes e atividades; apreciação jurisdicional de laudos periciais e demais elementos probatórios; e a permanência, não ocasional nem intermitente, do exercício de trabalho em condições especiais. Logo, eventual divergência ao entendimento adotado pelo Tribunal de origem, em relação à caracterização da especialidade do trabalho, demandaria o reexame de fatos e provas e o da legislação infraconstitucional aplicável à espécie. INEXISTÊNCIA DE REPERCUSSÃO GERAL. **(Inform. STF 800)**

Aposentadoria especial e uso de equipamento de proteção - 1
O Plenário iniciou julgamento de recurso extraordinário com agravo em que se discute eventual descaracterização do tempo de serviço especial, para fins de aposentadoria, em decorrência do uso de equipamento de proteção individual (EPI) — informado no perfil profissiográfico previdenciário (PPP) ou documento equivalente — capaz de eliminar

a insalubridade. Questiona-se, ainda, a fonte de custeio para essa aposentadoria especial. Preliminarmente, o Tribunal converteu o agravo em recurso extraordinário. Mencionou que o agravo preencheria todos os requisitos, de modo a permitir o imediato julgamento do extraordinário, porquanto presentes no debate o direito fundamental à previdência social, com reflexos mediatos nos cânones constitucionais do direito à vida e à saúde. No mérito, o Ministro Luiz Fux (relator) deu provimento ao recurso do INSS. Esclareceu que o denominado PPP poderia ser conceituado como documento histórico-laboral do trabalhador, que reuniria, dentre outras informações, dados administrativos, registros ambientais e resultados de monitoração biológica durante todo o período em que este exercera suas atividades, referências sobre as condições e medidas de controle da saúde ocupacional de todos os trabalhadores, além da comprovação da efetiva exposição dos empregados a agentes nocivos, e eventual neutralização pela utilização de EPI. Citou a necessidade de se indicar a atividade exercida pelo trabalhador, o agente nocivo ao qual estaria ele exposto, a intensidade e a concentração do agente, além de exames médicos clínicos. Frisou que aos trabalhadores seria assegurado o exercício de suas funções em ambiente saudável e seguro (CF, artigos 193 e 225). Destacou que o anexo IV do Decreto 3.048/1999 (Regulamento da Previdência Social) traria a classificação dos agentes nocivos e, por sua vez, a Lei 9.528/1997, ao modificar a Lei de Benefícios da Previdência Social, teria fixado a obrigatoriedade de as empresas manterem laudo técnico atualizado, sob pena de multa, bem como de elaborarem e manterem PPP, a abranger as atividades desenvolvidas pelo trabalhador. Sublinhou que a Lei 9.528/1997 seria norma de aplicabilidade contida, ante a exigência de regulamentação administrativa, que ocorrera por meio da Instrução Normativa 95/2003, cujo marco temporal de eficácia fora fixado para 1º.1.2004. Aduziu, também, que a Instrução Normativa 971/2009, da Receita Federal, ao dispor sobre normas gerais de tributação previdenciária e de arrecadação das contribuições sociais destinadas à previdência social e às outras entidades ou fundos, teria assentado que referida contribuição não seria devida se houvesse a efetiva utilização, comprovada pela empresa, de equipamentos de proteção individual que neutralizassem ou reduzissem o grau de exposição a níveis legais de tolerância.
ARE 664335/SC, rel. Min. Luiz Fux, 3.9.2014. (ARE-664335)

Aposentadoria especial e uso de equipamento de proteção - 2
O Ministro Luiz Fux reconheceu que os tribunais estariam a adotar a teoria da proteção extrema, no sentido de que, ainda que o EPI fosse efetivamente utilizado e hábil a eliminar a insalubridade, não estaria descaracterizado o tempo de serviço especial prestado (Enunciado 9 da Súmula da Turma Nacional de Uniformização dos Juizados Especiais Federais). Salientou que a controvérsia interpretativa a respeito da concessão de aposentadoria especial encerraria situações diversas: a) para o INSS, se o EPI fosse comprovadamente utilizado e eficaz na neutralização da insalubridade, a aposentadoria especial não deveria ser concedida; b) para a justiça de 1ª instância, o benefício seria devido; c) para a receita federal, a contribuição não seria devida e a concessão do benefício, sem fonte de custeio, afrontaria a Constituição (art. 195, § 5º). Realçou que a melhor interpretação constitucional a ser dada ao instituto seria aquela que privilegiasse, de um lado, o trabalhador e, de outro, o preceito do art. 201 da CF. Ponderou que, apesar de constar expressamente na Constituição (art. 201, § 1º) a necessidade de lei complementar para regulamentar a aposentadoria especial, a EC 20/1998 teria fixado, expressamente, em seu art. 15, como norma de transição, que "até que a lei complementar a que se refere o art. 201, § 1º, da Constituição Federal, seja publicada, permanece em vigor o disposto nos artigos 57 e 58 da Lei nº 8.213, de 24 de julho de 1991, na redação vigente à data da publicação desta Emenda". Registrou que a concessão de aposentadoria especial dependeria, em todos os casos, de comprovação, pelo segurado, perante o INSS, do tempo de trabalho permanente, não ocasional nem intermitente, exercido em condições especiais que prejudicassem a saúde ou a integridade física, durante o período mínimo de 15, 20 ou 25 anos, a depender do agente nocivo. Asseverou que não se poderia exigir dos trabalhadores expostos a agentes prejudiciais à saúde e com maior desgaste, o cumprimento do mesmo tempo de contribuição daqueles empregados que não estivessem expostos a qualquer agente nocivo. Ressaltou, outrossim, não ser possível considerar que todos os agentes químicos, físicos e biológicos seriam capazes de prejudicar os trabalhadores de igual forma e grau, do que resultaria a necessidade de se determinar diferentes tempos de serviço mínimo para aposentadoria, de acordo com cada espécie de agente nocivo. Assentou que a verificação da nocividade laboral para caracterizar o direito à aposentadoria especial conferiria maior eficácia ao instituto à luz da Constituição. Discordou do entendimento segundo o qual o benefício previdenciário seria devido em qualquer hipótese, desde que o ambiente fosse insalubre (risco potencial do dano). No caso concreto, assinalou que, a tratar especificamente do agente nocivo ruído, o aresto recorrido se baseara na tese jurídica de que a utilização de equipamento de proteção individual que neutralizasse, eliminasse ou reduzisse a nocividade dos agentes não excluiria a aposentadoria especial. Não indicara, contudo, se o equipamento seria eficiente para gerar aposentadoria especial. Nesse aspecto, consignou que a tese escorreita a ser firmada seria no sentido de que a utilização de equipamento de proteção individual, comprovada mediante formulário (PPP ou documento equivalente) na forma estabelecida pela legislação previdenciária, não caracterizaria tempo de serviço especial e, via de consequência, não permitiria que o trabalhador tivesse direito à aposentadoria especial. Enfatizou que a autoridade competente poderia, no exercício da fiscalização, aferir as informações prestadas pela empresa e constantes no laudo técnico de condições ambientais do trabalho, sem prejuízo do controle judicial. Consignou que as atividades laborais nocivas e sua respectiva eliminação deveriam ser meta da sociedade, do Estado, do empresariado e dos trabalhadores como princípios basilares da Constituição. Em seguida, pediu vista dos autos o Ministro Roberto Barroso.
ARE 664335/SC, rel. Min. Luiz Fux, 3.9.2014. (ARE-664335)

Aposentadoria especial e uso de equipamento de proteção - 3
O direito à aposentadoria especial pressupõe a efetiva exposição do trabalhador a agente nocivo à sua saúde, de modo que, se o Equipamento de Proteção Individual (EPI) for realmente capaz de neutralizar a nocividade, não haverá respaldo constitucional à concessão de aposentadoria especial. Ademais — no que se refere a EPI destinado a proteção contra ruído —, na hipótese de exposição do trabalhador a ruído acima dos limites legais de tolerância, a declaração do empregador, no âmbito do Perfil Profissiográfico Previdenciário (PPP), no sentido da eficácia do EPI, não descaracteriza o tempo de serviço especial para a aposentadoria. Esse o entendimento do Plenário que, em conclusão de julgamento, desproveu recurso extraordinário com agravo em que discutia eventual descaracterização do tempo de serviço especial, para fins de aposentadoria, em decorrência do uso de EPI — informado no PPP ou documento equivalente — capaz de eliminar a insalubridade. Questionava-se, ainda, a fonte de custeio para essa aposentadoria especial — v. Informativo 757. O Colegiado afirmou que o denominado PPP poderia ser conceituado como documento histórico-laboral do trabalhador, que reuniria, dentre outras informações, dados administrativos, registros ambientais e resultados de monitoração biológica durante todo o período em que ele exercera suas atividades, referências sobre as condições e medidas de controle da saúde ocupacional de todos os trabalhadores, além da comprovação da efetiva exposição dos empregados a agentes nocivos, e eventual neutralização pela utilização de EPI. Seria necessário indicar a atividade exercida pelo trabalhador, o agente nocivo ao qual estaria ele exposto, a intensidade e a concentração do agente, além de exames médicos clínicos. Não obstante, aos trabalhadores seria assegurado o exercício de suas funções em ambiente saudável e seguro (CF, artigos 193 e 225). A respeito, o anexo IV do Decreto 3.048/1999 (Regulamento da Previdência Social) traz a classificação dos agentes nocivos e, por sua vez, a Lei 9.528/1997, ao modificar a Lei de Benefícios da Previdência Social, fixa a obrigatoriedade de as empresas manterem laudo técnico atualizado, sob pena de multa, bem como de elaborarem e manterem PPP, a abranger as atividades desenvolvidas pelo trabalhador. A referida

Lei 9.528/1997 seria norma de aplicabilidade contida, ante a exigência de regulamentação administrativa, que ocorrera por meio da Instrução Normativa 95/2003, cujo marco temporal de eficácia fora fixado para 1º.1.2004. Ademais, a Instrução Normativa 971/2009, da Receita Federal, ao dispor sobre normas gerais de tributação previdenciária e de arrecadação das contribuições sociais destinadas à previdência social e às outras entidades ou fundos, assenta que referida contribuição não é devida se houver a efetiva utilização, comprovada pela empresa, de equipamentos de proteção individual que neutralizem ou reduzam o grau de exposição a níveis legais de tolerância.
ARE 664335/SC, rel. Min. Luiz Fux, 4.12.2014. (ARE-664335)

Aposentadoria especial e uso de equipamento de proteção - 4

O Colegiado reconheceu que os tribunais estariam a adotar a teoria da proteção extrema, no sentido de que, ainda que o EPI fosse efetivamente utilizado e hábil a eliminar a insalubridade, não estaria descaracterizado o tempo de serviço especial prestado (Enunciado 9 da Súmula da Turma Nacional de Uniformização dos Juizados Especiais Federais). Destacou, entretanto, que o uso de EPI com o intuito de evitar danos sonoros — como no caso — não seria capaz de inibir os efeitos do ruído. Salientou que a controvérsia interpretativa a respeito da concessão de aposentadoria especial encerraria situações diversas: a) para o INSS, se o EPI fosse comprovadamente utilizado e eficaz na neutralização da insalubridade, a aposentadoria especial não deveria ser concedida; b) para a justiça de 1ª instância, o benefício seria devido; e c) para a Receita Federal, a contribuição não seria devida e a concessão do benefício, sem fonte de custeio, afrontaria a Constituição (art. 195, § 5º). Realçou que a melhor interpretação constitucional a ser dada ao instituto seria aquela que privilegiasse, de um lado, o trabalhador e, de outro, o preceito do art. 201 da CF. Ponderou que, apesar de constar expressamente na Constituição (art. 201, § 1º) a necessidade de lei complementar para regulamentar a aposentadoria especial, a EC 20/1998 fixa, expressamente, em seu art. 15, como norma de transição, que "até que a lei complementar a que se refere o art. 201, § 1º, da Constituição Federal, seja publicada, permanece em vigor o disposto nos artigos 57 e 58 da Lei nº 8.213, de 24 de julho de 1991, com a redação vigente à data da publicação desta Emenda". A concessão de aposentadoria especial dependeria, em todos os casos, de comprovação, pelo segurado, perante o INSS, do tempo de trabalho permanente, não ocasional nem intermitente, exercido em condições especiais que prejudicassem a saúde ou a integridade física, durante o período mínimo de 15, 20 ou 25 anos, a depender do agente nocivo. Não se poderia exigir dos trabalhadores expostos a agentes prejudiciais à saúde e com maior desgaste, o cumprimento do mesmo tempo de contribuição daqueles empregados que não estivessem expostos a qualquer agente nocivo. Outrossim, não seria possível considerar que todos os agentes químicos, físicos e biológicos seriam capazes de prejudicar os trabalhadores de igual forma e grau, do que resultaria a necessidade de se determinar diferentes tempos de serviço mínimo para aposentadoria, de acordo com cada espécie de agente nocivo. A verificação da nocividade laboral para caracterizar o direito à aposentadoria especial conferiria maior eficácia ao instituto à luz da Constituição. O Plenário discordou do entendimento segundo o qual o benefício previdenciário seria devido em qualquer hipótese, desde que o ambiente fosse insalubre (risco potencial do dano). A autoridade competente poderia, no exercício da fiscalização, aferir as informações prestadas pela empresa e constantes no laudo técnico de condições ambientais do trabalho, sem prejuízo do controle judicial. As atividades laborais nocivas e sua respectiva eliminação deveriam ser meta da sociedade, do Estado, do empresariado e dos trabalhadores como princípios basilares da Constituição. O Ministro Marco Aurélio, ao acompanhar o dispositivo da decisão colegiada, limitou-se a desprover o recurso, sem acompanhar as teses fixadas. O Ministro Teori Zavascki, por sua vez, endossou apenas a primeira tese, tendo em vista reputar que a segunda — alusiva a ruído acima dos limites de tolerância — não teria conteúdo constitucional. O Ministro Luiz Fux (relator) reajustou seu voto relativamente ao EPI destinado à proteção contra ruído.
ARE 664335/SC, rel. Min. Luiz Fux, 4.12.2014. (ARE-664335) **(Inform. STF 770)**

REPERCUSSÃO GERAL EM RE N. 788.092-SC
RELATOR: MIN. DIAS TOFFOLI
EMENTA: DIREITO PREVIDENCIÁRIO E CONSTITUCIONAL. CONSTITUCIONALIDADE DO ART. 57, § 8º, DA LEI Nº 8.213/91. DISCUSSÃO ACERCA DA POSSIBILIDADE DE PERCEPÇÃO DO BENEFÍCIO DA APOSENTADORIA ESPECIAL INDEPENDENTEMENTE DO AFASTAMENTO DO BENEFICIÁRIO DAS ATIVIDADES LABORAIS NOCIVAS À SAÚDE. MATÉRIA PASSÍVEL DE REPETIÇÃO EM INÚMEROS PROCESSOS, COM REPERCUSSÃO NA ESFERA DE INTERESSE DE BENEFICIÁRIOS DA PREVIDÊNCIA SOCIAL. PRESENÇA DE REPERCUSSÃO GERAL. **(Inform. STF 768)**

DIREITO PREVIDENCIÁRIO. APOSENTADORIA ESPECIAL A CONTRIBUINTE INDIVIDUAL NÃO COOPERADO.

É possível a concessão de aposentadoria especial prevista no art. 57, *caput*, da Lei 8.213/1991 a contribuinte individual do RGPS que não seja cooperado, desde que preenchidos os requisitos legais para tanto. De fato, o art. 57, *caput*, da Lei 8.213/1991 ("A aposentadoria especial será devida, uma vez cumprida a carência exigida nesta Lei, ao segurado que tiver trabalhado sujeito a condições especiais que prejudiquem a saúde ou a integridade física, durante 15 (quinze), 20 (vinte) ou 25 (vinte e cinco) anos, conforme dispuser a lei") não traça qualquer diferenciação entre as diversas categorias de segurados. Além disso, não se pode sustentar, tendo em vista o fato de o contribuinte individual não cooperado não participar diretamente do custeio do benefício, a inviabilidade de concessão da aposentadoria especial a ele. Realmente, os §§ 6º e 7º do art. 57 da Lei 8.213/1991 atribuem a sociedades empresárias que possuam em seus quadros trabalhadores que exerçam atividade especial uma contribuição complementar com o escopo de auxiliar no custeio da aposentadoria especial. Ocorre que, embora os benefícios previdenciários devam estar relacionados a fontes de custeio previamente definidas (princípio da contrapartida), essa exigência não implica afirmar que a fonte de custeio está intimamente ligada ao destinatário do benefício. Pelo contrário, o sistema previdenciário do regime geral se notabiliza por ser um sistema de repartição simples, no qual não há uma direta correlação entre o montante contribuído e o montante usufruído, em nítida obediência ao princípio da solidariedade, segundo o qual a previdência é responsabilidade do Estado e da sociedade, sendo possível que determinado integrante do sistema contribua mais do que outros, em busca de um ideal social coletivo. Desse modo, a contribuição complementar imposta pelos §§ 6º e 7º do aludido art. 57 a sociedades empresárias – integrantes com maior capacidade contributiva – busca, em nítida obediência ao princípio da solidariedade, equilibrar o sistema previdenciário em prol de *todos* os segurados, pois, conforme afirmado acima, o art. 57, *caput*, da Lei 8.213/1991 não traça qualquer diferenciação entre as categorias de segurados. Ademais, imprescindível anotar que a norma prevista no art. 22, II, da Lei 8.212/1991, a que o art. 57, §§ 6º e 7º, da Lei 8.213/1991 faz remissão, impõe às empresas uma contribuição com o escopo de custear o benefício previdenciário previsto nos artigos 57 e 58 da Lei 8.213/1991, isto é, aposentadoria especial, bem como os benefícios concedidos em razão do grau de incidência de incapacidade laborativa decorrente dos riscos ambientais do trabalho, ou seja, visa custear também os benefícios por incapacidade relacionados a acidente de trabalho, para os quais não há restrição à sua concessão aos segurados contribuintes individuais, a despeito de não participarem da contribuição especificamente instituída para a referida contraprestação previdenciária. Além do mais, o art. 64 do Decreto 3.048/1999, ao limitar a concessão da aposentadoria especial de modo taxativo ao segurado empregado, ao trabalhador avulso e ao contribuinte individual *cooperado* – afastando, portanto, o direito do contribuinte individual *que não seja cooperado* –, extrapola os limites da Lei de Benefícios que se propôs regulamentar, razão pela qual deve ser reconhecida sua ilegalidade. REsp 1.436.794-SC, Rel. Min. Mauro Campbell Marques, julgado em 17/9/2015, DJe 28/9/2015 (Inform. STJ 570).

4. DIREITO PREVIDENCIÁRIO

DIREITO PREVIDENCIÁRIO. TERMO INICIAL DE APOSENTADORIA ESPECIAL.
Se, no momento do pedido administrativo de aposentadoria especial, o segurado já tiver preenchido os requisitos necessários à obtenção do referido benefício, ainda que não os tenha demonstrado perante o INSS, o termo inicial da aposentadoria especial concedida por meio de sentença será a data do aludido requerimento administrativo, e não a data da sentença. O art. 57, § 2º, da Lei 8.213/1991 confere à aposentadoria especial o mesmo tratamento dado à aposentadoria por idade quanto à fixação do termo inicial, qual seja, a data de entrada do requerimento administrativo para todos os segurados, exceto o segurado empregado. Desse modo, a comprovação extemporânea de situação jurídica já consolidada em momento anterior não tem o condão de afastar o direito adquirido do segurado, impondo-se o reconhecimento do direito ao benefício previdenciário no momento do requerimento administrativo, quando preenchidos os requisitos para a concessão da aposentadoria. Nessa ordem de ideias, quando o segurado já tenha preenchido os requisitos para a concessão da aposentadoria especial ao tempo do requerimento administrativo, afigura-se injusto que somente venha a receber o benefício a partir da data da sentença ao fundamento da ausência de comprovação do tempo laborado em condições especiais naquele primeiro momento. **Pet 9.582-RS, Rel. Min. Napoleão Nunes Maia Filho, julgado em 26/8/2015, DJe 16/9/2015 (Inform. STJ 569).**

Súmula STF nº 726
Para efeito de aposentadoria especial de professores, não se computa o tempo de serviço prestado fora da sala de aula.

6. AUXÍLIO-DOENÇA
REPERCUSSÃO GERAL EM ARE N. 821.296-PE
RELATOR: MIN. ROBERTO BARROSO
Ementa: PREVIDENCIÁRIO. AUXÍLIO-DOENÇA. VERIFICAÇÃO DOS REQUISITOS PARA CONCESSÃO DO BENEFÍCIO. 1. Hipótese em que o acórdão recorrido consigna a ausência dos requisitos necessários à concessão do auxílio-doença. 2. Discussão que envolve matéria infraconstitucional, além de exigir o revolvimento da matéria fática (Súmula 279/STF). 3. Inexistência de repercussão geral. **(Inform. STF 763)**

Súmula STJ nº 44
A definição, em ato regulamentar, de grau mínimo de disacusia, não exclui, por si só, a concessão do benefício previdenciário.

7. PENSÃO POR MORTE
AG. REG. NO ARE N. 679.210-MG
RELATOR: MIN. DIAS TOFFOLI
EMENTA: Agravo regimental no recurso extraordinário com agravo. Constitucional e previdenciário. Pensão por morte. Cônjuge varão. Demonstração de invalidez. Ofensa ao princípio da isonomia. Precedentes. Dependência econômica. Preenchimento do requisito reconhecido pelo tribunal de origem. Legislação local. Reexame de fatos e provas. Análise. Impossibilidade. Precedentes.
1. A exigência de invalidez do marido para ser beneficiário de pensão por morte da esposa fere o princípio da isonomia inserto no art. 5º, inciso I, da Constituição Federal, uma vez que tal requisito não é exigido em relação à esposa. Esse entendimento é aplicável, inclusive, quando o óbito da instituidora se tenha dado anteriormente à promulgação da Emenda Constitucional nº 20/98. Precedentes.
2. Inadmissível, em recurso extraordinário, o reexame dos fatos e das provas da causa e a análise de legislação local. Incidência das Súmulas nºs 279 e 280/STF.
3. Agravo regimental não provido. **(Inform. STF 804)**

AG. REG. NO ARE N. 699.199-CE
RELATOR: MIN. ROBERTO BARROSO
EMENTA: PREVIDENCIÁRIO. AGRAVO REGIMENTAL EM RECURSO EXTRAORDINÁRIO COM AGRAVO. SERVIDOR PÚBLICO QUE FALECEU ANTES DA EC 20/98. PENSÃO POR MORTE. CÔNJUGE VARÃO. EXIGÊNCIA DE INVALIDEZ. OFENSA AO PRINCÍPIO DA ISONOMIA. PRECEDENTES.
1. A jurisprudência do Supremo Tribunal Federal é firme no sentido de que ofende ao princípio constitucional da isonomia lei que exige do marido, para fins de recebimento de pensão por morte da mulher, a comprovação do estado de invalidez. Precedentes.
2. Agravo regimental a que se nega provimento. **(Inform. STF 790)**

Adoção de descendente maior de idade e legitimidade
Não é legítima a adoção de descendente maior de idade, sem a constatação de suporte moral ou econômico, com o fim de induzir o deferimento de benefício previdenciário. Com base nessa orientação, a Primeira Turma denegou mandado de segurança impetrado em face de decisão do TCU, que negara registro a pensão militar recebida pela impetrante. No caso, ela fora adotada, aos 41 anos de idade, pelo avô, servidor militar aposentado. No momento da adoção, a impetrante exercia o magistério no serviço público estadual. De início, o Colegiado afastou alegação de ofensa ao contraditório e à ampla defesa. No ponto, invocou o Enunciado 3 da Súmula Vinculante do STF. Repeliu, também, arguição de decadência. A incidência do disposto no art. 54 da Lei 9.784/1999, a tratar da decadência do direito de a Administração anular os próprios atos após decorrido o prazo fixado, pressuporia situação jurídica aperfeiçoada. Isso não sucederia quanto ao ato de natureza complexa, conforme jurisprudência da Corte. No mérito, a Turma assinalou que não haveria demonstração da dependência econômica capaz de justificar o deferimento da pensão. Em contexto de escassez de recursos públicos, deveriam ser combatidas posturas estrategicamente destinadas a induzir o deferimento de pensões em casos que, diante das características subjetivas dos envolvidos, não ensejariam o reconhecimento do direito. Não seria viável, na ausência de elementos comprobatórios mínimos, presumir as necessárias dependências econômica e afetiva. O inciso I do art. 7º da Lei 3.765/1960, com redação vigente quando do óbito do avô, em 1994, apenas admitia o deferimento do benefício, em ordem de prioridade, aos filhos menores de 21 anos ou, quando estudantes, menores de 24 anos. O parágrafo único do preceito, ademais, afastava as limitações etárias apenas quando demonstrada invalidez ou enfermidade grave a impedir a subsistência do postulante da pensão militar. Além disso, o § 1º do art. 42 do ECA, em momento posterior à formalização da escritura pública de adoção, ocorrida em 1989, trouxera regra a vedar a adoção por ascendentes, a reforçar o caráter reprovável da conduta. Dentre as finalidades da norma, mereceria destaque o combate à prática de atos de simulação e fraude à lei, como nos casos em que a filiação fosse estabelecida unicamente perante a percepção de benefícios junto ao Poder Público.
MS 31383/DF, rel. Min. Marco Aurélio, 12.5.2015. (MS-31383) (Inform. STF 785)

DIREITO PREVIDENCIÁRIO. HABILITAÇÃO TARDIA DE "PENSIONISTA MENOR".
Ainda que o beneficiário seja "pensionista menor", a pensão por morte terá como termo inicial a data do requerimento administrativo – e não a do óbito – na hipótese em que, postulado após trinta dias do óbito do segurado, o benefício já vinha sendo pago integralmente a outro dependente previamente habilitado. A jurisprudência prevalente do STJ é no sentido de que, comprovada a absoluta incapacidade do requerente, faz ele jus ao pagamento das parcelas de pensão por morte desde a data do óbito do segurado, ainda que não haja postulação administrativa no prazo de trinta dias (REsp 1.405.909-AL, Primeira Turma, DJe 9/9/2014; REsp 1.354.689-PB, Segunda Turma, DJe 11/3/2014). Isso porque, nos termos do art. 79 da Lei 8.213/1991, está claro que

tanto o prazo de decadência quanto o prazo de prescrição previstos no art. 103 da referida Lei são inaplicáveis ao pensionista menor, situação esta que só desaparece com a maioridade, nos termos do art. 5º do Código Civil. Contudo, o dependente menor que não pleiteia a pensão por morte no prazo de trinta dias a contar da data do óbito do segurado (art. 74 da Lei 8.213/1991) não tem direito ao recebimento do referido benefício a partir da data do falecimento do instituidor, na hipótese em que a pensão houver sido integralmente paga a outros dependentes que já estavam previamente habilitados perante o INSS. Com efeito, a habilitação posterior do dependente menor somente deverá produzir efeitos a contar desse episódio, de modo que não há que falar em efeitos financeiros para momento anterior à sua inclusão (art. 76 da Lei 8.213/1991). Ressalta-se, inclusive, que admitir o contrário implicaria em inevitável prejuízo à autarquia previdenciária, que seria condenada a pagar duplamente o valor da pensão. Precedente citado: REsp 1.377.720-SC, Segunda Turma, DJe 5/8/2013. **REsp 1.513.977-CE, Rel. Min. Herman Benjamin, julgado em 23/6/2015, DJe 5/8/2015 (Inform. STJ 566).**

DIREITO PREVIDENCIÁRIO. CONCESSÃO DE BENEFÍCIO PREVIDENCIÁRIO A CRIANÇA OU ADOLESCENTE SOB GUARDA JUDICIAL. No caso em que segurado de regime previdenciário seja detentor da guarda judicial de criança ou adolescente que dependa economicamente dele, ocorrendo o óbito do guardião, será assegurado o benefício da pensão por morte ao menor sob guarda, ainda que este não tenha sido incluído no rol de dependentes previsto na lei previdenciária aplicável. O fim social da lei previdenciária é abarcar as pessoas que foram acometidas por alguma contingência da vida. Nesse aspecto, o Estado deve cumprir seu papel de assegurar a dignidade da pessoa humana a todos, em especial às crianças e aos adolescentes, cuja proteção tem absoluta prioridade. O ECA não é uma simples lei, uma vez que representa política pública de proteção à criança e ao adolescente, verdadeiro cumprimento do mandamento previsto no art. 227 da CF. Ademais, não é dado ao intérprete atribuir à norma jurídica conteúdo que atente contra a dignidade da pessoa humana e, consequentemente, contra o princípio de proteção integral e preferencial a crianças e adolescentes, já que esses postulados são a base do Estado Democrático de Direito e devem orientar a interpretação de todo o ordenamento jurídico. Desse modo, embora a lei previdenciária aplicável ao segurado seja lei específica da previdência social, não menos certo é que o ECA e a criança e adolescente tem norma específica que confere ao menor sob guarda a condição de dependente para todos os efeitos, inclusive previdenciários (art. 33, § 3º, do ECA). **RMS 36.034-MT, Rel. Min. Benedito Gonçalves, julgado em 26/2/2014. (Inform. STJ 546)**

DIREITO PREVIDENCIÁRIO. TERMO INICIAL DE PENSÃO POR MORTE REQUERIDA POR PENSIONISTA MENOR DE DEZOITO ANOS. A pensão por morte será devida ao dependente menor de dezoito anos desde a data do óbito, ainda que tenha requerido o benefício passados mais de trinta dias após completar dezesseis anos. De acordo com o inciso II do art. 74 da Lei 8.213/1991, a pensão por morte será devida ao conjunto dos dependentes do segurado que falecer, aposentado ou não, a contar da data do requerimento, caso requerida após trinta dias do óbito. Entretanto, o art. 79 da referida lei dispõe que tanto o prazo de decadência quanto o prazo de prescrição são inaplicáveis ao "pensionista menor". A menoridade de que trata esse dispositivo só desaparece com a maioridade, nos termos do art. 5º do CC – segundo o qual "A menoridade cessa aos dezoito anos completos, quando a pessoa fica habilitada à prática de todos os atos da vida civil" –, e não aos dezesseis anos de idade. **REsp 1.405.909-AL, Rel. Min. Sérgio Kukina, Rel. para acórdão Min. Ari Pargendler, julgado em 22/5/2014. (Inform. STJ 546)**

Súmula STJ nº 416
É devida a pensão por morte aos dependentes do segurado que, apesar de ter perdido essa qualidade, preencheu os requisitos legais para a obtenção de aposentadoria até a data do seu óbito.

8. BENEFÍCIO ASSISTENCIAL

DIREITO PREVIDENCIÁRIO. RENDA FAMILIAR PER CAPITA PARA FINS DE CONCESSÃO DE BENEFÍCIO DE PRESTAÇÃO CONTINUADA A PESSOA COM DEFICIÊNCIA. RECURSO REPETITIVO (ART. 543-C DO CPC E RES. 8/2008-STJ). TEMA 640.
Aplica-se o parágrafo único do art. 34 do Estatuto do Idoso (Lei 10.741/2003), por analogia, a pedido de benefício assistencial feito por pessoa com deficiência a fim de que benefício previdenciário recebido por idoso, no valor de um salário mínimo, não seja computado no cálculo da renda per capita prevista no art. 20, § 3º, da Lei 8.742/1993. A proteção ao idoso e ao deficiente, por meio de concessão de benefício assistencial, vem insculpida no inciso V do art. 203 da CF, que assim dispõe: "Art. 203. A assistência social será prestada a quem dela necessitar, independentemente de contribuição à seguridade social, e tem por objetivos: (...) V – a garantia de um salário mínimo de benefício mensal à pessoa portadora de deficiência e ao idoso que comprovem não possuir meios de prover à própria manutenção ou de tê-la provida por sua família, conforme dispuser a lei". A regra matriz constitucional não traz distinção entre essas duas classes de vulneráveis sociais. O art. 34 do Estatuto do Idoso, por sua vez, dispõe: "Art. 34. Aos idosos, a partir de 65 (sessenta e cinco) anos, que não possuam meios para prover sua subsistência, nem de tê-la provida por sua família, é assegurado o benefício mensal de 1 (um) salário mínimo, nos termos da Lei Orgânica da Assistência Social – LOAS. Parágrafo único. O benefício já concedido a qualquer membro da família nos termos do caput não será computado para os fins do cálculo da renda familiar per capita a que se refere a LOAS". O normativo informa que o valor recebido por idoso, a partir dos 65 anos de idade e a título de benefício de prestação continuada, não deve fazer parte da renda da família de que trata o art. 20, § 3º, da Lei 8.742/1993. Isto é: o idoso que, ao completar 65 anos de idade, não prover a sua subsistência ou não a tem provida com o auxílio da família não deve compor a dimensão econômica do núcleo familiar quando em análise a concessão de outro benefício assistencial a idoso. E isso se deve porque a renda mínima que ele recebe é personalíssima e se presta, exclusivamente, à sua manutenção, protegendo-o da situação de vulnerabilidade social. Assim, a proteção aos idosos aqui tem nítido caráter assistencial. Ora, não há distinção constitucional entre vulneráveis (idosos e deficientes) e, mesmo assim, não há norma na Lei Orgânica da Assistência Social a garantir às pessoas com deficiência o mesmo amparo que o parágrafo único do art. 34 da Lei 10.741/2003 garante aos idosos. Assim, conclui-se que há, sim, um déficit ou lacuna normativa a desproteger os deficientes vulneráveis que deve ser suprido com fundamento nos arts. 4º e 5º da LINDB e no parágrafo único do art. 34 do Estatuto do Idoso. Desse modo, à luz dos princípios da isonomia e da dignidade humana, faz-se necessário aplicar a analogia a fim de que o parágrafo único do art. 34 do Estatuto do Idoso integre também o sistema de proteção à pessoa com deficiência, para assegurar que o benefício previdenciário, no valor de um salário mínimo, recebido por idoso que faça parte do núcleo familiar não componha a renda per capita prevista no § 3º do art. 20 da Lei 8.742/1993 – que, aliás, foi declarada inconstitucional, incidenter tantum, por omissão, sem declaração de nulidade, no julgamento do RE 567.985-MT, sob o rito do artigo 543-B do CPC (DJe 3/10/2013). Entendimento diverso, no sentido de que os proventos ou a pensão recebida por idoso, no valor de um salário mínimo, devem compor a renda da família da pessoa com deficiência, além de conduzir à manutenção de sua desproteção social, implicará sacrifício socioeconômico do próprio idoso que compõe o núcleo familiar, o que resultaria em colocá-lo ou em reinseri-lo também no rol dos juridicamente vulneráveis. Por fim, registra-se que, no RE 580.963-PR (DJe 14/11/2013), julgado sob o rito da repercussão geral, o STF, após amplo debate, declarou, incidenter tantum, a inconstitucionalidade parcial, e por omissão, sem a pronúncia de nulidade, do art. 34, parágrafo único, da Lei 10.741/2003, notadamente porque o normativo deixou de excluir, para fins de cálculo da renda per capita, benefícios assistenciais recebidos por pessoas com deficiência e previdenciários, no valor de até um salário mínimo, pagos a idosos, pois não evidenciada pela Corte Constitucional justificativa plausível para o discrímen. **REsp 1.355.052-SP, Rel. Min. Benedito Gonçalves, Primeira Seção, julgado em 25/2/2015, DJe 5/11/2015. (Inform. STJ 572)**

9. PREVIDÊNCIA PRIVADA COMPLEMENTAR

DIREITO CIVIL E PREVIDENCIÁRIO. REVISÃO DE APOSENTADORIA COMPLEMENTAR PARA INCLUSÃO DE HORAS EXTRAS.
No caso em que o direito a horas extraordinárias, cujos valores estejam previstos no regulamento da entidade de previdência complementar como integrantes da base de cálculo das contribuições do participante, tiver sido reconhecido somente após a aposentadoria do empregado, o valor do benefício da aposentadoria complementar deve ser recalculado para considerar os valores das horas extraordinárias, devendo ser aferido no recálculo o que deixou de ser recolhido pelo empregado e pelo patrocinador se as horas extras tivessem sido oportunamente pagas. As horas extras não possuem caráter geral, sendo destinadas episodicamente aos ativos. Por constituírem salário apenas no momento em que são pagas, não se incorporando definitivamente ao contrato de trabalho, somente se houver previsão regulamentar é que poderão integrar o cálculo da complementação de aposentadoria, já que não há previsão legal nesse sentido. Em outras palavras, as horas extraordinárias não integram o cálculo da complementação de aposentadoria, à exceção daquelas pagas durante o contrato de trabalho e que compuseram a base de cálculo das contribuições do empregado à entidade de previdência privada, segundo norma do próprio plano de custeio. Desse modo, como o valor das horas extras compõe a base mensal de cálculo da contribuição do participante à entidade de previdência privada, deve ser utilizado também, na devida proporção, para fins de recebimento do benefício previdenciário complementar, consoante a equação matemática prevista no regulamento. Caso contrário, "admitir-se que o empregado contribua sobre horas extras que não serão integradas em sua complementação geraria inaceitável desequilíbrio atuarial em favor do fundo de pensão privado, o que não se justifica" (TST-IUJ E-ED-RR-301900-52.2005.5.09.0661, Tribunal Pleno, DEJT 10/6/2011). Por outro lado, deverá ser aferido, em liquidação de sentença, o montante de custeio que o trabalhador deveria ter contribuído se o empregador tivesse pagado corretamente as horas extras à época, devendo eventual diferença ser compensada com os valores a que faz jus o participante em virtude da integração da referida verba remuneratória no cálculo do benefício suplementar. Isso em observância aos princípios da fonte de custeio e do equilíbrio econômico-atuarial do fundo previdenciário. Havendo, portanto, apenas a contribuição do trabalhador, deve ser reduzido pela metade o resultado da integração do adicional de horas extras na suplementação de aposentadoria. Deve ser facultado, contudo, ao autor verter as parcelas de custeio de responsabilidade do patrocinador, se pagas a menor, para poder receber o benefício integral, visto que não poderia demandá-lo na presente causa em virtude de sua ilegitimidade passiva *ad causam*. Além disso, como o obreiro não pode ser prejudicado por ato ilícito da empresa, deve ser assegurado o direito de ressarcimento pelo que despender a título de custeio da cota patronal, a ser buscado em demanda contra o empregador. **REsp 1.525.732-RS, Rel. Min. Ricardo Villas Bôas Cueva, julgado em 6/10/2015, DJe 16/10/2015. (Inform. STJ 571)**

DIREITO CIVIL E PREVIDENCIÁRIO. CONDIÇÃO PARA O RESGATE DE RESERVA DE POUPANÇA DE PLANO PRIVADO DE PREVIDÊNCIA COMPLEMENTAR DE ENTIDADE FECHADA.
É lícita a cláusula estatutária que prevê a rescisão do vínculo laboral com o patrocinador como condição para o resgate de reserva de poupança de plano privado de previdência complementar de entidade fechada. De antemão, é importante esclarecer que resgate é o instituto da previdência complementar que faculta ao ex-participante receber o valor decorrente do desligamento do plano de benefícios. Já o montante a ser restituído corresponde à totalidade das contribuições por ele vertidas ao fundo (reserva de poupança), devidamente atualizadas, descontadas as parcelas de custeio administrativo que sejam de sua responsabilidade, na forma prevista no regulamento. De fato, o instituto do resgate, além de ser disciplinado no regulamento do ente de previdência privada, deve observar também, segundo comando legal, as normas estabelecidas pelo órgão regulador e fiscalizador (arts. 3º, II, 35, I, "c" e "d", e 42, V, da Lei 6.435/1977; art. 14, caput e III, da LC 109/2001). Nesse contexto, o Conselho de Gestão da Previdência Complementar (CGPC), no uso de suas atribuições legais (arts. 5º e 74 da LC 109/2001), editou a Resolução MPS/CGPC 6/2003, dispondo que no caso de plano de benefícios instituído por patrocinador, o regulamento deverá condicionar o resgate à cessação do vínculo empregatício (art. 22). Ressalta-se que essa exigência já fazia parte do regime da Lei 6.435/1977, regulamentada pelo Decreto 81.240/1978 (art. 31, VII e VIII). Observa-se, desse modo, que a exigência de extinção do vínculo empregatício com o patrocinador para o ex-participante de fundo previdenciário solicitar o resgate de suas contribuições, apesar de rigorosa, é essencial, pois se evita a desnaturação do sistema, dado que o objetivo da previdência complementar fechada é a proteção social de um grupo específico de participantes e não a utilização como forma de investimento, tanto é assim que a atividade da entidade fechada de previdência complementar não tem finalidade lucrativa, estando voltada unicamente para a gestão de recursos para fazer frente à suplementação de benefícios futuros contratados. Logo, não fere a razoabilidade nem há como ser reputada ilícita ou abusiva a cláusula estatutária. **REsp 1.518.525-SE, Rel. Min. Ricardo Villas Bôas Cueva, julgado em 19/5/2015, DJe 29/5/2015 (Inform. STJ 563).**

DIREITO CIVIL E PREVIDENCIÁRIO. CONDIÇÃO PARA O RESGATE DA TOTALIDADE DAS CONTRIBUIÇÕES VERTIDAS AO PLANO PRIVADO DE PREVIDÊNCIA COMPLEMENTAR DE ENTIDADE FECHADA.
É lícita a cláusula que prevê a rescisão do vínculo laboral com o patrocinador como condição para o resgate da totalidade das contribuições vertidas ao plano privado de previdência complementar de entidade fechada. A LC 109/2001, embora preveja que os regulamentos dos planos de benefícios deverão estabelecer o resgate da totalidade das contribuições vertidas pelo ex-participante, dispõe que caberá aos órgãos públicos regulador e fiscalizador estabelecer regulamentação específica acerca do referido instituto. Nessa conjuntura, a norma infralegal editada pelo órgão regulador, dentro do exercício do poder regulamentar, que disciplina atualmente a forma pela qual será efetuado o "resgate da totalidade das contribuições vertidas ao plano pelo participante", prevista na lei complementar de regência – vinculando as entidades de previdência privada e participantes –, é a Resolução do Conselho de Gestão da Previdência Complementar 6, de 30 de outubro de 2003. Pois bem, o art. 22 da referida Resolução enuncia que: "No caso de plano de benefícios instituído por patrocinador, o regulamento deverá condicionar o pagamento do resgate à cessação do vínculo empregatício". Portanto, nos planos de benefícios patrocinados, é lícita a disposição regulamentar que estabelece como requisito ao resgate a cessação do vínculo empregatício com o patrocinador. **REsp 1.189.456-RS, Rel. Min. Luis Felipe Salomão, julgado em 12/5/2015, DJe, 11/6/2015 (Inform. STJ 563).**

DIREITO CIVIL E PREVIDENCIÁRIO. POSSIBILIDADE DE MAJORAÇÃO DAS CONTRIBUIÇÕES PARA PLANO DE PREVIDÊNCIA PRIVADA.
A contribuição dos integrantes de plano de previdência complementar pode ser majorada sem ofender direito adquirido. De acordo com os arts. 202 da CF e 1º da LC 109/2001, a previdência privada é de caráter complementar, facultativa, regida pelo Direito Civil, baseada na constituição de reservas que garantam o benefício contratado, sendo o regime financeiro de capitalização (contribuições do participante e do patrocinador, se houver, e rendimentos com a aplicação financeira destas) obrigatório para os benefícios de pagamento em prestações continuadas e programadas, e organizada de forma autônoma em relação ao regime geral de previdência social. Para cumprir sua missão e gerir adequadamente o fundo, as entidades de previdência complementar utilizam-se de alguns instrumentos, como o plano de benefícios e o plano de custeio. O plano de benefícios é um programa de capitalização através do qual alguém se propõe a contribuir, para a constituição de um fundo que, decorrido o prazo de carência, poderá ser resgatado mediante o pagamento de uma parcela única, ou de diversas parcelas sucessivas (renda continuada). Já o plano de custeio, elaborado segundo cálculos atuariais, reavaliados periodicamente, deve fixar o nível de contribuição necessário à constituição das reservas e à cobertura das demais despesas, podendo as contribuições ser normais, quando destinadas ao custeio dos benefícios oferecidos, ou extraordinárias, quando destinadas ao custeio de déficits, serviço passado e outras finalidades não incluídas na contribuição normal. Logo, pelo regime de capitalização,

o benefício de previdência complementar será decorrente do montante de contribuições efetuadas e do resultado de investimentos, podendo haver, no caso de desequilíbrio financeiro e atuarial do fundo, superávit ou déficit, a influenciar os participantes do plano como um todo, já que pelo mutualismo serão beneficiados ou prejudicados, de modo que, nessa última hipótese, terão que arcar com os ônus daí advindos. Cabe asseverar, ademais, que a possibilidade de alteração dos regulamentos dos planos de benefícios pelas entidades de previdência privada, com a supervisão de órgãos governamentais, e a adoção de sistema de revisão dos valores das contribuições e dos benefícios já encontravam previsão legal desde a Lei 6.435/1977 (arts. 3º, 21 e 42), tendo sido mantidas na LC 109/2001 (arts. 18 e 21). De fato, é da própria lógica do regime de capitalização do plano de previdência complementar o caráter estatutário, até porque, periodicamente, em cada balanço, todos os planos de benefícios devem ser reavaliados atuarialmente, a fim de manter o equilíbrio do sistema, haja vista as flutuações do mercado e da economia, razão pela qual adaptações e ajustes ao longo do tempo revelam-se necessários, sendo inapropriado o engessamento normativo e regulamentar. Cumpre assinalar que as modificações processadas nos regulamentos dos planos aplicam-se a todos os participantes das entidades fechadas de previdência privada, a partir da aprovação pelo órgão regulador e fiscalizador, observado, em qualquer caso, o direito acumulado de cada participante. É certo que é assegurada ao participante que tenha cumprido os requisitos para obtenção dos benefícios previstos no plano a aplicação das disposições regulamentares vigentes na data em que se tornou elegível a um benefício de aposentadoria. Todavia, disso não decorre nenhum direito adquirido a regime de custeio, o qual poderá ser alterado a qualquer momento para manter o equilíbrio atuarial do plano, sempre que ocorrerem situações que o recomendem ou exijam, obedecidos os requisitos legais. É por isso que o resultado deficitário nos planos ou nas entidades fechadas será suportado por patrocinadores, participantes e assistidos, devendo o equacionamento "ser feito, dentre outras formas, por meio do aumento do valor das contribuições, instituição de contribuição adicional ou redução do valor dos benefícios a conceder, observadas as normas estabelecidas pelo órgão regulador e fiscalizador" (art. 21, § 1º, da LC 109/2001). Precedentes citados: REsp 1.384.432-SE, Quarta Turma, DJe 26/3/2015; AgRg no REsp 704.718-DF, Quarta Turma, DJe 9/10/2014; e REsp 1.111.077-DF, Quarta Turma, DJe 19/12/2011. **REsp 1.364.013-SE, Rel. Min. Ricardo Villas Bôas Cueva, julgado em 28/4/2015, DJe 7/5/2015 (Inform. STJ 561).**

DIREITO CIVIL E PREVIDENCIÁRIO. INADMISSIBILIDADE DE EXTENSÃO À APOSENTADORIA COMPLEMENTAR DE AUMENTOS REAIS CONCEDIDOS PARA BENEFÍCIOS MANTIDOS PELO INSS.
A previsão normativa estatutária de reajuste da aposentadoria complementar segundo os mesmos índices de reajustamento incidentes nos benefícios mantidos pelo INSS não garante o aumento real do valor do benefício, mas apenas a reposição das perdas causadas pela inflação. De início, cumpre esclarecer que o índice de correção total periodicamente aplicado pela Previdência Social nos seus benefícios nem sempre corresponde apenas à inflação apurada no período, podendo haver outros componentes, como o ganho real. A previsão estatutária da entidade de previdência privada é de reajustamento do benefício de prestação continuada justamente para manter o poder aquisitivo que possuía antes de ser desgastado pela inflação, e não para conceder ganhos reais aos assistidos. De fato, a elevação do aporte financeiro demanda uma elevação proporcional na oneração de seus contribuintes, tendo em vista a dinâmica do regime de capitalização, ínsito à previdência privada. Assim, eventual determinação de pagamento de valores sem respaldo em plano de custeio implica desequilíbrio econômico atuarial da entidade de previdência privada, a prejudicar a universalidade dos participantes e assistidos, o que fere o princípio da primazia do interesse coletivo do plano. Vale assinalar, por pertinente, que se deve garantir a irredutibilidade do benefício suplementar contratado, e não a concessão de ganhos reais ao participante, sobretudo se isso comprometer o equilíbrio atuarial do fundo de previdência privada. Logo, não se revela possível a extensão dos aumentos reais concedidos pela previdência oficial ao benefício suplementar quando não houver fonte de custeio correspondente. Ademais, o objetivo do fundo de previdência complementar não é propiciar ganho real ao trabalhador aposentado, mas manter o padrão de vida para o assistido semelhante ao que desfrutava em atividade, devendo, para tanto, gerir os numerários e as reservas consoante o plano de benefícios e os cálculos atuariais. Precedente citado: REsp 1.414.672-MG, Quarta Turma, DJe 3/2/2014. **REsp 1.510.689-MG, Rel. Min. Ricardo Villas Bôas Cueva, julgado em 10/3/2015, DJe 16/3/2015 (Inform. STJ 557).**

DIREITO CIVIL E PREVIDENCIÁRIO. INCOMPATIBILIDADE DE BENEFÍCIOS DA PREVIDÊNCIA SOCIAL COM A PREVIDÊNCIA PRIVADA.
Não é possível aproveitar tempo de serviço especial, tampouco tempo de serviço prestado sob a condição de aluno-aprendiz, mesmo que reconhecidos pelo INSS, para fins de cálculo da renda mensal inicial de benefício da previdência privada. Por um lado, de acordo com os arts. 202 da CF e 1º da LC 109/2001, a previdência privada é de caráter complementar, facultativa, regida pelo Direito Civil, baseada na constituição de reservas que garantam o benefício contratado – sendo o regime financeiro de capitalização (contribuições do participante e do patrocinador, se houver, e rendimentos com a aplicação financeira destas) obrigatório para os benefícios de pagamento em prestações continuadas e programadas – e organizada de forma autônoma em relação ao regime geral de previdência social. Por outro lado, a previdência social é um seguro coletivo, público, de cunho estatutário, compulsório – ou seja, a filiação é obrigatória para diversos empregados e trabalhadores rurais ou urbanos (art. 11 da Lei 8.213/1991) –, destinado à proteção social, mediante contribuição, proporcionando meios indispensáveis de subsistência ao segurado e à sua família na ocorrência de certa contingência prevista em lei (incapacidade, desemprego involuntário, idade avançada, tempo de serviço, encargos familiares e prisão ou morte do segurado), sendo o sistema de financiamento o de caixa ou de repartição simples. Conclui-se, desse modo, que, ante as especificidades de cada regime e a autonomia existente entre eles, a concessão de benefícios oferecidos pelas entidades abertas ou fechadas de previdência privada não depende da concessão de benefício oriundo do regime geral de previdência social. Além disso, ressalte-se que, pelo regime de capitalização, o benefício de previdência complementar será decorrente do montante de contribuições efetuadas e do resultado de investimentos, não podendo haver, portanto, o pagamento de valores não previstos no plano de benefícios, sob pena de comprometimento das reservas financeiras acumuladas (desequilíbrio econômico-atuarial do fundo), a prejudicar os demais participantes, que terão que custear os prejuízos daí advindos. Verifica-se, portanto, que o tempo de serviço especial (tempo ficto) e o tempo de serviço prestado sob a condição de aluno-aprendiz, próprios da previdência social, são incompatíveis com o regime financeiro de capitalização, ínsito à previdência privada. **REsp 1.330.085-RS, Rel. Min. Ricardo Villas Bôas Cueva, julgado em 10/2/2015, DJe 13/2/2015 (Inform. STJ 555).**

DIREITO PREVIDENCIÁRIO. IMPOSSIBILIDADE DE RESTITUIÇÃO DE PARCELAS EM CASO DE MIGRAÇÃO ENTRE PLANOS DE BENEFÍCIOS DE PREVIDÊNCIA COMPLEMENTAR. Não cabe o resgate, por participante ou assistido de plano de benefícios, das parcelas pagas a entidade fechada de previdência privada complementar quando, mediante transação extrajudicial, tenha ocorrido a migração dos participantes ou assistidos a outro plano de benefícios da mesma entidade. A Súmula 289 do STJ ("A restituição das parcelas pagas pelo participante a plano de previdência privada deve ser objeto de correção plena, por índice que recomponha a efetiva desvalorização da moeda") trata de hipótese em que há o rompimento do vínculo contratual com a entidade de previdência privada, e, portanto, não de situação em que, por acordo de vontades, envolvendo concessões recíprocas, haja migração de participante em gozo do benefício de previdência privada para outro plano, auferindo em contrapartida vantagem. Ademais, os arts. 14, III, e 15, I, da LC 109/2001 esclarecem que a portabilidade não caracteriza resgate, sendo manifestamente inadequada a aplicação deste instituto e da Súmula 289 para caso em que o assistido não se desligou do regime jurídico de previdência privada. Desse modo, nos termos de abalizada doutrina, a migração – pactuada em transação – de planos de benefícios administrados pela mesma entidade fechada de previdência privada ocorre em um contexto de amplo redesenho da relação contratual previdenciária, com o concurso de vontades do patrocinador, da entidade fechada de previdência complementar, por meio de seu conselho deliberativo, e autorização prévia do órgão público fiscalizador, operando-se não o resgate de contribuições, mas a transferência de reservas de um plano de benefícios para outro, geralmente no interior da mesma entidade fechada de previdência complementar. Ora, se para a migração fosse aplicada a mesma solução conferida ao resgate, essa solução resultaria em tratamento igualitário para situações desiguais, em flagrante violação à isonomia. Outrossim, estabelece o art. 18 da LC 109/2001 que cabe ao plano de benefícios arcar com as demais despesas – inclusive com o resgate vindicado –, por isso não cabe ser deferido o resgate das contribuições vertidas ao plano, sob pena de lesão aos interesses dos demais assistidos e participantes do plano de benefícios primevo a que eram vinculados, e consequente violação ao art. 3º, VI, da LC 109/2001. O CDC traça regras que presidem a situação específica do consumo e, além disso, define princípios gerais orientadores do direito das obrigações; todavia, "[é] certo que, no que lhe for específico, o contrato" continua regido pela lei que lhe é própria (REsp 80.036-SP, Quarta Turma, DJ 25/3/1996). Desse modo, em conformidade com entendimento doutrinário, não cabe a aplicação do CDC dissociada das normas específicas inerentes à relação contratual de previdência privada complementar e à modalidade contratual da transação – negócio jurídico disciplinado pelo Código Civil, inclusive no tocante à disciplina peculiar para o seu desfazimento. **AgRg no AREsp 504.022-SC, Rel. Min. Luis Felipe Salomão, julgado em 10/9/2014. (Inform. STJ 550)**

10. DESAPOSENTAÇÃO

Art. 18, § 2º, da Lei 8.213/1991 e "desaposentação" - 1

O Plenário iniciou julgamento de recursos extraordinários em que se discute a possibilidade de reconhecimento da "desaposentação", consistente na renúncia a benefício de aposentadoria, com a utilização do tempo de serviço ou contribuição que fundamentara a prestação previdenciária originária, para a obtenção de benefício mais vantajoso em nova aposentadoria. Na espécie, beneficiários do Regime Geral de Previdência Social - RGPS obtiveram êxito em ações judiciais ajuizadas em face do INSS para que lhes fosse concedido novo benefício previdenciário, em detrimento de outro anteriormente auferido, em razão da permanência dos segurados em atividade e do consequente preenchimento dos requisitos legais para uma nova modalidade de aposentação. O Tribunal, de início, rejeitou questão preliminar relativa à alegada nulidade do acórdão recorrido por suposta ofensa à cláusula de reserva de plenário (CF, art. 97), no ponto em que teria sido declarada, implicitamente, a inconstitucionalidade do § 2º do art. 18 da Lei 8.213/1991 ("O aposentado pelo Regime Geral de Previdência Social-RGPS que permanecer em atividade sujeita a este Regime, ou a ele retornar, não fará jus a prestação alguma da Previdência Social em decorrência do exercício dessa atividade, exceto ao salário-família e à reabilitação profissional, quando empregado"). Asseverou não ter havido, no caso, declaração de inconstitucionalidade, visto que, ao afirmar a validade da "desaposentação", o acórdão recorrido teria entendido, simplesmente, não haver na legislação brasileira norma específica que cuidasse do instituto e, portanto, não lhe seria aplicável a referida norma. Assinalou ter ocorrido interpretação do próprio sistema que disciplinaria o regime de previdência social. Reiterou, por fim, o quanto disposto no parágrafo único do art. 481 do CPC ("Os órgãos fracionários dos tribunais não submeterão ao plenário, ou ao órgão especial, a arguição de inconstitucionalidade, quando já houver pronunciamento destes ou do plenário do Supremo Tribunal Federal sobre a questão"), porquanto já haveria pronunciamento da Corte Especial do STJ sobre a matéria. RE 661256/SC, rel. Min. Roberto Barroso, 9.10.2014. (RE-661256) RE 827833/SC, rel. Min. Roberto Barroso, 9.10.2014. (RE-827833)

Art. 18, § 2º, da Lei 8.213/1991 e "desaposentação" - 2

No mérito, o Ministro Roberto Barroso (relator), deu parcial provimento aos recursos para assentar o direito dos recorridos à "desaposentação", observados, para o cálculo do novo benefício, os fatores relativos à idade e à expectativa de vida — elementos do fator previdenciário — aferidos no momento da aquisição da primeira aposentadoria. Consignou que a Constituição instituiria para o RGPS duplo fundamento: contributividade e solidariedade. O caráter contributivo adviria do fato de os próprios trabalhadores arcarem com parte da contribuição social destinada à previdência social, nos termos dos artigos 195, II, e 201 da CF. Já o caráter solidário teria como base o princípio da dignidade humana e o fato de toda a sociedade participar, em alguma medida, do custeio da previdência. Afirmou que, por conta disso, e por se tratar de sistema de repartição simples, não haveria, no sistema brasileiro, comutatividade estrita entre contribuição e benefício. Aduziu que, dentro dessas balizas — solidariedade e caráter contributivo —, o legislador ordinário teria amplo poder de conformação normativa do sistema previdenciário. Entretanto, haveria dois limites ao mencionado poder: a) a correspondência mínima entre contribuição e benefício — embora não houvesse comutatividade rígida entre ambos —, sob pena de se anular o caráter contributivo do sistema; e b) o dever de observância ao princípio da isonomia, que seria objetivo da República, direito fundamental e princípio específico do RGPS (CF, art. 201, § 1º). Consignou serem estes dois limites os parâmetros da solução proposta no caso dos autos. Registrou que os aposentados do regime geral, diferentemente dos aposentados do regime próprio dos servidores públicos, seriam imunes à cobrança de contribuição previdenciária, nos termos do art. 195, II, da CF, porém, se voltassem a trabalhar, estariam sujeitos aos deveres impostos a todos os trabalhadores ativos, inclusive a contribuição social incidente sobre os salários percebidos na nova atividade. Frisou que a simetria de deveres, no entanto, não se repetiria no tocante aos seus direitos — na interpretação que se pretenderia conferir ao § 2º do art. 18 da Lei 8.213/1991 —, tendo em conta que a norma disporia que o trabalhador que voltasse à ativa, após ter sido aposentado, receberia apenas salário-família e reabilitação profissional. Asseverou que violaria o sistema constitucional contributivo e solidário impor-se ao trabalhador, que voltasse à atividade, apenas o dever de contribuir, sem poder aspirar a nenhum tipo de benefício em troca, exceto os mencionados salário-família e reabilitação. Concluiu que a vedação pura e simples da "desaposentação" — que, ademais, não constaria expressamente de nenhuma norma legal —, produziria resultado incompatível com a Constituição, ou seja, obrigar o trabalhador a contribuir sem ter perspectiva de benefício posterior. RE 661256/SC, rel. Min. Roberto Barroso, 9.10.2014. (RE-661256) RE 827833/SC, rel. Min. Roberto Barroso, 9.10.2014. (RE-827833)

Art. 18, § 2º, da Lei 8.213/1991 e "desaposentação" - 3

O relator destacou que a "desaposentação" seria possível, visto que o § 2º do art. 18 da Lei 8.213/1991, diferentemente do que alegado pelos recorrentes, não impossibilitaria a renúncia ao vínculo previdenciário original, com a aquisição de novo vínculo. Ressaltou, porém, que, para a concessão do novo benefício, deveriam ser levados em conta os proventos já recebidos pelo segurado — a despeito de serem válidos e de terem sido recebidos de boa-fé —, e as contribuições pagas após a aposentadoria original. Advertiu que essas condições levariam em conta a necessidade de que a fórmula atuarial que se aplicasse aos segurados fosse uma fórmula universalizável e que produzisse o mesmo resultado para todos os que se encontrassem em igual situação dentro do sistema. Observou que, nos termos do art. 29, I, da Lei 8.213/1991, o cálculo do benefício previdenciário se daria ao multiplicar-se a média aritmética das contribuições pelo fator previdenciário, este último composto por quatro variáveis: tempo de contribuição, alíquota de contribuição, idade e expectativa de vida. Indicou que, quanto às duas primeiras — tempo e alíquota de contribuição —, dever-se-ia computar todo o período que antecedesse a "desaposentação", isto é, tanto o período anterior como o posterior ao estabelecimento do primeiro vínculo previdenciário. Já quanto às duas outras variáveis relativas ao fator previdenciário — idade e expectativa de vida —, que teriam com finalidade graduar o benefício em função do tempo que o segurado ainda viria a permanecer no sistema, asseverou que, para a efetivação da "desaposentação", deveria ser considerado, como marco temporal, o momento em que o primeiro vínculo fora estabelecido. Ressaltou que a aplicação da fórmula descrita faria com que o segundo benefício, resultante da "desaposentação", fosse intermediário em relação a duas situações extremas também aventadas: proibir a "desaposentação" ou permiti-la sem a restituição de qualquer parcela dos proventos anteriormente recebidos. Registrou que a mencionada forma de cálculo produziria, ao redundar num aumento médio de 24,7%

no valor da aposentadoria, custo fiscal totalmente assimilável. Aduziu, portanto, que, quem se aposentasse pela segunda vez, já tendo desfrutado dos benefícios do sistema por certo período, não iria se aposentar novamente, em condições iguais às daqueles que se aposentassem pela primeira vez e nunca tivessem sido beneficiários do sistema. A razão da diferença seria objetiva e não haveria legitimidade constitucional em se equiparar as duas situações, sob pena de se tratar igualmente desiguais. Afirmou que a solução proposta se afiguraria justa, porquanto o segurado não contribuiria para o sistema previdenciário em vão, mas também não se locupletaria deste último, além de preservar seu equilíbrio atuarial. Propôs que a decisão da Corte começasse a produzir efeitos somente a partir de 180 dias da publicação, o que permitiria ao INSS e à União que se organizassem para atender a demanda dos potenciais beneficiários, tanto sob o ponto de vista operacional, quanto do custeio. Além disso, prestigiaria, na maior medida legítima, a liberdade de conformação do legislador, que poderia instituir regime alternativo ao apresentado e que atendesse às diretrizes constitucionais delineadas. RE 661256/SC, rel. Min. Roberto Barroso, 9.10.2014. (RE-661256) RE 827833/SC, rel. Min. Roberto Barroso, 9.10.2014. (RE-827833)

Art. 18, § 2º, da Lei 8.213/1991 e "desaposentação" - 4
Em síntese, o Ministro Roberto Barroso assentou as seguintes diretrizes: a) inexistência de fundamentos legais válidos que impediriam a renúncia a uma aposentadoria concedida pelo RGPS para o fim de requerimento de um novo benefício mais vantajoso, tendo em conta as contribuições obrigatórias efetuadas em razão de atividade laboral realizada após o primeiro vínculo; b) exigência de que fossem levados em consideração os proventos já recebidos pelo interessado, com o objetivo de preservar a uniformidade atuarial, relacionada à isonomia e à justiça entre gerações; c) utilização, no cálculo dos novos proventos, dos fatores idade e expectativa de vida com referência ao momento de aquisição da primeira aposentadoria, de modo a impedir a deturpação da finalidade desses fatores como instrumentos de graduação dos benefícios segundo o tempo estimado de sua fruição pelo segurado; e d) produção dos efeitos da decisão a partir de 180 dias contados da publicação do acórdão, salvo edição de ato normativo para disciplinar a matéria de modo diferente. Em seguida, o julgamento foi suspenso. RE 661256/SC, rel. Min. Roberto Barroso, 9.10.2014. (RE-661256) RE 827833/SC, rel. Min. Roberto Barroso, 9.10.2014. (RE-827833)

Art. 18, § 2º, da Lei 8.213/1991 e "desaposentação" - 5
O Plenário retomou julgamento de recursos extraordinários em que se discute a possibilidade de reconhecimento da "desaposentação", consistente na renúncia a benefício de aposentadoria, com a utilização do tempo de serviço ou contribuição que fundamentara a prestação previdenciária originária, para a obtenção de benefício mais vantajoso em nova aposentadoria — v. Informativo 762. Na presente assentada, a Corte apreciou também o RE 381.367/RS, que aborda a referida controvérsia — v. Informativo 600. O Ministro Dias Toffoli, de início, afirmou não vislumbrar inconstitucionalidade no § 2º do art. 18 da Lei 8.213/1991 ("O aposentado pelo Regime Geral de Previdência Social - RGPS que permanecer em atividade sujeita a este Regime, ou a ele retornar, não fará jus a prestação alguma da Previdência Social em decorrência do exercício dessa atividade, exceto ao salário-família e à reabilitação profissional, quando empregado"). Além disso, não seria o caso de lhe conferir interpretação conforme o texto constitucional, a permitir, como pretendido, o recálculo dos proventos de quem, já aposentado, voltasse a trabalhar. Seria clara a interpretação que a União e o INSS dariam ao citado dispositivo, no sentido de que este, combinado com o art. 181-B do Decreto 3.048/1999 ("As aposentadorias por idade, tempo de contribuição e especial concedidas pela previdência social, na forma deste Regulamento, são irreversíveis e irrenunciáveis"), impediriam a "desaposentação". Por outro lado, apesar de a Constituição não o vedar expressamente, o texto constitucional não preveria especificamente o direito que se pretende ver reconhecido, qual seja, a "desaposentação". A Constituição disporia, de forma clara e específica, que ficariam remetidas à legislação ordinária as hipóteses em que as contribuições vertidas ao sistema previdenciário repercutissem, de forma direta, na concessão dos benefícios, nos termos dos artigos 194 e 195. A "desaposentação",

entretanto, não possuiria previsão legal. Assim, esse instituto não poderia ter natureza jurídica de ato administrativo, que pressuporia o atendimento ao princípio da legalidade administrativa. Nada obstante, se a aposentadoria tivesse sido declarada e se fizesse por meio de ato administrativo lícito, não haveria que se falar em desconstituição deste por meio da "desaposentação", mesmo porque, sendo lícita a concessão do direito previdenciário, sua retirada do mundo jurídico não poderia ser admitida com efeitos "ex tunc". RE 661256/SC, rel. Min. Roberto Barroso, 29.10.2014. RE 827833/SC, rel. Min. Roberto Barroso, 29.10.2014. RE 381367/RS, rel. Min. Marco Aurélio, 29.10.2014.

Art. 18, § 2º, da Lei 8.213/1991 e "desaposentação" - 6
O Ministro Dias Toffoli asseverou, ademais, que o fator previdenciário, instituído pela Lei 9.876/1999, também deveria ser levado em consideração. Esse instituto, num primeiro momento, poderia até ser visto como um ônus para o trabalhador. Entretanto, o fator previdenciário permitiria que o contribuinte gozasse do benefício antes da idade mínima, com a possibilidade, inclusive, de escolher uma data para a aposentadoria, em especial quando entendesse que dali para a frente não conseguiria manter sua média contributiva. Portanto, a ideia de que o fator previdenciário imporia um ônus escorchante seria falsa. Sua instituição no sistema previdenciário brasileiro, na medida em que representaria, no formato em que instituído, instrumento típico do sistema de repartição, afastaria a tese de que a correlação entre as remunerações auferidas durante o período laboral e o benefício concedido implicaria a adoção do regime de capitalização. Por outro lado, a "desaposentação" tornaria imprevisíveis e flexíveis os parâmetros utilizados a título de "expectativa de sobrevida" — elemento do fator previdenciário —, mesmo porque passaria esse elemento a ser manipulado pelo beneficiário da maneira que melhor o atendesse. O objetivo de estimular a aposentadoria tardia, estabelecido na lei que instituíra o citado fator, cairia por terra, pois a "desaposentação" ampliaria o problema das aposentadorias precoces. Igualmente, não haveria violação ao sistema atuarial ao se vedar a "desaposentação". Isso porque, ao contrário do que sustentado nos autos, as estimativas de receita deveriam ser calculadas consideradas os dados estatísticos, os elementos atuariais e a população economicamente ativa como um todo. O equilíbrio exigido pela lei não seria, portanto, entre a contribuição do segurado e o financiamento do benefício a ser por ele percebido. Além do mais, o regime previdenciário nacional possuiria, já há algum tempo, feição nitidamente solidária e contributiva, a preponderar o caráter solidário. Por fim, ainda que existisse dúvida quanto à vinculação e ao real sentido do enunciado normativo previsto no art. 18, § 2º, da Lei 8.213/1991, o qual impediria que se reconhecesse a possibilidade da "desaposentação", na espécie caberia a aplicação da máxima jurídica "in dubio pro legislatore". Se houvesse, no futuro, efetivas e reais razões fáticas e políticas para a revogação da referida norma, o mesmo para a instituição e a regulamentação do instituto em comento, o espaço democrático para esses debates haveria de ser o Congresso Nacional. RE 661256/SC, rel. Min. Roberto Barroso, 29.10.2014. RE 827833/SC, rel. Min. Roberto Barroso, 29.10.2014. RE 381367/RS, rel. Min. Marco Aurélio, 29.10.2014.

Art. 18, § 2º, da Lei 8.213/1991 e "desaposentação" - 7
Por sua vez, o Ministro Teori Zavascki, ao acompanhar o Ministro Dias Toffoli, destacou, inicialmente, que o RGPS, como definido no art. 201 da CF e nas Leis 8.212/1991 e 8.213/1991, teria natureza estatutária ou institucional, e não contratual, ou seja, seria inteiramente regrado por lei, sem qualquer espaço para intervenção da vontade individual. A natureza estatutária desse regime acarretaria, então, consequências importantes em relação à formação, à aquisição, à modificação e ao exercício dos correspondentes direitos subjetivos. No caso, os direitos subjetivos somente nasceriam, ou seja, somente se tornariam adquiridos, quando inteiramente aperfeiçoados os requisitos próprios previstos na lei — o ato-condição —, diferentemente do que ocorreria com os direitos subjetivos oriundos de situações individuais, que nasceriam e se aperfeiçoariam imediatamente, segundo cláusulas legitimamente estabelecidas pela manifestação de vontade. Em razão disso, a jurisprudência do STF enfatizaria, sistematicamente, que não haveria direito adquirido a determinado regime jurídico. Portanto, no âmbito do RGPS,

que seria estatutário, os direitos subjetivos estariam integralmente disciplinados pelo ordenamento jurídico. Esses direitos seriam apenas aqueles legalmente previstos — segundo a configuração jurídica que lhes tivesse sido atribuída — no momento em que implementados os requisitos necessários à sua aquisição. Isso significaria que a ausência de proibição à obtenção ou ao usufruto de certa vantagem não poderia ser tida como afirmação do direito subjetivo de exercê-la. Na verdade, dada a natureza institucional do regime, a simples ausência de previsão estatutária do direito equivaleria à inexistência do dever de prestação por parte da previdência social. Consideradas as premissas expostas, verificou que as Leis 8.870/1994 e 9.032/1995 teriam extinguido a disciplina legal que previa a existência de pecúlios (Lei 8.212/1991, art. 18, § 2º, e Lei 8.213/1991, artigos 81, II, e 82, todos na redação originária). Aqueles seriam devidos, por exemplo, ao segurado aposentado por idade ou por tempo de serviço pelo RGPS que voltasse à atividade, quando dela se afastasse. O pecúlio, nesse caso, consistiria em pagamento único de valor correspondente à soma das importâncias relativas às contribuições do segurado, remuneradas de acordo com o índice de remuneração básica dos depósitos de poupança. No período em que vigente essa disciplina legal, a contribuição dos segurados do regime geral seria destinada à formação dos citados benefícios — os pecúlios —, ainda que não existissem formalmente fundos individuais. Ou seja, a contribuição do aposentado teria, na época, característica típica de regime previdenciário de capitalização e não de repartição. RE 661256/SC, rel. Min. Roberto Barroso, 29.10.2014. RE 827833/SC, rel. Min. Roberto Barroso, 29.10.2014. RE 381367/RS, rel. Min. Marco Aurélio, 29.10.2014.

Art. 18, § 2º, da Lei 8.213/1991 e "desaposentação" - 8

O Ministro Teori Zavascki ressaltou que a Lei 9.032/1995, ao ultimar o processo de extinção dos pecúlios, incluíra o parágrafo 4º ao art. 12 da Lei 8.212/1991 ("O aposentado pelo Regime Geral de Previdência Social-RGPS que estiver exercendo ou que voltar a exercer atividade abrangida por este Regime é segurado obrigatório em relação a essa atividade, ficando sujeito às contribuições de que trata esta Lei, para fins de custeio da Seguridade Social"), e o parágrafo 3º ao art. 11 da Lei 8.213/1991 ("O aposentado pelo Regime Geral de Previdência Social - RGPS que estiver exercendo ou que voltar a exercer atividade abrangida por este Regime é segurado obrigatório em relação a essa atividade, ficando sujeito às contribuições de que trata a Lei nº 8.212, de 24 de julho de 1991, para fins de custeio da Seguridade Social"). Com isso, teria sido dada às contribuições vertidas pelo aposentado trabalhador finalidade diferente da que até então teria, típica de capitalização, e teriam passado a ser devidas para fins de custeio da seguridade social, e, portanto, um regime de repartição. Ficaria claro, então, que, a partir da extinção dos pecúlios, as contribuições pagas destinar-se-iam ao custeio atual do sistema geral de seguridade, e não ao pagamento ou eventual incremento ou melhoria de futuro benefício específico para o próprio segurado ou para seus dependentes. Assim, presente o estatuto jurídico delineado, não haveria como supor a existência do direito subjetivo à "desaposentação". Esse benefício não teria previsão no sistema previdenciário estabelecido atualmente, o que, considerada a natureza estatutária da situação jurídica em que se inseriria, seria indispensável para que gerasse um correspondente dever de prestação. Ademais, para se reconhecer o direito à "desaposentação" seria necessário declarar previamente a inconstitucionalidade — inexistente, visto que compatíveis com o caráter solidário do sistema — do parágrafo 2º do art. 18, e do parágrafo 3º do art. 11, ambos da Lei 8.213/1991, bem como do parágrafo 4º do art. 12 da Lei 8.212/1991. Declarada a inconstitucionalidade, porém, isso não geraria outra coisa senão o retorno ao "status quo" anterior, ou seja, o retorno aos pecúlios ou a restituição das contribuições vertidas. Não haveria como se criar, sob o pretexto dessa inconstitucionalidade, um terceiro benefício jamais previsto na legislação, o que iria contra a natureza estatutária antes aludida. Outrossim, a solidariedade a respaldar, como dito, a constitucionalidade do sistema atual, justificaria a cobrança de contribuições pelo aposentado que voltasse a trabalhar. Este deveria adimplir seu recolhimento mensal como qualquer trabalhador, mesmo que não obtivesse nova aposentadoria. A razão de solidariedade seria essa, a contribuição de um não seria exclusiva desse, mas sua para a manutenção de toda a rede protetiva. O Ministro Roberto Barroso, relator do RE 661.256/SC e do RE 827.833/SC, confirmou o voto proferido na assentada anterior. Asseverou que as duas soluções extremas — proibir a "desaposentação", o que levaria à funcionalização plena do contribuinte; ou permiti-la sem levar em conta os proventos já recebidos, o que, além de anti-isonômico, estimularia as aposentadorias precoces —, seriam incompatíveis com a Constituição. Em razão disso, seria cabível a "desaposentação", desde que considerados os saques já feitos no sistema. Em seguida, pediu vista dos autos a Ministra Rosa Weber. RE 661256/SC, rel. Min. Roberto Barroso, 29.10.2014. RE 827833/SC, rel. Min. Roberto Barroso, 29.10.2014. RE 381367/RS, rel. Min. Marco Aurélio, 29.10.2014. **(Inform. STF 765)**

DIREITO PREVIDENCIÁRIO E PROCESSUAL CIVIL. CARÁTER PERSONALÍSSIMO DO DIREITO À DESAPOSENTAÇÃO.

Os sucessores do segurado falecido não têm legitimidade para pleitear a revisão do valor da pensão a que fazem jus se a alteração pretendida depender de um pedido de desaposentação não efetivado quando em vida pelo instituidor da pensão. De fato, é pacífica a jurisprudência do STJ no sentido de que, por se tratar de direito patrimonial disponível, o segurado pode renunciar à sua aposentadoria, com o propósito de obter benefício mais vantajoso, no Regime Geral de Previdência Social ou em regime próprio de Previdência, mediante a utilização de seu tempo de contribuição, sendo certo, ainda, que essa renúncia não implica a devolução de valores percebidos (REsp 1.334.488-SC, Primeira Seção, DJe 14/5/2013, julgado sob o rito do art. 543-C do CPC). Contudo, faz-se necessário destacar que o aludido direito é personalíssimo do segurado aposentado, pois não se trata de mera revisão do benefício de aposentadoria, mas sim, de renúncia, para que novo e posterior benefício, mais vantajoso, seja-lhe concedido. Dessa forma, os sucessores não têm legitimidade para pleitear direito personalíssimo não exercido pelo instituidor da pensão (renúncia e concessão de outro benefício), o que difere da possibilidade de os herdeiros pleitearem diferenças pecuniárias de benefício já concedido em vida ao instituidor da pensão (art. 112 da Lei 8.213/1991). Precedentes citados: REsp 1.222.232-PR, Sexta Turma, DJe 20/11/2013; AgRg no REsp 1.270.481-RS, Quinta Turma, DJe 26/8/2013; AgRg no REsp 1.241.724-PR, Quinta Turma, DJe 22/8/2013; e AgRg no REsp 1.107.690-SC, Sexta Turma, DJe 13/6/2013. **AgRg no AREsp 436.056-RS, Rel. Min. Assusete Magalhães, julgado em 3/3/2015, DJe 10/3/2015 (Inform. STJ 557).**

11. AÇÕES PREVIDENCIÁRIAS

EMB. DECL. NO ARE N. 875.604-PA
RELATORA: MIN. ROSA WEBER
EMENTA: EMBARGOS DE DECLARAÇÃO RECEBIDOS COMO AGRAVO REGIMENTAL. DIREITO PREVIDENCIÁRIO. BENEFÍCIO ASSISTENCIAL. DEFICIENTE. LIMITAÇÃO LEVE. AUSÊNCIA DE INCAPACIDADE. ALEGAÇÃO DE OFENSA AO ART. 5º, II, XXXV, XXXVI, LIV E LV, DA CONSTITUIÇÃO DA REPÚBLICA. LEGALIDADE. CONTRADITÓRIO E AMPLA DEFESA. DEVIDO PROCESSO LEGAL. INAFASTABILIDADE DA JURISDIÇÃO. DEBATE DE ÂMBITO INFRACONSTITUCIONAL. EVENTUAL VIOLAÇÃO REFLEXA DA CONSTITUIÇÃO DA REPÚBLICA NÃO VIABILIZA O MANEJO DE RECURSO EXTRAORDINÁRIO. NEGATIVA DE PRESTAÇÃO JURISDICIONAL. ART. 93, IX, DA CONSTITUIÇÃO DA REPÚBLICA. NULIDADE. INOCORRÊNCIA. RAZÕES DE DECIDIR EXPLICITADAS PELO ÓRGÃO JURISDICIONAL. ACÓRDÃO RECORRIDO PUBLICADO EM 20.10.14.
1. Inexiste violação do art. 93, IX, da Lei Maior. A jurisprudência do Supremo Tribunal Federal é no sentido de que o referido dispositivo constitucional exige a explicitação, pelo órgão jurisdicional, das razões do seu convencimento, dispensando o exame detalhado de cada argumento suscitado pelas partes.
2. O exame da alegada ofensa ao art. 5º, II, XXXV, XXXVI, LIV e LV, da Constituição Federal, observada a estreita moldura com que devolvida a matéria à apreciação desta Suprema Corte, dependeria de prévia análise da legislação infraconstitucional aplicada à espécie, o que refoge à competência jurisdicional extraordinária prevista no art. 102 da Magna Carta.
4. Embargos de declaração recebidos como agravo regimental, ao qual se nega provimento. **(Inform. STF 809)**

AG. REG. NO ARE N. 862.175-RJ
RELATORA: MIN. ROSA WEBER
EMENTA: DIREITO CONSTITUCIONAL E PREVIDENCIÁRIO. PENSÃO POR MORTE. APLICAÇÃO DA LEGISLAÇÃO VIGENTE AO TEMPO DO ÓBITO DO INSTITUIDOR DO BENEFÍCIO. PRECEDENTES. CONSONÂNCIA DA DECISÃO RECORRIDA COM A JURISPRUDÊNCIA CRISTALIZADA NO SUPREMO TRIBUNAL FEDERAL. RECURSO EXTRAORDINÁRIO QUE NÃO MERECE TRÂNSITO. REELABORAÇÃO DA MOLDURA FÁTICA. PROCEDIMENTO VEDADO NA INSTÂNCIA EXTRAORDINÁRIA. NEGATIVA DE PRESTAÇÃO JURISDICIONAL. ARTIGO 93, IX, DA CONSTITUIÇÃO DA REPÚBLICA. NULIDADE. INOCORRÊNCIA. RAZÕES DE DECIDIR EXPLICITADAS PELO ÓRGÃO JURISDICIONAL. ACÓRDÃO RECORRIDO PUBLICADO EM 12.3.2013.
1. Inexiste violação do artigo 93, IX, da Lei Maior. A jurisprudência do Supremo Tribunal Federal é no sentido de que o referido dispositivo constitucional exige a explicitação, pelo órgão jurisdicional, das razões do seu convencimento, dispensando o exame detalhado de cada argumento suscitado pelas partes.
2. O entendimento adotado pela Corte de origem, nos moldes do assinalado na decisão agravada, não diverge da jurisprudência firmada no âmbito deste Supremo Tribunal Federal. Entender de modo diverso demandaria a reelaboração da moldura fática delineada no acórdão de origem, o que torna oblíqua e reflexa eventual ofensa, insuscetível, como tal, de viabilizar o conhecimento do recurso extraordinário.
3. As razões do agravo regimental não se mostram aptas a infirmar os fundamentos que lastrearam a decisão agravada.
4. Agravo regimental conhecido e não provido. **(Inform. STF 791)**

Ação perante o INSS e prévio requerimento administrativo - 1
O Plenário iniciou julgamento de recurso extraordinário em que se discute a possibilidade de propositura de ação judicial em matéria previdenciária sem que haja prévia postulação administrativa do benefício. No caso, trata-se de ação em que se pleiteia a concessão de aposentadoria rural por idade, proposta por segurada que não formulara requerimento administrativo. Preliminarmente, por maioria, o Colegiado conheceu do recurso. Vencida, no ponto, a Ministra Rosa Weber, que entendia cuidar-se de ofensa meramente reflexa à Constituição. No mérito, o Ministro Roberto Barroso (relator), acompanhado pelos Ministros Teori Zavascki, Rosa Weber, Luiz Fux, Gilmar Mendes, Celso de Mello e Ricardo Lewandowski (Presidente eleito), proveu parcialmente o recurso. Asseverou que a instituição de condições para o regular exercício do direito de ação seria compatível com o art. 5º, XXXV, da CF ("XXXV - a lei não excluirá da apreciação do Poder Judiciário lesão ou ameaça a direito"). Assinalou que, na situação dos autos, para se caracterizar a presença de interesse em agir, seria preciso haver necessidade de ir a juízo. Reputou que a concessão de benefício previdenciário dependeria de requerimento do interessado, e não se caracterizaria ameaça ou lesão a direito antes de sua apreciação e eventual indeferimento pelo INSS, ou se o órgão não oferecesse resposta após 45 dias. Ressalvou que a exigência de prévio requerimento não se confundiria, entretanto, com o exaurimento das vias administrativas. Consignou, ainda, que a exigência de prévio requerimento administrativo não deveria prevalecer quando o entendimento da Administração fosse notória e reiteradamente contrário à postulação do segurado. Acrescreu que, nas hipóteses de pretensão de revisão, restabelecimento ou manutenção de benefício anteriormente concedido — uma vez que o INSS teria o dever legal de conceder a prestação mais vantajosa possível — o pedido poderia ser formulado diretamente em juízo, porque nesses casos a conduta do INSS já configuraria o não acolhimento da pretensão.
RE 631240/MG, rel. Min. Roberto Barroso, 27.8.2014. (RE-631240)

Ação perante o INSS e prévio requerimento administrativo - 2
O Ministro Teori Zavascki ressaltou que, nos casos de prestação previdenciária cuja concessão só pudesse haver, se e quando requerido pelo segurado, o interesse de agir em juízo pressuporia prévio requerimento administrativo ou a demonstração de resistência por parte do INSS. O Ministro Luiz Fux frisou que a inexistência do prévio requerimento administrativo tornaria não demonstrada a lesão a que se refere a Constituição (art. 5º, XXXV), exigível para propiciar o acesso à Justiça.

O Ministro Gilmar Mendes observou que a Constituição proibiria as disposições legais de obstaculizarem o exercício de direito, mas não as impediria de disciplinar a matéria. Lembrou o alto índice de judicialização do País, particularmente nos juizados especiais, em que tramitaria boa parte das causas sobre direito previdenciário. O Ministro Celso de Mello sintetizou que não ofenderia o direito fundamental ao processo ou a cláusula constitucional da inafastabilidade da proteção judicial efetiva, em situações de dano atual ou iminente a determinada prerrogativa jurídica, a estipulação e observância das condições da ação, requisitos mínimos de admissibilidade do exercício legítimo desse direito. O Ministro Ricardo Lewandowski apontou que a existência de questões fáticas a serem dirimidas, como, por exemplo, a submissão do interessado a junta médica, exigiria prévio pronunciamento administrativo. Em divergência, os Ministros Marco Aurélio e Cármen Lúcia desproveram o recurso. O Ministro Marco Aurélio pontuou que a Constituição não condicionaria a postulação judicial ao exaurimento prévio das vias administrativas. Por outro lado, em seu texto, haveria duas situações jurídicas em que indispensável o requerimento administrativo: dissídio coletivo de natureza econômica (CF, art. 114, § 2º); e ações submetidas à justiça desportiva. Ressaltou não haver exceção, mormente para situação em que o embate seria desequilibrado, a envolver cidadão e Estado, sob pena de beneficiar o polo mais forte da relação jurídica. Destacou não caber retrocesso em termos de cidadania, a obstaculizar o livre acesso ao Judiciário. A Ministra Cármen Lúcia assinalou que o art. 5º, XXXV, da CF, não poderia se submeter a condicionantes e que, no caso, o cidadão que optasse por provocar o Judiciário diretamente o faria por necessidade, tendo em vista algum embaraço como, por exemplo, a ausência de órgão do INSS na localidade. Sublinhou que esse entrave deveria ser provado perante a jurisdição competente.
RE 631240/MG, rel. Min. Roberto Barroso, 27.8.2014. (RE-631240)

Ação perante o INSS e prévio requerimento administrativo - 3
Na sequência, o relator ponderou que, tendo em vista a prolongada oscilação jurisprudencial na matéria, inclusive no STF, dever-se-ia estabelecer uma fórmula de transição, para lidar com as ações em curso, nos seguintes termos: a) as ações já ajuizadas até a data da presente decisão, sem que tivesse havido prévio requerimento administrativo, ficariam sobrestadas; b) o autor seria intimado a dar entrada no pedido administrativo em 30 dias, sob pena de extinção do processo; c) comprovado o protocolo, o INSS seria intimado a se manifestar em até 90 dias acerca do pedido, prazo dentro do qual a autarquia deveria colher todas as provas eventualmente necessárias e proferir decisão; d) se o pedido fosse acolhido administrativamente, ou não pudesse ter o seu mérito analisado por motivos imputáveis ao próprio requerente, extinguir-se-ia a ação; e) caso contrário, estaria caracterizado o interesse em agir e o processo deveria prosseguir. Em seguida, o julgamento foi suspenso para posterior deliberação quanto à aludida proposta.
RE 631240/MG, rel. Min. Roberto Barroso, 27.8.2014. (RE-631240)

Ação perante o INSS e prévio requerimento administrativo - 4
A exigibilidade de prévio requerimento administrativo como condição para o regular exercício do direito de ação, para que se postule judicialmente a concessão de benefício previdenciário, não ofende o art. 5º, XXXV, da CF ("XXXV - a lei não excluirá da apreciação do Poder Judiciário lesão ou ameaça a direito"). Esse o entendimento do Plenário, que, em conclusão de julgamento e por maioria, proveu parcialmente recurso extraordinário em que discutida a possibilidade de propositura de ação judicial para pleitear aposentadoria rural por idade, por parte de segurada que não formulara prévio requerimento administrativo — v. Informativo 756. Preliminarmente, por maioria, o Colegiado conheceu do recurso. Vencida, no ponto, a Ministra Rosa Weber, que entendia cuidar-se de ofensa meramente reflexa à Constituição. No mérito, o Colegiado asseverou que, na situação dos autos, para se caracterizar a presença de interesse em agir, seria preciso haver necessidade de ir a juízo. Reputou que a concessão de benefício previdenciário dependeria de requerimento do interessado, e não se caracterizaria ameaça ou lesão a direito antes de sua apreciação e eventual indeferimento pelo INSS, ou se o órgão não oferecesse resposta após 45 dias. Ressalvou

que a exigência de prévio requerimento não se confundiria, entretanto, com o exaurimento das vias administrativas. Consignou, ainda, que a exigência de prévio requerimento administrativo não deveria prevalecer quando o entendimento da Administração fosse notório e reiteradamente contrário à postulação do segurado. Acresceu que, nas hipóteses de pretensão de revisão, restabelecimento ou manutenção de benefício anteriormente concedido — uma vez que o INSS teria o dever legal de conceder a prestação mais vantajosa possível — o pedido poderia ser formulado diretamente em juízo, porque nesses casos a conduta do INSS já configuraria o não acolhimento da pretensão.
RE 631240/MG, rel. Min. Roberto Barroso, 3.9.2014. (RE-631240)

Ação perante o INSS e prévio requerimento administrativo - 5

Em seguida, o Plenário ponderou que, tendo em vista a prolongada oscilação jurisprudencial na matéria, inclusive no STF, dever-se-ia estabelecer uma fórmula de transição, para lidar com as ações em curso. Quanto aos processos iniciados até a data da sessão de julgamento, sem que tivesse havido prévio requerimento administrativo nas hipóteses em que exigível, seria observado o seguinte: a) caso o processo corresse no âmbito de Juizado Itinerante, a ausência de anterior pedido administrativo não deveria implicar a extinção do feito; b) caso o INSS já tivesse apresentado contestação de mérito, estaria caracterizado o interesse em agir pela resistência à pretensão; c) caso não se enquadrassem nos itens "a" e "b" as demais ações ficariam sobrestadas. Nas ações sobrestadas, o autor seria intimado a dar entrada no pedido administrativo em 30 dias, sob pena de extinção do processo. Comprovada a postulação administrativa, o INSS seria intimado a se manifestar acerca do pedido em até 90 dias, prazo dentro do qual a Autarquia deveria colher todas as provas eventualmente necessárias e proferir decisão. Acolhido administrativamente o pedido, ou se não pudesse ter o seu mérito analisado por motivos imputáveis ao próprio requerente, extinguir-se-ia a ação. Do contrário, estaria caracterizado o interesse em agir e o feito deveria prosseguir. Em todas as situações descritas nos itens "a", "b" e "c", tanto a análise administrativa quanto a judicial deveriam levar em conta a data do início do processo como data de entrada do requerimento, para todos os efeitos legais. Vencidos os Ministros Marco Aurélio e Cármen Lúcia, que desproviam o recurso. Assinalavam que o art. 5º, XXXV, da CF, não poderia se submeter a condicionantes. Vencida, em menor extensão, a Ministra Rosa Weber, que não subscrevia a fórmula de transição proposta.
RE 631240/MG, rel. Min. Roberto Barroso, 3.9.2014. (RE-631240) **(Inform. STF 757)**

DIREITO PREVIDENCIÁRIO E PROCESSUAL CIVIL. REVOGAÇÃO DE TUTELA ANTECIPADA E DEVOLUÇÃO DE BENEFÍCIO PREVIDENCIÁRIO COMPLEMENTAR.

Os valores de benefícios previdenciários complementares recebidos por força de tutela antecipada posteriormente revogada devem ser devolvidos, observando-se, no caso do desconto em folha de pagamento, o limite de 10% (dez por cento) da renda mensal do benefício previdenciário até a satisfação integral do valor a ser restituído. De fato, a Primeira Seção do STJ (REsp 1.401.560-MT, DJe 13/10/2015) firmou, recentemente, tese em recurso especial representativa da controvérsia de acordo com a qual a reforma da decisão que antecipa a tutela obriga o autor da ação a devolver os benefícios previdenciários do RGPS indevidamente recebidos. Com efeito, prevaleceu o entendimento de que a tutela antecipada é um provimento judicial provisório e, em regra, reversível (art. 273, § 2º, do CPC), devendo a irrepetibilidade da verba previdenciária recebida indevidamente ser examinada não somente sob o aspecto de sua natureza alimentar, mas também sob o prisma da boa-fé objetiva, que consiste na presunção de definitividade do pagamento. Assim, é certo que os valores recebidos precariamente são legítimos enquanto vigorar o título judicial antecipatório, o que caracteriza a boa-fé subjetiva do autor. Entretanto, como isso não enseja a presunção de que essas verbas, ainda que alimentares, integrem o seu patrimônio em definitivo, não há a configuração da boa-fé objetiva, o que acarreta, portanto, o dever de devolução em caso de revogação da medida provisória, até mesmo como forma de se evitar o enriquecimento sem causa do então beneficiado (arts. 884 e 885 do CC e 475-O, I, do CPC). Aplicou-se também a regra do art. 115, II, da Lei 8.213/1991, que prevê a possibilidade de serem descontados dos benefícios previdenciários do RGPS os pagamentos realizados pelo INSS além do devido. No que diz respeito ao caso aqui analisado – que trata de previdência complementar (e não do RGPS) -, o mesmo raciocínio quanto à reversibilidade do provimento antecipado, de caráter instrumental, deve ser aplicado, de modo comum, a ambos os sistemas. Nesse sentido, a Quarta Turma do STJ (REsp 1.117.247-SC, DJe 18/9/2014) já assentou que deve incidir na previdência complementar a mesma exegese feita na previdência oficial sobre a reversibilidade das tutelas de urgência concessivas de valores atinentes a benefício previdenciário em virtude da sua repetibilidade. Ademais, embora as verbas de natureza alimentar do Direito de Família sejam irrepetíveis – porquanto regidas pelo binômio necessidade/possibilidade -, as verbas oriundas da suplementação de aposentadoria, por possuírem índole contratual, estão sujeitas à repetição. Além do mais, como as verbas previdenciárias complementares são de natureza alimentar e periódica e para não haver o comprometimento da subsistência do devedor, tornando efetivo o princípio da dignidade da pessoa humana (art. 1º, III, da CF), deve haver parâmetros quanto à imposição obrigacional de reparação. Nesse contexto, a Primeira Seção do STJ (REsp 1.384.418-SC, DJe 30/8/2013) – embora reconhecendo a existência de patamares de 30% e de 35% como valores máximos de comprometimento da renda mensal do devedor para o desconto em folha de pagamento para diversas situações, como empréstimos, financiamentos, cartões de crédito, operações de arrendamento mercantil e outras consignações – adotou como referencial, por simetria, o percentual mínimo de desconto aplicável aos servidores públicos, qual seja, 10% (art. 46, § 1º, da Lei 8.112/1990). **REsp 1.555.853-RS, Rel. Min. Ricardo Villas Bôas Cueva, julgado em 10/11/2015, DJe 16/11/2015. (Inform. STJ 573)**

DIREITO PREVIDENCIÁRIO E PROCESSUAL CIVIL. REPETIÇÃO DE BENEFÍCIOS PREVIDENCIÁRIOS INDEVIDAMENTE RECEBIDOS POR FORÇA DE TUTELA ANTECIPADA. RECURSO REPETITIVO (ART. 543-C DO CPC E RES. 8/2008-STJ). TEMA 692.

A reforma da decisão que antecipa a tutela obriga o autor da ação a devolver os benefícios previdenciários indevidamente recebidos. O grande número de ações, e a demora que disso resultou para a prestação jurisdicional, levaram o legislador a prever a antecipação da tutela judicial naqueles casos em que, desde logo, houvesse, a partir dos fatos conhecidos, uma grande verossimilhança no direito alegado pelo autor. Nesse contexto, o pressuposto básico do instituto é a reversibilidade da decisão judicial. Havendo perigo de irreversibilidade, não há tutela antecipada (art. 273, § 2º, do CPC). Por isso, quando o juiz antecipa a tutela, está anunciando que seu *decisum* não é irreversível. Sendo assim, se acabou por ser mal sucedida a demanda na qual houvera antecipação da tutela judicial, o autor da ação responde pelo que recebeu indevidamente. Além do mais, não prospera o argumento de que o autor não seria obrigado a devolver benefícios advindos da antecipação por ter confiado no juiz, porquanto esta fundamentação ignora o fato de que a parte, no processo, está representada por advogado, o qual sabe que a antecipação de tutela tem natureza precária. Há, ainda, o reforço do direito material. Um dos princípios gerais do direito é o de que não pode haver enriquecimento sem causa. Sendo um princípio geral, ele se aplica ao direito público, e com maior razão neste caso porque o lesado é o patrimônio público. Ademais, o art. 115, II, da Lei 8.213/1991 é expresso no sentido de que os benefícios previdenciários pagos indevidamente estão sujeitos à repetição. Uma decisão do STJ que viesse a desconsiderá-lo estaria, por via transversa, deixando de aplicar norma legal que, *a contrario sensu*, o STF declarou constitucional, uma vez que o art. 115, II, da Lei 8.213/1991 exige o que dispensava o art. 130, parágrafo único na redação originária, declarado inconstitucional na ADI 675 (Tribunal Pleno, DJ 20/6/1997). **REsp 1.401.560-MT, Rel. Min. Sérgio Kukina, Rel. para acórdão Min. Ari Pargendler, Primeira Seção, julgado em 12/2/2014, DJe 13/10/2015 (Inform. STJ 570).**

DIREITO PREVIDENCIÁRIO. PRAZO DECADENCIAL DO DIREITO DE PLEITEAR REVISÃO DE PENSÃO PREVIDENCIÁRIA DECORRENTE DE MORTE.
O prazo decadencial do direito de revisar o valor do salário de benefício da pensão previdenciária por morte mediante o recálculo da renda mensal inicial do benefício originário de aposentadoria conta-se após o deferimento do ato de pensionamento. Isso porque, em decorrência do princípio da actio nata, a legitimidade do pensionista para propositura de ação de revisão advém apenas com o óbito do segurado, já que, por óbvio, aquele não era titular do benefício originário, direito personalíssimo. **REsp 1.529.562-CE, Rel. Min. Herman Benjamin, julgado em 20/8/2015, DJe 11/9/2015 (Inform. STJ 568).**

DIREITO PREVIDENCIÁRIO E PROCESSUAL CIVIL. LEGITIMIDADE PASSIVA DO INSS EM DEMANDA PARA O FORNECIMENTO DE ÓRTESES E PRÓTESES.
O INSS é parte legítima para figurar no polo passivo de demanda cujo escopo seja o fornecimento de órteses e próteses a segurado incapacitado parcial ou totalmente para o trabalho, não apenas quando esses aparelhos médicos sejam necessários à sua habilitação ou reabilitação profissional, mas, também, quando sejam essenciais à habilitação social. Isso porque, em conformidade com o Princípio Fundamental da Dignidade da Pessoa Humana e com os valores sociais buscados pela República Federativa do Brasil, a norma jurídica que exsurge do texto legal (art. 89, parágrafo único, "a", da Lei 8.213/1991) exige que a habilitação e a reabilitação não se resumam ao mercado de trabalho, mas que também abarquem a vida em sociedade com dignidade. **REsp 1.528.410-PR, Rel. Min. Herman Benjamin, julgado em 2/6/2015, DJe 12/8/2015 (Inform. STJ 566).**

DIREITO PREVIDENCIÁRIO E PROCESSUAL CIVIL. PRÉVIO REQUERIMENTO ADMINISTRATIVO PARA OBTENÇÃO DE BENEFÍCIO PREVIDENCIÁRIO. RECURSO REPETITIVO (ART. 543-C DO CPC E RES. 8/2008-STJ).
A Primeira Seção do STJ adere ao entendimento do STF firmado no RE 631.240-MG, julgado em 3/9/2014, sob o regime da repercussão geral, o qual decidiu: "[...] 2. A concessão de benefícios previdenciários depende de requerimento do interessado, não se caracterizando ameaça ou lesão a direito antes de sua apreciação e indeferimento pelo INSS, ou se excedido o prazo legal para sua análise. É bem de ver, no entanto, que a exigência de prévio requerimento não se confunde com o exaurimento das vias administrativas. 3. A exigência de prévio requerimento administrativo não deve prevalecer quando o entendimento da Administração for notória e reiteradamente contrário à postulação do segurado. 4. Na hipótese de pretensão de revisão, restabelecimento ou manutenção de benefício anteriormente concedido, considerando que o INSS tem o dever legal de conceder a prestação mais vantajosa possível, o pedido poderá ser formulado diretamente em juízo – salvo se depender da análise de matéria de fato ainda não levada ao conhecimento da Administração –, uma vez que, nesses casos, a conduta do INSS já configura o não acolhimento ao menos tácito da pretensão. 5. Tendo em vista a prolongada oscilação jurisprudencial na matéria, inclusive no Supremo Tribunal Federal, deve-se estabelecer uma fórmula de transição para lidar com as ações em curso, nos termos a seguir expostos. 6. Quanto às ações ajuizadas até a conclusão do presente julgamento (03.09.2014), sem que tenha havido prévio requerimento administrativo nas hipóteses em que exigível, será observado o seguinte: (i) caso a ação tenha sido ajuizada no âmbito de Juizado Itinerante, a ausência de anterior pedido administrativo não deverá implicar a extinção do feito; (ii) caso o INSS já tenha apresentado contestação de mérito, está caracterizado o interesse em agir pela resistência à pretensão; (iii) as demais ações que não se enquadrem nos itens (i) e (ii) ficarão sobrestadas, observando-se a sistemática a seguir. 7. Nas ações sobrestadas, o autor será intimado a dar entrada no pedido administrativo em 30 dias, sob pena de extinção do processo. Comprovada a postulação administrativa, o INSS será intimado a se manifestar acerca do pedido em até 90 dias, prazo dentro do qual a Autarquia deverá colher todas as provas eventualmente necessárias e proferir decisão. Se o pedido for acolhido administrativamente ou não puder ter o seu mérito analisado devido a razões imputáveis ao próprio requerente, extingue-se a ação. Do contrário, estará caracterizado o interesse em agir e o feito deverá prosseguir. 8. Em todos os casos acima – itens (i), (ii) e (iii) –, tanto a análise administrativa quanto a judicial deverão levar em conta a data do início da ação como data de entrada do requerimento, para todos os efeitos legais". **REsp 1.369.834-SP, Rel. Min. Benedito Gonçalves, Primeira Seção, julgado em 24/9/2014, DJe 2/12/2014 (Inform. STJ 553).**

DIREITO PROCESSUAL CIVIL E PREVIDENCIÁRIO. COMPETÊNCIA PARA JULGAR PEDIDO DE PENSÃO POR MORTE DECORRENTE DE ÓBITO DE EMPREGADO ASSALTADO NO EXERCÍCIO DO TRABALHO.
Compete à Justiça Estadual – e não à Justiça Federal – processar e julgar ação que tenha por objeto a concessão de pensão por morte decorrente de óbito de empregado ocorrido em razão de assalto sofrido durante o exercício do trabalho. Doutrina e jurisprudência firmaram compreensão de que, em regra, o deslinde dos conflitos de competência de juízos em razão da matéria deve ser dirimido com a observância da relação jurídica controvertida, notadamente no que se refere à causa de pedir e ao pedido indicados pelo autor da demanda. Na hipótese, a circunstância afirmada não denota acidente do trabalho típico ou próprio, disciplinado no *caput* do art. 19 da Lei 8.213/1991 (Lei de Benefícios da Previdência Social), mas acidente do trabalho atípico ou impróprio, que, por presunção legal, recebe proteção na alínea "a" do inciso II do art. 21 da Lei de Benefícios. Nessa hipótese, o nexo causal é presumido pela lei diante do evento, o que é compatível com o ideal de proteção ao risco social que deve permear a relação entre o segurado e a Previdência Social. Desse modo, o assalto sofrido no local e horário de trabalho equipara-se ao acidente do trabalho, e o direito à pensão por morte decorrente do evento inesperado e violento deve ser apreciado pelo juízo da Justiça Estadual, nos termos do art. 109, I, parte final, da CF combinado com o art. 21, II, "a", da Lei 8.213/1991. **CC 132.034-SP, Rel. Min. Benedito Gonçalves, julgado em 28/5/2014. (Inform. STJ 542)**

📖 **Súmula STF nº 729**
A decisão na Ação Direta de Constitucionalidade não se aplica à antecipação de tutela em causa de natureza previdenciária.

📖 **Súmula STF nº 689**
O segurado pode ajuizar ação contra a instituição previdenciária perante o juízo federal do seu domicílio ou nas varas federais da capital do estado-membro.

📖 **Súmula STJ nº 242**
Cabe ação declaratória para reconhecimento de tempo de serviço para fins previdenciários.

📖 **Súmula STJ nº 226**
O Ministério Público tem legitimidade para recorrer na ação de acidente do trabalho, ainda que o segurado esteja assistido por advogado.

📖 **Súmula STJ nº 204**
Os juros de mora nas ações relativas a benefícios previdenciários incidem a partir da citação válida.

📖 **Súmula STJ nº 178**
O INSS não goza de isenção do pagamento de custas e emolumentos, nas ações acidentárias e de benefícios, propostas na justiça estadual.

📖 **Súmula STJ nº 149**
A prova exclusivamente testemunhal não basta à comprovação da atividade rurícola, para efeito da obtenção de benefício previdenciário.

📖 **Súmula STJ nº 111**
Os honorários advocatícios, nas ações previdenciárias, não incidem sobre as prestações vencidas após a sentença.

📖 **Súmula STJ nº 110**
A isenção do pagamento de honorários advocatícios, nas ações acidentarias, é restrita ao segurado.

📖 **Súmula STJ nº 89**
A ação acidentária prescinde do exaurimento da via administrativa.

JURISPRUDÊNCIA
TST

1. PROCESSO DO TRABALHO

1. COMPETÊNCIA

1.1. SUBSEÇÃO I ESPECIALIZADA EM DISSÍDIOS INDIVIDUAIS

Exceção de incompetência em razão do lugar. Ajuizamento de reclamação trabalhista no foro do domicílio do empregado. Aplicação ampliativa do § 3º do art. 651 da CLT. Impossibilidade. Não demonstração de que a empresa demandada presta serviços em diferentes localidades do país.
Em observância ao princípio constitucional do amplo acesso à jurisdição (art. 5º, XXXV, da CF), é possível o ajuizamento de demanda trabalhista no foro do domicílio do empregado, desde que seja mais favorável que a regra do art. 651 da CLT e que fique demonstrado que a empresa reclamada regularmente presta serviços em diversas localidades do território nacional. No caso, o reclamante foi contratado e prestou serviços na cidade de Brusque/SC, local diverso do seu atual domicílio, Pelotas/RS, onde ajuizou a reclamatória. Contudo, não há notícia nos autos de que a empresa demandada preste serviços em diferentes localidades do país, razão pela qual não há cogitar em aplicação ampliativa do § 3º do art. 651 da CLT, prevalecendo, portanto, a regra geral que estabelece a competência da vara do trabalho do local da prestação dos serviços. Com esse entendimento, a SBDI-I, por unanimidade, conheceu dos embargos interpostos pelo reclamante, por divergência jurisprudencial, e, no mérito, por maioria, negou-lhes provimento. Vencidos os Ministros José Roberto Freire Pimenta, Lelio Bentes Corrêa, Hugo Carlos Scheuermann e Cláudio Mascarenhas Brandão. TST-E-RR-420-37.2012.5.04.0102, SBDI-I, rel. Min. Renato de Lacerda Paiva, 19.2.2015 **(Inform. TST 100)**

Competência da justiça do trabalho. Estado do Piauí. Empregada admitida antes da Constituição de 1988. Transposição automática do regime celetista para o estatutário. Impossibilidade. Ausência de concurso público.
A Justiça do Trabalho é competente para examinar pedido de empregado público admitido antes da promulgação da Constituição de 1988, sob regime celetista, e sem concurso público, não obstante a superveniência de legislação estadual que instituí regime jurídico único. Na hipótese, consoante entendimento já consagrado pelo Supremo Tribunal Federal no julgamento da ADI 1.150-2, entendeu-se que o fato de o Estado do Piauí instituir regime jurídico único, por meio da Lei Complementar Estadual nº 13, de 3.1.1994, não convola em vínculo estatutário, de forma automática, o contrato trabalhista anterior, sobretudo em decorrência da ausência de concurso público, na forma do art. 37, II, § 2º, da Constituição. Desse modo, tem-se que a reclamante permaneceu na condição de empregada, mesmo após a edição da norma estadual, porque embora estável, nos termos do art. 19 do ADCT, não se submeteu a concurso público. Sob esse fundamento, a SBDI-I, à unanimidade, conheceu dos embargos interpostos pelo reclamado, por divergência jurisprudencial, e, no mérito, por maioria, negou-lhes provimento, vencido os Ministros Luiz Philippe Vieira de Mello Filho, Walmir Oliveira da Costa, José Roberto Freire Pimenta e Hugo Carlos Scheuermann. TST-E-RR-846-13.2010.5.22.0104, SBDI-I, rel. Min. Augusto César Leite e Carvalho, 18.6.2015. **(Inform. TST 111)**

Competência territorial. Dissídio individual típico. Critérios objetivos de fixação. Art. 651 da CLT. Domicílio do empregado.
A Vara do Trabalho do domicílio do empregado, quando não coincidente com a localidade da celebração do contrato ou da prestação dos serviços, normalmente não é competente para o julgamento de dissídio individual típico resultante do contrato de emprego. A determinação da competência territorial, em regra, define-se pelo local da prestação dos serviços do empregado, seja ele reclamante ou reclamado (art. 651, *caput*, da CLT). Cuida-se de norma de cunho protecionista e ditada pela observância do princípio constitucional da acessibilidade (art. 5º, XXXV). Excepcionalmente, nos termos do art. 651, § 3º, da CLT, toma-se em conta o juízo da localidade da contratação do empregado. Sob esse entendimento, a SBDI-1, por unanimidade, conheceu dos embargos, por divergência jurisprudencial e, no mérito, pelo voto prevalente da Presidência, negou-lhes provimento. Vencidos, totalmente, os Ministros Walmir Oliveira da Costa e Hugo Carlos Scheuermann e, parcialmente, os Ministros Renato de Lacerda Paiva, Aloysio Corrêa da Veiga, Guilherme Augusto Caputo Bastos, Augusto César Leite de Carvalho e Cláudio Mascarenhas Brandão, que divergiam quanto à fundamentação. TST-E-RR 775-66.2013.5.07.0025, SBDI-I, rel. Min. João Oreste Dalazen, 29.10.2015. **(Inform. TST 121)**

Acidente de trabalho. Falecimento do empregado. Ação movida por viúva e filhos menores. Pretensão deduzida em nome próprio. Competência territorial. Local do domicílio dos reclamantes. Ausência de disciplina legal específica na CLT. Aplicação analógica do disposto no art. 147, I, do ECA.
Na hipótese de julgamento de dissídio individual movido por viúva e filhos menores de ex-empregado falecido em decorrência de acidente de trabalho, na defesa de direito próprio, admite-se excepcionalmente a fixação da competência territorial pelo foro do local do domicílio dos reclamantes. Aplicação analógica do disposto no art. 147, I, do Estatuto da Criança e do Adolescente (ECA), diante da ausência de disciplina legal específica na CLT. No caso, ressaltou-se que por se tratar de situação excepcional, a qual refoge à regra do *caput* do art. 651 e parágrafos, da CLT — em que a competência territorial define-se pelo local da prestação dos serviços do empregado, e, excepcionalmente, pela localidade da contratação —, cumpre ao órgão jurisdicional colmatar a lacuna mediante a aplicação de norma compatível com o princípio da acessibilidade. Sob esse entendimento, a SBDI-I, por unanimidade, conheceu dos embargos, por divergência jurisprudencial e, no mérito, por maioria, deu-lhes provimento para reconhecer a competência da Vara do Trabalho de Manaus, local do domicílio dos reclamantes. Vencidos os Ministros Aloysio Corrêa da Veiga, relator, Guilherme Augusto Caputo Bastos e Márcio Eurico Vitral Amaro. TST-E- RR-86700-15.2009.5.11.0007, SBDI-I, rel. Min. Aloysio Corrêa da Veiga, red. p/ acórdão Min. João Oreste Dalazen, 12.11.2015 **(Inform. TST 123)**

1.2. ÓRGÃO ESPECIAL

Honorários advocatícios contratuais. Substituição processual. Lide entre advogados originada após a expedição de alvarás aos substituídos. Retenção em nome do advogado contratado pelo sindicato. Incompetência da justiça do trabalho.
A Justiça do Trabalho é incompetente para decidir sobre honorários advocatícios contratuais, decorrentes de contrato de prestação de serviços firmado entre sindicato de classe e advogado para a defesa de direitos da categoria, conforme a Súmula nº 363 do STJ. Assim, disputa por honorários advocatícios contratuais entre o advogado que conduziu o processo por 24 anos e novos advogados que ingressaram no feito após a expedição de alvarás em nome dos substituídos credores preferenciais refoge à competência da Justiça do Trabalho. Sob esses fundamentos, o Órgão Especial do Tribunal Superior do Trabalho, por unanimidade, conheceu do recurso ordinário e, no mérito, negou-lhe provimento. Divergência de fundamentação dos Ministros Ives Gandra Martins Filho e Delaíde Miranda Arantes. TST-RO-157800-13.1991.5.17.0001, OE, rel. Min. Hugo Carlos Scheuermann, 14.09.2015. **(Inform. TST 118)**

SÚMULA Nº 392

DANO MORAL E MATERIAL. RELAÇÃO DE TRABALHO. COMPETÊNCIA DA JUSTIÇA DO TRABALHO **(nova redação)**

Nos termos do art. 114, inc. VI, da Constituição da República, a Justiça do Trabalho é competente para processar e julgar ações de indenização por dano moral e material, decorrentes da relação de trabalho, inclusive as oriundas de acidente de trabalho e doenças a ele equiparadas, ainda que propostas pelos dependentes ou sucessores do trabalhador falecido.

OJ Nº 315 DA SBDI-I
MOTORISTA. EMPRESA. ATIVIDADE PREDOMINANTEMENTE RURAL. ENQUADRAMENTO COMO TRABALHADOR RURAL (cancelada)
É considerado trabalhador rural o motorista que trabalha no âmbito de empresa cuja atividade é preponderantemente rural, considerando que, de modo geral, não enfrenta o trânsito das estradas e cidades.

OJ Nº 419 DA SBDI-I
ENQUADRAMENTO. EMPREGADO QUE EXERCE ATIVIDADE EM EMPRESA AGROINDUSTRIAL. DEFINIÇÃO PELA ATIVIDADE PREPONDERANTE DA EMPRESA. (cancelada)
Considera-se rurícola empregado que, a despeito da atividade exercida, presta serviços a empregador agroindustrial (art. 3º, § 1º, da Lei nº 5.889, de 08.06.1973), visto que, neste caso, é a atividade preponderante da empresa que determina o enquadramento.

2. PJE
2.1. SUBSEÇÃO II ESPECIALIZADA EM DISSÍDIOS INDIVIDUAIS
Sistema de peticionamento eletrônico e-DOC. Limitação do número de páginas. Inexistência de restrição expressa na legislação pertinente. Impossibilidade.
Os Tribunais Regionais do Trabalho não podem estabelecer restrições, não previstas em lei, em relação à quantidade de páginas possíveis de serem encaminhadas pelo sistema de peticionamento eletrônico e-DOC. Assim, viola direito líquido e certo o ato coator que dá ciência ao impetrante do teor de certidão a qual informa não ter havido a impressão de recurso encaminhado via e-DOC em razão do extrapolamento do número de páginas fixado na Instrução Normativa nº 3/2006 do TRT da 3ª Região. Com esse entendimento, a SBDI-II, por unanimidade, conheceu do recurso ordinário interposto pela impetrante e, no mérito, por maioria, deu-lhe provimento para, concedendo a segurança pleiteada, determinar que seja impressa a petição eletrônica dos embargos à execução opostos por meio do sistema e-DOC, devendo o juízo de primeiro grau prosseguir no exame da admissibilidade do recurso como entender de direito. Vencido o Ministro Ives Gandra Martins Filho. TST-RO-10704-15.2013.5.03.0000, SBDI-II, rel. Min. Douglas Alencar Rodrigues, 7.4.2015. **(Inform. TST 103)**

3. SUBSTITUIÇÃO PROCESSUAL
3.1. SUBSEÇÃO I ESPECIALIZADA EM DISSÍDIOS INDIVIDUAIS
Sindicato. Legitimidade para atuar como substituto processual. Direito individual heterogêneo. Pedido de equiparação salarial em benefício de um único empregado. Possibilidade. Art. 8º, III, da CF.
O art. 8º, III, da CF autoriza expressamente a atuação ampla dos entes sindicais na defesa dos direitos e interesses individuais e coletivos dos integrantes da categoria respectiva, de maneira irrestrita. Assim sendo, reconhece-se a legitimidade do sindicato profissional para pleitear, na qualidade de substituto processual, equiparação salarial em benefício de um único empregado, ainda que se trate de direito individual heterogêneo do substituído. Com esse entendimento, a SBDI-I, por unanimidade, conheceu do recurso de embargos da reclamada, por divergência jurisprudencial e, no mérito, por maioria, negou-lhe provimento. Vencido o Ministro Márcio Eurico Vitral Amaro. TST-E-RR-990-38.2010.5.03.0064, SBDI-I, rel. Min. Lelio Bentes Corrêa, 19.3.2015. **(Inform. TST 102)**

Sindicato. Substituição processual. Legitimidade ativa ad causam. Horas extras excedentes à sexta diária.
O Supremo Tribunal Federal, em demandas originárias da Justiça do Trabalho, tem reiteradamente se manifestado no sentido da legitimidade ampla dos sindicatos, na substituição processual, seja para defesa de direitos coletivos, individuais homogêneos ou mesmo de direitos subjetivos específicos. Assim, reconhece-se a legitimidade ativa ad causam do sindicato da categoria profissional dos bancários para postular, na qualidade de substituto processual, o pagamento de horas extras excedentes à sexta diária, em virtude de suposta desobediência à norma do artigo 224, caput e § 2º da CLT. Sob esse entendimento, a SBDI-1, por unanimidade, conheceu do recurso de embargos da reclamada, por divergência jurisprudencial, e, no mérito, negou-lhe provimento. TST- ERR 1315-78.2012.5.03.0052, SBDI-I, rel. Min. João Oreste Dalazen, 25.6.2015. **(Inform. TST 112)**

4. AUDIÊNCIA
4.1. SUBSEÇÃO I ESPECIALIZADA EM DISSÍDIOS INDIVIDUAIS
Cerceamento de defesa. Indeferimento do pedido de intimação de testemunhas que não compareceram espontaneamente à audiência. Ausência não justificada.
Nos termos do artigo 825 da CLT, as testemunhas comparecerão à audiência independentemente de notificação ou intimação. Caso faltem, cabe à parte provar que as convidou e registrar justificativa para tal ausência. Não havendo o registro, o indeferimento na audiência inaugural do requerimento de intimação das testemunhas faltosas não implica cerceamento do direito de defesa. Sob esse entendimento, a SBDI-I, por unanimidade, conheceu do recurso de embargos, por divergência jurisprudencial e, no mérito, por maioria, deu-lhe provimento para afastar a declaração de nulidade por cerceamento de defesa, restabelecendo o acórdão regional, vencidos os Exmos. Ministros Guilherme Augusto Caputo Bastos, relator, Ives Gandra Martins Filho, Lelio Bentes Corrêa e Márcio Eurico Vitral Amaro. Redigirá o acórdão o Exmo. Ministro João Oreste Dalazen. TST-E- ED-ARR-346-42.2012.5.08.0014, SBDI--I, rel. Min. Caputo Bastos, redator João Oreste Dalazen, 8.5.2015 **(Inform. TST 106)**

Atraso de três minutos à audiência. Ausência de prática de ato processual. Revelia. Não caracterizada. Orientação jurisprudencial nº 245 da SBDI-I do Tribunal Superior do Trabalho. Inaplicável.
O atraso de três minutos à audiência não acarreta, por si só, a decretação de revelia do reclamado, se, no momento em que a preposta adentrou a sala de audiência, nenhum ato processual havia sido praticado, nem mesmo a tentativa de conciliação. No caso, considerou-se que a decretação da revelia, nas aludidas circunstâncias, constitui desarrazoada sobreposição da forma sobre os princípios da verdade real e da ampla defesa e faz tábula rasa do princípio da máxima efetividade do processo e da prestação jurisdicional, que deve nortear o Processo do Trabalho. Assim, há que se levar em conta o bom senso e a razoabilidade na aplicação do disposto no art. 844 da CLT, bem como da diretriz consagrada na Orientação Jurisprudencial nº 245 da SBDI-I do TST. Sob esse entendimento, a SBDI-I decidiu, por unanimidade, conhecer dos embargos, por divergência jurisprudencial, e, no mérito, negar-lhes provimento. TST-E-ED-RR-179500-77.2007.5.09.0657, SBDI-I, rel. Min. João Oreste Dalazen, 20.8.2015. **(Inform. TST 114)**

5. COISA JULGADA
5.1. SUBSEÇÃO I ESPECIALIZADA EM DISSÍDIOS INDIVIDUAIS
Acordo. Quitação ampla ao extinto contrato de trabalho. Nova reclamação pleiteando diferenças de complementação de aposentadoria. Ofensa à coisa julgada. Não configuração.
Não obstante celebrado acordo nos autos de reclamação trabalhista anterior, conferindo quitação ampla, geral e irrestrita das parcelas trabalhistas, não ofende a coisa julgada a concessão de diferenças de complementação de aposentadoria nos autos de demanda posterior, porquanto o benefício previdenciário postulado, embora decorrente do contrato de trabalho, tem natureza jurídica diversa. Assim, não há falar em identidade entre as ações, por falta de correspondência entre os pedidos e entre as causas de pedir, não podendo ter o acordo judicial entabulado a amplitude pretendida, quitando direitos alheios àqueles debatidos na primeira demanda e que, ademais, são regidos pelo regulamento da entidade previdenciária e não pela legislação trabalhista. Assim, não vislumbrando contrariedade à Orientação Jurisprudencial nº 132 da SBDI-II, a SBDI-I, por maioria, não conheceu

dos embargos dos reclamados. Vencidos os Ministros Dora Maria da Costa, relatora, João Oreste Dalazen, Brito Pereira e Lelio Bentes Corrêa. TST-E-RR-1221- 35.2010.5.09.0020, SBDI-I, rel. Min. Dora Maria da Costa, red. p/ acórdão Min. Aloysio Corrêa da Veiga, 12.2.15 (Inform. TST 100)

Coisa julgada. Arguição e juntada de documentos comprobatórios apenas em sede de recurso ordinário. Matéria de ordem pública não sujeita à preclusão. Súmula nº 8 do TST. Não incidência.

A arguição de coisa julgada somente em sede de recurso ordinário, acompanhada de documentos para sua comprovação, não obsta o conhecimento da referida preliminar de ofício (art. 267, § 3º, V, do CPC), ensejando apenas a responsabilidade da parte pelas custas do retardamento, conforme a parte final do §3º do art. 267 do CPC. No caso, prevaleceu a tese de que a arguição de matéria de ordem pública não sofre, em grau ordinário, o efeito da preclusão, e que a Súmula nº 8 do TST não trata da juntada de documentos relativos a questões dessa natureza, não incidindo na hipótese, portanto. Nesse contexto, a SBDI-I, por unanimidade, conheceu dos embargos do reclamado, por divergência jurisprudencial, e, no mérito, por maioria, deu-lhes provimento para restabelecer o acórdão do Regional, que acolhera a preliminar de coisa julgada e declarara extinto o processo, sem resolução de mérito. Vencidos os Ministros José Roberto Freire Pimenta, Lelio Bentes Corrêa e Alexandre Agra Belmonte. TST-E-RR-114400-29.2008.5.03.0037, SBDI-I, rel. Min. Márcio Eurico Vitral Amaro, 19.3.2015 (Inform. TST 102)

6. FAZENDA PÚBLICA

6.1. SUBSEÇÃO I ESPECIALIZADA EM DISSÍDIOS INDIVIDUAIS

Conselhos de Fiscalização Profissional. Natureza jurídica de autarquia especial. Aplicabilidade dos privilégios concedidos à Fazenda Pública pelo Decreto–Lei nº 779/1969.

Os conselhos de fiscalização profissional, a partir do julgamento da ADI 1.717-6/DF pelo Supremo Tribunal Federal, passaram a ser considerados entidades autárquicas especiais e tiveram reconhecida a sua natureza paraestatal. Por conseguinte, foram beneficiados com as mesmas prerrogativas processuais concedidas à Fazenda Pública, como a dispensa de depósitos recursais e o pagamento de custas somente ao final do processo, nos termos do Decreto-Lei nº 779/69. Sob esse entendimento, a SBDI-1, à unanimidade, conheceu do recurso de embargos do reclamado, por divergência jurisprudencial, e, no mérito, deu-lhe provimento para determinar o retorno do feito à 6ª Turma desta Corte a fim de que, afastada a deserção do recurso de revista, prossiga no exame do agravo de instrumento, como entender de direito. TST- E- -Ag-AIRR 244200-80.2007.5.02.0035, SBDI-1, relator Ministro Cláudio Mascarenhas Brandão, 17.09.2015. (Inform. TST 118)

7. RECURSOS

7.1. SUBSEÇÃO I ESPECIALIZADA EM DISSÍDIOS INDIVIDUAIS

Fundação de Saúde Pública de Novo Hamburgo. Custas e depósito recursal. Isenção. Entidade sem fins lucrativos, de interesse público e financiada por verbas públicas. Deserção. Afastamento.

As prerrogativas dos arts. 790-A da CLT e 1º, IV, do Decreto-Lei nº 779 aplicam-se às fundações que, embora instituídas como de direito privado, exercem atividades voltadas ao interesse público, com finalidade lucrativa e financiadas exclusivamente por verbas públicas. Desse modo, a Fundação de Saúde Pública de Novo Hamburgo (FSNH), sucessora do Hospital Municipal de Novo Hamburgo, instituída pela Lei Municipal nº 1.980/2009 como entidade jurídica sem fins lucrativos, de interesse coletivo e de utilidade pública, que presta serviços de saúde em caráter integral, cumprindo contratos de gestão com o Município de Novo Hamburgo e atuando exclusivamente no âmbito do Sistema Único de Saúde (SUS), está isenta do pagamento de custas e do recolhimento do depósito recursal. Com esse entendimento, a SBDI-I, por unanimidade, conheceu dos embargos da Fundação, por divergência jurisprudencial, e, no mérito, deu-lhes provimento para, afastada a

deserção, determinar o retorno dos autos ao TRT de origem, a fim de que prossiga no exame do recurso ordinário como entender de direito. TST-E-RR-869-11.2011.5.04.0302, SBDI-I, rel. Min. Alexandre Agra Belmonte, 5.3.2015 (Inform. TST 101)

Embargos interpostos sob a égide da Lei nº 11.496/2007. Recurso de revista não conhecido. Deserção. Depósito recursal efetuado no último dia do prazo recursal. Comprovação posterior. Greve dos bancários. Prorrogação do prazo para comprovação prevista no Ato nº 603/SEJUD.GP do TST. Inaplicabilidade. Súmula nº 245 do TST.

Efetuado o depósito recursal referente ao recurso de revista no último dia do prazo recursal, a alegação de existência de greve dos bancários não é justificativa para a comprovação tardia do depósito, porquanto não mais dependente de atividade bancária. Ademais, tendo em vista a autonomia administrativa dos Tribunais Regionais, são inaplicáveis as disposições do ATO nº 603/SEJUD.GP do TST, que, no caso da deflagração do movimento paredista, estabelece expressamente a prorrogação do prazo para comprovação do depósito recursal apenas aos feitos em trâmite perante o Tribunal Superior do Trabalho, não alcançando, portanto, o preparo do recurso de revista, cuja comprovação deve ser feita perante o tribunal de origem no momento de sua interposição. Incidência do disposto na Súmula nº 245 do TST. Com esse entendimento, a SBDI-I, à unanimidade, conheceu dos embargos interpostos pela reclamada, por divergência jurisprudencial, e, no mérito, por maioria, negou-lhes provimento, mantendo incólume a decisão turmária mediante a qual não se conheceu do recurso de revista por deserção. Vencido o Ministro Cláudio Mascarenhas Brandão. TST-E-ED-RR-56200-94.2006.5.17.0009, SBDI- -I, rel. Min. Hugo Carlos Scheuermann, 12.3.2015 (Inform. TST 101)

Recurso interposto na data da disponibilização do teor da decisão no DEJT. Lei nº 11.419/2006. Tempestividade. Má-aplicação da Súmula nº 434, I, do TST.

No caso de processo eletrônico, regido pela Lei nº 11.419/2006, é tempestivo o recurso interposto antes do início do prazo recursal, mas na data da disponibilização do teor da decisão no Diário Eletrônico da Justiça do Trabalho - DEJT, porquanto a íntegra do acórdão já é passível de conhecimento pela parte interessada. Na hipótese, não há falar em aplicação do entendimento consubstanciado no item I da Súmula nº 434 do TST, o qual se restringe à comunicação dos atos processuais não abrangidos pela referida lei. Sob esse entendimento, a SBDI-I, por maioria, vencido o Ministro Brito Pereira, relator, conheceu dos embargos por má-aplicação da Súmula nº 434, I, do TST e, no mérito, deu-lhes provimento para, afastada a intempestividade, determinar o retorno dos autos à Turma a fim de que prossiga no julgamento do agravo de instrumento, como entender de direito. TST-E-AIRR-32500-89.2009.5.15.0090, SBDI-I, rel. Min. Brito Pereira, red. p/ acórdão Min. Lelio Bentes Corrêa, 30.4.2015 (Inform. TST 105)

Custas processuais. Art. 790 da CLT. Ato Conjunto nº 21/TST.CSJT. GP.SG de 7/12/2010. Recolhimento em guia imprópria. Deserção configurada.

O Ato Conjunto nº 21/TST-CSJT.GP.SG, de 7/12/2010, editado nos termos da competência delegada pelo art. 790, caput, da CLT, preconiza, em seu art. 1º, que "a partir de 1º de janeiro de 2011, o pagamento das custas e dos emolumentos no âmbito da Justiça do Trabalho deverá ser realizado, exclusivamente, mediante Guia de Recolhimento da União - GRU Judicial, sendo ônus da parte interessada efetuar seu correto preenchimento. "No caso em apreço, o recolhimento das custas processuais se deu em 20.10.2011, posterior à edição do citado ato, em valor integral e com todos os dados identificadores do processo e das partes, embora por intermédio de guia imprópria, a DARF. Nesse contexto, a Subseção entendeu irreparável a deserção declarada pelo Tribunal Regional do Trabalho da 10ª Região e confirmada pela 4ª Turma desta Corte. Sob esses fundamentos, a SBDI-1, por unanimidade, conheceu dos embargos, por divergência jurisprudencial, e, no mérito, por maioria, negou-lhes provimento, vencidos os Ministros Vieira de Mello Filho, Brito Pereira e Lelio Bentes Corrêa. TST-E-ED-RR-1388-34.2010.5.10.0017, SBDI-I, rel. Min. Alexandre Agra Belmonte, 21.5.2015. (Inform. TST 108)

Incidente de Recurso Repetitivo. Art. 896-C da CLT. Bancário. Horas extras. Divisor. Norma coletiva. Consideração, ou não, do sábado como dia de descanso semanal remunerado. Aplicação da Súmula 124, I, do TST.
Acolhendo a proposta de Incidente de Recurso de Revista Repetitivo, aprovado pela 4ª Turma do Tribunal Superior do Trabalho, a SBDI-1 decidiu, por maioria, afetar a matéria "Bancário. Horas extras. Divisor. Bancos Privados" à SBDI-1 Plena, vencidos os Ministros Antonio José Barros Levenhagen, Augusto César Leite de Carvalho, José Roberto Freire Pimenta, Hugo Carlos Scheuermann e Cláudio Mascarenhas Brandão, os quais entendiam que a matéria deveria ser afetada ao Tribunal Pleno. Também por unanimidade, determinou-se que no processo nº RR 144700-24.2013.5.13.3, cujo tema afetado é "Bancário. Horas extras. Divisor. Bancos Públicos", seja registrada esta mesma deliberação, com a finalidade de que as matérias de ambos os recursos sejam apreciadas em conjunto. Por fim, examinando questão de ordem referente à apreciação das matérias constantes de ambos os recursos de revista, decidiu-se, por maioria, que a apreciação deve ser em conjunto, vencidos os Ministros João Oreste Dalazen, Aloysio Corrêa da Veiga, Guilherme Augusto Caputo Bastos, Márcio Eurico Vitral Amaro e Walmir Oliveira da Costa, os quais entendiam que o exame deveria ser em separado. TST-RR-849-83.2013.5.03.0138 e TST-RR- 144700-24.2013.5.13.0003, SBDI-I, em 18.6.2015. **(Inform. TST 111)**

Embargos interpostos sob a égide da Lei nº 11.496/2007. Bancário. Cargo de confiança. Arguição de contrariedade à súmula de conteúdo de direito processual. Impossibilidade.
Em regra, são incabíveis embargos interpostos sob a égide da Lei nº 11.496/2007 em que se argui contrariedade ou má aplicação de súmula do Tribunal Superior do Trabalho de conteúdo de direito processual. Somente será possível o conhecimento dos embargos por divergência com a jurisprudência consagrada em verbete de direito processual, na hipótese em que a decisão da Turma fizer afirmação que divirja do teor do verbete em questão. No caso, entendeu-se que o acórdão prolatado pela Turma, por meio do qual se conheceu do recurso de revista do reclamado, por violação do artigo 224, § 2º, da CLT e, no mérito, deu-lhe provimento para excluir a condenação apenas as 7ª e 8ª horas, não divergiu do entendimento contido nas Súmulas de n.º 102, I, e 126 desta Corte superior, porquanto não houve revisão dos fatos e provas concernentes às reais atribuições do empregado. A decisão turmária foi calcada exatamente nas atividades desenvolvidas pelo gerente, que era Gerente de Atendimento, e não Gerente-Geral de Agência. Sob esse fundamento, a SBDI-I, por maioria, pelo voto prevalente da Presidência, não conheceu dos embargos interpostos pelo reclamante, vencidos os Ministros Hugo Carlos Scheuermann, relator, João Oreste Dalazen, Augusto César Leite de Carvalho, Alexandre de Souza Agra Belmonte e Cláudio Mascarenhas Brandão. TST-E-ED--RR-293000-75.2007.5.12.0031, SBDI-I, red. Min. Ives Gandra Martins Filho, 25.6.2015. **(Inform. TST 112)**

SÚMULA Nº 422. NOVA REDAÇÃO ALCANCE E INTERPRETAÇÃO.
A nova redação da Súmula nº 422 do Tribunal Superior do Trabalho alinha-se aos princípios da celeridade e economia processual e do máximo aproveitamento dos atos processuais praticados, prestigia a garantia constitucional de acesso à justiça (art. 5º, XXXV, CF) e confere efetividade à outorga da prestação jurisdicional ao mitigar a exacerbação da forma em detrimento do alcance da jurisdição plena. Assim, veio aclarar o real sentido da exigência de fundamentação, atrelando-a à efetiva *ratio decidendi* da decisão recorrida, dissociada de qualquer motivação secundária e/ou impertinente, afastando-se o rigor formalístico que visa obstaculizar o seguimento de recursos, sob a pecha de ausência de fundamentação, de forma indiscriminada e sem qualquer critério de razoabilidade. No caso, a egrégia Sexta Turma do TST, ao reputar desfundamentado o agravo interposto pelo reclamante, negou-lhe provimento sob o entendimento de que "O reclamante não impugnou o fundamento da decisão agravada, a qual determinou a remessa dos autos à 1ª Vara Empresarial do Rio de Janeiro em face da decisão proferida pelo STJ nos autos do conflito de competência nº 99.382/RJ, devidamente juntados às fls. 877-879 e fls. 893-893v. Ao contrário, limita-se a articular que o Regional reconheceu ter ele trabalhado para a VRG Linhas Aéreas S.A., pois seu contrato de trabalho foi rescindido por aquela empresa, e não pela antiga Varig S.A. – Viação Aérea Rio-grandense. Não apresentou violação de dispositivos de lei ou constitucional, tampouco colacionou arestos para confronto jurisprudencial. Cabia ao agravante infirmar, de forma expressa, todos os fundamentos da decisão denegatória, de modo a apresentar argumentos os quais viabilizassem o processamento do recurso de revista, combatendo todos os fundamentos específicos da decisão agravada. A jurisprudência dominante desta Corte (Súmula 422) e a do STF (Súmula 283) são assentes em considerar inadmissível o recurso que não abrange todos os fundamentos da decisão recorrida. Assim, não preenchido o requisito fixado pelo art. 514, II, do CPC, o recurso não atende ao pressuposto extrínseco da adequação, nos termos da Súmula 422 do TST." A SBDI-I, ao apreciar os embargos interpostos pelo reclamante, concluiu que atende ao pressuposto extrínseco de admissibilidade concernente à fundamentação o agravo em que se infirma precisa e pontualmente o único motivo da decisão impugnada: repercussão, no caso concreto, de superveniente decisão proferida no âmbito do Superior Tribunal de Justiça, em sede de Conflito de Competência, em favor da Justiça Comum estadual. Sob esses fundamentos, a SBDI-I, por unanimidade, conheceu dos embargos, por contrariedade à atual redação da Súmula nº 422, I, do TST, e, no mérito, deu-lhes provimento para determinar o retorno dos autos à Eg. Sexta Turma do TST, a fim de que, superada a ausência de fundamentação, julgue o agravo interposto pelo reclamante, como entender de direito. TST-E-Ag-RR-125100-32.2006.5.01.0056, SBDI-I, rel. Min. João Oreste Dalazen, 27.8.2015 **(Inform. TST 115)**

Ação de cobrança de imposto sindical. Improcedência do pedido com condenação em honorários advocatícios. Inexigibilidade do depósito recursal no recurso ordinário.
É inexigível o recolhimento do depósito recursal para a interposição de recursos, quando a demanda, versando sobre contribuição sindical, for julgada improcedente, e houver condenação tão somente em custas processuais e honorários advocatícios. Isso porque a verba referente aos honorários advocatícios não faz parte da condenação para fins de garantia do juízo, tampouco é destinada a satisfazer o credor em parcela da condenação. Nesse sentido é a Súmula nº 161 do TST. A parcela referente aos honorários advocatícios é crédito de natureza acessória ao valor principal e não se inclui na condenação para efeito de garantia do juízo. Além disso, é inexigível que o depósito seja realizado em favor do Sindicato, juridicamente impossibilitado de ser titular de conta de FGTS. Sob esses fundamentos, a SBDI-I, por unanimidade, ressalvado o entendimento do relator, conheceu do recurso de embargos quanto ao tema "Ação de Cobrança de Imposto Sindical - Improcedência do pedido com condenação em Honorários Advocatícios - Inexigibilidade de Depósito Recursal no Recurso Ordinário", por divergência jurisprudencial, e, no mérito, deu-lhe provimento para determinar o retorno dos autos ao Tribunal Regional do Trabalho de origem a fim de que, afastada a deserção declarada, prossiga no exame do recurso ordinário, como entender de direito. TST- E-RR-10900-11.2007.5.15.0113, SBDI-I, rel. Min. Cláudio Mascarenhas Brandão, 3.9.2015. **(Inform. TST 116)**

Embargos. Interposição sob a égide da Lei nº 11.496/2007. Conhecimento. Arguição de contrariedade a súmula ou a orientação jurisprudencial de conteúdo processual. Possibilidade.
Em regra, é incabível recurso de embargos, interposto sob a égide da Lei nº 11.496/2007, alicerçado em denúncia de contrariedade ou má aplicação de súmula ou de orientação jurisprudencial de conteúdo processual, tendo em vista que, a partir da redação do art. 894 da CLT conferida pela mencionada lei, os embargos passaram a ter a finalidade precípua de uniformização da jurisprudência trabalhista. Apenas excepcionalmente se admite o conhecimento dos embargos na hipótese em que, a partir do acórdão embargado, constata-se afirmação contrária ao próprio teor da súmula ou da orientação jurisprudencial indicada como contrariada ou mal aplicada. No caso concreto, a Turma de origem deu provimento ao recurso de revista

interposto pela União para determinar a incidência de contribuição previdenciária sobre o valor total de acordo homologado judicialmente, no percentual de 20%, a ser recolhido pelas reclamadas, e de 11% devido pelo reclamante (contribuinte individual). Observou-se, contudo, que, ao julgar os embargos de declaração do reclamante – acerca da responsabilidade exclusiva das reclamadas por eventual recolhimento de contribuição previdenciária, prevista em cláusula do acordo homologado –, a Turma não poderia ter exigido o prequestionamento da matéria, nem mesmo ficto, uma vez que, em sede ordinária, nenhuma verba previdenciária havia sido considerada devida, inexistindo, portanto, interesse processual do reclamante sobre o ponto. Nesse contexto, a SBDI-I, por maioria, conheceu do recurso de embargos por contrariedade (má aplicação) à Súmula 297, item II, do TST e à Orientação Jurisprudencial 119 da SBDI-I, vencidos os Ministros Brito Pereira, relator, e Walmir Oliveira da Costa. No mérito, à unanimidade, a Subseção deu provimento ao recurso para condenar as reclamadas ao recolhimento da quota-parte da contribuição previdenciária que caberia ao reclamante. TST-E-ED-RR-135200-66.2007.5.02.0029, SBDI-I, rel. Min. Brito Pereira, red. p/acórdão Min. Augusto César Leite de Carvalho, 26.11.2015 (Inform. TST 125)

7.2. SUBSEÇÃO II ESPECIALIZADA EM DISSÍDIOS INDIVIDUAIS

Agravo de instrumento. Recurso ordinário. Deserção. Conselho de fiscalização profissional. Privilégios da Fazenda Pública.

Os conselhos de fiscalização profissional são autarquias em regime especial, sendo-lhes aplicáveis os privilégios da Fazenda Pública, previstos no Decreto Lei nº 779/69. Assim, estão dispensados do recolhimento de custas processuais e de depósito recursal. Sob esse entendimento, a SBDI-II, por unanimidade, conheceu do agravo de instrumento e, no mérito, deu-lhe provimento para, afastada a deserção do apelo, submeter o recurso ordinário do autor a julgamento do colegiado na primeira sessão subsequente à publicação da certidão de provimento do agravo. TST-AIRO-11086- 96.2012.5.01.0000, SBDI-II, rel. Min. Emmanoel Pereira, 23.6.2015. (Inform. TST 111)

7.3. ÓRGÃO ESPECIAL

Recurso ordinário em agravo regimental. Inclusão da Companhia Estadual de Águas e Esgotos - CEDAE em plano especial de execuções. Determinação judicial de intimação da agravada para manifestação acerca de petições e documentos alusivos a onze agravos regimentais. Ausência de cumprimento pela secretaria. Direito ao contraditório violado.

Apesar de o agravo regimental não necessariamente comportar contraditório, o fato de haver determinação judicial, não cumprida pela secretaria, de intimação da agravada para manifestação acerca de petições e documentos alusivos a diversos agravos regimentais, gera o direito ao contraditório, que, violado, implica nulidade. No caso, a presidência do Tribunal Regional da 1ª Região, por decisão monocrática, incluiu a CEDAE em plano especial de execuções. A essa decisão, interpuseram-se diversos agravos regimentais, os quais foram acolhidos pelo órgão colegiado competente do TRT fluminense. Ocorre que, anteriormente, por meio de despacho, a presidência do Tribunal *a quo* havia concedido à reclamada prazo de oito dias a fim de se manifestar sobre os agravos regimentais interpostos, contudo não houve intimação dessa concessão de prazo, por lapso da secretaria do aludido órgão judicante. Assim, entendeu o Órgão Especial do Tribunal Superior do Trabalho, que poderia a CEDAE, se ouvida antes da apreciação dos agravos regimentais, convencer o Regional de que era seu o direito de beneficiar-se no plano de execução coletiva instituído por aquela Corte. Com esses fundamentos, o Órgão Especial do Tribunal Superior do Trabalho decidiu: a) por unanimidade, indeferir os pedidos aviados nas petições protocoladas após 04/02/2015, deferindo o ingresso na lide dos litisconsortes relacionados às fls. 1.300/1.307; b) no mérito, quanto à preliminar de nulidade por cerceamento de defesa, por maioria, dar provimento ao recurso ordinário para declarar a nulidade do acórdão regional que apreciou os agravos regimentais e restabelecer a subsistência da decisão da Presidência da Corte Regional, até que se proceda a novo julgamento, determinando que retornem os autos ao Tribunal Regional do Trabalho da 1ª Região, a fim de que se processem os agravos regimentais com observância do contraditório e os julguem, como tal ou como recurso em matéria administrativa, segundo o que parecer de direito. Ficaram vencidos os Ministros Ives Gandra Martins Filho e João Batista Brito Pereira, que superavam a preliminar de nulidade, nos termos do art. 249, § 2º, do CPC, e davam provimento ao recurso ordinário para admitir a centralização da execução, e os Ministros João Oreste Dalazen, Maria Cristina Irigoyen Peduzzi, Renato de Lacerda Paiva e Delaíde Miranda Arantes que, igualmente, superavam a preliminar de nulidade, mas negavam provimento ao recurso ordinário. TST-RO-2315-95.2013.5.01.0000, OE, rel. Min. Augusto César Leite de Carvalho, 1.6.2015 . (Inform. TST 109)

▌ SÚMULA Nº 25

CUSTAS PROCESSUAIS. INVERSÃO DO ÔNUS DA SUCUMBÊNCIA. (**alterada a Súmula e incorporadas as Orientações Jurisprudenciais nºs 104 e 186 da SBDI-I**)

I - A parte vencedora na primeira instância, se vencida na segunda, está obrigada, independentemente de intimação, a pagar as custas fixadas na sentença originária, das quais ficara isenta a parte então vencida;

II- No caso de inversão do ônus da sucumbência em segundo grau, sem acréscimo ou atualização do valor das custas e se estas já foram devidamente recolhidas, descabe um novo pagamento pela parte vencida, ao recorrer. Deverá ao final, se sucumbente, reembolsar a quantia; (ex-OJ nº 186 da SBDI-I)

III- Não caracteriza deserção a hipótese em que, acrescido o valor da condenação, não houve fixação ou cálculo do valor devido a título de custas e tampouco intimação da parte para o preparo do recurso, devendo ser as custas pagas ao final; (ex-OJ nº 104 da SBDI-I)

IV- O reembolso das custas à parte vencedora faz-se necessário mesmo na hipótese em que a parte vencida for pessoa isenta do seu pagamento, nos termos do art. 790-A, parágrafo único, da CLT.

▌ SÚMULA Nº 459 (edição)

RECURSO DE REVISTA. NULIDADE POR NEGATIVA DE PRESTAÇÃO JURISDICIONAL (**conversão da Orientação Jurisprudencial nº 115 da SBDI-1**)

O conhecimento do recurso de revista, quanto à preliminar de nulidade por negativa de prestação jurisdicional, supõe indicação de violação do art. 832 da CLT, do art. 458 do CPC ou do art. 93, IX, da CF/1988.

▌ OJ Nº 104 DA SBDI-I

CUSTAS. CONDENAÇÃO ACRESCIDA. INEXISTÊNCIA DE DESERÇÃO QUANDO AS CUSTAS NÃO SÃO EXPRESSAMENTE CALCULADAS E NÃO HÁ INTIMAÇÃO DA PARTE PARA O PREPARO DO RECURSO, DEVENDO, ENTÃO, SER AS CUSTAS PAGAS AO FINAL (**cancelada em decorrência da sua incorporação da nova redação da Súmula nº 25**) Não caracteriza deserção a hipótese em que, acrescido o valor da condenação, não houve fixação ou cálculo do valor devido a título de custas e tampouco intimação da parte para o preparo do recurso, devendo, pois, as custas ser pagas ao final.

▌ OJ Nº 115 DA SBDI-I

RECURSO DE REVISTA. NULIDADE POR NEGATIVA DE PRESTAÇÃO JURISDICIONAL (**cancelada em decorrência da sua conversão na Súmula nº 459**)

O conhecimento do recurso de revista, quanto à preliminar de nulidade por negativa de prestação jurisdicional, supõe indicação de violação do art. 832 da CLT, do art. 458 do CPC ou do art. 93, IX, da CF/1988.

▌ OJ Nº 186 DA SBDI-I

CUSTAS. INVERSÃO DO ÔNUS DA SUCUMBÊNCIA. DESERÇÃO. NÃO OCORRÊNCIA (**cancelada em decorrência da sua incorporação da nova redação da Súmula nº 25**)

No caso de inversão do ônus da sucumbência em segundo grau, sem acréscimo ou atualização do valor das custas e se estas já foram devidamente recolhidas, descabe um novo pagamento pela parte vencida, ao recorrer. Deverá ao final, se sucumbente, ressarcir a quantia.

OJ Nº 305 DA SBDI-I
HONORÁRIOS ADVOCATÍCIOS. REQUISITOS. JUSTIÇA DO TRABALHO (cancelada em decorrência da sua incorporação da nova redação da Súmula nº 219)

Na Justiça do Trabalho, o deferimento de honorários advocatícios sujeita-se à constatação da ocorrência concomitante de dois requisitos: o benefício da justiça gratuita e a assistência por sindicato.

SÚMULA Nº 434 DO TST
RECURSO. INTERPOSIÇÃO ANTES DA PUBLICAÇÃO DO ACÓRDÃO IMPUGNADO. EXTEMPORANEIDADE. (Cancelada sessão do Tribunal Pleno realizada em 09.06.2015)

I - É extemporâneo recurso interposto antes de publicado o acórdão impugnado. (ex-OJ nº 357 da SBDI-1 – inserida em 14.03.2008)

II - A interrupção do prazo recursal em razão da interposição de embargos de declaração pela parte adversa não acarreta qualquer prejuízo àquele que apresentou seu recurso tempestivamente.

SÚMULA Nº 422 DO TST
RECURSO. FUNDAMENTO AUSENTE OU DEFICIENTE. NÃO CONHECIMENTO. (redação alterada na sessão do Tribunal Pleno realizada em 09.06.2015, com inserção dos itens I, II e III)

I – Não se conhece de recurso para o TST se as razões do recorrente não impugnam os fundamentos da decisão recorrida, nos termos em que proferida.

II – O entendimento referido no item anterior não se aplica em relação à motivação secundária e impertinente, consubstanciada em despacho de admissibilidade de recurso ou em decisão monocrática.

III– Inaplicável a exigência do item I relativamente ao recurso ordinário da competência de Tribunal Regional do Trabalho, exceto em caso de recurso cuja motivação é inteiramente dissociada dos fundamentos da sentença.

8. RECURSO DE REVISTA
8.1. SUBSEÇÃO I ESPECIALIZADA EM DISSÍDIOS INDIVIDUAIS

Divergência jurisprudencial. Exigência de confronto analítico entre as decisões discordantes. Súmula nº 337, I, "b", do TST.
Para a demonstração de divergência jurisprudencial justificadora do recurso, não é suficiente que o recorrente apenas transcreva a ementa de aresto potencialmente discordante do acórdão atacado, sendo indispensável que haja o confronto analítico de teses, conforme exigido pela Súmula nº 337, I, "b", do TST. No caso, ao interpor o recurso de revista, o recorrente limitou-se a reproduzir as ementas dos arestos paradigmas, com o registro da origem e fonte de publicação, sem, contudo, apresentar argumentação que comprovasse o conflito entre a tese neles fixada e a contida na decisão do TRT, tendo alegado que não haveria propriamente a exigência de cotejo analítico na apresentação dos arestos. Nesse contexto, a SBDI-I, por unanimidade, não conheceu dos embargos do reclamado, destacando que a indicação de contrariedade à Súmula nº 337 do TST, de caráter processual, só viabiliza o conhecimento do recurso de embargos quando a decisão embargada nega a existência da tese consagrada no enunciado da própria súmula, o que não se verificou na hipótese, e que os julgados colacionados eram inespecíficos, não atendendo, portanto, ao disposto no item I da Súmula nº 296 do TST. TST-E-ED-RR-33200-08.2004.5.04.0006, SBDI-I, rel. Min. Augusto César Leite de Carvalho, 26.2.2015 (Inform. TST 100)

Diárias de viagem. Depósito em conta corrente. Prestação de contas. Súmula nº 101 do TST. Não incidência.
A Súmula nº 101 do TST, ao tratar da natureza jurídica das diárias de viagem, não abordou a premissa fática registrada no acórdão do TRT, segundo a qual o reclamante "recebia diárias em razão dos deslocamentos, mediante depósito em conta corrente" e "prestava contas dos gastos efetivos para pagamento das diárias". Assim, a SBDI-I, por unanimidade, conheceu dos embargos interpostos pela reclamada por contrariedade à Súmula nº 101 do TST (má aplicação), e, no mérito, deu-lhes provimento para determinar o retorno dos autos à Turma de origem a fim de que, afastado o conhecimento do recurso de revista adesivo do autor por aplicação da súmula em questão, prossiga no julgamento do recurso como entender de direito. TST-E-ED-RR-489900- 35.2003.5.09.0005, SBDI-I, rel. Min. Renato de Lacerda Paiva, 19.3.2015 (Inform. TST 102)

Embargos. Recurso interposto na vigência da Lei nº 11.496/2007. Art. 894, II, da CLT. Conhecimento. Caracterização de divergência jurisprudencial. Aresto oriundo do Órgão Especial do TST. Inservível.
De acordo com a redação do art. 894, II, da CLT, dada pela Lei nº 11.496/2007, o conhecimento do recurso de embargos restringe-se à demonstração de divergência jurisprudencial entre decisões de Turmas do TST ou entre decisões de Turmas e da Seção de Dissídios Individuais, subdividida em SBDI-I e SBDI-II; ou, ainda, ao caso de decisões contrárias a súmula ou orientação jurisprudencial do TST ou súmula vinculante do STF. A divergência, portanto, não se configura por confronto com aresto oriundo do Órgão Especial do TST, visto que, além de não contemplado pelo referido dispositivo de lei, a decisão trazida a confronto foi proferida em matéria administrativa. Com esses fundamentos, a SBDI-I, por maioria, não conheceu do recurso de embargos do reclamante. Vencidos os Ministros Lelio Bentes Corrêa, João Oreste Dalazen e Alexandre de Souza Agra Belmonte. TST-E-ED-RR-114444-36.1989.5.17.0001, SBDI-I, rel. Min. José Roberto Freire Pimenta, 23.4.15. (Inform. TST 104)

9. EXECUÇÃO
9.1. SUBSEÇÃO I ESPECIALIZADA EM DISSÍDIOS INDIVIDUAIS

PA. Forma de execução de créditos trabalhistas. Matéria encaminhada ao Tribunal Pleno. Orientação Jurisprudencial nº 87 da SBDI-I. Manutenção ou revisão.
A SBDI-I, por unanimidade, decidiu suspender o exame dos embargos e remeter ao Tribunal Pleno a questão relativa à forma de execução de créditos trabalhistas em face da Administração dos Portos de Paranaguá e Antonina – APPA, para deliberar sobre a manutenção ou a revisão da Orientação Jurisprudencial nº 87 da SBDI-I. TST-E-RR-148500-29.2004.5.09.0022, SBDI-I, rel. Min. Renato de Lacerda Paiva, 26.2.2015. (Inform. TST 11)

Execução. Valores reconhecidos em juízo. Recolhimento das respectivas contribuições previdenciárias. Art. 195, I, "a", da CF. Prestação de serviços iniciada antes da edição da Medida Provisória nº 449/2008 (convertida na Lei nº 11.941/2009). Fato gerador. Pagamento. Juros de mora a contar do dia dois do mês seguinte ao da liquidação da sentença. Art. 276 do Decreto nº 3.048/99.
A Medida Provisória nº 449/2008, convertida na Lei nº 11.941/2009, fixou a prestação de serviços como fato gerador da contribuição previdenciária incidente sobre verbas trabalhistas reconhecidas em juízo. No entanto, para os contratos iniciados em período anterior à vigência da nova norma, o fato gerador é o crédito ou pagamento da importância devida. Incide, portanto, a regra do art. 276 do Decreto nº 3.048/1999, segundo a qual os juros e multa moratória pelo atraso no recolhimento são calculados a partir do segundo dia do mês seguinte ao da liquidação da sentença. Com base nesses fundamentos, a SBDI-I, por unanimidade, conheceu do recurso de embargos interpostos pela União, por divergência jurisprudencial, e, no mérito, negou-lhe provimento. TST-ERR-116800- 14.2010.5.13.0022, SBDI-I, Min. Aloysio Corrêa da Veiga, 12.3.2015. (Inform. TST 12)

Ação anulatória. Pretensão de desconstituição de sentença homologatória de cálculos de liquidação. Não cabimento. Art. 486 do CPC.
A pretensão de desconstituição de sentença homologatória de cálculos de liquidação apresentados pelo perito é incompatível com a ação anulatória, a qual, consoante o art. 486 do CPC, é cabível apenas contra os atos dispositivos praticados pelas partes, que não dependam de sentença, ou contra os atos processuais objeto de decisão meramente homologatória. Assim, tendo em conta que os cálculos apresentados por perito contábil não se caracterizam como atos dispositivos em que há declaração de vontade destinada a dispor da tutela jurisdicional, e que a sentença

homologatória de cálculos de liquidação não se destina a jurisdicionalizar ato processual das partes, mas tornar líquida a prestação reconhecida na sentença exequenda, integrando-a, não há falar em cabimento da ação anulatória. Com esses fundamentos, e não vislumbrando afronta aos arts. 896 da CLT e 486 do CPC, a SBDI-I, por unanimidade, não conheceu do recurso de embargos interpostos pelo reclamante antes da vigência da Lei nº 11.496/2007. Registrou ressalva de fundamentação o Ministro Lelio Bentes Corrêa. TST-E-ED-RR-156700-08.2000.5.17.0001, SBDI-I, rel. Min. Guilherme Augusto Caputo Bastos, 9.4.2015 (Inform. TST 13)

Incompetência da Justiça do Trabalho. Execução de contribuição previdenciária. Salário pago "por fora".
A competência da Justiça do Trabalho, no que diz respeito à execução de contribuições previdenciárias, limita-se às sentenças condenatórias em pecúnia que proferir e aos valores, objeto de acordo homologado, que integrem o salário de contribuição. Inteligência do item I da Súmula nº 368 do TST. Sob esse posicionamento, e não vislumbrando a incidência do mencionado verbete ao caso concreto, a SBDI-I, à unanimidade, conheceu dos embargos, por divergência jurisprudencial, e, no mérito, deu-lhes provimento para declarar a incompetência da Justiça do Trabalho para conhecer do debate acerca do recolhimento das contribuições previdenciárias relativas ao salário extrafolha recebido pelo trabalhador durante o vínculo de emprego, e que não foi objeto de condenação pecuniária na presente ação. TST-E--ED-RR-3039600-98.2009.5.09.0029, SBDI-I, rel. Min. Augusto César Leite de Carvalho, 7.5.2015 (Inform. TST 16)

Execução. Coisa julgada. Correção monetária. Artigo 5º, XXXVI, da Constituição Federal.
Se o título executivo judicial contém determinação expressa de incidência da correção monetária sobre parcela específica da condenação, a partir do quinto dia útil do mês subsequente ao trabalhado, evidencia patente vulneração à coisa julgada a ulterior modificação, em execução, do termo inicial da atualização monetária. No caso, ao julgar o agravo de petição interposto pela executada, o Tribunal Regional do Trabalho da 3ª Região alterou o termo inicial da correção monetária que fora estabelecido no título executivo, fixando-o na data da prolação do acórdão regional proferido em recurso ordinário. Depreende-se, portanto, que não se cuida de mera interpretação do sentido e alcance do título executivo, mas de total descompasso do acórdão regional em agravo de petição em relação ao comando emanado de decisão transitada em julgado. Sob esse fundamento, a SBDI-I, por unanimidade, não conheceu do recurso de embargos da executada. TST-E-RR-112200- 77.1998.5.03.0044, SBDI-I, rel. Min. João Oreste Dalazen, 25.6.2015. (Inform. TST 17)

Multa do artigo 475-J do CPC. Inaplicabilidade ao processo do trabalho. Matéria remetida à fase de execução. Ausência de interesse recursal.
A aplicabilidade da multa a que alude o artigo 475-J do CPC pode ser analisada na fase de conhecimento quando a parte tiver a intenção de se precaver de eventual condenação na fase de execução. No entanto, no caso em que o julgador opta por remeter o exame da incidência da multa ao juízo da execução, não há interesse recursal, eis que não há condenação. O interesse para recorrer nasce do binômio necessidade versus utilidade do provimento jurisdicional. Não havendo sucumbência, inexiste interesse recursal. Sob esses fundamentos a SBDI-1, por maioria, conheceu dos embargos, por divergência jurisprudencial, e, no mérito, negou-lhes provimento, vencidos os Ministros João Oreste Dalazen e Augusto César Leite de Carvalho, que não conheciam do recurso. TST-E-ED-RR-727-89.2012.5.09.0671, SBDI-I, rel. Min. Aloysio Corrêa da Veiga, 17.9.2015. (Inform. TST 18)

Contribuição previdenciária. Fato gerador. Incidência de multa e juros de mora. Data da prestação dos serviços. Alteração do art. 43 da Lei nº 8.212/1991 pela Medida Provisória nº 449/2008, convertida na Lei nº 11.941/2009.
Na vigência do art. 276, caput, do Decreto nº 3.048/99, o fato gerador da contribuição previdenciária era o pagamento do crédito devido ao trabalhador e, no caso de decisão judicial trabalhista, somente seria cabível a incidência de multa e juros de mora após o dia dois do mês subsequente ao trânsito em julgado da decisão que pôs fim à discussão acerca dos cálculos de liquidação. Porém, desde a edição da Medida Provisória nº 449/2008, convertida na Lei nº 11.941/2009, que modificou o art. 43 da Lei nº 8.212/1991, as contribuições sociais apuradas em virtude de sentença judicial ou acordo homologado judicialmente passaram a ser devidas a partir da data de prestação do serviço, considerando-se como marco de incidência do novo dispositivo de lei o dia 5.3.2009, em atenção aos princípios da anterioridade tributária e nonagesimal (arts. 150, III, "a", e 195, § 6º, da CF). Entendimento consolidado pelo Tribunal Pleno no julgamento do processo TST-E-RR-1125-36.2010.5.06.0171, em 20.10.2015. Sob esses fundamentos, e tendo em conta que, na espécie, a prestação de serviço objeto da reclamação trabalhista ocorreu no período de 21.3.2003 a 28.12.2011, a SBDI-I, por unanimidade, conheceu dos embargos, por divergência jurisprudencial, e, no mérito, deu-lhe provimento parcial para determinar que a partir de 5.3.2009 o fato gerador da obrigação previdenciária para fins de incidência dos juros moratórios é a data da efetiva prestação de serviço, mantendo-se o termo inicial do referido encargo no dia dois do mês seguinte ao do efetivo pagamento do débito em relação às prestações laborais ocorridas até o dia 4.3.2009. A multa incide a partir do primeiro dia subsequente ao término do prazo de citação para pagamento das parcelas previdenciárias, observado o limite legal de 20% (art. 61, § 2º, da Lei nº 9.430/96). TST- E-ED-RR-4484-80.2012.5.12.0001, SBDI-I, rel. Min. Renato de Lacerda Paiva, 19.11.2015 (Inform. TST 20)

Sindicato. Substituição processual. Execução. Fracionamento. Expedição de Requisição de Pequeno Valor. Possibilidade.
O título judicial emanado de sentença proferida em ação coletiva ajuizada por sindicato, na qualidade de substituto processual, pode ser objeto de execução individual, mediante a utilização da Requisição de Pequeno Valor (art. 87 do ADCT), sem que isso implique afronta ao art. 100, § 8º, da CF. O Estado é devedor de cada trabalhador, na exata proporção dos respectivos créditos, e não do sindicato propriamente dito, que atuou como legitimado extraordinário, defendendo direito alheio em nome próprio. Desse modo, o crédito decorrente da condenação em processo instaurado mediante substituição processual não é único. Trata-se de um somatório de créditos, pertencentes aos diversos substituídos, de maneira que, se analisados individualmente, podem, em tese, se inserir no conceito de "pequeno valor". Inteligência da Orientação Jurisprudencial nº 9 do Tribunal Pleno/Órgão Especial. Ademais, embora o STF tenha fixado a possibilidade de fracionamento da execução para expedição de Requisição de Pequeno Valor quando se tratar de litisconsórcio facultativo ativo (STF-RE-568645/SP, com repercussão geral reconhecida), o mesmo entendimento tem sido aplicado aos casos de ação coletiva. Sob esses fundamentos, a SBDI-I, por unanimidade, conheceu dos embargos interpostos pelo sindicato, por divergência jurisprudencial, e, no mérito, por maioria, deu-lhes provimento para restabelecer o acórdão do Regional no tocante à execução individualizada do título judicial, mediante requisições de pequeno valor, nos termos do art. 87 do ADCT. Vencidos os Ministros Lelio Bentes Corrêa, relator, Antonio José de Barros Levenhagen, Renato de Lacerda Paiva, Aloysio Corrêa da Veiga e Guilherme Augusto Caputo Bastos. TST-E- ED--RR-10247-58.2010.5.04.0000, SBDI-I, rel. Min. Lelio Bentes Corrêa, red. p/acórdão Min. João Oreste Dalazen, 26.11.2015 (*No mesmo sentido, TST-E-ED-ED-RR-9091200-66.1991.5.04.0016, SBDI-I, rel. Min. Márcio Eurico Vitral Amaro, 26.11.2015) **(Inform. TST 20)**

Multa de 20% sobre o valor da condenação em razão do não pagamento ou de ausência de garantia da execução. Art. 832, §1º, da CLT. Impossibilidade. Existência de regramento específico. Art. 880 da CLT.
O art. 880 da CLT determina o pagamento ou a garantia da execução no prazo de 48 horas, sob pena de penhora. Assim, havendo regramento específico para o não cumprimento espontâneo da decisão judicial ou para a ausência de garantia do juízo, não subsiste a multa de 20% sobre o valor da condenação imposta à reclamada com fundamento no art. 832, § 1º, da CLT. No caso concreto, ressaltou-se que o referido dispositivo tem caráter genérico e deve ser interpretado em conjunto

com a disciplina que a CLT confere à execução trabalhista. Sob esses fundamentos, a SBDI-I, por maioria, conheceu dos embargos, vencido o Ministro Aloysio Corrêa da Veiga. No mérito, também por maioria, a Subseção deu provimento ao recurso para, reformado o acórdão turmário, excluir da condenação o pagamento da multa de 20% para o caso de não pagamento ou da ausência de garantia da execução no prazo de 48 horas. Vencidos os Ministros Augusto César Leite de Carvalho, José Roberto Freire Pimenta e Alexandre Agra Belmonte. TST-E-ED-RR-1228-29.2011.5.08.0114, SBDI-I, rel. Min. Guilherme Augusto Caputo Bastos, 26.11.2015 (Inform. TST 20)

9.2. SUBSEÇÃO II ESPECIALIZADA EM DISSÍDIOS INDIVIDUAIS

Ação rescisória. Desconstituição da penhora efetivada sobre bem imóvel. Aquisição ocorrida em momento anterior ao redirecionamento da execução ao sócio da reclamada. Adquirente de boa- fé. Fraude à execução não configurada. Violação dos arts. 472 e 615-A do CPC.
Para a caracterização da fraude à execução, quando inexistente penhora inscrita no registro imobiliário, não basta a constatação de que o negócio jurídico se operou no curso de processo distribuído em desfavor do devedor (requisito objetivo), mas também a demonstração de má-fé do terceiro adquirente (requisito subjetivo), sob pena de desrespeito ao princípio da segurança jurídica. No caso, a autora adquiriu o imóvel em 23.12.2005, antes do direcionamento da execução em desfavor do sócio da executada, em 24.4.2006, o que revela sua condição de adquirente de boa-fé. Com esse entendimento, a SBDI-II, à unanimidade, conheceu do recurso ordinário interposto pelo réu, e, no mérito, negou-lhe provimento, mantendo incólume a decisão rescindenda que, entendendo configurada a violação dos arts. 472 e 615-A, § 3º, do CPC, desconstituiu a penhora efetivada nos autos da reclamação trabalhista. TST-RO-5875-32.2011.5.04.0000, SBDI-II, rel. Min. Alberto Luiz Bresciani de Fontan Pereira, 16.12.2014. (Inform. TST 10)

Penhora. Percentual de pensão recebida pelo impetrante na condição de anistiado político. Ilegalidade. Art. 649, IV, do CPC. Orientação Jurisprudencial nº 153 da SBDI-II.
É ilegal, independente do percentual arbitrado, o bloqueio de pensão mensal vitalícia recebida pelo impetrante em decorrência do reconhecimento da condição de anistiado político, pois o crédito penhorado, previsto no art. 8º, § 3º do ADCT e na Lei nº 10.559/2002, possui natureza alimentícia, inserindo-se no mesmo âmbito de proteção assegurada pelo art. 649, IV, do CPC e pela Orientação Jurisprudencial nº 153 da SBDI-II. Com esse entendimento, a SBDI-II, por unanimidade, conheceu do recurso ordinário e, no mérito, deu-lhe provimento para conceder a segurança pleiteada e determinar o cancelamento do bloqueio que recaiu sobre a pensão mensal recebida pelo impetrante, bem como a liberação das quantias já bloqueadas. TST-RO-10729-82.2013.5.01.0000, SBDI-II, rel. Min. Douglas Alencar Rodrigues, 3.2.2015. (Inform. TST 10)

Ação rescisória. Execução trabalhista. Prescrição intercorrente. Não incidência. Violação do art. 5º, XXXVI, da CF. Configuração.
Tratando-se de condenação ao pagamento de créditos oriundos da relação de trabalho, não se aplica a prescrição intercorrente, pois, nos termos do art. 878 da CLT, o processo do trabalho pode ser impulsionado de ofício. Ademais, a pronúncia da prescrição intercorrente nas execuções trabalhistas esvaziaria a eficácia da decisão judicial que serviu de base ao título executivo, devendo o direito reconhecido na sentença prevalecer sobre eventual demora para a satisfação do crédito. Inteligência da Súmula nº 114 do TST. De outra sorte, no caso concreto, ao declarar a incidência da prescrição intercorrente, a decisão rescindenda baseou-se nos princípios da boa-fé objetiva e da segurança jurídica, firmando a premissa genérica de ocorrência de inércia do exequente por mais de dois anos, sem registrar, todavia, se o ato que a parte teria deixado de praticar era de responsabilidade exclusiva dela, condição indispensável para a incidência da prescrição intercorrente, conforme entendimento do Ministro relator. Com esses fundamentos, a SBDI-II, por unanimidade, conheceu do recurso ordinário e deu-lhe provimento para julgar procedente o pedido de corte rescisório, por violação do art. 5º, XXXVI, da CF, e desconstituir a decisão rescindenda, e, em juízo rescisório, afastar a prescrição intercorrente pronunciada e determinar o prosseguimento da execução trabalhista. TST-RO-14-17.2014.5.02.0000, SBDI-II, rel. Min. Douglas Alencar Rodrigues, 24.2.2015 (Inform. TST 11)

Mandado de segurança. Penhora em conta poupança até o limite de quarenta salários mínimos. Art. 649, X, do CPC. Impossibilidade.
Nos termos do art. 649, X, do CPC, é absolutamente impenhorável, até o limite de 40 salários mínimos, a quantia depositada em caderneta de poupança. Na espécie, houve determinação de penhora/bloqueio de valores depositados em contas-poupanças, via Bacenjud, sem a observância da diretriz consagrada no dispositivo de lei mencionado. Assim, tendo em conta que é possível conhecer de mandado de segurança impetrado contra ato judicial que, embora comporte recurso, provoque receio de dano irreparável ou de difícil reparação, como no caso concreto, a SBDI-II, por unanimidade, deu provimento a recurso ordinário para conceder parcialmente a segurança, a fim de sustar a ordem de bloqueio de valores creditados nas contas-poupanças do impetrante, liberando-se eventuais valores já penhorados a esse título que não excedam o limite estabelecido no art. 649, X, do CPC, tomados em seu conjunto. TST-RO-179-34.2012.5.20.0000, SBDI-II, rel. Min. Delaíde Miranda Arantes, 24.2.2015. (Inform. TST 11)

Mandado de segurança. Medida liminar em reclamação correicional. Desmembramento de execuções unificadas pelo Juízo. Prosseguimento das execuções individualmente. Ordem de bloqueio de valores. Possibilidade. Inexistência de ofensa a direito líquido e certo.
A medida liminar concedida em sede de reclamação correicional, determinando o processamento autônomo das execuções indevidamente reunidas pela vara do trabalho, bem como o cancelamento de todos os atos constritivos decorrentes da unificação, não obsta o prosseguimento das execuções de forma individualizada perante o juízo competente, razão pela qual a ordem de bloqueio de valores da impetrante, visando à satisfação do crédito trabalhista, não se mostra conflitante com a liminar obtida. Na espécie, a impetrante alegou que a determinação de constrição de valores em conta corrente viola o direito de propriedade e a garantia da coisa julgada (art. 5º, caput, XXII, XXXVI, da CF), porquanto não viabiliza o cumprimento das obrigações de forma menos gravosa (art. 620, do CPC). Todavia, assegurada a possibilidade de defesa ampla, caso a caso, e não existindo na liminar concedida qualquer determinação de paralisação das execuções individuais, mas apenas a impossibilidade de tramitação unificada dos processos em curso, não há falar em afronta ao direito de propriedade ou à coisa julgada. De outra sorte, as alegações de que o bloqueio de valores é medida mais gravosa, bem como as consequências advindas da constrição devem ser objeto de medida judicial própria, a atrair, portanto, o óbice da Orientação Jurisprudencial nº 92 da SBDI-II. Com esses fundamentos, a SBDI-II, por unanimidade, conheceu do recurso ordinário e, no mérito, negou-lhe provimento. Ressalvou a fundamentação o Ministro Luiz Philippe Vieira de Mello Filho. TST-RO-10190-96.2012.5.03.0000, SBDI-II, rel. Min. Douglas Alencar Rodrigues, 10.3.2015 (Inform. TST 12)

Ação rescisória. Arrematação. 40% do valor da avaliação. Preço vil. Ausência de definição legal. Violação do art. 694, § 1º, V do CPC. Não configuração.
A ausência de critérios na legislação pátria sobre o que vem a ser preço vil dificulta a caracterização de afronta a preceito de lei apta a ensejar o corte rescisório. Trata-se de matéria controvertida a atrair a incidência da Súmula nº 83 do TST. Assim, na hipótese em que o bem fora arrematado por 40% do valor correspondente à avaliação, sem que tenha havido registro de que o juiz da execução tenha desrespeitado os princípios da razoabilidade e da proporcionalidade no momento de avaliar o lance ofertado, não é possível concluir pela violação do art. 694, § 1º, V, do CPC. Com esses fundamentos, a SBDI-II, por maioria, conheceu do recurso ordinário e, no mérito, negou-lhe provimento. Vencida a Ministra Delaíde Miranda Arantes. TST-RO-19600-39.2011.5.13.0000, SBDI-II, rel. Min. Emmanoel Pereira, 17.3.2015. (Inform. TST 12) (Inform. TST 12)

Ação rescisória. Venda de imóvel de sócio da empresa anterior à desconsideração da personalidade jurídica da devedora. Terceiro de boa-fé. Fraude à execução. Não ocorrência.
Não ocorre fraude à execução quando a alienação do imóvel do sócio da empresa é anterior à desconsideração da personalidade jurídica da devedora e não há provas da má-fé do terceiro adquirente. Na espécie, restou demonstrado que os terceiros não tinham conhecimento de qualquer embargo sobre o imóvel objeto da transação e que nenhuma certidão da Justiça do Trabalho os informaria da positivação do nome da proprietária do bem, pois, à época da alienação, o nome dela ainda não constava no polo passivo da execução. Assim, reputando válido e eficaz o negócio jurídico celebrado entre as partes, a SBDI-II, por unanimidade, conheceu do recurso ordinário e, no mérito, deu-lhe provimento para, reconhecendo violação do disposto nos arts. 593, II, do CPC e 5º, XXII e XXXVI, da CF, julgar procedente a ação rescisória para, em juízo rescindendo, rescindir o acórdão proferido nos autos de agravo de petição em embargos de terceiro e, em juízo rescisório, julgar procedentes os referidos embargos para desconstituir a penhora efetivada sobre o imóvel em questão. TST-RO-6370-96.2012.5.02.0000, SBDI-II, rel. Min. Luiz Philippe Vieira de Mello Filho, 7.4.2015. **(Inform. TST 13)**

Execução. Expropriação de bem dado em garantia. Transferência de valores remanescentes para execuções movidas contra empresa diversa. Necessidade de formação de grupo econômico ou existência de sucessão de empresas.
Em atenção ao devido processo legal, ao contraditório e à ampla defesa (arts. 5º, LIV e LV, da CF), não se pode admitir a satisfação das dívidas de determinada empresa executada por meio da utilização de recursos financeiros advindos das sobras da expropriação de bem de terceiros, sem que tenha sido reconhecida, em cada execução trabalhista, a formação de grupo econômico ou a existência de sucessão de empresas. No caso concreto, o Juízo da vara do trabalho determinara que os valores remanescentes nos autos de execução em que figuravam como executadas somente as empresas Áurea Palace Hotel e Áurea Empreendimentos Turísticos S.A., fossem repassados para execuções movidas contra Terra Turismo Ltda, sem que houvesse o reconhecimento de que entre as empresas configurou-se grupo econômico ou ocorreu sucessão. Com esse entendimento, a SBDI-II, por unanimidade, conheceu da remessa necessária e, no mérito, negou-lhe provimento. TST- ReeNec-26800-89.2009.5.23.0000, SBDI-II, rel. Min. Douglas Alencar Rodrigues, 14.4.2015 **(Inform. TST 14)**

Conflito positivo de competência. Admissibilidade. Execução por carta precatória. Embargos à execução. Sentença já prolatada pelo juízo deprecado. Ausência de trânsito em julgado.
Configurado o dissenso entre órgãos jurisdicionais trabalhistas a respeito da competência para o julgamento de embargos à execução, é possível admitir o conflito positivo de competência, desde que não transitada em julgado a sentença prolatada por um dos juízos vinculados à questão (arts. 113 e 115 do CPC), devendo haver a suspensão do processo até a resolução do incidente (arts. 120 e 265, VI, do CPC). Na espécie, o juízo da 33ª Vara do Trabalho de Belo Horizonte/MG processou a execução em conformidade com a carta precatória para penhora e avaliação de bens. Penhorados um notebook e uma esteira, a executada opôs embargos à execução alegando a impenhorabilidade dos objetos constritos (Lei nº 8.009/90), tendo os referidos embargos sido julgados pelo próprio juízo deprecado. Ao tomar conhecimento desse julgamento, o juízo deprecante exarou decisão solicitando ao juízo deprecado que informasse se anularia a sentença proferida nos embargos à execução, pois caso prosseguisse processando o agravo de petição posteriormente interposto, suscitaria o conflito positivo de competência. Mantida a sentença, o juízo deprecado determinou a remessa dos autos ao TRT da 3ª Região que os encaminhou ao TST. Nesse contexto, a SBDI-II, por unanimidade, admitiu o conflito positivo de competência e, dirimindo o incidente, declarou a competência da 33ª Vara do Trabalho de Belo Horizonte/MG, ora suscitada, pois, nos termos do art. 747 do CPC c/c a Súmula nº 419 do TST, compete ao juízo deprecado processar e julgar os embargos à execução que versem, exclusivamente, sobre vícios ou irregularidades na penhora, avaliação ou alienação de bens por ele mesmo praticados. TST-CC- 1318-76.2014.5.03.0112, SBDI-II, rel. Min. Douglas Alencar Rodrigues, 28.4.2015. **(Inform. TST 15)**

Execução. Arrematação em hasta pública. Veículo com débito de IPVA. Sub-rogação no preço pago. Ausência de ônus para o adquirente.
O adquirente do veículo em hasta pública não responde por qualquer ônus, inclusive tributo em atraso, que recaia sobre o bem arrematado, o qual deve ser entregue, livre e desembaraçado de qualquer encargo tributário, já que as dívidas anteriores sub-rogam-se no preço, nos termos do art. 130 do CTN, aplicado a bens móveis por analogia. Assim, a Fazenda Pública não tem direito líquido e certo à cassação da decisão que determinou a baixa das dívidas de IPVA que recaíam sobre o veículo arrematado, devendo exigir do antigo proprietário o pagamento do tributo. Sob esse fundamento, a SBDI-II, por unanimidade, conheceu do recurso ordinário e, no mérito, negou-lhe provimento, mantendo a decisão do Regional que julgara improcedente a pretensão mandamental. TST-RO-6626-42.2013.5.15.0000, SBDI-II, rel. Min. Douglas Alencar Rodrigues, 18.8.2015 **(Inform. TST 19)**

Remição da execução pelo devedor realizada antes da assinatura do auto de arrematação. Possibilidade. Interpretação conjunta dos arts. 651 e 694 do CPC.
Consoante o art. 651 do CPC, interpretado conjuntamente com o art. 694 do mesmo diploma, o depósito, pelo próprio devedor, do valor integral da condenação antes da assinatura do auto de arrematação é válido e tem como consequência a extinção da execução, mostrando-se abusiva a retenção da penhora. Outrossim, ofende a garantia constitucional do devido processo legal a evocação dos arts. 787 a 790 do CPC, revogados pela Lei nº 11.382/2006, como óbice à remição da execução pelo devedor, pois tais preceitos disciplinavam a remição do bem por cônjuge, ascendente ou descendente do executado. Sob esses fundamentos, a SBDI-II, à unanimidade, conheceu do recurso ordinário e, no mérito, negou-lhe provimento. TST-RO-2003-75.2010.5.10.0000, SBDI-II, rel. Min. Alberto Luiz Bresciani de Fontan Pereira, 10.11.2015. **(Inform. TST 19)**

Conflito positivo de competência. Execução. Carta precatória. Requerimento de alienação judicial perante o Juízo deprecante. Impossibilidade. Competência do Juízo deprecado. Art. 658 do CPC.
Na execução por carta precatória, os atos de penhora, avaliação e expropriação de bem imóvel submetido à jurisdição distinta do local da execução são de competência do Juízo deprecado, na forma preconizada pelo art. 658 do CPC. Na espécie, foi solicitada a devolução de carta precatória em razão da existência de requerimento de venda judicial do bem penhorado, com o qual havia concordado a empresa executada, mediante o pagamento da quantia de R$ 290.000,00 (duzentos e noventa mil reais). Ocorre que o imóvel penhorado fora avaliado em R$ 11.000.000,00 (onze milhões de reais) perante o Juízo deprecado, tendo este, inclusive, recusado uma proposta de arrematação apresentada em hasta pública no valor de R$ 6.000.000,00 (seis milhões de reais), para pagamento parcelado. Assim, não há razão para a devolução da carta precatória, cabendo ao Juízo deprecado apreciar o pedido de aquisição do bem penhorado. Sob esse entendimento, a SBDI-II, por unanimidade, admitiu o conflito positivo de competência para declarar a competência do Juízo deprecado. TST-CC-474-52.2013.5.08.0103, SBDI-II, rel. Min. Douglas Alencar Rodrigues, 24.11.2015. **(Inform. TST 20)**

Ação rescisória. Embargos de terceiro. Defesa da posse decorrente de instrumento particular de compra e venda desprovido de registro na matrícula do imóvel. Possibilidade. Violação do art. 1.046, § 1º, do CPC. Configuração.
Viola o art. 1.046, §1º, do CPC a sentença rescindenda mediante a qual se despreza a possibilidade de ajuizamento de embargos de terceiro para tutela da posse advinda de instrumento particular de compra e venda desprovido de registro na matrícula do imóvel, conforme exigido pelo art. 1.245 do CC. Ademais, no caso concreto, restou evidente, tanto no processo rescindendo, quanto na ação rescisória, a ausência de controvérsia acerca da posse ou da boa-fé dos terceiros embargantes,

bem como ficou demonstrado que o imóvel penhorado saiu da esfera patrimonial do sócio da empresa executada muito antes do ajuizamento da reclamação trabalhista, ou seja, em data anterior ao direcionamento da execução contra o patrimônio dos sócios. Com esse entendimento, a SBDI-II, por unanimidade, decidiu conhecer do recurso ordinário e, no mérito, dar-lhe provimento, para, caracterizada violação do art. 1.046, § 1º, do CPC, rescindir a sentença prolatada nos autos dos embargos de terceiros, e, em juízo rescisório, julgar procedentes os referidos embargos para desconstituir a penhora que recaiu sobre o imóvel em questão. TST-RO-2035-68.2011.5.02.0000, SBDI-II, rel. Min. Alberto Luiz Bresciani de Fontan Pereira, 10.2.2015. (Inform. TST 100)

Ação rescisória. Pretensão de inclusão de novos valores em cálculos já homologados. Preclusão consumativa. Questão meramente processual. Coisa julgada formal. Impossibilidade de corte rescisório. Art. 485, caput, do CPC. Extinção do feito sem resolução de mérito.
É juridicamente impossível o pedido de rescisão de acórdão em que se julgou preclusa a pretensão de inclusão de novos valores em cálculos já homologados judicialmente. A decisão rescindenda não enfrenta o mérito da lide, pois se fundamenta em questão meramente processual, a saber, a preclusão consumativa. Assim, gera apenas coisa julgada formal, não sujeita a corte rescisório, nos termos do art. 485, *caput*, do CPC. Sob esses fundamentos, a SBDI-2, por unanimidade, conheceu do recurso ordinário e, no mérito, negou-lhe provimento. TST-RO-100017-94.2013.5.17.0000, SBDI-II, rel. Min. Luiz Philippe Vieira de Mello Filho, 4.8.2015. (Inform. TST 113)

Estado estrangeiro. Imunidade de jurisdição. Caráter relativo. Penhora de imóvel. Prova de afetação à atividade diplomática ou consular não produzida. Impossibilidade de ultimação dos atos de expropriação.
Ao entendimento de que a imunidade de jurisdição reconhecida aos Estados estrangeiros, em execução de sentença, possui caráter relativo, concluiu a SBDI-II que somente estarão imunes à constrição judicial os bens comprovadamente vinculados ao exercício das atividades de representação consular e diplomática. Sob esse entendimento, a Subseção, à unanimidade, conheceu do recurso ordinário e, no mérito, deu-lhe provimento para conceder parcialmente a segurança, determinando que os atos de expropriação do imóvel penhorado — em razão da presunção de não afetação à atividade de representação diplomática ou consular, extraída do silêncio do ente estrangeiro executado, regularmente intimado — sejam interrompidos, somente podendo prosseguir se demonstrado, efetivamente, que o bem não se encontra afetado à missão diplomática ou consular. TST-RO-188-04.2014.5.10.0000, SBDI-II, rel. Min. Douglas Alencar Rodrigues, 29.9.2015. (Inform. TST 119)

9.3. TRIBUNAL PLENO
Arguição de inconstitucionalidade. Índice de correção monetária aplicável aos créditos trabalhistas. Expressão "equivalentes à TRD" contida no artigo 39 da lei nº 8.177/91. Ratio decidendi definida pelo Supremo Tribunal Federal. Declaração de inconstitucionalidade por arrastamento. Interpretação conforme a Constituição. Modulação de efeitos. Respeito ao ato jurídico perfeito.
É inconstitucional a expressão "equivalentes à TRD", contida no artigo 39 da Lei nº 8.177/91, que define o índice de correção monetária aplicável aos créditos trabalhistas, porquanto o uso da aludida Taxa Referencial Diária (TRD), por não refletir a variação da taxa inflacionária, impede o direito à recomposição integral do crédito reconhecido pela sentença transitada em julgado. No caso, declarou-se a inconstitucionalidade por arrastamento, baseando-se na ratio decidendi definida nas decisões proferidas pelo Supremo Tribunal Federal nas ADIs nos 4.357, 4.372, 4.400 e 4.425, bem como nos autos da Ação Cautelar n° 3.764 MC/DF: a atualização monetária incidente sobre obrigações expressas em pecúnia constitui direito subjetivo do credor e deve refletir a exata recomposição do poder aquisitivo decorrente da inflação do período em que apurado - sob pena de violar o direito fundamental de propriedade do credor, a coisa julgada, a isonomia, o princípio da separação dos Poderes e o postulado da proporcionalidade, além da eficácia e efetividade do título judicial, a vedação ao enriquecimento ilícito do devedor. Sob esse entendimento, decidiu o Tribunal Pleno, I) por unanimidade: a) acolher o incidente de inconstitucionalidade suscitado pela 7ª Turma e, em consequência, declarar a inconstitucionalidade por arrastamento da expressão "equivalentes à TRD", contida no "caput" do artigo 39 da Lei n° 8.177/91; b) adotar a técnica de interpretação conforme a Constituição para o texto remanescente do dispositivo impugnado, a preservar o direito à atualização monetária dos créditos trabalhistas; c) definir a variação do Índice de Preços ao Consumidor Amplo Especial (IPCA-E) como fator de atualização a ser utilizado na tabela de atualização monetária dos débitos trabalhistas na Justiça do Trabalho; II) por maioria, atribuir efeitos modulatórios à decisão, que deverá prevalecer a partir de 30 de junho de 2009 (data de vigência da Lei nº 11.960/2009, que acresceu o artigo 1º-F à Lei nº 9.494/1997, declarado inconstitucional pelo STF), observada, porém, a preservação das situações jurídicas consolidadas resultantes dos pagamentos efetuados nos processos judiciais, em andamento ou extintos, em virtude dos quais foi adimplida e extinta a obrigação, ainda que parcialmente, sobretudo em decorrência da proteção ao ato jurídico perfeito (artigos 5°, XXXVI, da Constituição e 6° da Lei de Introdução ao Direito Brasileiro - LIDB), vencida a Ministra Dora Maria da Costa, que aplicava a modulação dos efeitos da decisão a contar de 26 de março de 2015; III) por unanimidade, determinar: a) o retorno dos autos à 7ª Turma desta Corte para prosseguir no julgamento do recurso de revista, observado o quanto ora decidido; b) a expedição de ofício ao Ministro Presidente do Conselho Superior da Justiça do Trabalho a fim de que determine a retificação da tabela de atualização monetária da Justiça do Trabalho (tabela única); c) o encaminhamento do acórdão à Comissão de Jurisprudência e de Precedentes Normativos para emissão de parecer acerca da Orientação Jurisprudencial nº 300 da SBDI-I. Com ressalva de entendimento dos Ministros Guilherme Augusto Caputo Bastos, Alexandre de Souza Agra Belmonte e Maria Helena Mallmann. TST-ArgInc-479-60.2011.5.04.0231, Tribunal Pleno, rel. Min. Cláudio Mascarenhas Brandão, 4.8.2015. (Inform. TST 113)

Contribuição previdenciária. Fato gerador. Créditos trabalhistas reconhecidos em juízo após as alterações no artigo 43 da Lei nº 8.212/91. Incidência de correção monetária, juros de mora e multa. Marco inicial. Responsabilidades.
O fato gerador da contribuição previdenciária decorrente de créditos trabalhistas reconhecidos em juízo é a prestação do serviço, no que tange ao período posterior à alteração do artigo 43 da Lei nº 8.212/91, feita pela Medida Provisória nº 449/2008, convertida na Lei nº 11.941/2009 (04.03.2009). O fato gerador das contribuições previdenciárias não está previsto no artigo 195, I, "a", da Constituição Federal. Logo, a lei - no caso, o artigo 43, §2º, da Lei nº 8.212/91 - pode perfeitamente dispor a respeito. Assim, a partir de 05.03.2009, aplica-se o regime de competência (em substituição ao regime de caixa), incidindo, pois, correção monetária e juros de mora a partir da prestação de serviços. Quanto à multa, ao contrário da atualização monetária para recomposição do valor da moeda e dos juros pela utilização do capital alheio, trata-se de uma penalidade destinada a compelir o devedor à satisfação da obrigação a partir do seu reconhecimento. Dessa forma, decidiu-se que não incide retroativamente à prestação de serviços, e sim a partir do exaurimento do prazo de citação para pagamento, uma vez apurados os créditos previdenciários, se descumprida a obrigação, observado o limite legal de 20%, nos termos dos §§1º e 2º, do art. 61, da Lei nº 9.430/96 c/c art. 43, §3º, da Lei nº 8.212/91. Por fim, no que se refere às responsabilidades, definiu-se que respondem: a) pela atualização monetária, o trabalhador e a empresa, por serem ambos contribuintes do sistema; e b) pelos juros de mora e pela multa, apenas a empresa, não sendo cabível que por eles pague quem, até então, sequer tinha o reconhecimento do crédito sobre o qual incidiriam as contribuições previdenciárias e que não se utilizou desse capital. Sob esses fundamentos, o Tribunal Pleno decidiu, por unanimidade, conhecer do recurso de embargos, por divergência jurisprudencial, e, no mérito, pelo voto prevalente da Presidência, dar-lhe provimento parcial, para, na forma da lei, relativamente aos contratos de trabalho firmados a partir de 05.03.2009, determinar: a) a incidência dos juros de mora, a partir da prestação de serviços, sobre as contribuições previdenciárias; b) aplicação de multa a partir do exaurimento do prazo de citação para o pagamento, uma vez apurados os créditos

previdenciários, se descumprida a obrigação, observado o limite legal de 20% (art. 61, §2º, da Lei nº 9.430/96). Vencidos os Ministros Maria Cristina Irigoyen Peduzzi, Renato de Lacerda Paiva, Emmanoel Pereira, Aloysio Silva Corrêa da Veiga, Alberto Luiz Bresciani de Fontan Pereira, Dora Maria da Costa, Guilherme Augusto Caputo Bastos, Márcio Eurico Vitral Amaro, Walmir Oliveira da Costa, Maurício Godinho Delgado, Kátia Magalhães Arruda e Augusto César Leite de Carvalho. TST-E--RR-1125-36.2010.5.06.0171, Tribunal Pleno, rel. Min. Alexandre Agra Belmonte, 20.10.2015. (Inform. TST 120)

10. EXECUÇÃO PROVISÓRIA

10.1. SUBSEÇÃO II ESPECIALIZADA EM DISSÍDIOS INDIVIDUAIS

Mandado de segurança. Execução provisória. Indeferimento do prosseguimento até a penhora. Impossibilidade. Art. 899 da CLT.
Havendo expressa previsão de lei acerca da possibilidade de se promover a execução provisória no processo do trabalho até a penhora (art. 899 da CLT), fere direito líquido e certo da exequente a decisão que indefere o prosseguimento da referida execução, mesmo na hipótese em que há recurso pendente de julgamento. Ademais, no caso concreto, restou consignado que o indeferimento da execução provisória causa prejuízo à impetrante, na medida em que a liquidação do julgado somente se iniciaria após o trânsito em julgado do processo matriz, impedindo a prévia apuração de valores impostos na condenação e, consequentemente, retardando a celeridade processual. Com esses fundamentos, a SBDI-II, por unanimidade, conheceu do recurso ordinário, e, no mérito, negou-lhe provimento, mantendo a decisão do TRT que concedera a segurança para cassar ato judicial mediante o qual se indeferiu o prosseguimento da execução provisória nos autos de reclamação trabalhista. TST--RO-6909-65.2013.5.15.0000, SBDI-II, rel. Min. Alberto Luiz Bresciani de Fontan Pereira, 3.3.2015. (Inform. TST 12)

Execução provisória. Inaplicabilidade do art. 475-O do CPC. Incompatibilidade do levantamento do depósito recursal com o Processo do Trabalho. Existência de norma específica. Art. 899, caput, e §1º, da CLT.
A execução provisória de sentença trabalhista somente é permitida até a penhora, conforme o art. 899, caput e § 1º, da CLT, de modo que a autorização judicial para o levantamento dos valores depositados, nos termos do art. 475-O do CPC, é incompatível com o Processo do Trabalho. Havendo regramento específico, a aplicação subsidiária da norma de processo civil não é admitida. Com esse entendimento, a SBDI-II, por unanimidade, conheceu do recurso ordinário e, no mérito, deu-lhe provimento para conceder a segurança pleiteada e determinar que a execução provisória seja processada nos moldes do art. 899 da CLT. TST-RO-7284-66.2013.5.15.0000, SBDI-II, rel. Min. Douglas Alencar Rodrigues, 14.4.2015 (Inform. TST 14)

11. EXECUÇÃO FISCAL

11.1. SUBSEÇÃO II ESPECIALIZADA EM DISSÍDIOS INDIVIDUAIS

Ação rescisória. Execução fiscal. Multa por infração à legislação trabalhista. Contratação de servidores públicos temporários. Regime estatutário. Incompetência da Justiça do Trabalho.
Não compete à Justiça do Trabalho processar e julgar lides em que se discute sanção aplicada por infração à legislação trabalhista a município que mantém vínculo de natureza estatutária com servidores admitidos em caráter temporário. O STF, em decisão proferida na ADI-MC 3.395/DF, definiu que as contratações temporárias realizadas sob a égide inciso IX do art. 37 da CF têm natureza jurídico-administrativa, o que afasta a competência da Justiça do Trabalho. Na espécie, a pretensão rescisória fora proposta pelo Município de Laguna/SC em face de acórdão proferido em sede execução fiscal promovida pela União para a cobrança de multa imposta pela Auditoria do Ministério do Trabalho e Emprego em decorrência do não recolhimento do FGTS dos servidores temporários contratados sob o regime estatutário, mas sem submissão a concurso público. No caso, ressaltou-se que embora as ações relativas às penalidades administrativas impostas pelos órgãos de fiscalização das relações de trabalho sejam da competência da Justiça do Trabalho (art. 114, VII, da CF), qualquer discussão em torno da legalidade das relações entre servidores temporários e o Município de Laguna deve ocorrer na Justiça comum. Com esses fundamentos, a SBDI-II, à unanimidade, conheceu do recurso ordinário interposto pelo Município e, no mérito, deu-lhe provimento para julgar procedente o pedido de rescisão do julgado e desconstituir a sentença, por incompetência da Justiça do Trabalho, declarando, consequentemente, nulos os atos decisórios praticados na ação primitiva, bem como determinar a remessa do feito originário à Vara da Fazenda Pública da Comarca de Laguna/SC. TST-RO-456-38.2013.5.12.0000, SBDI-II, rel. Min. Douglas Alencar Rodrigues, 7.4.2015. (Inform. TST 13)

12. HONORÁRIOS ADVOCATÍCIOS

12.1. SUBSEÇÃO I ESPECIALIZADA EM DISSÍDIOS INDIVIDUAIS

Honorários advocatícios. Requisitos. Assistência sindical. Lei Nº 5.584/1970. Sindicato com base territorial diversa do local de prestação de serviços. Validade da credencial sindical. Verba devida.
O art. 14 da Lei nº 5.584/1970 prescreve que a assistência judiciária será prestada pelo sindicato da categoria profissional do trabalhador, sem qualquer referência, ainda que vaga, à base territorial. Essa mesma ilação foi seguida na diretriz da Súmula nº 219 do TST. Desse modo, se o autor está assistido por sindicato de sua categoria profissional, tem-se por preenchido o requisito da assistência sindical necessário à concessão de honorários advocatícios, sendo irrelevante o fato de ser de base territorial diversa. Sob esses fundamentos, a SBDI-1, por unanimidade, conheceu dos embargos interpostos pela reclamada, por divergência jurisprudencial, e, no mérito, negou-lhes provimento, mantendo a decisão turmária que julgara preenchidos os requisitos para o deferimento de honorários advocatícios. TST-E-RR-127600-85.2007.5.04.0401, SBDI-I, rel. Ministro Augusto César Leite De Carvalho, 29.10.2015. (Inform. TST 121)

Trabalhador portuário avulso. Honorários Advocatícios devidos pela mera sucumbência. Impossibilidade. Equiparação a trabalhador com vínculo empregatício. Aplicação da Súmula nº 219, I, do TST.
O trabalhador portuário avulso, apesar de manter com os tomadores de serviço relação de trabalho e não de emprego, é equiparado ao trabalhador com vínculo empregatício (art. 7º, XXXIV, da CF). Assim, não obstante tratar-se de ação de indenização por danos morais e materiais decorrentes de acidente de trabalho, ajuizada na Justiça do Trabalho após a Emenda Constitucional nº 45/2004, por trabalhador portuário avulso inscrito no Órgão Gestor de Mão de Obra (OGMO), não é possível afastar os requisitos exigidos na Súmula nº 219, I, do TST quanto à condenação ao pagamento de honorários advocatícios. Indevido, portanto, o pagamento da verba honorária por mera sucumbência, conforme disciplinado no art. 5º da Instrução Normativa nº 27/2005 do TST e na parte final do item III da Súmula nº 219 do TST. Sob esses fundamentos, a SBDI-I, pelo voto prevalente da Presidência, decidiu conhecer do recurso de embargos do reclamante, por divergência jurisprudencial, e, no mérito, negar-lhe provimento. Vencidos os Ministros Augusto César Leite de Carvalho, relator, João Oreste Dalazen, Walmir Oliveira da Costa, José Roberto Freire Pimenta, Hugo Carlos Scheuermann e Cláudio Mascarenhas Brandão. TST-E-RR-42200-42.2008.5.17.0002, SBDI-I, rel. Min. Augusto César Leite de Carvalho, red. p/ acórdão Min. Alexandre Agra Belmonte, 26.11.2015 (Inform. TST 125)

📄 SÚMULA Nº 219

HONORÁRIOS ADVOCATÍCIOS. CABIMENTO (**incorporada a Orientação Jurisprudencial nº 305 da SBDI-1 ao item I**)

I - Na Justiça do Trabalho, a condenação ao pagamento de honorários advocatícios, nunca superiores a 15% (quinze por cento), não decorre pura e simplesmente da sucumbência, devendo a parte, concomitantemente: a) estar assistida por sindicato da categoria profissional; b) comprovar a percepção de salário inferior ao dobro do salário mínimo ou encontrar-se em situação econômica que não lhe permita demandar sem prejuízo do próprio sustento ou da respectiva família. (art.14,§1º, da Lei nº 5.584/1970). (ex-OJ nº 305da SBDI-I)

II - É cabível a condenação ao pagamento de honorários advocatícios em ação rescisória no processo trabalhista;

III.– São devidos os honorários advocatícios nas causas em que o ente sindical figure como substituto processual e nas lides que não derivem da relação de emprego.

13. DISSÍDIO COLETIVO
13.1. SEÇÃO ESPECIALIZADA EM DISSÍDIOS COLETIVOS

Dissídio coletivo de natureza econômica suscitado pela empregadora. Ausência de interesse de agir. Desnecessária a autorização da Justiça do Trabalho ou a negociação coletiva para a concessão de melhores condições de trabalho.
A empresa empregadora carece de interesse de agir para suscitar dissídio coletivo de natureza econômica, pois não necessita de autorização da Justiça do Trabalho, nem de negociação coletiva, para conceder aos seus empregados melhores condições de trabalho. Na espécie, a Empresa Brasileira de Correios e Telégrafos – ECT ajuizou dissídio coletivo com o objetivo de estender aos trabalhadores representados pela Federação Nacional dos Trabalhadores em Empresas de Correios e Telégrafos e Similares – Fentect, os termos do acordo coletivo de trabalho firmado com a Federação Interestadual dos Sindicatos dos Trabalhadores e Trabalhadoras dos Correios – Findect e outos sindicatos, quanto à Participação nos Lucros e Resultados dos anos de 2013, 2014 e 2015. Sob esse entendimento, a SDC, por maioria, acolhendo a preliminar, arguida de ofício, de ausência de pressupostos para a constituição e o desenvolvimento válido e regular do dissídio coletivo, decretou a extinção do processo, sem resolução de mérito, na forma do art. 267, IV, do CPC. Vencidos os Ministros Maria de Assis Calsing e Ives Gandra Martins Filho. TST-DC-956-69.2015.5.00.0000, SDC, rel. Min. Walmir Oliveira da Costa, 11.5.2015 **(Inform. TST 106)**

Recurso ordinário. Dissídio coletivo. COSERN. Cláusula 3ª – Programa de Desligamento. Caráter histórico reconhecido. Natureza da norma. Exaurida a finalidade. Exclusão da sentença normativa.
A despeito de reconhecido o caráter histórico da cláusula decorrente de sentença normativa por ter constado de mais de dez acordos coletivos de trabalho em períodos imediatamente anteriores, exaurida a finalidade da aludida norma, não há razão para a sua manutenção. No caso, a cláusula teve origem no período de reestruturação, reorganização e racionalização dos serviços da COSERN, em que se buscou beneficiar os empregados que foram dispensados do quadro de pessoal. Assim, pela própria natureza da norma, concluiu-se que as condições de trabalho para as quais ela fora instituída pereceram no tempo, razão pela qual deve ser excluída da sentença normativa. Sob esses fundamentos, quanto ao tema, a Seção Especializada em Dissídios Coletivos decidiu, por maioria, dar provimento ao recurso ordinário para excluir a cláusula 3ª da sentença normativa (Programa de Desligamento), vencidos os Ministros Fernando Eizo Ono, relator, Maurício Godinho Delgado e Kátia Magalhães Arruda e com ressalva de fundamentação dos Ministros Dora Maria da Costa e Ives Gandra Martins Filho. TST--RO-225600-83.2010.5.21.0000, SDC, rel. Min. Fernando Eizo Ono, 8.6.2015. **(Inform. TST 110)**

14. MANDADO DE SEGURANÇA
14.1. SUBSEÇÃO II ESPECIALIZADA EM DISSÍDIOS INDIVIDUAIS

Mandado de segurança. Exame do acervo probatório produzido. Cópia integral de autos. Ato coator não delineado. Súmula nº 415 do TST.
Em sede de mandado de segurança, é dever da parte apresentar provas tendentes a demonstrar a certeza e a liquidez do direito invocado (Súmula nº 415 do TST) e elementos contundentes que comprovem a arbitrariedade denunciada, não bastando a simples juntada de cópia integral dos autos. Em outras palavras, a parte deve apresentar provas de forma ordenada e aptas a revelar seu direito, mostrando-se inadequada a juntada de documentação extensa, coligida sem seguir determinada lógica, irrelevante para a análise da questão deduzida ou vinculada a processos distintos. No caso concreto, a discussão está centrada na ausência de concessão de efeito suspensivo ao curso de execução trabalhista, em razão da oposição de embargos de terceiros, na forma do art. 1.052 do CPC. O TRT denegou a segurança ao fundamento de que a impetrante não comprovou que os embargos de terceiro foram recebidos sem efeito suspensivo, estando a pretensão recursal fundada em manifesto equívoco no exame do acervo probatório produzido, qual seja, cópia integral dos autos de embargos de terceiro. Todavia, o exame dos autos revelou que não houve equívoco por parte do Tribunal Regional, mas que a documentação produzida foi insuficiente, não tendo o ato coator sido delineado de forma nítida, a ponto de repercutir no direito líquido e certo da parte. Com base nesses fundamentos, a SBDI-II, por unanimidade, denegou a segurança, na forma do art. 6º, § 5º, da Lei nº 12.016/2009, c/c o art. 267, VI, do CPC. TST-RO-9068-75.2012.5.02.0000, SBDI-II. rel. Min. Douglas Alencar Rodrigues, 14.4.2015. **(Inform. TST 14)**

Mandado de segurança. Não cabimento. Decisão que determina a incidência de astreintes sem fixação de limite temporal ou quantitativo. Existência de recurso próprio. Orientação Jurisprudencial nº 92 da SBDI-II.
Não cabe mandado de segurança em face de decisão que, em sede de execução de sentença, determina a incidência de "astreintes", em razão do descumprimento de decisão judicial, sem fixação de limite temporal ou quantitativo a ser observado. No caso, a medida processual idônea para corrigir eventuais ilegalidades são os embargos à execução, já manejados pelo impetrante, inclusive. Incidência da Orientação Jurisprudencial nº 92 da SBDI-II. Sob esse entendimento, a SBDI-II, por unanimidade, conheceu do recurso ordinário e negou-lhe provimento, mantendo a decisão do Regional que indeferiu a petição inicial e extinguiu o processo sem resolução do mérito, nos termos do art. 10 da Lei nº 12.016/2009 e do art. 267, I e IV, do CPC. TST-RO-10925-95.2013.5.03.0000, SBDI-II, rel. Min. Douglas Alencar Rodrigues, 28.4.2015 **(Inform. TST 15)**

MS. Cabimento. Execução fiscal. Ato judicial de indeferimento de pedido de devolução de prazo recursal. Existência de via processual própria. Exegese da OJ nº 92 da SBDI-II.
Dispondo a parte de meio processual específico para impugnar o ato que entende ilegal e não tendo havido impedimento ao seu uso, afigura-se incabível a utilização do Mandado de Segurança. Aplicação da OJ nº 92 da SBDI-II combinada com o art. 5º, inciso II, da Lei nº 12.016/2009. Na espécie, o juízo da execução indeferiu pedido de devolução de prazo para interposição de recurso, hipótese na qual a parte poderia se utilizar dos embargos à execução para demonstrar e justificar a tempestividade do recurso ou até mesmo obter a reforma da decisão monocrática pelo juízo de retratação. Sob esses fundamentos, a SBDI-II, por unanimidade, conheceu do recurso ordinário e, no mérito, negou-lhe provimento. TST- RO-942-14.2012.5.10.0000, SBDI-II, rel. Min. Luiz Philippe Vieira de Mello Filho, 26.5.2015. **(Inform. TST 16)**

Mandado de segurança. Impugnação de decisão que não homologa integralmente o acordo firmado pelas partes. Faculdade do juízo. Remição não concedida. Inexistência de direito líquido e certo. Súmula n.º 418 do TST.
A homologação de acordo firmado entre as partes constitui faculdade do Juízo, de modo que o fato de o Magistrado ter deixado de chancelar parte da avença não enseja a impetração de mandado de segurança, nos termos Súmula n.º 418 do TST. Na hipótese, o Magistrado negou a remissão da dívida, pois o produto decorrente da arrematação beneficiaria vários exequentes com processos antigos em curso. Ademais, a petição de acordo foi protocolizada somente após a lavratura do auto de arrematação, o que, nos termos do art. 694 do CPC, impossibilita a remição da dívida. Sob esse entendimento, a SBDI-2, por unanimidade, conheceu do recurso ordinário em mandado de segurança, e, no mérito, negou-lhe provimento. TST-RO 1001108-80.2014.5.02.0000, SBDI-II, rel. Min. Maria Helena Mallmann, 25.8.2015. **(Inform. TST 18)**

Recurso ordinário em mandado de segurança. Antecipação de tutela. Reintegração ao emprego. Trabalhadora dispensada logo após retornar de afastamento previdenciário. Ato da empresa tido como tratamento discriminatório. Exercício abusivo do direito. Inexistência de direito líquido e certo à cassação da decisão antecipatória.
Recurso ordinário em mandado de segurança impetrado contra decisão interlocutória de antecipação dos efeitos da tutela, na qual determinada a reintegração de empregada dispensada sem justa causa vinte e um dias após retornar de licença para tratamento de saúde. O ato tido como coator foi exarado com fundamento na possível conduta discriminatória da empresa, que rompeu o vínculo empregatício tão logo a empregada recebeu alta do INSS, após recuperação de suposto acidente sofrido nas dependências da empresa. A ideia central da dignidade da pessoa humana, tal como referida no Texto Constitucional, não se compadece com tratamentos discriminatórios. O exercício abusivo do direito de rescisão do contrato de trabalho, porque ilícito, não pode produzir efeitos válidos. Ademais, não obstante a empresa tenha de suportar as despesas com o pagamento dos salários até o julgamento final da causa, é certo que se beneficiará da prestação de serviços da empregada durante o período. Ressalte-se que a ruptura do vínculo de emprego traduz dano de difícil reparação para a trabalhadora, na medida em que o prejuízo financeiro sofrido renova-se e é agravado mês a mês, atingindo a subsistência da empregada e de sua família. Não há falar, portanto, em ofensa a direito líquido e certo da empresa à cassação da decisão antecipatória. Sob esse entendimento, a SBDI-II decidiu, por maioria, vencido o Ministro Antonio José de Barros Levenhagen, conhecer do recurso ordinário e, no mérito, negar-lhe provimento. TST-RO-5588- 92.2013.5.15.0000, SBDI-II, rel. Min. Douglas Alencar Rodrigues, 25.8.2015. **(Inform. TST 115)**

Recurso ordinário em mandado de segurança. Autos de infração. Suspensão da aplicação de penalidade administrativa. Indeferimento de pedido de antecipação dos efeitos da tutela. Ausência de direito líquido e certo. Súmula nº 418 do TST. Incidência.
A Súmula nº 418 do TST consagra o entendimento segundo o qual "A concessão de liminar ou a homologação de acordo constituem faculdade do juiz, inexistindo direito líquido e certo tutelável pela via do mandado de segurança". Em voto divergente incorporado à fundamentação do relator, destacou- se que o instituto da tutela antecipada não deve ser compreendido como mera faculdade do juiz, um ato marcado pela absoluta discricionariedade, mas, sim, em conjunto com a cláusula constitucional do amplo acesso à justiça, da inafastabilidade da jurisdição, do contraditório e da ampla defesa, de modo que, presentes os requisitos previstos no art. 273 do CPC, a parte terá direito subjetivo à obtenção de uma decisão que antecipe os efeitos da tutela. No caso, a decisão impugnada indeferiu a tutela antecipatória deduzida nos autos da ação anulatória originária ajuizada pela impetrante, relativamente ao pedido de suspensão da aplicação de penalidade administrativa, sob o fundamento de que não restaram comprovados os fatos alegados e a verossimilhança nas alegações da autora da ação, merecendo, portanto, dilação probatória no curso da ação. Assim, por entender que o deslinde da controvérsia nos autos originários demandava dilação probatória, foi negada a pretensão de antecipação de tutela. Diante disso, resulta inviabilizada a caracterização de ofensa ao direito líquido e certo da impetrante, bem como a ilegalidade e o abuso de poder da autoridade, pressupostos essenciais para a concessão de segurança. Sob esse fundamento, a SBDI-II, por unanimidade, conheceu do recurso ordinário e, no mérito, negou-lhe provimento. TST-RO-439-13.2013.5.08.0000, SBDI-II, rel. Min. Luiz Philippe Vieira de Mello Filho, 1.9.2015. **(Inform. TST 116)**

Mandado de segurança. Ato coator que determinou o sobrestamento da reclamação trabalhista originária. Prazo legal extrapolado.
A suspensão de reclamação trabalhista para além do prazo de um ano previsto no artigo 265, § 5º, do Código de Processo Civil fere direito líquido e certo da parte de ver entregue a prestação jurisdicional. A manutenção de suspensão de reclamação trabalhista que ultrapassa o prazo de um ano, para aguardar decisão a ser proferida em outro processo (art. 265, § 5º, do Código de Processo Civil) fere direito líquido e certo da parte de ver entregue a prestação jurisdicional pleiteada. No caso concreto, o ato impugnado determinou a suspensão da reclamação trabalhista originária até o trânsito em julgado de reclamação trabalhista que guardaria nexo de dependência. Porém, já ultrapassado o prazo de um ano sem que tivesse ocorrido o trânsito em julgado da ação. Sob esses fundamentos, a SBDI-II, por maioria, rejeitou as preliminares arguidas em contrarrazões, conheceu do recurso ordinário e, no mérito, deu-lhe provimento para conceder a segurança, a fim de determinar o regular prosseguimento da reclamação trabalhista originária, em trâmite perante a 10.ª Vara do Trabalho de Vitória/ES. Vencido o Ministro Douglas Alencar Rodrigues. TST- RO-185-54.2014.5.17.0000, SBDI-II, rel. Min. Delaíde Miranda Arantes, 1.9.2015. **(Inform. TST 116)**

Mandado de segurança. Ação civil pública ajuizada pelo Ministério Público do Trabalho. Antecipação de tutela. Ato coator que proíbe o sindicato de qualquer intermediação de mão de obra entre avulsos e tomadores de serviço. Ofensa aos arts. 4º e 5º da Lei nº 12.023/2009. Provimento parcial.
A concessão de tutela antecipada, pleiteada em ação civil pública, para que o ente sindical impetrante se abstenha de exercer uma de suas funções previstas em lei (intermediação de mão de obra entre avulsos e tomadores de serviço), contraria os arts. 4º e 5º da Lei nº 12.023/2009. No caso, não obstante a pretensão legítima do Ministério Público do Trabalho, no sentido de prevenir irregularidades na intermediação de mão de obra, consignou-se que a administração da escala de trabalho verdadeiramente avulso não poderia ser proibida ao ente sindical, visto que lhe fora exclusivamente atribuída por força de lei. Sob esse fundamento, a SBDI-II, por unanimidade, conheceu do recurso ordinário interposto pelo MPT e, no mérito, deu-lhe provimento parcial para limitar a tutela antecipada à abstenção do sindicato de fornecer mão de obra em caráter não- eventual, como requerido subsidiariamente pelo *parquet*. TST-RO-6510-36.2013.5.15.0000, SBDI- II, rel. Min. Alberto Luiz Bresciani de Fontan Pereira, 17.11.2015. **(Inform. TST 124)**

Mandado de segurança. Concessão de tutela inibitória fundada na existência de ações que revelam a prática reiterada da empresa em retaliar os empregados que ajuízam reclamação trabalhista. Possibilidade.
A existência de ações que retratam casos similares e revelam a prática reiterada da empresa em retaliar os empregados que ajuízam reclamação trabalhista é suficiente à concessão de tutela inibitória. Na espécie, o TRT denegou a segurança, mantendo a decisão do juiz de primeiro grau que, vislumbrando a verossimilhança da alegação e o perigo da demora (art. 461, § 3º, do CPC), deferiu a antecipação de tutela para determinar à reclamada que se abstenha de praticar atos retaliatórios contra o empregado que ajuizou reclamação trabalhista no curso do contrato de trabalho. Ressaltou-se que a prática de condutas retaliatórias é plenamente possível na vigência do pacto laboral e que a empresa já tinha ciência do ajuizamento da ação, pois havia sido notificada da audiência inicial. Ademais, o recente registro de caso similar envolvendo a mesma empregadora corroboraria a possibilidade do dano. Sob esses fundamentos, a SBDI-II, por unanimidade, conheceu do recurso ordinário interposto pela empresa, e, no mérito, por maioria, negou-lhe provimento. Vencido o Ministro Emmanoel Pereira. TST-RO-32-46.2012.5.15.0000, SBDI-II, rel. Min. Emmanoel Pereira, red. p/ acórdão Min. Luiz Philippe Vieira de Mello Filho, 1º.12.2015. **(Inform. TST 125)**

14.2. ÓRGÃO ESPECIAL

Mandado de segurança. Servidor público federal. Filho portador de deficiência. Jornada especial sem compensação de horário. Ausência de direito líquido e certo. Ato vinculado. Limites estabelecidos nos arts. 44, II, e 98, § 3º, da Lei nº 8.112/90.
De acordo com os arts. 44, II, e 98, § 3º, da Lei nº 8.112/1990, o servidor público federal que tenha cônjuge, filho ou dependente portador de deficiência tem direito à jornada especial, exigindo-se, todavia, compensação de horário até o mês subsequente ao da ocorrência, a ser estabelecida pela chefia imediata. Assim, havendo lei a impor a compensação, o mandado de segurança não se constitui a via adequada para a solução do litígio, não havendo falar em

direito líquido e certo da impetrante à jornada especial de trinta horas semanais, sem compensação e sem prejuízo da remuneração. Na espécie, ressaltou-se que a diminuição de jornada constitui ato vinculado, de modo que a autoridade coatora, ao indeferir o pedido de não compensação das horas reduzidas, apenas observou os limites do art. 98, § 3º, da Lei nº 8.112/90, não tendo praticado ato ilegal ou arbitrário, atendo-se, tão somente, ao princípio constitucional da legalidade administrativa. Ademais, a dispensa de compensação no caso da concessão de jornada especial é matéria própria da via ordinária, em que parte da jurisprudência, inclusive, já tem reconhecido o direito pleiteado. Com esses fundamentos, o Órgão Especial, por maioria, conheceu do recurso ordinário interposto pela União e, no mérito, deu-lhe provimento para cassar a segurança concedida. Vencidos os Ministros Mauricio Godinho Delgado, Delaíde Miranda Arantes, Hugo Carlos Scheuermann, Alexandre Agra Belmonte e Augusto César Leite de Carvalho. TST-ReeNec e RO-41-80.2014.5.17.0000, Órgão Especial, rel. Min. Walmir Oliveira da Costa, 2.3.2015 (Inform. TST 100)

Metrô/DF. Liminar em mandado de segurança mantendo a antecipação de tutela em ação civil pública. Nomeação compulsória de candidatos aprovados em concurso público. Identidade de atribuições entre terceirizados e concursados não comprovada. Limitação orçamentária. Suspensão deferida.
O pedido de suspensão de liminar ou de sentença prolatada contra o Poder Público não tem natureza recursal e há de ser examinado a partir da verificação de que a alegada lesão a bens jurídicos tenha sido grave (art. 4º, da Lei 8.437/92 e art. 15, da Lei nº 12.016/2009). No caso concreto, o Ministério Público do Trabalho ajuizou ação civil pública em face do Metrô/DF para que este procedesse à nomeação/ contratação de candidatos aprovados em concurso público. O Juízo de primeiro grau deferiu a antecipação da tutela para determinar a contratação no prazo de dez dias. Contra a tutela antecipada, o Metrô/ DF impetrou mandado de segurança, mas a ordem fora mantida pelo TRT da 10ª Região, que apenas ampliou o prazo para sessenta dias. A empresa, então, requereu a concessão de efeito suspensivo, o qual foi deferido pela Presidência do TST, ante a constatação de não ter sido comprovada a identidade de atribuições de terceirizados e concursados, a limitação orçamentária do Distrito Federal, bem como parecer do TCDF pela impossibilidade de novas contratações em observância à Lei de Responsabilidade Fiscal. Assim, subsistindo os motivos que levaram à suspensão da segurança, o Órgão Especial, por unanimidade, negou provimento aos agravos regimentais interpostos pelo Ministério Público do Trabalho e Sindmetrô-DF, mantendo a decisão monocrática do Presidente do TST que acolhera o pedido de efeito suspensivo, devendo a decisão prevalecer até a data de publicação do acórdão que apreciar o mérito do *mandamus*. TST-AgR-SS- 18402-85.2015.5.00.0000, Órgão Especial, rel. Min. Antonio José de Barros Levenhagen, 9.11.2015 (Inform. TST 123)

15. AÇÃO RESCISÓRIA
15.1. SUBSEÇÃO I ESPECIALIZADA EM DISSÍDIOS INDIVIDUAIS

Ação de repetição de indébito. Diferenças salariais. Planos econômicos. Restituição de valores pagos por meio de precatório. Sentença desconstituída por ação rescisória.
Procede o pedido formulado em ação de repetição de indébito para se obter a restituição de valores pagos que se tornaram indevidos em razão de rescisão do julgado que determinou tal pagamento, ainda que essas diferenças salariais ostentem natureza alimentar. Entendimento contrário implicaria na inutilidade da ação rescisória na Justiça do Trabalho. A boa-fé da parte no recebimento dos valores indevidos e a natureza alimentar das diferenças salariais não constituem fato impeditivo à devolução dos valores recebidos indevidamente, sob pena de afronta aos princípios da razoabilidade e da vedação do enriquecimento sem causa. Sob esses fundamentos, a SBDI-I, por unanimidade, conheceu do recurso de embargos, por divergência jurisprudencial, e, no mérito, por maioria, deu- lhes provimento parcial para julgar procedente, em parte, o pedido deduzido em ação ordinária de repetição de indébito, restringindo a condenação ao pagamento do valor principal, sem juros e correção monetária e sem os valores correspondentes à contribuição previdenciária e ao desconto de imposto de renda retido na fonte, invertendo-se os ônus da sucumbência. Vencidos, integralmente, o Min. Augusto César Leite de Carvalho e, parcialmente, o Min. Renato de Lacerda Paiva. TST- -E- ED-RR-32500-82.2003.5.07.0006, SBDI-I, rel. Min. Lelio Bentes Corrêa, 14.5.2015 (Inform. TST 107)

15.2. SUBSEÇÃO II ESPECIALIZADA EM DISSÍDIOS INDIVIDUAIS

Ação rescisória. Impossibilidade jurídica do pedido. Atos judiciais que ordenam a penhora e a arrematação de imóvel considerado como bem de família. Ausência de cunho decisório. Pronunciamento judicial sobre a natureza jurídica do bem. Inexistência.
Os atos judiciais que determinam a penhora e a alienação de imóvel considerado como bem de família não são rescindíveis, pois, a princípio, não ostentam cunho decisório e estão sujeitos a medidas processuais específicas para o processo de execução, expressamente previstas no ordenamento jurídico. Ademais, não havendo pronunciamento judicial acerca da natureza jurídica do bem, não existe decisão de mérito transitada em julgado a permitir o ajuizamento da ação rescisória. Sob esses fundamentos, a SDI-II, por unanimidade, conheceu do recurso ordinário e, no mérito, negou-lhe provimento, mantendo, portanto, o acórdão do Regional que extinguiu o processo sem resolução de mérito por impossibilidade jurídica do pedido, nos termos do art. 267, VI, do CPC. TST-RO-8383-34.2013.5.02.0000, SBDI-II, rel. Min. Alberto Luiz Bresciani de Fontan Pereira, 28.4.2015 (Inform. TST 15)

Ação rescisória. Colusão. Propositura da ação por terceiro juridicamente interessado. Prazo decadencial. Contagem. Súmula nº 100, item VI, do TST. Incidência.
Embora o item VI da Súmula nº 100 do TST, ao excepcionar o início da contagem do prazo decadencial para a propositura da ação rescisória fundada em colusão para o momento que se tem ciência da suposta fraude, se refira tão somente à atuação do Ministério Público do Trabalho que não interveio no processo principal, a tese nele consagrada deve prevalecer nas hipóteses em que o terceiro tenha interesse jurídico em rescindir a coisa julgada maculada por suposta lide simulada. No caso, aplica-se o brocardo latino *ubi eadem ratio, ibi eadem legis dispositio*, segundo o qual onde existe a mesma razão deve haver a mesma regra de Direito, não se podendo admitir, portanto, que o terceiro que se sinta prejudicado não possa rescindir o julgado cuja existência ignorava. Assim, ocorrida a ciência da alegada fraude em 17.9.2008, é tempestivo o ajuizamento da ação rescisória pelo terceiro interessado em 16.9.2010. Com esses fundamentos, a SBDI-II, por maioria, deu provimento ao recurso para afastar a decadência, determinando o retorno dos autos à origem, a fim de que prossiga no julgamento da causa. Vencido o Ministro Emmanoel Pereira. TST-RO- 10353-74.2010.5.02.0000, SBDI-II, rel. Min. Douglas Alencar Rodrigues, 7.4.2015 (Inform. TST 103)

Ação rescisória. Decadência pronunciada no Tribunal de origem. Precedência em relação ao exame de questão relativa à insuficiência de depósito prévio. Efeito devolutivo do recurso ordinário.
Pronunciada a decadência pelo Tribunal Regional do Trabalho da 3ª Região, e devolvida a questão, por meio de recurso ordinário, ao Tribunal Superior do Trabalho, deve-se, em função do efeito devolutivo, analisar primeiramente a ocorrência ou não da decadência para, caso afastada, só então se passar à verificação do preenchimento dos pressupostos processuais alusivos à ação rescisória. No caso, ainda que tenha sido constatada a insuficiência do valor recolhido a título de depósito prévio, no momento do ajuizamento da ação rescisória, e que o autor não demonstrou de forma inequívoca a impossibilidade em

arcar com as despesas do processo, o que ensejaria sua extinção sem resolução de mérito, com arrimo no inciso IV do artigo 267 do CPC, prevaleceu o entendimento de que o exame da decadência deveria anteceder ao dos pressupostos de constituição e de desenvolvimento válido e regular do processo, uma vez que é necessário apreciar-se primeiro o que foi objeto da decisão recorrida. Nesse contexto, a SBDI-II decidiu, por maioria, vencidos os Ministros Emmanoel Pereira, Relator, Alberto Luiz Bresciani de Fontan Pereira, Delaíde Miranda Arantes, Douglas Alencar Rodrigues, negar provimento ao recurso ordinário. TST-RO-349600- 59.2010.5.03.0000, SBDI-II, rel. Min. Emmanoel Pereira, red. p/acórdão Min. Luiz Philippe Vieira de Mello Filho, 26.5.2015. (Inform. TST 109)

Ação rescisória. Decadência. Início do prazo. Terceiros que não participaram da relação processual. Súmula nº 100, VI, do TST. Aplicação analógica.
O termo inicial para a contagem do prazo decadencial para ajuizamento de ação rescisória por terceiros juridicamente interessados é o momento em que eles efetivamente tomaram ciência da decisão que pretendem rescindir. Incidência, por analogia, do item VI da Súmula nº 100, do TST. Na espécie, alegaram os terceiros prejudicados que não foram intimados da decisão rescindenda e que têm domicílio fora dos limites de circulação do Diário da Justiça do Trabalho em que publicada a decisão, razão pela qual inaplicável o disposto no art. 495 do CPC. Sob esses fundamentos, e em sintonia com a decisão proferida na sessão do dia 7.4.2015, no julgamento do TST-RO-10353- 74.2010.5.02.0000, de relatoria do Ministro Douglas Alencar Rodrigues, a SBDI-II, por maioria, deu provimento ao recurso ordinário para afastar a decadência e determinar o retorno dos autos ao Tribunal de origem para que profira nova decisão como entender de direito. Vencidos os Ministros Hugo Carlos Scheuermann, relator, Guilherme Augusto Caputo Bastos e Emmanoel Pereira. TST- RO-1011-21.2011.5.05.0000, SBDI-II, rel. Min. Hugo Carlos Scheuermann, red. p/ acórdão Min. Luiz Philippe Vieira de Mello Filho, 24.11.2015 (*CF. Informativo n.º 103) (Inform. TST 125)

16. AÇÃO NULATÓRIA
16.1. SEÇÃO ESPECIALIZADA EM DISSÍDIOS COLETIVOS

Ação anulatória. Nulidade de cláusula de convenção coletiva de trabalho. Sindicato representante da categoria econômica não subscrevente da norma coletiva. Legitimidade ativa ad causam.
A competência conferida ao Ministério Público do Trabalho para o ajuizamento de ações anulatórias de cláusulas de acordos coletivos ou convenções coletivas de trabalho, nos termos do art. 83, III e IV, da Lei Complementar nº 75/1993, se estende, excepcionalmente, aos entes sindicais subscreventes da norma coletiva, quando demonstrado vício de vontade ou alguma das irregularidades descritas no art. 166 do Código Civil, ou aos sindicatos representantes das categorias econômicas e/ou profissionais, que não subscreveram a norma coletiva, mas que se sintam prejudicados em sua esfera jurídica, em decorrência do instrumento pactuado. No caso, considerando-se o teor das cláusulas firmadas entre o Sindicato dos Trabalhadores em Condomínios Residenciais, Comerciais, Rurais, Mistos, Verticais e Horizontais de Habitações em Áreas Isoladas do Distrito Federal e o Sindicato dos Condomínios Residenciais e Comercias do Distrito Federal – Sindicondomínio, que enumeram as funções de zelador, garagista, serviços gerais e outros como atividades fim e proíbem a contratação desses trabalhadores por empresas terceirizadas, constata-se haver interesse jurídico entre o Sindicato das Empresas de Asseio, Conservação, Trabalho Temporário e Serviços Terceirizáveis do Distrito Federal - SEAC e a matéria objeto da ação anulatória, qual seja, o direito de um terceiro sindicato de ter contratada a mão de obra das empresas prestadoras de serviço que representa, o que torna inquestionável a sua legitimidade ativa. Com esse entendimento, a SDC, por maioria, conheceu do recurso ordinário interposto pelo SEAC, e, no mérito, deu-lhes provimento para afastar a ilegitimidade ativa *ad causam* do recorrente, e determinar o retorno dos autos ao TRT, a fim de que prossiga no exame da ação anulatória, como entender de direito. Vencido o Ministro Maurício Godinho Delgado. TST-RO-3434- 13.2011.5.10.0000, SDC, rel. Min. Dora Maria da Costa, 13.4.2015 (Inform. TST 103)

17. AÇÃO CIVIL PÚBLICA
17.1. SUBSEÇÃO I ESPECIALIZADA EM DISSÍDIOS INDIVIDUAIS

Ação civil pública. Art. 3º da Lei nº 7.347/85. Obrigação de fazer e condenação em pecúnia. Cumulação de pedidos. Tutela inibitória e dano moral coletivo.
Nos termos do art. 3º da Lei nº 7.347/85, em ação civil pública é possível a cumulação de pedidos de obrigação de fazer, ou não fazer, com condenação ao pagamento de indenização em pecúnia. Na hipótese, entendeu-se que a multa por obrigação de fazer tem como objetivo o cumprimento da obrigação prevista em lei, enquanto que a indenização por dano extrapatrimonial coletivo tem como finalidade a compensação do período em que a coletividade foi privada do cumprimento de preceito legal. Sob esse entendimento, a SBDI-I, por unanimidade, conheceu do recurso de embargos por divergência jurisprudencial, e, no mérito, deu-lhes provimento para declarar a possibilidade de cumulação da indenização pecuniária com as obrigações de fazer direcionadas ao cumprimento da lei, bem como para condenar a embargada ao pagamento da indenização por danos morais coletivos no importe de R$ 200.000,00 (duzentos mil reais). Registrou ressalva de fundamentação o Min. Cláudio Mascarenhas Brandão. TST-E-ED-RR-133900-83.2004.5.02.0026, SBDI-I, rel. Min. Alexandre de Souza Agra Belmonte, 14.5.2015. (Inform. TST 107)

17.2. ÓRGÃO ESPECIAL

Processo administrativo disciplinar. Magistrado. Pena de censura. Prescrição. Ausência de previsão na LOMAN. Aplicação subsidiária da Lei nº 8.112/1990. Início da interrupção pelo prazo de 140 dias. Data de julgamento do último recurso protelatório.
Diante da ausência de previsão na Lei Orgânica da Magistratura Nacional acerca do prazo prescricional para apuração de infração disciplinar imputada a magistrado, aplica-se, subsidiariamente, o art. 142, II, da Lei nº 8.112/1990, equiparando-se a pena de suspensão, nela disciplinada e com prazo de prescrição fixado em 2 anos, à pena de censura da LOMAN. O curso da prescrição inicia-se a partir do conhecimento do fato pelo órgão responsável pela punição e é interrompido com a instauração do respectivo processo administrativo disciplinar (PAD), voltando a correr por inteiro após 140 dias (art. 152 c/c art. 167 da Lei nº 8.112/1990). Constatada, no entanto, a utilização de meios procrastinatórios pelo magistrado-acusado, com o intuito de provocar a prescrição da pretensão punitiva, deve-se adotar como efetiva data de instauração do processo disciplinar o dia em que o Tribunal Regional do Trabalho julgou a última medida protelatória, porque, só a partir desse momento, a decisão de instauração do PAD tornou-se passível de pleno cumprimento. No caso, deixou-se de considerar o dia exato em que o Tribunal *a quo* instaurou o PAD (9.3.2009) para admitir, como marco inicial de interrupção por 140 dias do biênio prescricional, a data de 8.10.2012, ocasião em que foram julgados os últimos recursos protelatórios do acusado. Nesse contexto, o Órgão Especial, à unanimidade, conheceu do recurso administrativo e, no mérito, por maioria, negou-lhe provimento, vencidos os Ministros Hugo Carlos Scheuermann, relator, Maurício Godinho Delgado, Kátia Magalhães Arruda, Augusto César Leite de Carvalho e Antonio José de Barros Levenhagen, que lhe davam provimento para pronunciar a prescrição da pretensão de aplicar a pena de censura ao recorrente. TST-RecAdm-16100-60.2009.5.12.0000, Órgão Especial, rel. Min. Hugo Carlos Scheuermann, red. p/acórdão Min. João Oreste Dalazen, 5.10.2015. (Inform. TST 120)

2. DIREITO DO TRABALHO

1. SUCESSÃO

1.1. SUBSEÇÃO I ESPECIALIZADA EM DISSÍDIOS INDIVIDUAIS

Responsabilidade solidária. Complementação de aposentadoria. CESP – Companhia Energética de São Paulo. Cisão parcial. CTEEP – Companhia de Transmissão de Energia Elétrica Paulista. Efeitos.
Nos termos dos arts. 229, § 1º, e 233 da Lei nº 6.404/76, havendo cisão, a prerrogativa de estabelecer as condições que nortearão a operação de transferência de patrimônio — total ou parcial —, mediante a elaboração de um protocolo, é das empresas. Quanto aos efeitos da cisão, a referida lei elege, como regra geral, a solidariedade entre a empresa cindida e aquela (s) que absorver (em) parte do seu patrimônio. Contudo, o próprio ato de cisão pode afastar tal responsabilidade solidária ao atribuir unicamente às empresas que absorverem parte do patrimônio da empresa cindida a responsabilidade pelo adimplemento das obrigações transferidas. No caso, o v. acórdão regional decidiu excluir a CESP, companhia cindida, do polo passivo da relação processual, entendendo que, operada a sucessão, mediante cisão parcial, é de total responsabilidade da sucessora, no caso a CTEEP, o pagamento das complementações de aposentadoria devidas aos empregados aposentados da sucedida. Sob esses fundamentos, a SBDI-1, por maioria, conheceu dos embargos, por divergência jurisprudencial, vencido o Ministro José Roberto Freire Pimenta, e, no mérito, ainda por maioria, deu-lhes provimento para restabelecer o acórdão regional, no que excluiu a reclamada CESP da relação processual. Vencidos os Ministros José Roberto Freire Pimenta e Augusto César Leite de Carvalho. TST-E-ED-RR-114500-77.2005.5.02.0049, SBDI-I, rel. Min. João Oreste Dalazen, 15.10.2015. **(Inform. TST 120)**

2. CONTRATO POR PRAZO DETERMINADO

2.1. SUBSEÇÃO I ESPECIALIZADA EM DISSÍDIOS INDIVIDUAIS

Contrato temporário. Lei nº 6.019/74. Rescisão antecipada. Indenização prevista no art. 479 da CLT. Inaplicabilidade.
A rescisão antecipada do contrato de trabalho temporário disciplinado pela Lei nº 6.019/74 não enseja o pagamento da indenização prevista no art. 479 da CLT. Trata-se de forma específica de contratação, regulada por legislação especial e não pelas disposições da CLT. Sob esse entendimento, a SBDI-I, por unanimidade, conheceu o recurso de embargos da reclamante, por divergência jurisprudencial, e, no mérito, por maioria, negou-lhe provimento. Vencidos os Ministros Lelio Bentes Corrêa, relator, João Oreste Dalazen, Ives Gandra Martins Filho e Hugo Carlos Scheuermann, que entendiam ser aplicável a indenização prevista no art. 479 da CLT também aos trabalhadores regidos pela Lei n.º 6.019/74, por se tratar de espécie de contrato a termo. Registrou ressalva de fundamentação o Ministro José Roberto Freire Pimenta. TST-RR-1342-91.2010.5.02.0203, SBDI-I, rel. Min. Lelio Bentes Corrêa, red. p/ acórdão Min. Renato de Lacerda Paiva, 30.4.2015 **(Inform. TST 105)**

3. JORNADA

3.1. SUBSEÇÃO I ESPECIALIZADA EM DISSÍDIOS INDIVIDUAIS

Turnos ininterruptos de revezamento. Regime de 4X2. Norma coletiva. Fixação de jornada superior a oito horas. Invalidade.
A extrapolação habitual da jornada de oito horas, ajustada por negociação coletiva para o trabalho realizado em turnos ininterruptos de revezamento no regime de 4x2, invalida o ajuste, por frustrar a proteção constitucional prevista no art. 7º, XIV, da CF, além de ofender os princípios de proteção da dignidade da pessoa humana e dos valores sociais do trabalho. Assim, uma vez que a norma coletiva não produz efeitos jurídicos, aplica-se ao caso concreto a jornada de seis horas, devendo o período excedente à sexta hora ser pago como extra. Com esse entendimento, a SBDI-I, por unanimidade, negou provimento ao agravo regimental interposto pelo reclamado visando reformar decisão que denegara seguimento aos embargos por não vislumbrar divergência jurisprudencial específica, nem contrariedade à Súmula nº 423 do TST. TST-TST-Ag-E-ED-RR-97300-08.2011.5.17.0121, SBDI-I, rel. Min. João Oreste Dalazen, 26.2.2015 **(Inform. TST 100)**

Adicional noturno. Percentual superior ao legal para as horas trabalhadas de 22h às 5h. Incidência sobre as horas prorrogadas no horário diurno.
O percentual previsto em norma coletiva para o adicional noturno incide na hora diurna trabalhada em prorrogação, nos termos da Súmula nº 60, II, do TST. No caso, o instrumento normativo estabeleceu um adicional de 60%, considerando as horas trabalhadas de 22h até às 5h. Entendeu-se que, inexistindo dispositivo convencional regulando o pagamento das horas prorrogadas, não haveria impedimento para a aplicação do mesmo adicional previsto para as horas noturnas. Sob esses fundamentos, a SBDI-I, por unanimidade, conheceu dos embargos, por divergência jurisprudencial, e, no mérito, por maioria, deu-lhes provimento para condenar a reclamada ao pagamento de adicional noturno de 60%, previsto em norma coletiva na hora de trabalho que se prorroga além das 5h. Vencidos os Ministros João Oreste Dalazen, Antonio José de Barros Levenhagen, Aloysio Corrêa da Veiga e Cláudio Mascarenhas Brandão, que aplicavam o adicional legal de 20%, por entenderem que a norma coletiva autorizava o pagamento de 60% somente para o labor cumprido das 22h às 5h. TST-E-ED-RR-185-76.2010.5.20.0011, SBDI-I, rel. Min. Augusto César Leite de Carvalho, 30.4.2015. **(Inform. TST 105)**

Advogado de banco. Admissão anterior à Lei nº 8.906/94. Equiparação a membro de categoria diferenciada. Jornada de trabalho. Inaplicabilidade do art. 224, caput, da CLT. Não comprovação de dedicação exclusiva. Horas extras devidas a partir da quarta hora diária.
É inaplicável ao advogado empregado de instituição bancária a jornada reduzida de seis horas diárias, prevista no art. 224, caput, da CLT, pois este dispositivo é específico para a categoria dos bancários. O advogado empregado de banco, ainda que seja considerado profissional liberal, equipara-se aos membros de categoria diferenciada, por ter normatização própria, a Lei nº 8.906/94. A citada Lei, no caput de seu art. 20, estabelece que a jornada máxima do advogado empregado seja de quatro horas diárias e vinte horas semanais, salvo no caso de acordo ou convenção coletiva, que preveja horário de trabalho diverso, ou, ainda, de prestação de serviços em caráter de dedicação exclusiva. No caso, restou consignado na decisão do Tribunal Regional do Trabalho da 9ª Região que o reclamante foi contratado antes da Lei nº 8.906/94 e que não houve prova da sujeição ao regime de dedicação exclusiva, razão porque não incide o entendimento consubstanciado na Orientação Jurisprudencial nº 403 da SBDI-I do TST. Sob esse entendimento, a SBDI-I, por unanimidade, conheceu dos embargos, por divergência jurisprudencial, e, no mérito, por maioria, deu-lhes provimento para restabelecer a decisão do Regional, em que se manteve a sentença que deferiu horas extras além da 4ª diária e 20ª semanal, exceto em períodos contemplados por norma coletiva que estenderam a jornada normal, inclusive quanto ao valor da condenação e das custas. Vencidos os Ministros Aloysio Corrêa da Veiga e Alexandre Agra Belmonte. TST-ERR-2690740-31.2000.5.09.0652, SBDI-I, rel. Min. José Roberto Pimenta, 18.6.2015. **(Inform. TST 111)**

Turnos ininterruptos de revezamento. Norma coletiva. Fixação da jornada de trabalho em 8 horas diárias. Intervalo intrajornada parcialmente concedido. Súmula nº 423 do TST.
Nos termos da Súmula nº 423 do Tribunal Superior do Trabalho, é válida a norma coletiva que fixa a jornada de oito horas diárias para o trabalho em turnos ininterruptos de revezamento quando extrapolada a jornada pelo descumprimento do intervalo intrajornada. A não concessão, parcial ou integral, do intervalo mínimo para refeição implica o pagamento do total correspondente, com acréscimo de, no mínimo, 50% do valor da remuneração da hora normal de trabalho, mas não torna essa hora ficta

2. DIREITO DO TRABALHO

equivalente à hora extraordinária, tampouco invalida a jornada de oito horas pactuada. Sob esses fundamentos, a SBDI-I, por maioria, negou provimento ao agravo regimental, vencidos os Ministros Alexandre de Souza Agra Belmonte, relator, Augusto César Leite de Carvalho, José Roberto Freire Pimenta e Hugo Carlos Scheuermann. TST-AgR-E-ED--RR-423- 68.2012.5.15.0107, SBDI-I, red. Min. Cláudio Mascarenhas Brandão, 25.6.2015. (Inform. TST 112)

Caixa Econômica Federal - CEF. Termo de opção pela jornada de oito horas declarado inválido. Gratificação de função percebida por mais de dez anos. Incorporação. Impossibilidade.
Descaracterizado o exercício de função de confiança, a que alude o artigo 224, § 2°, da CLT, diante da ausência de fidúcia especial, inválida a opção do trabalhador, empregado da Caixa Econômica Federal, pela jornada de oito horas. Devidas, portanto, como extras, a 7ª e 8ª horas, calculadas com base no valor estabelecido para a jornada convencional de seis horas diárias, permitida a compensação desse valor com o que foi efetivamente pago a título de gratificação de função, nos termos da Orientação Jurisprudencial transitória n° 70 da SBDI-I. Tendo sido descaracterizado o recebimento de "gratificação de função", não se aplica ao caso a Súmula n° 372 do TST, que, trata da incorporação de gratificação de função percebida em razão do cargo de confiança, mas a interpretação conferida pela OJ Transitória n° 70 da SBDI-I, inviabilizando a incorporação do valor, uma vez deferidas as sétima e oitava horas como extras. Sob esses fundamentos, a SBDI-I, por unanimidade, conheceu do recurso de embargos, apenas no tocante ao tema "termo de opção para jornada de oito horas declarado inválido – base de cálculo das horas extras", por divergência jurisprudencial, e, no mérito, por maioria, negou-lhe provimento. Vencidos os Ministros Augusto César Leite de Carvalho e Hugo Carlos Scheuermann. TST-E--ED-ARR-1505-65.2010.5.03.0002, SBDI-I, rel. Min. Alexandre de Souza Agra Belmonte, 20.8.2015. (Inform. TST 114)

Intervalo intrajornada. Redução por acordo ou convenção coletiva. Portaria n° 42/2007 do MTE. Autorização genérica. Invalidade. Necessidade de autorização específica (art. 71, § 3°, da CLT).
A Portaria n° 42/2007 do Ministério do Trabalho e Emprego disciplina que o intervalo intrajornada poderá ser diminuído por negociação coletiva. No entanto, referida Portaria, por ser genérica, não tem o condão de autorizar a redução do intervalo intrajornada por acordo ou convenção coletiva, sendo necessária autorização específica, nos termos do § 3° do art. 71 da CLT, após vistoria das instalações e do sistema de trabalho da empresa. Sob esse entendimento, a SBDI-1 decidiu, por unanimidade, conhecer dos embargos por divergência jurisprudencial, no mérito, por maioria, deu-lhes provimento parcial para condenar a reclamada ao pagamento de uma hora diária, com acréscimo do adicional de 50%, decorrente da concessão parcial do intervalo intrajornada, nos dias efetivamente trabalhados em que não houve o gozo de uma hora integral de repouso para descanso e alimentação, atribuindo-lhe natureza salarial à parcela, nos termos da Súmula n° 437, item III, do Tribunal Superior do Trabalho. Vencidos os Ministros João Oreste Dalazen e Renato de Lacerda Paiva, que negavam provimento ao recurso. TST-E--RR-53200-40.2013.5.21.0006, SBDI-I, rel. Min. José Roberto Freire Pimenta, 10.09.2015. (Inform. TST 117)

Horas extraordinárias. Contratação após admissão. Súmula 199, I, do TST. Não contrariedade.
Não contraria o item I da Súmula 199 do TST, o reconhecimento de pré-contratação de horas extras nas hipóteses em que o ajuste tenha ocorrido poucos meses após a admissão do empregado se, conforme consignado no acórdão regional, o pagamento das horas extras pré-contratadas era, na verdade, mera contraprestação pelo serviço prestado pela reclamante, e que, ainda, a prorrogação de jornada foi uma constante no curso do contrato, sem que, contudo, nenhuma justificativa tenha sido apresentada para permanente necessidade de elasticidade de trabalho, o que levou o Tribunal Regional do Trabalho da 9ª Região, inclusive, à conclusão de que a intenção do empregador era burlar a aplicação da referida súmula. Sob esses fundamentos, a SBDI-I, por maioria, não conheceu do recurso de embargos. Vencidos os

Ministros Marcio Eurico Vitral Amaro, relator e Ives Gandra Martins Filho. TST-E-ED-RR 286-82.2010.5.09.0088, SBDI-1, rel. Min. Márcio Eurico Vitral Amaro, red. p/ acórdão Min. José Roberto Freire Pimenta, 1°.10.2015. (Inform. TST 119)

Intervalo intrajornada. Supressão parcial. Pedido que se refere ao "pagamento das horas laboradas nos períodos para descanso e alimentação intrajornada". Pagamento de todo o período correspondente ao intervalo. Súmula n° 437, I, do TST. Julgamento ultra petita. Não configuração. Invocação do art. 71, § 4°, da CLT.
Na hipótese em que a reclamante alega que gozou apenas trinta minutos de intervalo intrajornada e postula na inicial "pagamento das horas laboradas nos períodos para descanso e alimentação intrajornada (art. 71, § 4°, da CLT) com adicional de 50% e reflexos", não configura julgamento *ultra petita* o deferimento do pagamento de todo o período correspondente ao intervalo, e não apenas daquele suprimido (Súmula n° 437, I, do TST). No caso, prevaleceu o entendimento de que, embora o pedido mencione o pagamento das horas laboradas, o artigo da CLT invocado refere-se à remuneração devida no caso de descumprimento do intervalo intrajornada. Assim, a SBDI-I, por unanimidade, conheceu dos embargos, por divergência jurisprudencial, e, no mérito, por maioria, negou-lhes provimento. Vencidos os Ministros Márcio Eurico Vitral Amaro, relator, João Oreste Dalazen, Brito Pereira, Aloysio Corrêa da Veiga e Guilherme Augusto Caputo Bastos. TST-E-ED- RR-182400-68.2009.5.12.0046, SBDI-I, rel. Min. Márcio Eurico Vitral Amaro, red. p/ acórdão Min. Hugo Carlos Scheuermann, 10.12.2015. (Inform. TST 126)

3.2. TRIBUNAL PLENO

Matéria afetada ao Tribunal Pleno. Empregado da Empresa Brasileira de Correios e Telégrafos – ECT. Atuação no Banco Postal. Enquadramento como bancário. Impossibilidade.
Empregado da Empresa Brasileira de Correios e Telégrafos - ECT atuante no Banco Postal, conquanto exerça certas atividades peculiares de bancário, não pode ser enquadrado como tal. Logo, não tem direito às normas coletivas da aludida categoria profissional nem à jornada de trabalho reduzida de seis horas prevista no art. 224 da CLT. Na espécie, consignou-se que a atividade econômica predominante do empregador, qual seja, a prestação de serviços postais, deve prevalecer para fins de enquadramento sindical dos empregados do Banco Postal. Ademais, conforme se extrai da Resolução n.° 3.954/2011 do Conselho Monetário Nacional e da Portaria n.° 588/2000 do Ministério das Comunicações, nos bancos postais são realizadas apenas atividades acessórias e não atividades tipicamente bancárias, não havendo, portanto, identidade substancial entre as condições de trabalho específicas dos bancários, em tese, mais desgastantes, e aquelas a que submetidos os empregados do Banco Postal. De outra sorte, por ter o escopo de democratizar o acesso à atividade bancária e efetividade ao disposto no *caput* do art. 192 da CF, o Banco Postal é uma entidade de interesse público, o que atrai a aplicação do art. 8° da CLT no que tange à vedação de que o interesse particular ou de classe prevaleça. Assim, a ECT não pode ser equiparada a estabelecimento bancário ou financeiro, sendo a ela inaplicável a diretriz da Súmula n° 55 do TST e as disposições contidas na Lei n° 4.595/64. Sob esses fundamentos, o Tribunal Pleno decidiu, por maioria, conhecer do recurso de embargos, por divergência jurisprudencial, vencidos os Ministros Luiz Philippe Vieira de Mello Filho, Augusto César Leite de Carvalho, José Roberto Freire Pimenta, Delaíde Miranda Arantes, Alexandre de Souza Agra Belmonte, Cláudio Mascarenhas Brandão, Douglas Alencar Rodrigues, Renato de Lacerda Paiva e Aloysio Corrêa da Veiga. No mérito, também por maioria, o Tribunal deu provimento aos embargos para afastar o enquadramento do reclamante como bancário e julgar totalmente improcedente a reclamação trabalhista, vencidos os Ministros Augusto César Leite de Carvalho, José Roberto Freire Pimenta, Delaíde Miranda Arantes, Hugo Carlos Scheuermann, Alexandre de Souza Agra Belmonte, Cláudio Mascarenhas Brandão, Douglas Alencar Rodrigues, Maria Helena Mallmann, Renato de Lacerda Paiva e Luiz Philippe Vieira de Mello Filho. TST-E-RR-210300-34.2007.5.18.0012, Tribunal Pleno, rel. Min. Dora Maria da Costa, 24.11.2015 (Inform. TST 125)

SÚMULA Nº 366
CARTÃO DE PONTO. REGISTRO. HORAS EXTRAS. MINUTOS QUE ANTECEDEM E SUCEDEM A JORNADA DE TRABALHO (**nova redação**)
Não serão descontadas nem computadas como jornada extraordinária as variações de horário do registro de ponto não excedentes de cinco minutos, observado o limite máximo de dez minutos diários. Se ultrapassado esse limite, será considerada como extra a totalidade do tempo que exceder a jornada normal, pois configurado tempo à disposição do empregador, não importando as atividades desenvolvidas pelo empregado ao longo do tempo residual (troca de uniforme, lanche, higiene pessoal, etc).

4. SALÁRIO
4.1. SUBSEÇÃO I ESPECIALIZADA EM DISSÍDIOS INDIVIDUAIS

Uniformes. Uso obrigatório ou necessário para a concepção da atividade econômica. Despesas com lavagem. Ressarcimento. Devido.
As despesas decorrentes de lavagem de uniformes, quando seu uso é imposto pelo empregador ou necessário para a concepção da atividade econômica, devem ser ressarcidas ao empregado, uma vez que os riscos do empreendimento são suportados pela empresa, cabendo a ela zelar pela higiene do estabelecimento. Inteligência do art. 2º da CLT. No caso, as reclamadas forneciam gratuitamente uniformes e impunham a sua utilização durante o horário de serviço em razão da atividade desenvolvida (indústria de laticínios). Assim, a SBDI-I, por unanimidade, conheceu do recurso de embargos, por divergência jurisprudencial, e, no mérito, por maioria, negou-lhe provimento, mantendo a decisão da Turma que ratificara a condenação ao ressarcimento das despesas efetuadas pelo reclamante com a lavagem de uniformes. Vencidos os Ministros Guilherme Caputo Bastos, relator, Ives Gandra Martins Filho, Márcio Eurico Vitral Amaro e Cláudio Mascarenhas Brandão, que davam provimento aos embargos para julgar improcedente o pedido de ressarcimento das despesas com a lavagem do fardamento, ao fundamento de que a higienização ordinária de uniformes não causa prejuízo indenizável, nem transfere os riscos do empreendimento ao empregado. TST--E-RR-12-47.2012.5.04.0522, SBDI-I, rel. Min. Guilherme Augusto Caputo Bastos, red. p/ acórdão Min. João Oreste Dalazen, 12.3.2015 **(Inform. TST 101)**

Salário-substituição. Substituição apenas de parte das atribuições do substituído. Pagamento de forma proporcional às atividades substituídas. Apuração em liquidação de sentença.
Consoante entendimento consagrado na Súmula 159, I, do TST, o empregado substituto faz jus ao salário do substituído, enquanto perdurar a substituição que não tenha caráter meramente eventual, inclusive nas férias. Nos casos em que a substituição for parcial, ou seja, não abarcar todas as atividades e responsabilidades do substituído, o valor do salário-substituição poderá se dar proporcionalmente às tarefas desempenhadas. Na hipótese dos autos, o substituído era responsável pela segurança da empresa em toda região metropolitana de Belo Horizonte, enquanto o substituto assumiu as atribuições do supervisor apenas na cidade de Betim. Assim, adotando esse entendimento, a SBDI-I, no ponto, conheceu dos embargos da reclamada, por divergência jurisprudencial, e, no mérito, por maioria, deu-lhes provimento parcial para limitar a condenação das diferenças salariais em virtude de substituição do supervisor, em suas férias, de forma proporcional às atividades substituídas, a ser apurado em liquidação da sentença. Vencido o Ministro Aloysio Corrêa da Veiga. TST-E-ED-RR-66600-35.2008.5.03.0027, SBDI-I, rel. Min. Dora Maria da Costa, 14.5.2015 **(Inform. TST 107)**

Adicional de insalubridade. Fundação Casa. Atendimento de adolescentes infratores isolados por motivo de saúde. Contato com pessoas portadoras de doenças infectocontagiosas. Anexo nº 14 da NR-15 da Portaria 3.214/78 do MTE. Adicional devido.
É devido o adicional de insalubridade em grau máximo, reconhecido por laudo pericial, a trabalhadores da Fundação Casa que tenham contato com adolescentes infratores isolados por conta de doenças infectocontagiosas, nos termos do Anexo 14 da NR 15 da Portaria 3.214/78 do Ministério do Trabalho e Emprego. Nesse contexto, não há contrariedade à Súmula nº 448, I, do TST. Sob esse fundamento, a SBDI-I, por maioria, não conheceu dos embargos, vencidos os Ministros Alexandre de Souza Agra Belmonte e Ives Gandra Martins Filho. TST-E--RR-41500- 67.2007.5.15.0031, SBDI-I, rel. Hugo Carlos Scheuermann, 21.5.2015. **(Inform. TST 108)**

Adicional de periculosidade. Transporte de combustível inflamável. Tanque reserva para consumo próprio. Armazenamento superior ao limite mínimo estabelecido na NR-16 da Portaria nº 3.214/1978 do Ministério do Trabalho. Adicional devido.
O armazenamento de combustível em tanque reserva de caminhão, se, somada à capacidade do tanque principal, ultrapassar os limites mínimos estabelecidos na NR 16 da Portaria nº 3.214/1978 do Ministério do Trabalho (200 litros), gera direito ao pagamento de adicional de periculosidade ao empregado condutor do veículo. No caso, entendeu-se que a situação descrita nos autos não se equipara à exceção contida no item 16.6.1 da NR 16, segundo o qual "as quantidades de inflamáveis, contidas nos tanques de consumo próprio dos veículos, não serão consideradas para efeito desta norma", porquanto comprovado que o reclamante, no exercício da função de motorista de caminhão, transportava cerca de 1.250 litros de combustível inflamável, somadas as quantidades presentes no tanque principal e no tanque suplementar. Sob esse fundamento, a SBDI-I, por maioria, vencido o Ministro Antonio José de Barros Levenhagen, conheceu dos embargos interpostos pelo reclamante, por divergência jurisprudencial, e, no mérito, por maioria, deu-lhes provimento para julgar procedente o pedido de pagamento do adicional de periculosidade, com os reflexos postulados nas prestações contratuais vinculadas ao salário, vencidos os Ministros Aloysio Corrêa da Veiga, Renato de Lacerda Paiva, Guilherme Augusto Caputo Bastos e Alexandre de Souza Agra Belmonte. TST-E-RR-981-70.2011.5.23.0004, SBDI-I, rel. Min. João Oreste Dalazen, 6.8.2015. **(Inform. TST 113)**

Reajustes salariais fixados por resoluções do Conselho de Reitores das Universidades do Estado de São Paulo (CRUESP) aos servidores das Universidades Estaduais Paulistas. Extensão aos servidores do Centro Estadual de Educação Tecnológica Paula Souza (CEETEPS). Impossibilidade. Necessidade de lei específica.
As normas salariais aprovadas pelo CRUESP (Conselho de Reitores das Universidades do Estado de São Paulo) para as Universidades do Estado de São Paulo não podem ser estendidas aos servidores do CEETEPS (Centro Estadual de Educação Tecnológica Paula Souza), por se tratarem de pessoas jurídicas distintas, inclusive no que concerne aos membros dos planos de carreiras e remuneração de seus servidores. O CEETEPS é autarquia estadual de regime especial, possuindo autonomia administrativa e financeira, além de patrimônio próprio, não se confundindo com as Universidades Estaduais, que têm autonomia assegurada pelo artigo 207 da Constituição Federal. Sendo assim, o reajuste salarial concedido por um dos entes não pode implicar ônus para o outro ente. No caso, o reclamante, servidor do CEETEPS, busca o recebimento de diferenças salariais decorrentes dos reajustes concedidos aos servidores das Universidades Estaduais Paulistas (UNESP). Ocorre que, não obstante os atos normativos de criação do CEETEPS, de sua vinculação à UNESP, bem como de autorização para que a política salarial das Universidades Estaduais seja estabelecida por Resoluções do CRUESP, tenham emanado do Poder Legislativo Estadual, a Constituição Federal (arts. 37, X e XIII e 207) não permite a concessão de aumentos remuneratórios de servidores públicos autárquicos sem lei específica. Além desses argumentos, ao Poder Judiciário não seria permitido proceder ao reajuste de salários e benefícios, pois tal fato implicaria a substituição de função do Poder Legislativo, a quem caberia editar lei própria alterando a forma de remuneração de servidores autárquicos em observância ao princípio da legalidade e ao disposto no art. 37, incisos X e XIII, da Constituição Federal. Sob esses fundamentos, a SBDI-1, por unanimidade, conheceu dos embargos, por divergência jurisprudencial e, no mérito, negou-lhes provimento. TST-E-RR-172400-28.2008.5.15.0024, SBDI-I, rel. Min. Renato de Lacerda Paiva, 6.8.2015. **(Inform. TST 113)**

2. DIREITO DO TRABALHO

Bancário. Transporte de valores. Desvio de função. Adicional de risco indevido. Ausência de previsão na Lei nº 7.102/83.
Consoante o artigo 3º da Lei nº 7.102/83, os serviços de transporte de valores serão executados por empresa especializada contratada ou pelo próprio estabelecimento financeiro, caso em que deverá haver a contratação de pessoal próprio, treinado para tanto. Tal norma parte do pressuposto de que a alegada atividade é de risco e, portanto, deve ser executada por funcionários aprovados em curso de formação de vigilante autorizado pelo Ministério da Justiça. A consequência do descumprimento da norma, por parte do estabelecimento bancário, é a imposição de advertência, multa ou interdição do estabelecimento. Não há qualquer previsão na Lei nº 7.102/83 de concessão de adicional de risco ao trabalhador ante o descumprimento de seus preceitos. Sob esses fundamentos, a SBDI-1, por unanimidade, conheceu do recurso de embargos, por divergência jurisprudencial, e, no mérito, por maioria, deu-lhe provimento para restabelecer o acórdão do Regional, que indeferiu o pedido de pagamento do adicional de risco com esteio na falta de previsão legal e no fato de que o autor realizou o transporte de valores de forma meramente esporádica. Vencidos os Ministros Augusto César Leite de Carvalho, Walmir Oliveira da Costa, Hugo Carlos Scheuermann e Cláudio Mascarenhas Brandão. TST-E-RR-157300-17.2008.5.12.0024, SBDI-I, rel. Min. Renato de Lacerda Paiva, 6.8.2015. **(Inform. TST 113)**

Adicional de transferência. Orientação Jurisprudencial nº 113 da SBDI-I do Tribunal Superior do Trabalho. Controvérsia quanto ao lapso temporal da última transferência. Incidência da Súmula nº 126 do TST.
Não obstante a decisão prolatada pelo Tribunal Regional do Trabalho da Décima Segunda Região estivesse em desacordo com a Orientação Jurisprudencial nº 113 da SBDI-1, por expressar a tese de que é devido o adicional de transferência independentemente de a transferência ser transitória ou definitiva, a Turma do Tribunal Superior do Trabalho agiu corretamente ao não avançar na admissibilidade do recurso para decidir que a transferência seria definitiva. Concluiu-se que haveria o óbice da Súmula nº 126 do TST para reconhecer que a cessação do contrato teria ocorrido doze anos depois da transferência e que, por isso, a transferência seria definitiva. No caso, estava incontroverso apenas que houve uma transferência em 1994, mas não havia elementos suficientes para concluir até quando ela se deu ou se esta foi a última ou a única transferência. Assim, caberia à empresa reclamada interpor embargos de declaração perante o TRT e arguir nulidade por negativa de prestação jurisdicional oportunamente, caso não fosse esclarecida a circunstância fática. Como não o fez, não caberia à Turma do Tribunal Superior do Trabalho rever o quadro fático para decidir se a transferência se deu de maneira definitiva ou provisória. Sob esse entendimento, a SBDI-I decidiu, pelo voto prevalente da Presidência, negar provimento ao agravo regimental, vencidos os Ministros Luiz Philippe Vieira de Mello Filho, relator, João Oreste Dalazen, Aloysio Corrêa da Veiga, Márcio Eurico Vitral Amaro e Walmir Oliveira da Costa. Redigirá o acórdão o Ministro Augusto César Leite de Carvalho. TST-AgR-E-ED--RR-85885-93.2007.5.12.0028, SBDI-I, rel. Luiz Philippe Vieira de Mello Filho, red. p/acórdão Min. Augusto César Leite de Carvalho, 17.9.2015. **(Inform. TST 118)**

Reajustes salariais fixados pelo Conselho de Reitores das Universidades do Estado de São Paulo (CRUESP). Extensão aos servidores da Faculdade de Medicina de Marília e da Fundação Municipal de Ensino Superior de Marília. Conhecimento do recurso de revista por violação ao artigo 37, X, da Constituição Federal. Impossibilidade. Interpretação de legislação estadual.
O art. 896, c, da CLT, dispõe que cabe recurso de revista ao Tribunal Superior do Trabalho das decisões proferidas em grau de recurso ordinário, em dissídio individual, pelos Tribunais Regionais do Trabalho, quando proferidas com violação literal de disposição de lei federal ou afronta direta e literal à Constituição Federal. Nesse sentido, nas hipóteses em que a pretensão do reclamante depender da análise prévia da legislação estadual pertinente. Inviável a aferição de ofensa direta e literal a dispositivo da Constituição Federal, o que não se amolda às hipóteses de admissibilidade do recurso de revista previstas no art. 896, c, da CLT. No caso, a Egrégia 3ª Turma do TST conheceu e deu provimento aos recursos de revista das reclamadas Faculdade de Medicina de Marília e Fundação Municipal de Ensino Superior de Marília para excluir da condenação o pagamento de diferenças salariais, integrações e incorporações dos pagamentos à folha de salários do autor, julgando improcedentes os pedidos iniciais por ofensa ao art. 37, X, da CF, que determina que a remuneração dos servidores públicos somente poderá ser fixada ou alterada por lei específica, a Lei Estadual nº 8.899/94. A SBDI-I, por unanimidade, conheceu do recurso de embargos por divergência jurisprudencial e, no mérito, deu-lhe provimento para afastar o conhecimento do recurso de revista por afronta direta e literal à CF e, considerando que a divergência jurisprudencial apresentada pelo autor está superada pela iterativa e notória jurisprudência do TST e do STF, negou provimento aos embargos. TST-E-ARR-1663-91.2010.5.15.0033, SBDI-I, rel. Min. Cláudio Mascarenhas Brandão, 17.09.2015. **(Inform. TST 118)**

Equiparação salarial. Quadro de carreira. Empresa privada. Ausência de homologação pelo Ministério do Trabalho. Convalidação por instrumento coletivo. Validade. Observância do requisito da alternância entre os critérios de promoção por antiguidade e por merecimento. Súmula nº 6, item I, do Tribunal Superior do Trabalho. Inaplicável.
É válido o plano de carreira empresarial nos casos em que existe norma coletiva chancelando-o, desde que seja obedecido o requisito da alternância entre os critérios de promoção por antiguidade e por merecimento. Há, portanto, óbice ao pedido de equiparação salarial. Com efeito, a intenção desta Corte Superior, quando da edição da Súmula nº 6, item I, fora apenas de excepcionar da exigência de homologação do quadro de carreira no Ministério do Trabalho as entidades de direito público, tendo em vista a presunção de legalidade de seus atos. Assim, é inviável a aplicação do entendimento contido no aludido verbete para afastar a validade do quadro de carreira de empresa privada que, conquanto não tenha sido homologado no Ministério do Trabalho, haja sido convalidado por meio de instrumento coletivo e observado o critério da alternância entre a promoção por antiguidade e por merecimento. Sob esses fundamentos, a SBDI-I decidiu, por unanimidade, conhecer do recurso de embargos por divergência jurisprudencial e, no mérito, por maioria, dar-lhe provimento para restabelecer a sentença que julgou improcedente o pedido de equiparação salarial e reflexos. Vencidos os Ministros Augusto César Leite de Carvalho, Aloysio Corrêa da Veiga, José Roberto Freire Pimenta e Hugo Carlos Scheuermann. TST-E-ED--RR - 35941-05.2007.5.02.0254, SBDI-I, rel. Min. Renato de Lacerda Paiva, 08.10.2015. **(Inform. TST 120)**

BESC – Banco do Estado de Santa Catarina S.A.. Promoção horizontal por antiguidade. Critérios previstos em norma interna. Necessidade de deliberação da diretoria. Condição puramente potestativa. Implemento das condições para concessão. Ônus da prova do reclamado.
A deliberação da diretoria constitui requisito dispensável à concessão da promoção por antiguidade ao empregado do BESC, sucedido pelo Banco do Brasil, tendo em vista que ela se baseia em critério objetivo, sendo direito do empregado a sua fruição quando preenchido o requisito temporal, conforme aplicação analógica da Orientação Jurisprudencial Transitória nº 71 da SBDI-I do TST. Em se tratando de cláusula potestativa, que estabelece que o direito às promoções por antiguidade depende do limite de vagas fixado pela Diretoria Executiva do Banco, e não apenas do transcurso do tempo, é do reclamado o ônus de comprovar que ofereceu as condições previstas na norma interna e que o trabalhador não atendeu aos requisitos exigidos para as promoções, não sendo possível simplesmente negar o cumprimento dos requisitos para concessão da promoção por antiguidade. Sob esse entendimento, a SBDI-I, por unanimidade, conheceu dos embargos, por divergência jurisprudencial, e, no mérito, deu-lhes provimento para condenar o reclamado ao pagamento de diferenças salariais decorrentes da promoção não concedidas e reflexos. TST-E-ED--RR-367400-80.2009.5.12.0034, SBDI-I, rel. Min. José Roberto Freire Pimenta, 29.10.2015. **(Inform. TST 121)**

Empresa Brasileira de Correios e Telégrafos – ECT. Progressões por antiguidade. Compensação das progressões previstas no Plano de Cargos, Carreiras e Salários (PCCS) com as oriundas de norma coletiva. Possibilidade.
As progressões por antiguidade previstas no Plano de Cargos, Carreiras e Salários (PCCS) da Empresa Brasileira de Correios e Telégrafos (ECT) devem ser compensadas com as oriundas de negociação coletiva, resguardado ao empregado o direito a perceber exclusivamente a que lhe for mais benéfica. É irrelevante que a norma coletiva não preveja expressamente a compensação, sendo suficiente que as parcelas revistam-se de idêntica natureza jurídica, nos termos da Súmula nº 202 do TST. Sob esses fundamentos, a SBDI-I decidiu, por maioria, conhecer dos embargos, por divergência jurisprudencial, e, no mérito, por unanimidade, dar-lhes provimento para restabelecer a sentença, no particular. Vencido o Ministro José Roberto Freire Pimenta. TST- -E-RR-1280- 41.2012.5.04.0004, SBDI-I, rel. Min. Márcio Eurico Vitral Amaro, 29.10.2015. (Inform. TST 121)

Complementação de aposentadoria. Artigo 21, §3º, do Regulamento Básico da Fundação Vale do Rio Doce de Seguridade Social - VALIA. Reajuste pelos índices adotados pelo INSS. Aumento real.
O artigo 21, §3º, do Regulamento Básico da Fundação Vale do Rio Doce de Seguridade Social – VALIA prevê apenas o reajuste do benefício aos empregados e pensionistas da Vale S.A. "nas mesmas datas em que forem reajustados os benefícios mantidos pelo INPS e segundo os mesmos índices de reajustamento expedidos pelo INPS" (atual INSS), sem fazer qualquer referência a aumento real. Assim, conforme o artigo 114 do Código Civil, não cabe interpretação extensiva, no sentido de estender aos aposentados e pensionistas da Vale S.A. também os índices de aumento real concedido pela aludida autarquia previdenciária. Com efeito, considerou-se que o vocábulo "reajuste" remete ao mecanismo de recomposição das perdas inflacionárias, ao passo que a locução "aumento real" define o efetivo ganho de capital acima da inflação, de modo a garantir a elevação do poder de compra. Ademais, não há previsão específica no Regulamento quanto à observância de paridade entre os planos de previdência complementar e o regime de previdência oficial, o que obsta o reconhecimento do direito às diferenças de complementação de pensão postulado. Por fim, destacou-se que, ao se entender que o reajustamento também alcança o aumento real, poder-se-ia ocasionar um desequilíbrio atuarial a afetar todos os integrantes do plano de benefícios. Mais do que isso, distanciar-se-ia da finalidade precípua dos regimes privados de complementação de aposentadoria, que é a manutenção do padrão de vida do beneficiário. Sob esses fundamentos, a SBDI-I decidiu, por unanimidade, conhecer do recurso de embargos apenas quanto ao tema "complementação de aposentadoria - reajuste pelos índices adotados pelo INSS - aumento real", por divergência jurisprudencial, e, no mérito, dar-lhe provimento para restabelecer o acórdão regional no tocante à declaração de improcedência do pedido de diferenças de complementação de pensão pela adoção dos índices de aumento real concedidos pelo INSS em maio de 95, maio de 96 e 2007. TST- -E-ARR-1516-60.2011.5.03.0099, SBDI-I, rel. Min. Renato de Lacerda Paiva, 05.11.2015. (Inform. TST 122)

Recomposição da Reserva Matemática. Parcela não considerada para o cálculo do salário de benefício. Responsabilidade. Patrocinadora.
Os planos de previdência complementar, diferentemente do que ocorre no Regime Geral da Previdência Social, são financiados pelas contribuições dos participantes, dos assistidos e da entidade patrocinadora, bem como pelo investimento desses recursos, que constituem a reserva matemática a garantir a solvabilidade do benefício contratado. Quando há aportes financeiros considerando determinado salário de benefício e, em razão de condenação judicial, ocorre majoração não prevista da base de cálculo desse benefício, impõe-se um reequilíbrio do plano, com a recomposição da fonte de custeio em relação a essa diferença. A responsabilidade pela recomposição da reserva matemática deve ser atribuída unicamente à patrocinadora, que deu causa à não incidência do custeio no salário de contribuição na época própria pela não consideração de parcelas, agora reconhecidas como de natureza salarial. Não há como imputar o dever de manter intacta a reserva matemática ao Fundo de Pensão, mero gestor do fundo, ou aos participantes. Sob esses fundamentos, a SBDI-I decidiu, por unanimidade, conhecer dos embargos, por divergência jurisprudencial, e, no mérito, dar-lhes provimento para declarar a responsabilidade exclusiva da Caixa Econômica Federal pela recomposição da reserva matemática, conforme se apurar em liquidação de sentença. TST-E- -ED-RR-1065-69.2011.5.04.0014, SBDI-I, rel. Min. Aloysio Corrêa da Veiga, julgado em 05.11.2015. (Inform. TST 122)

Adicional de periculosidade. Armazenamento de líquido inflamável em estrutura independente do local da prestação de serviços. Inaplicabilidade da Orientação Jurisprudencial nº 385 da SBDI-I.
A Orientação Jurisprudencial nº 385 da SBDI-I, ao assegurar o direito ao adicional de periculosidade, refere-se ao armazenamento de líquido inflamável no mesmo prédio em que desenvolvidas as atividades laborais. Assim, na hipótese em que o laudo pericial constatou que o armazenamento de óleo diesel ocorria em estrutura completamente independente do local da prestação de serviços, inclusive com área de segurança devidamente protegida, não há direito ao pagamento do referido adicional, ante a ausência de labor em área de risco. Sob esse fundamento, a SBDI-I, por maioria, conheceu dos embargos da reclamada por contrariedade à Súmula nº 126 do TST e à Orientação Jurisprudencial nº 385 da SBDI-I, vencidos os Ministros Alexandre Agra Belmonte, Augusto César Leite de Carvalho, José Roberto Freire Pimenta e Cláudio Mascarenhas Brandão. Ressaltou o Ministro relator que diante das premissas fáticas registradas nos autos, não poderia a Turma ter valorado o laudo pericial a fim de, concluindo de forma diversa do TRT, conceder o adicional de periculosidade. No mérito, por unanimidade, a Subseção deu provimento ao recurso para restabelecer o acórdão do Regional, que declarou a improcedência do pedido. TST-E- ED-AgR- -ARR-644-68.2010.5.04.0029, SBDI-I, rel. Min. João Oreste Dalazen, 12.11.2015. (Inform. TST 123)

Jornada de quatro, seis ou oito horas. Salário mínimo da categoria profissional. Pagamento independente das horas trabalhadas. Impossibilidade. Orientação Jurisprudencial nº 358 da SBDI-I. Princípio da isonomia.
É lícito o pagamento de salário proporcional à jornada de trabalho, ainda que inferior ao mínimo legal e/ou convencional, posto que não podem ser remunerados de forma idêntica os trabalhadores que desempenham as mesmas atividades, mas se sujeitam a jornadas distintas. Incidência da Orientação Jurisprudencial nº 358 da SBDI-I e do princípio da isonomia insculpido no art. 5º, caput, da CF. No caso em apreço, a Turma de origem, ao julgar recurso de revista interposto pelo Ministério Público do Trabalho em ação civil pública, entendeu ilícita a adoção de jornada móvel e variável, pois os empregados não sabiam quando seriam ativados, ficando submetidos ao arbítrio da empregadora por 44 horas semanais. Assim, declarou a nulidade de todo o regime de trabalho e determinou à empresa que garantisse o pagamento do salário profissional independentemente do número de horas trabalhadas. Todavia, em virtude de acordo de abrangência nacional firmado nos autos do processo nº 1040-74.2012.5.06.0011, perante a 11ª Vara do Trabalho do Recife/PE, a jornada móvel e variável foi substituída por jornada fixa de quatro, seis ou oito horas, não mais subsistindo o argumento utilizado pela Turma para determinar o pagamento do piso da categoria de forma indistinta. Assim, a SBDI-I, por maioria, conheceu dos embargos por contrariedade à Orientação Jurisprudencial nº 358 da SBDI-I, vencidos os Ministros Aloysio Corrêa da Veiga, Márcio Eurico Vitral Amaro, José Roberto Freire Pimenta, Hugo Carlos Scheuermann e Cláudio Mascarenhas Brandão. No mérito, a Subseção deu provimento ao recurso para excluir da condenação a determinação para que a reclamada garanta "o pagamento do salário mínimo da categoria profissional, de acordo com a Convenção Coletiva do Trabalho, independentemente do número de horas trabalhadas", julgando-se improcedente a presente ação no particular. TST-E-ED- RR-9891900-16.2005.5.09.0004, SBDI-I, rel. Min. Renato de Lacerda Paiva, 26.11.2015 (Inform. TST 125)

2. DIREITO DO TRABALHO

Profissional de futebol. Contrato de trabalho com duração integral na vigência da Lei nº 9.615/98 (Lei Pelé), antes das alterações promovidas pela Lei nº 12.395/2011. Direito de arena. Redução do percentual mínimo legal. Impossibilidade.

Quer se trate de acordo judicial cível, quer se trate de negociação coletiva, o percentual a título de direito de arena não comporta redução na hipótese em que o contrato de trabalho perdurou na vigência da Lei nº 9.615/98 (Lei Pelé), ou seja, antes das alterações introduzidas pela Lei nº 12.395/2011. O art. 5º, XXVIII, "a", da CF, destinado à proteção dos direitos fundamentais, engloba o direito de arena, de modo que a expressão "salvo convenção em contrário", contida no art. 42, § 1º, da Lei Pelé, em sua redação original, não configura permissão para a redução do percentual mínimo estipulado. No caso, registrou o TRT a existência de acordo judicial, perante o juízo cível, autorizando a redução de 20% para 5% do montante devido aos profissionais de futebol participantes dos eventos desportivos. Sob esses fundamentos, a SBDI-I, por unanimidade, conheceu do recurso de embargos, por divergência jurisprudencial, e, no mérito, por maioria, negou-lhe provimento. Vencidos os Ministros Aloysio Corrêa da Veiga, Ives Gandra Martins Filho, Brito Pereira, Guilherme Augusto Caputo Bastos e Walmir Oliveira da Costa. TST-E-ED-RR- 173200-94.2009.5.03.0108, SBDI-I, rel. Min. Márcio Eurico Vitral Amaro, 10.12.2015 (Inform. TST 126)

Terceirização ilícita. Vínculo empregatício reconhecido com a empresa tomadora de serviços. Isonomia salarial. Indeferimento. Ato discriminatório. Configuração.

Configura ato discriminatório, vedado pelo inciso XXXII do art. 7º da CF, o indeferimento da pretensão de diferenças salariais entre o valor pago pela prestadora de serviços e o praticado pela empresa tomadora, em relação aos empregados contratados diretamente por ela para o exercício das mesmas funções, sobretudo no caso em que houve o reconhecimento de vínculo empregatício com a tomadora, em razão de ilicitude no contrato de terceirização. Se da Orientação Jurisprudencial nº 383 da SBDI-I é possível extrair a necessidade de tratamento isonômico entre empregados terceirizados e os integrantes do quadro próprio da tomadora de serviços que tenham as mesmas atribuições, por razão maior devem ser garantidos os mesmos salários e vantagens no caso de reconhecimento de vínculo direto com essa empresa. Sob esses fundamentos, a SBDI-I, por unanimidade, conheceu do recurso de embargos, por divergência jurisprudencial, e, no mérito, por maioria, deu-lhe provimento para condenar a tomadora de serviços ao pagamento das diferenças salariais pleiteadas, com os reflexos previstos em lei, conforme se apurar em liquidação de sentença. Vencido o Ministro Aloysio Corrêa da Veiga. TST-E-ED-RR-493800-06.2007.5.12.0004, SBDI-I, rel. Min. Lelio Bentes Corrêa, 10.12.2015
ERRATA
Comunicamos que a correta conclusão da matéria referente ao processo TST-E-ED-RR-9891900-16.2005.5.09.0004, divulgada no Informativo TST nº 125, é esta: (...) Assim, a SBDI-I, por maioria, conheceu dos embargos por contrariedade à Orientação Jurisprudencial nº 358 da SBDI-I, vencidos os Ministros Augusto César Leite de Carvalho, Márcio Eurico Vitral Amaro, José Roberto Freire Pimenta, Hugo Carlos Scheuermann e Cláudio Mascarenhas Brandão. No mérito, a Subseção deu provimento ao recurso para excluir da condenação a determinação para que a reclamada garanta "o pagamento do salário mínimo da categoria profissional, de acordo com a Convenção Coletiva do Trabalho, independentemente do número de horas trabalhadas", julgando-se improcedente a presente ação no particular. TST-E-ED-RR-9891900-16.2005.5.09.0004, SBDI-I, rel. Min. Renato de Lacerda Paiva, 26.11.2015. (Inform. TST 126)

4.2. TRIBUNAL PLENO

Equiparação salarial em cadeia. Tempo de serviço na função. Confronto com o paradigma remoto. Irrelevância. Comprovação necessária apenas em relação ao paradigma imediato.

O fato de haver uma diferença de tempo de serviço na função superior a dois anos entre o reclamante e os paradigmas remotos ou, ainda, de estes não terem convivido nem exercido simultaneamente essa função, não obstam o direito à equiparação salarial do autor com seus paradigmas imediatos, em relação aos quais houve comprovação das exigências estabelecidas em lei. Os requisitos firmados pelo art. 461, § 1º, da CLT apenas são plausíveis em relação ao fato constitutivo da pretensão inicial, ou seja, à equiparação com o paradigma imediato, não podendo alcançar os paradigmas remotos, sob pena de inviabilizar qualquer pedido envolvendo equiparação salarial em cadeia pela simples alegação de decurso do tempo superior a dois anos. Nesse contexto, estaria o empregador autorizado a ferir o princípio da isonomia salarial e o art. 461 da CLT em prejuízo aos demais empregados componentes da cadeia equiparatória, o que não se mostra razoável. Assim, o Tribunal Pleno, por maioria, conheceu dos embargos interpostos pela reclamante, por contrariedade à Súmula nº 6, VI, do TST, e, no mérito, deu-lhes provimento para restabelecer a decisão do Regional, que convalidou a sentença, na qual foram deferidas as diferenças salariais decorrentes da equiparação salarial e os reflexos. Vencidos, quanto à fundamentação, os Ministros João Oreste Dalazen, Ives Gandra Martins Filho e Fernando Eizo Ono. Decidiu-se, ademais, encaminhar a matéria à Comissão de Jurisprudência e de Precedentes Normativos para que formule proposta de nova redação para o item VI da Súmula nº 6 do TST com base na tese firmada no presente caso. TST-E-ED-RR-160100-88.2009.5.03.0038, Tribunal Pleno, rel. Min. José Roberto Freire Pimenta, 24.3.2015 (Inform. TST 102)

▣ SÚMULA Nº 6 DO TST

EQUIPARAÇÃO SALARIAL. ART. 461 DA CLT (redação do item VI alterada na sessão do Tribunal Pleno realizada em 09.06.2015)

I- Para os fins previstos no § 2º do art. 461 da CLT, só é válido o quadro de pessoal organizado em carreira quando homologado pelo Ministério do Trabalho, excluindo-se, apenas, dessa exigência o quadro de carreira das entidades de direito público da administração direta, autárquica e fundacional aprovado por ato administrativo da autoridade competente. (ex-Súmula nº 06 – alterada pela Res. 104/2000, DJ 20.12.2000).

II- Para efeito de equiparação de salários em caso de trabalho igual, conta-se o tempo de serviço na função e não no emprego. (ex-Súmula nº 135 - RA 102/1982, DJ 11.10.1982 e DJ 15.10.1982).

III- A equiparação salarial só é possível se o empregado e o paradigma exercerem a mesma função, desempenhando as mesmas tarefas, não importando se os cargos têm, ou não, a mesma denominação. (ex-OJ da SBDI-1 nº 328 - DJ 09.12.2003).

IV- É desnecessário que, ao tempo da reclamação sobre equiparação salarial, reclamante e paradigma estejam a serviço do estabelecimento, desde que o pedido se relacione com situação pretérita. (ex-Súmula nº 22 - RA 57/1970, DO-GB 27.11.1970).

V- A cessão de empregados não exclui a equiparação salarial, embora exercida a função em órgão governamental estranho à cedente, se esta responde pelos salários do paradigma e do reclamante. (ex-Súmula nº 111 - RA 102/1980, DJ 25.09.1980).

VI- Presentes os pressupostos do art. 461 da CLT, é irrelevante a circunstância de que o desnível salarial tenha origem em decisão judicial que beneficiou o paradigma, exceto: a) se decorrente de vantagem pessoal ou de tese jurídica superada pela jurisprudência de Corte Superior; b) na hipótese de equiparação salarial em cadeia, suscitada em defesa, se o empregador produzir prova do alegado fato modificativo, impeditivo ou extintivo do direito à equiparação salarial em relação ao paradigma remoto, considerada irrelevante, para esse efeito, a existência de diferença de tempo de serviço na função superior a dois anos entre o reclamante e os empregados paradigmas componentes da cadeia equiparatória, à exceção do paradigma imediato.

VII- Desde que atendidos os requisitos do art. 461 da CLT, é possível a equiparação salarial de trabalho intelectual, que pode ser avaliado por sua perfeição técnica, cuja aferição terá critérios objetivos. (ex-OJ da SBDI-1 nº 298 - DJ 11.08.2003).

VIII- É do empregador o ônus da prova do fato impeditivo, modificativo ou extintivo da equiparação salarial. (ex-Súmula nº 68 - RA 9/1977, DJ 11.02.1977).

IX- Na ação de equiparação salarial, a prescrição é parcial e só alcança as diferenças salariais vencidas no período de 5 (cinco) anos que precedeu o ajuizamento. (ex-Súmula nº 274 - alterada pela Res. 121/2003, DJ 21.11.2003).

X- O conceito de "mesma localidade" de que trata o art. 461 da CLT refere-se, em princípio, ao mesmo município, ou a municípios distintos que, comprovadamente, pertençam à mesma região metropolitana. (ex-OJ da SBDI-1 nº 252 - inserida em 13.03.2002).

5. DANO MORAL

5.1. SUBSEÇÃO I ESPECIALIZADA EM DISSÍDIOS INDIVIDUAIS

Prescrição. Actio nata. Indenização por danos morais e materiais. Ação criminal proposta pelo empregador após a dispensa por justa causa. Falsificação de atestado médico. Absolvição criminal superveniente. Art. 200 do Código Civil.
Nos termos do art. 200 do Código Civil, conta-se a prescrição da pretensão relativa à indenização por danos morais e materiais decorrentes de falsa imputação de crime efetuada por ex-empregador a partir do trânsito em julgado da sentença penal definitiva. No caso, entendeu-se que a causa de pedir da reclamação trabalhista não estava alicerçada na reversão da justa causa aplicada, mas sim na má-fé da empresa em falsificar o atestado médico e imputá-lo à reclamante, de modo que a ciência inequívoca da responsabilidade pelo dano somente ocorreria com o trânsito em julgado da sentença penal absolutória. Assim, verificado o trânsito em julgado da ação penal em 16/01/2007, a qual atribuiu à própria empresa a autoria e a materialidade da adulteração do atestado médico, e o ajuizamento da reclamação em 14/08/2008, antes de esgotado o prazo prescricional bienal, não há prescrição a ser declarada. Sob esse entendimento, a SBDI-I, por unanimidade, conheceu do recurso de embargos por divergência jurisprudencial, e, no mérito, por maioria, deu-lhe provimento para, afastada a prescrição total, determinar o retorno dos autos ao Tribunal Regional do Trabalho da 2ª Região, a fim de que prossiga no julgamento do recurso ordinário da reclamada, como entender de direito. Vencidos os Ministros Renato de Lacerda Paiva, relator, Aloysio Corrêa da Veiga, Luiz Philippe Vieira de Mello Filho e Guilherme Augusto Caputo Bastos. TST-E-RR-201300-40.2008.5.02.0361, SBDI-I, red. Min. Alexandre de Souza Agra Belmonte, 28.5.2015. . (Inform. TST 109)

Dano moral. Empregado bancário. Monitoramento de conta corrente. Procedimento indiscriminado em relação aos outros correntistas. Possibilidade. Cumprimento do artigo 11, inciso II e § 2º, da Lei nº 9.613/98.
Não configura dano moral a quebra do sigilo bancário pelo empregador, quando este mesmo procedimento é adotado indistintamente em relação a todos os correntistas, na estrita observância à determinação legal inserta no artigo 11, inciso II e § 2º da Lei nº 9.613/98. Sob esses fundamentos, a SBDI-I, por unanimidade, não conheceu do recurso de embargos interposto pelo reclamante. TST-E-RR-1447-77.2010.5.05.0561, SBDI-I, rel. Min. Lelio Bentes Corrêa, 28.05.2015. . (Inform. TST 109)

Dano moral. Configuração. Retificação de registro na Carteira de Trabalho e Previdência Social. Inclusão da informação de que se trata de cumprimento de decisão judicial.
Configura lesão moral a referência, na Carteira de Trabalho e Previdência Social do empregado, de que algum registro ali constante decorreu de determinação judicial, constituindo anotação desnecessária e desabonadora, nos termos do art. 29, § 4º, da CLT. Tal registro dificulta a obtenção de novo emprego e acarreta ofensa a direito da personalidade do trabalhador. Sob esse fundamento, a SBDI-1, à unanimidade, não conheceu do recurso de embargos da reclamada, com ressalva de entendimento dos Ministros Antonio José de Barros Levenhagen, João Oreste Dalazen, Ives Gandra Martins Filho, Renato de Lacerda Paiva e Guilherme Augusto Caputo Bastos . TST-EEDRR-148100-34.2009.5.03.0110, SBDI- I, rel. Min. Hugo Carlos Scheuermann, 18.6.2015. (Inform. TST 111)

Prescrição. Indenização por dano moral e material. Exclusão do empregado e dependentes do quadro de beneficiários do plano de saúde (CASSI) e da entidade de previdência privada (PREVI). Fluência do prazo prescricional. Ajuizamento de protesto judicial e gozo de auxílio doença e posterior aposentadoria por invalidez.
Incide a prescrição total do direito de ação para postular indenização por dano moral e material supostamente infligido ao empregado e a seus dependentes, a partir da supressão de benefícios de plano de saúde (CASSI) e de previdência complementar (PREVI), no curso de inquérito administrativo interno. No caso, o reclamante postulou o pagamento de indenização por dano moral e material por haver sido desligado compulsoriamente, desde 1/11/2002, do rol de beneficiários da entidade de previdência privada PREVI, bem como da sua exclusão e de seus dependentes, na mesma data, dos benefícios assegurados pela CASSI (consultas e/ou reembolso de medicamentos e internações). O marco inicial do prazo prescricional é a data da supressão dos benefícios, 1/11/2002, anteriormente, portanto, da entrada em vigor da Emenda Constitucional nº 45/2004. No caso, a norma de regência do prazo prescricional é o Código Civil de 2002. Decorridos menos de 10 anos entre a ciência inequívoca da lesão, em 2002, e a data da entrada em vigor do Código Civil de 2002 (11/1/2003), incide a regra de transição insculpida no artigo 2.028 do novo Código. Assim, a partir da entrada em vigor do Código Civil de 2002, dispunha o Autor de três anos, até 11/1/2006, para ajuizar, perante a Justiça do Trabalho, ação de reparação por dano moral e material decorrente da supressão de plano de saúde e de benefícios previdenciários relacionados ao contrato de trabalho, não impedindo a fluência do prazo prescricional a concessão da aposentadoria por invalidez, em 20/12/2004, ou o cancelamento da demissão do reclamante, ou, ainda, os anteriores e sucessivos afastamentos por gozo de auxílio-doença. O fato de a Orientação Jurisprudencial nº 375 da SBDI-1 aludir à prescrição quinquenal trabalhista não impede a adoção do mesmo raciocínio para os casos em que se aplica a prescrição trienal cível, prevista no artigo 206, § 3º, V, do Código Civil de 2002. Sob esses fundamentos, a SBDI-I, por unanimidade, não conheceu dos embargos interpostos pelo reclamante. TST-E-ED-RR-63440-83.2008.5.03.0097, SBDI-I, rel. Min. João Oreste Dalazen, 20.8.2015. (Inform. TST 114)

Dano Moral. Indenização. Fixação do "quantum" indenizatório.
Na fixação do valor da indenização por dano moral, o magistrado deve valer-se dos princípios da razoabilidade e da proporcionalidade, previstos na Constituição Federal. Há que ponderar acerca da gravidade objetiva da lesão, da intensidade do sofrimento da vítima, do maior ou menor poder econômico do ofensor e do caráter compensatório em relação à vítima e repressivo em relação ao agente causador do dano. A excepcional intervenção do Tribunal Superior do Trabalho sobre o valor arbitrado somente é concebível nas hipóteses de arbitramento de valor manifestamente irrisório, ou, por outro lado, exorbitante. Unicamente em tais casos extremos, em tese, reconhece-se violação dos princípios da razoabilidade e da proporcionalidade insculpidos no art. 5º, V e no X, da Constituição da República. Sob esses fundamentos, a SBDI-I, pelo voto prevalente da Presidência, conheceu dos embargos, por divergência jurisprudencial, e, no mérito, negou-lhes provimento. Vencidos os Ministros Alexandre de Souza Agra Belmonte, Renato de Lacerda Paiva, Augusto César Leite de Carvalho, José Roberto Freire Pimenta, Hugo Carlos Scheuermann e Cláudio Mascarenhas Brandão. TST-E-RR-159400-36.2008.5.01.0222, SBDI-I, rel. Min. João Oreste Dalazen, 10.9.2015. (Inform. TST 117)

Dano moral. Princípio da dignidade humana. Limitação ao uso do banheiro. Empregada que labora na "linha de produção" de empresa de processamento de carnes e derivados. Ininterruptibilidade de atividade laboral. NR-36 da Portaria MTE nº 555/2013.
A limitação ao uso do banheiro por determinação do empregador, ainda que a atividade laboral se dê nas denominadas "linhas de produção", acarreta constrangimento e exposição a risco de lesão à saúde do empregado, ao comprometer-lhe o atendimento de

necessidades fisiológicas impostergáveis. A simples sujeição do empregado à obtenção de autorização expressa da chefia, para uso do banheiro, em certas circunstâncias, em si mesma já constitui intolerável constrangimento e menoscabo à dignidade humana. Tal conduta do empregador viola o princípio da dignidade humana e assegura o direito à indenização por dano moral, com fundamento no artigo 5º, X, da Constituição Federal e no artigo 186 do código Civil. No caso, entendeu-se, em sintonia com a NR-36 da Portaria MTE nº 555/2013, que a ininterruptividade do labor da empregada em "linha de produção" de empresa de processamento de carnes e derivados, não autoriza a restrição do acesso ao toalete a apenas duas vezes ao longo da jornada de labor, dependendo as demais do controle e autorização expressa da chefia. Sob esse entendimento, a SBDI-1, por unanimidade, conheceu dos embargos, por divergência jurisprudencial, e, no mérito, por maioria, vencido o Ministro Renato de Lacerda Paiva, deu-lhes provimento para condenar a reclamada ao pagamento da indenização por dano moral, que ora se fixa em R$ 30.000,00. TST-E-RR-3524- 55.2011.5.12.0003, SBDI-1, rel. Min. João Oreste Dalazen, 8.10.2015. (Inform. TST 120)

Dano moral. Indenização. Revista pessoal de controle. Apalpamento de partes do corpo do empregado. Toques na cintura.
O controle exercido pelo empregador com o intuito de fiscalizar o seu patrimônio deve observar os ditames do ordenamento jurídico, dentre os quais figura como essencial a estabilidade nas relações laborais e o respeito à intimidade e à dignidade do trabalhador. Caracteriza revista pessoal de controle e, portanto, ofende o direito à intimidade e à dignidade do empregado, a conduta do empregador que, excedendo os limites do poder diretivo e fiscalizador, impõe a realização de vistoria íntima consistente no apalpamento de partes do corpo do empregado – "toques na cintura". Devida, portanto, a indenização por dano moral, ainda que o contato físico se dê sem "excesso ou exagero" - o que não afastaria o reconhecimento da lesão ao patrimônio moral do empregado. Sob esses fundamentos, a SBDI-1, por unanimidade, conheceu dos embargos, por divergência jurisprudencial e, no mérito, por maioria, deu-lhes provimento para restabelecer o acórdão regional quanto à declaração de procedência do pedido de indenização por dano moral, inclusive no tocante ao valor fixado (R$ 3.000,00 – três mil reais), vencidos os Ministros Márcio Eurico Vitral Amaro e Guilherme Augusto Caputo Bastos. TST-E-RR-22800-62.2013.5.13.0007, SBDI-I, rel. Min. João Oreste Dalazen, 29.10.2015. (Inform. TST 121)

Acidente de trabalho. Indenização por danos morais e materiais. Dono da obra. Responsabilidade solidária. Inaplicabilidade da Orientação Jurisprudencial nº 191 da SBDI-I.
O dono da obra é responsável solidário pelos danos decorrentes de acidente de trabalho ocorrido em suas dependências, nas hipóteses em que concorreu para o infortúnio ao não impedir a prestação de serviços sem a observância das normas de higiene e segurança do trabalho. A diretriz consagrada na Orientação Jurisprudencial nº 191 da SBDI-I não se aplica ao caso, pois dirigida especificamente a obrigações trabalhistas em sentido estrito, não alcançando indenização de natureza civil. Na espécie, consignou-se que o *de cujus*, empregado da subempreiteira, contratada pela empreiteira para efetuar reparos no telhado da dona da obra, não usava cinto de segurança no momento da queda que o vitimou e nunca havia feito curso de segurança do trabalho, a revelar falha do dono da obra na fiscalização quanto à adoção de medidas de prevenção de acidentes. Sob esse entendimento, com amparo no art. 942 do CC, e atendo-se ao limite do postulado pelos embargantes, no sentido de manter a decisão do TRT, a SBDI-I, por unanimidade, conheceu dos embargos dos reclamantes, por divergência jurisprudencial e, no mérito, por maioria, deu-lhes provimento para restabelecer a decisão do Regional quanto à declaração de responsabilidade subsidiária do dono da obra. Vencido o Ministro Antonio José de Barros Levenhagen. TST--E-RR- 240-03.2012.5.04.0011, SBDI-I, rel. Min. João Oreste Dalazen, 19.11.2015 (Inform. TST 124)

6. CONCURSO PÚBLICO
6.1. SUBSEÇÃO I ESPECIALIZADA EM DISSÍDIOS INDIVIDUAIS

Concurso público para formação de cadastro reserva. Advogado. Contratação de advogados terceirizados. Preterição de candidatos aprovados. Direito à nomeação imediata.
Há direito à nomeação imediata de candidato aprovado em concurso público para formação de cadastro de reserva quando constatada a terceirização dos serviços afetos às atribuições do cargo previsto no certame. No caso, prevaleceu o entendimento de que a preterição dos candidatos aprovados para o cargo de advogado do Banco do Nordeste S.A, decorrente da contratação de escritórios de advocacia por via de licitação e no prazo de vigência do concurso, violou o princípio constitucional do concurso público (art. 37, II, da CF). Ademais, demonstrada a necessidade de provimento do cargo descrito no edital, deve-se convolar a expectativa de direito do candidato aprovado em direito subjetivo à sua nomeação. Nesse contexto, a SBDI-I, por maioria, conheceu dos embargos interpostos pelo Banco do Nordeste do Brasil S.A. – BNB, por divergência jurisprudencial, vencidos os Ministros Hugo Carlos Scheuermann, Renato de Lacerda Paiva e Lelio Bentes Corrêa. No mérito, ainda por maioria, a Subseção negou provimento ao recurso, vencidos os Ministros Márcio Eurico Vitral Amaro, relator, Ives Gandra Martins Filho, Renato de Lacerda Paiva, Luiz Philippe Vieira de Mello Filho e José Roberto Freire Pimenta. TST-E-ED-RR-2167- 67.2011.5.22.0001, SBDI-I, rel. Min. Márcio Eurico Vitral Amaro, red. p/acórdão Min. Augusto César Leite de Carvalho, 16.4.2015 (Inform. TST 104)

7. ALTERAÇÃO DO CONTRATO DE TRABALHO
7.1. SUBSEÇÃO I ESPECIALIZADA EM DISSÍDIOS INDIVIDUAIS

Servidor público submetido ao regime da CLT. Empregado que nunca foi submetido à jornada de trabalho inicialmente contratada. Determinação de retorno à jornada original. Alteração lícita. Orientação Jurisprudencial nº 308 da SBDI-I.
O restabelecimento da jornada original de trabalho de servidor público, submetido ao regime da CLT, não importa alteração ilícita do contrato de trabalho, ainda que isso implique aumento da carga horária sem contrapartida salarial. Com efeito, é a lei que determina a jornada do servidor, e eventual redução, ainda que por tempo prolongado ou mesmo desde o início do contrato de trabalho, não se incorpora ao seu patrimônio jurídico. A teoria do fato consumado não é aplicável em contrariedade à lei, que resguarda o interesse público, indisponível por natureza. Incide, portanto, o entendimento consolidado pela Orientação Jurisprudencial nº 308 da SBDI-I, em obediência aos princípios constitucionais da legalidade, moralidade, impessoalidade e eficiência do serviço público (art. 37 da CF). Com esses fundamentos, a SBDI-I, por maioria, conheceu dos embargos interpostos pelo reclamado por contrariedade à Orientação Jurisprudencial nº 308 da SBDI-I, e, no mérito, deu-lhes provimento para restabelecer a sentença que julgou lícita a alteração da jornada de trabalho da reclamante para quarenta horas semanais, pactuada à época da contratação e prevista em lei estadual. Vencidos os Ministros Renato de Lacerda Paiva, Augusto César Leite de Carvalho, José Roberto Freire Pimenta e Alexandre de Souza Agra Belmonte. TST-E-RR-368500-43.2009.5.04.0018, SBDI-I, rel. Min. Márcio Eurico Vitral Amaro, 5.2.2015 (Inform. TST 99)

Bancário. Anistia. Leis nºs 8.878/94 e 11.907/2009. Efeitos. Alteração da jornada para 40 horas. Não pagamento da sétima e oitava horas trabalhadas como extras. Direito às diferenças salariais entre o pagamento de seis e o de oito horas.
O ex-bancário que houver retornado ao serviço em órgão ou entidade da administração pública federal direta, autárquica ou fundacional, beneficiado pela anistia concedida pela Lei nº 8.878/94, estará sujeito a jornada semanal de trabalho de 40 horas (art. 309 da Lei nº 11.907/09), sem direito à jornada de seis horas na nova função ou à remuneração das sétima e oitava horas como extraordinárias, não havendo falar em alteração contratual lesiva de que trata o art. 468 da CLT. Todavia, o aumento

da jornada e a manutenção do valor nominal do salário implicam em diminuição no valor do salário-hora e, consequentemente, em redução salarial. Assim, adotando os fundamentos da decisão tomada pelo Tribunal Pleno nos autos do processo TST-E-RR-110600-80.2009.5.04.0020, a SBDI-I, por unanimidade, conheceu dos embargos do reclamante, por divergência jurisprudencial, e, no mérito, deu-lhes provimento para julgar procedente o pedido sucessivo de diferenças salariais entre o pagamento de seis e o de oito horas, considerando-se a proporcionalidade entre as horas trabalhadas pelo reclamante antes do afastamento e as exigidas em razão da anistia, a incidir sobre parcelas vencidas e vincendas, mantendo-se a carga horária legalmente estabelecida de 200 horas. Registrou ressalva de fundamentação o Min. Antonio José de Barros Levenhagen. TST-E-RR-1172-92.2012.5.18.0013, SBDI-I, rel. Min. Márcio Eurico Vitral Amaro, 30.4.2015 (Inform. TST 105)

Caixa Econômica Federal – CEF. Horas extraordinárias. Gerente bancário. Jornada de seis horas assegurada mediante norma interna. Alteração da jornada para oito horas por força do Plano de Cargos em Comissão de 1998. Prescrição parcial.
Incide a prescrição parcial, nos termos da parte final da Súmula nº 294 do Tribunal Superior do Trabalho, sobre a pretensão de horas extraordinárias decorrentes de alteração unilateral da jornada de trabalho aplicável aos bancários ocupantes de cargo de confiança (de seis para oito horas diárias) em virtude do novo Plano de Cargos em Comissão instituído pela Caixa Econômica Federal em 1998, pois configurada lesão de trato sucessivo a direito que está fundamentado em preceito de lei, qual seja jornada prevista no artigo 224 da CLT. Sob esses fundamentos, a SBDI-I, por unanimidade, conheceu dos embargos por contrariedade à Súmula nº 294 e, no mérito, por maioria, deu-lhes provimento para afastar a prescrição total, aplicando-se ao caso a prescrição parcial quanto ao pagamento de horas extraordinárias em razão da alteração do plano de cargos e comissões e determinar o retorno dos autos à egrégia 3ª Turma para que prossiga no julgamento dos recursos de revista, como entender de direito. Vencidos os Ministros João Oreste Dalazen, Antonio José de Barros Levenhagen e Renato de Lacerda Paiva. Ressalva de entendimento do Ministro Márcio Eurico Vitral Amaro. TST-E-RR-33000-71.2008.5.04.0002, SBDI-I, rel. Min. Caputo Bastos, 27.8.2015. (Inform. TST 115)

Banco do Brasil. Anuênios. Previsão originária em norma regulamentar interna. Incorporação ao contrato de trabalho. Supressão posterior. Ausência de renovação em norma coletiva. Prescrição parcial. Inaplicabilidade da Súmula 294 do TST.
Não se aplica o entendimento consubstanciado na Súmula nº 294 do TST à controvérsia em torno da prescrição incidente sobre a pretensão ao recebimento de anuênios – previstos originariamente em norma regulamentar e suprimidos, posteriormente, por ausência de renovação em acordo coletivo. O direito a esse benefício, antes mesmo de ter sido tratado em norma coletiva, já havia aderido ao contrato de trabalho dos empregados do Banco do Brasil, cujo descumprimento implica lesão que se renova mês a mês, atraindo apenas a prescrição parcial. No caso concreto, verificou-se que o adicional por tempo de serviço (no regime de quinquênios), previsto em norma interna e pago desde o início do contrato, foi transmudado, por força de acordo coletivo, para a modalidade de anuênios, os quais deixaram de constar das normas coletivas subsequentes. Diante disso, entendeu-se que a insubsistência da cláusula de anuênio não poderia prevalecer ante o direito adquirido dos empregados, decorrente da percepção habitual e por longo tempo dessa vantagem. Sob esses fundamentos, a SBDI-1, à unanimidade, conheceu do recurso de embargos do sindicato-autor, por divergência jurisprudencial, e, no mérito, por maioria, deu-lhe provimento para restabelecer a sentença, determinando a remessa dos autos à Turma de origem para que proceda ao exame dos demais tópicos do recurso de revista do reclamado, vencidos os Ministros Guilherme Augusto Caputo Bastos, Antonio José de Barros Levenhagen, João Oreste Dalazen, Aloysio Corrêa da Veiga e Walmir Oliveira da Costa. TST-E-ED--RR-151-79.2011.5.04.0733, SbDI-1, rel. Ministro Luiz Phillippe Vieira de Mello Filho, 24.9.2015. (Inform. TST 119)

7.2. SUBSEÇÃO II ESPECIALIZADA EM DISSÍDIOS INDIVIDUAIS

Complementação de aposentadoria. Reajuste pelo IGP-DI conforme previsto no Plano Pré-75 do Banesprev. Impossibilidade. Ausência de adesão. Permanência no plano de complementação de aposentadoria do Regulamento do Pessoal do Banespa. Violação do art. 5º, XXXVI, da CF. Configuração.
Viola o ato jurídico perfeito (art. 5º, XXXVI, da CF) a decisão que defere o reajustamento da complementação de aposentadoria pelo índice IGP-DI, conforme previsto no Plano Pré-75 do Banesprev, na hipótese em que o reclamante a ele não aderiu, pois espontaneamente optou por permanecer no plano de complementação de aposentadoria do Regulamento do Pessoal do Banespa. Conforme disposto na Súmula nº 51, II, do TST, havendo a coexistência de dois regulamentos de empresa, a opção por um deles implica a renúncia às regras do outro. Assim, a SBDI-II, por unanimidade, conheceu do recurso ordinário e, no mérito, deu-lhe parcial provimento para julgar procedente em parte a ação rescisória, quanto à indicação de ofensa ao art. 5º, XXXVI, da CF, desconstituindo parcialmente o acórdão proferido pelo TRT da 15ª Região com relação ao tópico "Diferenças de complementação de aposentadoria", e, em juízo rescisório, julgar improcedente o pedido de diferenças de complementação de aposentadoria, restabelecendo assim a sentença. TST-RO-12183-15.2010.5.15.0000, SBDI-II, rel. Min. Alberto Luiz Bresciani de Fontan Pereira, 3.2.2015. (Inform. TST 99)

7.3. TRIBUNAL PLENO

Empresa Brasileira de Correios e Telégrafos – ECT. Automação de serviços. Aproveitamento do empregado em função diversa, com acréscimo da jornada de trabalho. Licitude. Pagamento do período acrescido de forma simples, sem o adicional.
O aproveitamento de empregado da Empresa Brasileira de Correios e Telégrafos – ECT sujeito à jornada reduzida do art. 227 da CLT em outra função com carga horária maior, e com o objetivo de preservar o emprego frente à automação de serviços (substituição das antigas máquinas de Telex por computadores) é lícito, devendo o período acrescido ser pago de forma simples, sem o adicional de horas extras. Na espécie, ressaltou-se que, não obstante a imutabilidade das cláusulas essenciais do contrato de trabalho, prevista no art. 468 da CLT, a jornada especial a que inicialmente submetido o empregado decorre de imperativo legal, sendo inafastável pela vontade das partes. Assim, não há falar em direito adquirido à jornada de seis horas, e, cessando a causa motivadora da jornada diferenciada, é permitido ao empregador exigir a duração normal do trabalho a que se refere o caput do art. 58 da CLT. Noutro giro, registrou-se que a partir do implemento de duas horas adicionais à jornada de trabalho, sem qualquer acréscimo remuneratório, houve patente redução de salário, em afronta ao princípio constitucional da irredutibilidade salarial (art. 7º, VI, da CF). Desse modo, mostra-se razoável garantir ao empregado o pagamento das 7ª e 8ª horas de forma simples, sem o adicional, pois a partir da adoção da jornada de oito horas o que ocorreu foi uma espécie de novação objetiva no contrato de trabalho e não dilatação da jornada normal. Com esse posicionamento, o Tribunal Pleno decidiu, por unanimidade, conhecer dos embargos da ECT, por divergência jurisprudencial, e, no mérito, por maioria, negar-lhes provimento, mantendo, portanto, a decisão turmária que determinara o pagamento das 7ª e 8ª horas de forma simples. Vencidos os Ministros Márcio Eurico Vitral Amaro, relator, Ives Gandra Martins Filho, Brito Pereira, Renato de Lacerda Paiva, Aloysio Corrêa da Veiga, Dora Maria da Costa, Fernando Eizo Ono, Guilherme Augusto Caputo Bastos e Antonio José de Barros Levenhagen, os quais davam provimento ao recurso para reformar o acórdão da Turma e julgar improcedente o pedido. Decidiu-se, outrossim, submeter o tema à Comissão de Jurisprudência e de Precedentes Normativos para a elaboração de projeto de súmula contemplando a tese consagrada no presente caso. TST-E-RR-110600-80.2009.5.04.0020, Tribunal Pleno, rel. Min. Márcio Eurico Vitral Amaro, red. p/ acórdão Min. João Oreste Dalazen, 24.3.2015 (Inform. TST 102)

Matéria afetada ao Tribunal Pleno. Complementação de aposentadoria. Opção pelo novo plano CEEEPREV. Efeitos. Validade da adesão às novas regras. Súmula nº 51 do Tribunal Superior do Trabalho. Alcance. Manutenção da base de cálculo. Impossibilidade de renúncia de direitos adquiridos. Integração de parcelas deferidas em ação trabalhista anteriormente ajuizada.

O empregado, por força das disposições contidas nas Súmulas nos 51, item I, e 288 do Tribunal Superior do Trabalho, mesmo com a adesão a novo plano de benefícios CEEEPREV, não renuncia à base de cálculo de seus proventos de aposentadoria, que apenas passa a ser guiada pelas novas regras. Não se reconhece a eficácia de renúncia a direito adquirido (base de cálculo da complementação de aposentadoria) à luz das normas imperativas de Direito do Trabalho. Como consequência, a autora tem direito de ver integrada à referida base de cálculo as parcelas que lhe foram deferidas em ação trabalhista anteriormente ajuizada nos autos do Processo nº 01635.902/94-0. Sob esse entendimento, o Tribunal Pleno decidiu: I) por maioria, conhecer dos embargos, por divergência jurisprudencial, apenas quanto ao pedido de pagamento de diferenças de complementação de proventos, considerando, para efeito de determinação de seu valor, as parcelas e diferenças reconhecidas nos autos do Processo n.º 01635.902/94-0, vencidos os Ministros Kátia Magalhães Arruda, relatora, Augusto César Leite de Carvalho, João Oreste Dalazen, Ives Gandra da Silva Martins Filho, Alberto Luiz Bresciani de Fontan Pereira, Maria de Assis Calsing, Dora Maria da Costa e Guilherme Augusto Caputo Bastos; II) no mérito, por maioria, dar provimento ao recurso para, afastada a incidência da Súmula n.º 51, II, do TST, em relação à pretensão de integração de parcelas reconhecidas em decisão judicial, restabelecer a sentença somente quanto ao pedido de pagamento de diferenças de complementação de proventos, considerando, para efeito de determinação de seu valor, as parcelas e diferenças reconhecidas nos autos do Processo n.º 01635.902/94-0. Ficaram vencidos os Ministros Kátia Magalhães Arruda, relatora, Augusto César Leite de Carvalho, Cláudio Mascarenhas Brandão, Ives Gandra da Silva Martins Filho, Maria Cristina Irigoyen Peduzzi, Renato de Lacerda Paiva, Maria de Assis Calsing, Dora Maria da Costa, Guilherme Augusto Caputo Bastos, Márcio Eurico Vitral Amaro e Antonio José de Barros Levenhagen. Redigirá o acórdão o Ministro Aloysio Corrêa da Veiga. TST-E-ED-ED-RR-300800- 25.2005.5.04.0104, Tribunal Pleno, rel. Kátia Magalhães Arruda, red. p/acórdão Min. Aloysio Corrêa da Veiga, 29.9.2015. **(Inform. TST 119)**

8. ACIDENTE DO TRABALHO
8.1. SUBSEÇÃO I ESPECIALIZADA EM DISSÍDIOS INDIVIDUAIS

Danos morais e materiais. Acidente de trânsito. Coleta de lixo urbano. Retorno do aterro sanitário. Morte do empregado. Responsabilidade objetiva. Atividade de risco. Art. 927, parágrafo único, do CC. Incidência.

É objetiva a responsabilidade do empregador pela morte de ex-empregado, coletor de lixo urbano, durante acidente de trânsito ocorrido quando retornava, no interior do caminhão, do aterro sanitário. No caso concreto, ressaltou-se que a atividade de coleta de lixo, especialmente quando envolve deslocamento em vias públicas, expõe o empregado a maiores riscos, incidindo, portanto, o art. 927, parágrafo único, do CC. Com esse fundamento, a SBDI-I, por unanimidade, conheceu dos embargos interpostos pela reclamada, por divergência jurisprudencial e, no mérito, negou-lhes provimento, mantendo, portanto, a decisão turmária que restabelecera a sentença ao fundamento de que o acidente do trabalho fatal ocorreu em transporte fornecido pela empregadora, ao final do trabalho em aterro sanitário, o que enseja a responsabilidade civil objetiva em decorrência dos riscos assumidos na condição de transportadora, na forma dos arts. 734, 735 e 927, parágrafo único, do CC. TST-E-RR-958-81.2011.5.03.0069, SBDI-I, rel. Min. Márcio Eurico Vitral Amaro, 16.4.2015 **(Inform. TST 104)**

8.2. TRIBUNAL PLENO

Matéria afetada ao Tribunal Pleno. Indenização por danos morais. Acidente do trabalho. Cobradora de ônibus. Roubo com uso de arma de fogo. Responsabilidade civil objetiva do empregador. Art. 927, parágrafo único, do Código Civil.

Incide a responsabilidade civil objetiva do empregador, levando em consideração o risco da atividade econômica, quando o empregado sofre danos, em razão da execução do contrato de emprego, nos termos do artigo 927, parágrafo único, do Código Civil. No caso, a trabalhadora levou um tiro na mão direita durante assalto ao veículo no qual trabalhava. O acidente ocorreu quando exercia a atividade de cobradora de ônibus, situação ensejadora de risco acentuado, já que circulava pelas ruas do município recolhendo importâncias em dinheiro dos passageiros em proveito do contratante. Além de configurado o exercício de atividade de risco – circunstância apta a ensejar a responsabilidade objetiva do empregador -, resultou caracterizada a culpa por omissão, decorrente da inobservância do dever geral de cautela, que incumbe a todo empregador. Sob esses fundamentos, o Tribunal Pleno, por unanimidade, conheceu dos embargos, por divergência jurisprudencial, e, no mérito, negou-lhes provimento. Ressalva parcial de fundamentação dos Ministros João Oreste Dalazen e Cláudio Mascarenhas Brandão. TST-E-RR-184900-63.2007.5.16.0015, Tribunal Pleno, rel. Lélio Bentes Corrêa, 29.9.2015. **(Inform. TST 119)**

9. DOENÇA PROFISSIONAL
9.1. SUBSEÇÃO I ESPECIALIZADA EM DISSÍDIOS INDIVIDUAIS

Empregada acometida por doença profissional e aposentada por invalidez. Incapacidade total para o exercício do ofício ou profissão antes exercido. Pensionamento vitalício integral. Inteligência do art. 950 do Código Civil.

O parâmetro para o deferimento da indenização decorrente da incapacidade laboral, nos termos do artigo 950 do Código Civil, tem por base o ofício ou profissão para o qual a obreira se inabilitou, ainda que seja capaz para o exercício de outra profissão. Sendo assim, estando a trabalhadora totalmente inabilitada para o exercício de seu labor, a indenização, na forma de pensionamento mensal, deve corresponder a 100% da última remuneração. Sob esses fundamentos, a SBDI-1, por unanimidade, conheceu dos embargos, por divergência jurisprudencial e, no mérito, por maioria, deu-lhes provimento, a fim de arbitrar o valor da pensão mensal em 100% da última remuneração, vencida a Ministra Dora Maria da Costa. TST-ERR- 147300-11.2005.5.12.0008, SBDI-I, rel. Min. Dora Maria da Costa, red. p/ acórdão Min. Lelio Bentes Corrêa, 21.5.2015. **(Inform. TST 108)**

Danos morais e materiais. Concausa entre as atividades exercidas e a doença desenvolvida. Responsabilidade da empregadora. Indenização devida.

Nos termos do art. 21, I, da Lei nº 8.213/91, para a caracterização de acidente do trabalho (ou de doença profissional a ele equiparada) não se faz necessário que a conduta da empresa seja causa exclusiva do evento, bastando que para ela concorra. Assim, na hipótese em que o TRT reconheceu expressamente que as atividades desenvolvidas pela reclamante atuaram como concausa para o desencadeamento de esquizofrenia paranoide e depressão grave, resulta inafastável o reconhecimento da responsabilidade da empregadora pela indenização por danos morais e materiais (art. 927 do CC). Sob esses fundamentos, a SBDI-I, por unanimidade, conheceu dos embargos por divergência jurisprudencial e, no mérito, por maioria, deu-lhes provimento parcial para: I) restabelecer a sentença no tocante à condenação da reclamada ao ressarcimento das despesas com medicamentos e tratamento da doença, ao fornecimento de plano de saúde e à determinação de constituição de capital visando garantir o pagamento de pensão vitalícia; II) condenar a reclamada ao pagamento de compensação por danos morais no valor de R$ 60.000,00 e ao pagamento de pensão mensal e vitalícia, correspondente a 40% da última remuneração percebida pela autora, a partir do seu afastamento em 6.11.2003, mantendo-se o valor atualizado, de acordo com os reajustes salariais concedidos. Vencidos, totalmente, os Ministros Aloysio Corrêa da Veiga, João Oreste Dalazen, Brito Pereira, Guilherme Augusto Caputo Bastos e Márcio Eurico Vitral Amaro, e, parcialmente, os Ministros Lelio Bentes Corrêa, relator, José Roberto Freire Pimenta e Alexandre de Souza Agra Belmonte, que fixavam o percentual de 80% quanto ao pagamento da pensão mensal. TST-E-RR-189600-04.2007.5.20.0005, SBDI-I, rel. Min. Lelio Bentes Corrêa, red. p/ acórdão Min. Renato de Lacerda Paiva, 10.12.2015 (Inform. TST 126)

10. VÍRUS HIV
10.1. SUBSEÇÃO I ESPECIALIZADA EM DISSÍDIOS INDIVIDUAIS

Dispensa discriminatória. Portador do vírus HIV. Estigma ou preconceito. Presunção relativa. Súmula nº 443 do TST.
Nos termos da Súmula nº 443 do TST, presume-se discriminatória a despedida de empregado portador do vírus HIV ou de outra doença grave que suscite estigma ou preconceito, cabendo ao empregador comprovar que o motivo da dispensa não possui relação com a enfermidade. Na espécie, não se cogitou de desconhecimento do estado de saúde da reclamante pela reclamada. Além da ciência do estado de saúde da reclamante, não se identificou no acórdão do Tribunal Regional do Trabalho da 2ª Região qualquer motivação de ordem técnica a justificar a dispensa, apenas se podendo detectar momento de fragilidade física e emocional decorrentes da moléstia, conforme relatado por perita. Sob esses fundamentos, a SBDI-1, por unanimidade, conheceu dos embargos, por contrariedade à Súmula nº 443 do TST, e, no mérito, deu-lhes provimento para, reputando discriminatória a dispensa da reclamante ocorrida em 11/10/2008, declarar nulo o ato de dispensa sem justa causa e determinar a sua reintegração ao trabalho, com pagamento dos salários vencidos e vincendos, inclusive PLR's, 13° salários e férias mais 1/3, com as respectivas dobras eventualmente cabíveis, desde a ilícita dispensa até a efetiva reintegração, acrescidos dos reajustes legais, normativos, espontâneos e promocionais. TST-E--ED-RR-1129-60.2010.5.02.0082, SBDI-I, rel. Min. Márcio Eurico Vitral Amaro, 25.6.2015. (Inform. TST 112)

11. EXTINÇÃO DO CONTRATO DE TRABALHO
11.1. SUBSEÇÃO I ESPECIALIZADA EM DISSÍDIOS INDIVIDUAIS

Aviso prévio indenizado. Superveniência de auxílio-doença. Estabilidade provisória. Previsão em instrumento coletivo. Efeitos exclusivamente financeiros. Inviável a reintegração. Súmula nº 371 do TST.
A concessão do auxílio-doença no curso do aviso prévio indenizado apenas adia os efeitos da dispensa para depois do término do benefício previdenciário (Súmula nº 371 do TST), e não implica em nulidade da despedida, ainda que norma coletiva assegure estabilidade provisória por sessenta dias após a concessão da alta médica. Desse modo, o empregado somente tem direito às vantagens econômicas previstas na norma coletiva, e, passado o período nela assegurado, pode o empregador extinguir o contrato de trabalho. Com esse entendimento, a SBDI-I, por unanimidade, conheceu dos embargos da reclamada por contrariedade à Súmula nº 371 (má aplicação), e, no mérito, deu--lhes provimento para afastar a declaração de nulidade da dispensa e, consequentemente, a determinação de reintegração no emprego, reconhecendo que a condenação deve limitar-se a resguardar os direitos patrimoniais da reclamante até a concretização da dispensa, ocorrida no período de sessenta dias após o término do benefício previdenciário. TST-E-ED-RR-59000-67.2005.5.01.0012, SBDI- I, rel. Min. Renato de Lacerda Paiva, 12.3.2015. (Inform. TST 101)

Multa do § 8º do art. 477 da CLT. Atraso no pagamento das verbas rescisórias. Falecimento do Empregado. Não aplicação.
A norma do artigo 477, § 6º, da CLT não fixa prazo para o pagamento das verbas rescisórias no caso de falecimento do empregado. Trata-se de um "silêncio eloquente" do legislador ordinário. Dispositivo legal que, ao fixar prazos e circunstâncias específicas para o cumprimento da obrigação, não autoriza interpretação ampliativa. A ruptura do vínculo empregatício em virtude de óbito do empregado, por constituir forma abrupta e imprevisível de dissolução do contrato de trabalho, envolve peculiaridades que tornam incompatível a aplicação da multa prevista no § 8º do artigo 477 da CLT, tais como a necessidade de transferência da titularidade do crédito trabalhista para os dependentes/sucessores legais, a qual não se opera instantaneamente, mas mediante procedimento próprio previsto na Lei nº 6.858/80. Qualquer tentativa de fixar-se, em juízo, "prazo razoável" para o adimplemento das verbas rescisórias, em semelhante circunstância, refugiria às hipóteses elencadas no § 6º do artigo 477 da CLT e acarretaria imprópria incursão em atividade legiferante, vedada ao Poder Judiciário em face do princípio constitucional da Separação dos Poderes. De outro lado, afigura-se impróprio e de rigor insustentável afirmar-se, no caso, a subsistência do prazo para quitação das verbas rescisórias, sob pena de multa. Impraticável a observância de tal prazo, na medida em que se desconhece o(s) novo(s) titulares(s) do crédito, na forma da Lei, o que pode depender, inclusive, da morosa abertura de inventário e de nomeação do respectivo inventariante. A adoção de interpretação restritiva à literalidade do artigo 477, §§ 6º e 8º, da CLT não implica negar ou desestimular eventual ajuizamento de ação de consignação em pagamento pelo empregador, com vistas a desobrigá-lo da quitação das verbas rescisórias referentes ao contrato de trabalho de empregado falecido, mesmo antes de definida a nova titularidade do crédito trabalhista. Sob esses fundamentos, a SBDI-1, por unanimidade, conheceu dos embargos apenas quanto ao tema "multa - artigo 477, § 8º, da CLT - atraso no pagamento das verbas rescisórias - óbito do empregado", por divergência jurisprudencial, e, no mérito, por maioria, dar-lhes provimento para excluir da condenação o pagamento da multa prevista no artigo 477, § 8º, do CLT. Vencidos os Ministros José Roberto Freire Pimenta e Alexandre de Souza Agra Belmonte. TST-E-RR-152000-72.2005.5.01.0481, SBDI-I, rel. João Oreste Dalazen, 3.9.2015. (Inform. TST 116)

Indenização por danos morais. Despedida por justa causa. Imputação de ato de improbidade. Desconstituição em juízo.
A resolução do contrato de trabalho por justa causa, fundada em suposto ato de improbidade (desvio de numerário), quando desconstituída judicialmente, gera reflexos na vida do empregado e lesiona direitos da personalidade, em especial a honra e a imagem, na medida em que a acusação infundada atinge grave e injustamente a reputação do obreiro. Embora a reversão judicial da dispensa por justa causa não constitua, por si só e necessariamente, motivo ensejador da indenização, a acusação, sem a necessária cautela, de grave imputação de desvio de dinheiro evidencia o abuso do direito do empregador de exercer o poder disciplinar, configurando-se ato ilícito, previsto no artigo 186 do Código Civil, e indenizável, na forma do artigo 927 do mesmo diploma legal. Diferente seria se a justa causa imputada tivesse o pressuposto da conduta incontroversa (faltas ao trabalho, ofensa pessoal, desídia no cumprimento de norma geral, etc.), quando então estaria imune o empregador para exercer o direito de tentar enquadrar tal comportamento em um dos tipos legais descritivos de justa causa. Sob esse entendimento, a SBDI-I, por maioria, conheceu do recurso de embargos por divergência jurisprudencial, vencido o Ministro Luiz Philippe Vieira Mello Filho, e, no mérito, ainda por maioria, deu-lhe provimento para, reformando a decisão recorrida, reconhecer a existência de dano moral, e condenar a reclamada ao pagamento da indenização respectiva, no valor de R$ 30.000,00 (trinta mil reais), a título de acréscimo à condenação. Vencidos, totalmente, os Ministros João Oreste Dalazen, Antônio José de Barros Levenhagen, Ives Gandra da Silva Martins Filho, Luiz Philippe Vieira Mello Filho, Guilherme Augusto Caputo Bastos e Márcio Eurico Vitral Amaro, que negavam provimento ao recurso, e, parcialmente, o Ministro Renato de Lacerda Paiva, que dava provimento aos embargos, mas com a redução do valor da indenização para R$ 15.000,00. TST--E-RR-48300-39.2003.5.09.0025, SBDI-I, rel. Min. Augusto César Leite de Carvalho, 10.9.2015. (Inform. TST 117)

Multa do art. 477, §8º, da CLT. Incidência. Pagamento tardio da indenização compensatória de 40% sobre o FGTS.
A multa prevista no artigo 477, §8º, da CLT incide na hipótese de não pagamento, no prazo legal, da indenização compensatória de 40% sobre o FGTS, por se tratar de verba tipicamente rescisória. No caso,

o autor foi dispensado em 5.4.2012, a quitação de parte das parcelas rescisórias ocorreu em 14.4.2012 e o pagamento da multa de 40% sobre os depósitos do FGTS se deu somente em 25.5.2012, quando já transcorridos 50 dias desde a dispensa. Desse modo, o adimplemento tardio da verba rescisória em foco caracterizou fato capaz de sujeitar o empregador à multa prevista no art. 477, § 8º da CLT, não se tratando de pagamento inexato do acerto rescisório, mas de desrespeito, pelo empregador, do cumprimento do prazo para a satisfação de direito vocacionado à proteção constitucional contra despedida arbitrária ou sem justa causa, na forma do artigo 7º, I, da Constituição Federal, c/c o art. 10, I, do ADCT. Sob esses fundamentos, a SBDI-I, por unanimidade, conheceu do recurso de embargos, por divergência jurisprudencial, e, no mérito, por maioria, deu-lhe provimento para restabelecer o acórdão do Tribunal Regional do Trabalho, no particular, vencidos os Ministros Aloysio Corrêa da Veiga, João Oreste Dalazen, Guilherme Augusto Caputo Bastos e Walmir Oliveira da Costa. TST-E--ED-ARR-643-82.2013.5.09.0015, SBDI-1, rel. Min. Alexandre de Souza Agra Belmonte, 5.11.2015. (Inform. TST 122)

Empregado com mais de um ano de serviço. Assistência sindical e homologação da rescisão do contrato de trabalho. Ausência. Nulidade do pedido de demissão. Art. 477, § 1º, da CLT. Presunção de demissão sem justa causa. Irrelevância da confissão de rescisão a pedido pelo empregado.
A rescisão de contrato de trabalho de empregado que prestou serviços por mais de um ano deve ser homologada pelo sindicato respectivo ou por autoridade do Ministério do Trabalho, nos termos do art. 477, § 1º, da CLT. Do contrário, é inválido o pedido de demissão do empregado, ainda que ele confesse em juízo a sua disposição inicial de desligamento contratual, devendo a despedida ser reconhecida como imotivada. Com efeito, a norma é cogente e assegura a prevalência do princípio da indisponibilidade dos direitos trabalhistas, de modo que a declaração de que o pedido de demissão se deu sem vício de vontade não supre o requisito da assistência sindical, imposto pela lei. Sob esse entendimento, a SBDI-I, por maioria, conheceu do recurso de embargos do reclamante, por divergência jurisprudencial, vencidos os Ministros Hugo Carlos Scheuermann, relator, Ives Gandra da Silva Martins Filho, Renato de Lacerda Paiva e Walmir Oliveira da Costa. No mérito, por unanimidade, a Subseção deu provimento aos embargos para, declarada a invalidade do pedido de demissão, determinar o retorno dos autos ao juízo de origem para novo julgamento como entender de direito, agora sob a premissa de que a despedida ocorreu sem justa causa. TST-E-RR-825-12.2010.5.09.0003, SBDI-I, rel. Min. Hugo Carlos Scheuermann, 19.11.2015 (Inform. TST 124)

11.2. SUBSEÇÃO II ESPECIALIZADA EM DISSÍDIOS INDIVIDUAIS

Recurso ordinário em mandado de segurança. Antecipação de tutela. Reintegração ao emprego. Trabalhadora dispensada logo após retornar de afastamento previdenciário. Ato da empresa tido como tratamento discriminatório. Exercício abusivo do direito. Inexistência de direito líquido e certo à cassação da decisão antecipatória.
Recurso ordinário em mandado de segurança impetrado contra decisão interlocutória de antecipação dos efeitos da tutela, na qual determinada a reintegração de empregada dispensada sem justa causa vinte e um dias após retornar de licença para tratamento de saúde. O ato tido como coator foi exarado com fundamento na possível conduta discriminatória da empresa, que rompeu o vínculo empregatício tão logo a empregada recebeu alta do INSS, após recuperação de suposto acidente sofrido nas dependências da empresa. A ideia central da dignidade da pessoa humana, tal como referida no Texto Constitucional, não se compadece com tratamentos discriminatórios. O exercício abusivo do direito de rescisão do contrato de trabalho, porque ilícito, não pode produzir efeitos válidos. Ademais, não obstante a empresa tenha de suportar as despesas com o pagamento dos salários até o julgamento final da causa, é certo que se beneficiará da prestação de serviços da empregada durante o período. Ressalte-se que a ruptura do vínculo emprego traduz dano de difícil reparação para a trabalhadora, na medida em que o prejuízo financeiro sofrido renova-se e é agravado mês a mês, atingindo a subsistência da empregada e de sua família. Não há falar, portanto, em ofensa a direito líquido e certo da empresa à cassação da decisão antecipatória. Sob esse entendimento, a SBDI-II decidiu, por maioria, vencido o Ministro Antonio José de Barros Levenhagen, conhecer do recurso ordinário e, no mérito, negar-lhe provimento. TST-RO-5588- 92.2013.5.15.0000, SBDI-II, rel. Min. Douglas Alencar Rodrigues, 25.8.2015. (Inform. TST 115)

11.3. TRIBUNAL PLENO

Dispensa imotivada. Decreto estadual nº 21.325/91. Sucessão do BEC - Banco do Estado do Ceará S/A pelo Banco Bradesco S/A. Dever de motivação. Ilegalidade. Reintegração indevida.
O Banco Bradesco S/A não tem obrigação de motivar a dispensa de ex-empregada admitida pelo extinto BEC - Banco do Estado do Ceará S/A antes da privatização. No caso, a empregada foi admitida antes da sucessão do extinto BEC pelo Banco Bradesco S/A, e dispensada imotivadamente, inobservando o quanto disposto no Decreto estadual nº 21.325/91 - que estendia aos entes da Administração Pública indireta estadual o dever de motivar o ato de dispensa de seus empregados. Referido decreto afigura-se ilegal, pois não poderia o Estado do Ceará, unilateralmente, exorbitando da condição de acionista controlador, ao arrepio da Lei nº 6.404/76, sobrepor-se aos órgãos de administração da Sociedade Anônima e criar, mediante decreto, obrigação para a Companhia, que detém personalidade jurídica própria. De outro lado, ainda que se desconsiderasse a manifesta ilegalidade, o decreto cuidava de regra de Direito Administrativo por que deveria pautar-se "órgão administrativo" que praticasse, como tal, "atos administrativos", não havendo como transpor para o banco privado sucessor obrigações decorrentes de tal regra. Ademais, todas as obrigações de índole trabalhista impostas ao ente público sucedido, nesta qualidade, mediante fonte heterônoma, mesmo impostas por lei, não se transmitem pela sucessão do empregador. Consumada a sucessão, dada a distinta natureza da personalidade jurídica do sucessor, rigorosamente o regime jurídico híbrido desaparece e sobrevém um empregador submetido a regime jurídico puramente privado. Sob esse entendimento, decidiu o Tribunal Pleno, por unanimidade, conhecer do recurso de embargos, por divergência jurisprudencial, e, no mérito, por maioria, dar-lhe provimento para restabelecer o acórdão regional que rejeitou o pedido de reintegração no emprego. Vencidos os Ministros Hugo Carlos Scheuermann, relator, Maria Helena Mallmann, Maurício Godinho Delgado, Kátia Magalhães Arruda, Augusto César Leite de Carvalho, José Roberto Freire Pimenta, Delaíde Alves Miranda Arantes e Ives Gandra da Silva Martins Filho. TST-E-RR-44600- 87.2008.5.07.0008, Tribunal Pleno, rel. Hugo Carlos Scheuermann, red. p/acórdão Min. João Oreste Dalazen, 25.8.2015. (Inform. TST 115)

Matéria afetada ao Tribunal Pleno. Servidor público celetista. Administração pública direta, autárquica e fundacional. Concurso público. Contrato de experiência. Dispensa imotivada. Impossibilidade. Observância dos princípios constitucionais da impessoalidade e da motivação.
A despedida de servidor público celetista da administração pública direta, autárquica e fundacional, admitido por concurso público e em contrato de experiência, deve ser motivada. A observância do princípio constitucional da motivação visa a resguardar o empregado frente a eventual quebra do postulado da impessoalidade por parte do agente estatal investido no poder de dispensar. Sob esse fundamento, o Tribunal Pleno, por unanimidade, conheceu do recurso de embargos, por divergência jurisprudencial, e, no mérito, deu-lhe provimento, para julgar procedentes os pedidos da reclamante de restauração da relação de emprego e de pagamento dos salários e demais vantagens do período compreendido entre a dispensa e a efetiva reintegração. TST-E-ED-RR 64200-46.2006.5.02.0027, Tribunal Pleno, rel. Ministro Alberto Luiz Bresciani de Fontan Pereira , 29.9.2015. **(Inform. TST 119)**

12. PRESCRIÇÃO
12.1. SUBSEÇÃO I ESPECIALIZADA EM DISSÍDIOS INDIVIDUAIS

Prescrição. Interrupção do prazo pelo ajuizamento de ação pretérita. Identidade formal dos pedidos. Má aplicação da Súmula nº 268 do TST. Singularidade das pretensões deduzidas em juízo. Ausência de identidade substancial.

A ausência de identidade substancial dos pedidos – no sentido amplo da palavra, abrangida também a causa de pedir –, não tem o condão de interromper o curso dos prazos prescricionais à luz da Súmula nº 268 do TST. Não basta a mera identidade formal dos pedidos para interrupção da prescrição, devendo configurar-se a identidade substancial, de modo a alcançar a própria causa de pedir, verdadeira gênese da pretensão jurídica de direito material que se busca alcançar mediante o exercício do direito de ação. Por tais fundamentos, a SBDI-I, por unanimidade, conheceu dos embargos interpostos pela reclamada por contrariedade à Súmula nº 268 do TST (má aplicação), e, no mérito, deu-lhes provimento para restabelecer, por fundamento diverso, a prescrição total declarada no acórdão do Regional apenas quanto ao pleito de indenização por dano moral e material decorrente de doença profissional (LER/DORT) e, no tópico, julgar extinto o processo, com resolução do mérito, nos termos do art. 269, IV, do CPC. Na espécie, o reclamante ajuizou ação perante a Justiça comum, em 4.2.2005, na qual postulou a indenização por dano moral e pensão mensal em face do desenvolvimento de transtornos psíquicos (neurose das telefonistas e síndrome do pânico) no exercício da atividade de atendente de telecomunicações. Em uma segunda ação, proposta em 2.3.2006, perante a Justiça do Trabalho, pleiteou o pagamento de pensão mensal vitalícia e indenização por dano moral em razão do desenvolvimento de LER/DORT também decorrente da atividade de atendente de telecomunicações. Após fixada a competência material da Justiça do Trabalho para julgar causas relativas a acidente do trabalho, as duas ações foram reunidas, sendo pronunciada a prescrição total em ambas pelas instâncias ordinárias, com aplicação da regra prevista no art. 7º, XXIX, da CF. Em sede de recurso de revista, porém, a Segunda Turma deu provimento ao recurso para afastar a prescrição total e determinar o retorno dos autos à Corte Regional para apreciação dos pedidos de indenização, considerando, para tanto, ter havido a interrupção da prescrição com a proposição da primeira ação nos termos da Súmula nº 268 do TST. Reformando tal decisão, entendeu a SBDI-I que ainda que as ações derivem de uma origem comum, qual seja, o contrato de trabalho celebrado para o exercício da função de atendente de telecomunicações, os pedidos são distintos, com causas de pedir diversas. Se na primeira ação a indenização por dano moral e o pedido de pensão se originam do desenvolvimento de transtornos psíquicos, na segunda a indenização é decorrente do acometimento de LER/DORT, o que impede, portanto, a interrupção do prazo prescricional. Não obstante esse posicionamento, a Subseção manteve a prescrição pronunciada na segunda ação, pois a *actio nata*, data da concessão da aposentadoria por invalidez, ocorreu em 2002, ou seja, em data anterior a vigência da Emenda Constitucional nº 45/04, a atrair o prazo do Código Civil. Assim, decorridos menos de 10 anos entre a ciência inequívoca da lesão e a data de entrada em vigor do Código Civil de 2002, incide a regra de transição prevista no art. 2.028 do CC e, por conseguinte, a prescrição trienal (o inciso V do § 3º do art. 206 do CC), de modo que o reclamante dispunha até 11.1.2006 para ajuizar a segunda ação, o que, todavia, só ocorreu em 2.3.2006. TST-E-ED-RR-102600-22.2005.5.10.0002, SBDI-I, rel. Min. João Oreste Dalazen, 23.4.2015 **(Inform. TST 104)**

Prescrição. Ação de reparação de danos materiais. Demanda proposta por empregador em face de ex-empregado. Lesão ocorrida antes da vigência da Emenda Constitucional nº 45, de 30 de dezembro de 2004. Prazo aplicável.

Ainda que a lesão tenha ocorrido em 1999, antes da entrada em vigor da Emenda Constitucional nº 45/2004, aplica-se o prazo prescricional trabalhista, previsto no artigo 7º, XXIX, da Constituição Federal. Isso porque se trata de lide não relacionada à indenização por danos morais ou materiais decorrentes de acidente do trabalho ou doença ocupacional. Nessas hipóteses, tem-se por irrelevante a data da publicação da Emenda Constitucional nº 45/04, pois há muito se fazia firme a jurisprudência desta Corte e do Supremo Tribunal Federal a respeito da competência da Justiça do Trabalho. No caso, a ação de reparação do indébito foi ajuizada no ano de 2006 pelo empregador em face de ex-empregado em virtude de supostas irregularidades apuradas em Procedimento Administrativo realizado no ano de 1999. Transcorrido, portanto, o prazo prescricional trabalhista para o ajuizamento da ação, que é o mesmo tanto para empregado quanto para empregador. Sob esses fundamentos, a SBDI-1, por unanimidade, conheceu do recurso de embargos da reclamada, por divergência jurisprudencial, e, no mérito, por maioria, negou-lhe provimento, vencidos os Ministros Renato de Lacerda Paiva, relator, Aloysio Corrêa da Veiga, Augusto César Leite de Carvalho e Cláudio Mascarenhas Brandão. TST- EEDRR 1500-41.2006.5.07.0012, SBDI-I, red. Min. Márcio Eurico Vitral Amaro, 25.6.2015. **(Inform. TST 112)**

Revista em pertences de empregados. Esvaziamento de bolsas e sacolas. Impessoalidade. Ausência de contato físico. Empresa do ramo de comercialização de medicamentos (drogaria). Interesse público envolvido. Potencialidade de grave risco decorrente de desvio dos produtos comercializados. Poder de fiscalização do empregador. Dano moral. Não caracterizado.

A imposição patronal de esvaziamento do conteúdo de bolsas, sacolas e demais pertences de empregados, por si só, não acarreta dano moral, desde que efetuada de maneira impessoal e respeitosa e derive de imposição da natureza da atividade empresarial. No caso, empresa do ramo de comercialização de medicamentos (drogaria), impunha a seus empregados, indistintamente, no início e ao final do expediente, a abertura e o esvaziamento de bolsas e sacolas, sem qualquer contato físico por parte de outros trabalhadores. Concluiu-se que o interesse público justifica o rigor no controle, em prol da segurança da coletividade, ante a potencialidade de grave risco decorrente de eventual desvio dos produtos comercializados. Assim, a conduta patronal é legítima e inerente ao poder-dever de fiscalização do empregador, logo não enseja ao pagamento de indenização por dano moral. Sob esse entendimento, a SBDI--I, por unanimidade, conheceu dos embargos, por divergência jurisprudencial, e, no mérito, negou-lhes provimento. Ressalva de entendimento do Ministro Cláudio Mascarenhas Brandão. TST-E--RR-2111-32.2012.5.12.0048, SBDI-I, rel. Min. João Oreste Dalazen, 25.6.2015. **(Inform. TST 112)**

Salário variável. Previsão em cláusula contratual. Inobservância. Diferenças. Prescrição. Não incidência da Súmula nº 294 do TST e da Orientação Jurisprudencial nº 175 da SBDI-I.

Aplica-se a prescrição parcial ao pedido de diferenças de parcela variável da remuneração do empregado jamais paga, nos termos ajustados, durante o curso do contrato de emprego. No caso, é inaplicável a prescrição total a que alude a Súmula nº 294 do TST, visto não se tratar de alteração do pactuado, mas de descumprimento do ajuste firmado quando da admissão do reclamante. Ademais, não há falar em contrariedade à Orientação Jurisprudencial nº 175 da SBDI-I, que versa sobre supressão ou alteração quanto à forma de cálculo ou quanto ao percentual das comissões, pois no caso em análise a reclamada pagava o valor mínimo da parcela variável, sem observar, contudo, a obrigação de atrelá-la à rentabilidade da unidade de trabalho, conforme previsto no ajuste contratual. Sob esses fundamentos, a SBDI-I, por maioria, não conheceu dos embargos interpostos pela reclamada, mantendo incólume a decisão turmária mediante a qual se declarou a incidência da prescrição parcial. Vencido o Ministro Lelio Bentes Corrêa. TST-E-ED-RR-43940- 03.2006.5.05.0014, SBDI-I, rel. Min. Hugo Carlos Scheuermann, 3.12.2015 **(Inform. TST 125)**

13. DIREITO COLETIVO

13.1. SUBSEÇÃO I ESPECIALIZADA EM DISSÍDIOS INDIVIDUAIS

Dano moral coletivo. Caracterização. Conduta antissindical. Convenção coletiva de trabalho. Financiamento do sindicato profissional com recursos provenientes do empregador.
O financiamento do sindicato profissional com recursos provenientes do empregador (taxa negocial), conforme firmado em cláusula de convenção coletiva de trabalho, configura conduta antissindical que, ao impossibilitar a autonomia da negociação coletiva, fragiliza o sistema sindical e a relação entre empregados e empregadores, ensejando, portanto, a reparação por dano moral coletivo. Na espécie, registrou-se que, embora a cláusula em questão tenha sido suspensa por força de liminar requerida pelo Ministério Público do Trabalho nos autos de ação civil pública, restou caracterizada a conduta ilícita, de modo que a inexistência de efetiva lesão não afasta a necessidade de reparação, sob pena de retirar a proteção jurídica dos direitos coletivos. Com esse entendimento, a SBDI-I, por unanimidade, conheceu dos embargos interpostos pelo MPT, por divergência jurisprudencial e, no mérito, deu-lhes provimento para restabelecer o acórdão do Regional, impondo a condenação no importe de R$ 10.000,00 a título de dano moral coletivo. TST-E-ARR-64800- 98.2008.5.15.0071, SBDI-I, rel. Min. Aloysio Corrêa da Veiga, 12.2.2015 (Inform. TST 100)

Representação sindical. Sinthoresp x Sindifast. Princípio da especificidade. Prevalência. Art. 570 da CLT.
O critério definidor do enquadramento sindical é o da especificidade, previsto no art. 570 da CLT, de modo que o critério da agregação tem caráter subsidiário, aplicando-se apenas quando não for possível aos exercentes de quaisquer atividades ou profissões se sindicalizarem eficientemente com base na especificidade. Nesse sentido, em ação de cobrança de contribuição sindical ajuizada pelo Sinthoresp (Sindicato dos Trabalhadores em Hotéis, Apart Hotéis, Motéis, Flats, Pensões, Hospedarias, Pousadas, Restaurantes, Churrascarias, Cantinas, Pizzarias, Bares, Lanchonetes, Sorveterias, Confeitarias, Docerias, Buffets, Fast-foods e Assemelhados de São Paulo e Região) em face da empresa Burger King do Brasil S.A. – BGK, decidiu-se que a legitimidade para representar os empregados da empresa que atua no ramo de refeições rápidas é do Sindifast (Sindicato dos Trabalhadores nas Empresas de Refeições Rápidas (Fast Food) de São Paulo), pois não é possível imaginar que as condições de trabalho em restaurantes à la carte possam ser identificadas com aquelas típicas de estabelecimentos fast food, em que não há sequer o sistema de gorjetas. Com esses fundamentos, a SBDI-I, por unanimidade, rejeitou a preliminar de ilegitimidade recursal arguida em impugnação, conheceu dos embargos interpostos pelo Sindifast, por divergência jurisprudencial, e, no mérito, deu-lhes provimento para julgar improcedente a ação de cobrança ajuizada pelo Sinthoresp e restabelecer a sentença. Ressalvaram entendimento os Ministros Ives Gandra Martins Filho, Luiz Philippe Vieira de Mello Filho e Augusto César Leite de Carvalho. TST-E-ED-RR-880-42.2010.5.02.0072, SBDI-I, rel. Min. Alexandre Agra Belmonte, 26.2.2015 (Inform. TST 100)

13.2. SUBSEÇÃO II ESPECIALIZADA EM DISSÍDIOS INDIVIDUAIS

Contribuições assistenciais compulsórias em favor de entidade de serviço social e de formação profissional. Art. 240 da Constituição Federal. Obrigatoriedade.
Consoante o artigo 240 da Constituição Federal, a contribuição assistencial devida pela categoria econômica e destinada às entidades privadas de serviço social e de formação profissional vinculadas ao sistema sindical é compulsória para os empregadores, ainda que a empresa não seja filiada ao sindicato patronal. Sob esse fundamento, a SBDI-II, por unanimidade, conheceu do recurso ordinário e, no mérito, negou-lhe provimento. TST-RO-3384-84.2011.5.10.0000, SBDI-II, rel. Min. Alberto Luiz Bresciani de Fontan Pereira, 18.8.2015. (Inform. TST 114)

13.3. SEÇÃO ESPECIALIZADA EM DISSÍDIOS COLETIVOS

Ação anulatória. Cláusula de convenção coletiva. Contratos de experiência sucessivos. Vedação apenas aos empregados que já tenham trabalhado anteriormente na mesma empresa e na mesma função por prazo superior a um ano. Nulidade.
É nula a cláusula de convenção coletiva de trabalho que veda a celebração de um novo contrato de experiência apenas aos empregados que já tenham trabalhado anteriormente na mesma empresa e na mesma função por prazo superior a um ano. No caso, entendeu-se que o referido ajuste possibilita aos empregados que laborarem na empresa, por período inferior a um ano, sejam recontratados para exercer a mesma função, por meio de sucessivos contratos de experiência, o que não se justifica, porquanto a prestação de serviços anterior já cumpriu a sua finalidade de permitir ao empregador o conhecimento do perfil profissional e social do trabalhador. Com esse entendimento, a SDC, por unanimidade, conheceu do recurso ordinário interposto pelo Ministério Público do Trabalho e, no mérito, por maioria, deu-lhe provimento para anular a cláusula da convenção coletiva em questão. Vencidos a Ministra Maria de Assis Calsing, relatora, e o Ministro Ives Gandra Martins, que reputavam legítima a aludida cláusula. TST-RO-10028-29.2013.5.08.0000, SDC, rel. Min. Maria de Assis Calsing, 9.3.2015 (Inform. TST 101)

Ação anulatória. Nulidade de cláusula de convenção coletiva de trabalho. Sindicato representante da categoria econômica não subscrevente da norma coletiva. Legitimidade ativa ad causam.
A competência conferida ao Ministério Público do Trabalho para o ajuizamento de ações anulatórias de cláusulas de acordos coletivos ou convenções coletivas de trabalho, nos termos do art. 83, III e IV, da Lei Complementar nº 75/1993, se estende, excepcionalmente, aos entes sindicais subscreventes da norma coletiva, quando demonstrado vício de vontade ou alguma das irregularidades descritas no art. 166 do Código Civil, ou aos sindicatos representantes das categorias econômicas e/ou profissionais, que não subscreveram a norma coletiva, mas que se sintam prejudicados em sua esfera jurídica, em decorrência do instrumento pactuado. No caso, considerando-se o teor das cláusulas firmadas entre o Sindicato dos Trabalhadores em Condomínios Residenciais, Comerciais, Rurais, Mistos, Verticais e Horizontais de Habitações em Áreas Isoladas do Distrito Federal e o Sindicato dos Condomínios Residenciais e Comercios do Distrito Federal – Sindicondomínio, que enumeram as funções de zelador, garagista, serviços gerais e outros como atividades fim e proíbem a contratação desses trabalhadores por empresas terceirizadas, constata-se haver interesse jurídico entre o Sindicato das Empresas de Asseio, Conservação, Trabalho Temporário e Serviços Terceirizáveis do Distrito Federal - SEAC e a matéria objeto da ação anulatória, qual seja, o direito de um terceiro sindicato de ter contratada a mão de obra das empresas prestadoras de serviço que representa, o que torna inquestionável a sua legitimidade ativa. Com esse entendimento, a SDC, por maioria, conheceu do recurso ordinário interposto pelo SEAC, e, no mérito, deu-lhes provimento para afastar a ilegitimidade ativa ad causam do recorrente, e determinar o retorno dos autos ao TRT, a fim de que prossiga no exame da ação anulatória, como entender de direito. Vencido o Ministro Mauricio Godinho Delgado. TST-RO-3434- 13.2011.5.10.0000, SDC, rel. Min. Dora Maria da Costa, 13.4.2015 (Inform. TST 103)

Acordo coletivo de trabalho. Participação nos Lucros e Resultados. Estipulação de requisito que não revela os índices individuais de produtividade, qualidade ou lucratividade da empresa. Benefício que mais se aproxima de um prêmio. Exclusão da referência ao art. 2º, II, da Lei nº 10.101/2000.
Não configura a Participação nos Lucros e Resultados a que se refere a Lei nº 10.101/2000 e o art. 7º, XI, da CF, a cláusula de acordo coletivo de trabalho que estipula, como requisito para a distribuição de lucros, o número de operações comerciais de todo o setor econômico. Trata-se de parâmetro que não define a conjuntura da empresa de forma clara e objetiva, pois não revela seus índices individuais de produtividade, qualidade ou lucratividade. Assim, tem-se que o benefício estabelecido

mais se aproxima de um prêmio, não sendo possível considerá-lo como de natureza indenizatória, o que, na espécie, impõe a reforma da decisão do Regional que julgara improcedente o pedido de declaração da natureza salarial da parcela em questão. Sob esses fundamentos, a SDC, por maioria, deu provimento parcial ao recurso ordinário para suprimir do *caput* da cláusula 4ª a expressão "conforme o art. 2°, inciso II, da Lei 10.101, de 19 de dezembro de 2000". Vencidos os Ministros Walmir Oliveira da Costa e Maurício Godinho Delgado. TST-RO-50000-25.2011.5.17.0000, SDC, rel. Min. Dora Maria da Costa, 11.5.2015. **(Inform. TST 106)**

Ação anulatória. Atestado Médico. Exigência da inserção da Classificação Internacional de Doenças - CID. Nulidade de cláusula de convenção coletiva de trabalho.
É nula cláusula constante de convenção coletiva de trabalho que exija a inserção da Classificação Internacional de Doenças (CID) nos atestados médicos apresentados pelos empregados. Tal exigência obriga o trabalhador divulgar informações acerca de seu estado de saúde para exercer seu direito de justificar a ausência ao trabalho por motivo de doença. Essa imposição viola o direito fundamental à intimidade e à privacidade (art. 5°, X, da CF), sobretudo por não existir, no caso, necessidade que decorra da atividade profissional. Sob esses fundamentos, a Seção Especializada em Dissídios Coletivos, por unanimidade, conheceu do recurso ordinário e, no mérito, por maioria, negou-lhe provimento, vencido o Ministro Ives Gandra Martins Filho. TST-RO-268- 11.2014.5.12.0000, SDC, rel. Min. Maria Cristina Irigoyen Peduzzi, 17.8.2015. **(Inform. TST 114)**

Ação anulatória. Atestado Médico. Exigência da inserção da Classificação Internacional de Doenças (CID). Validade da cláusula de convenção coletiva de trabalho. Não violação do direito fundamental à intimidade e à privacidade.
Não viola o direito fundamental à intimidade e à privacidade (art. 5°, X, da CF), cláusula constante de convenção coletiva de trabalho que exija a inserção da Classificação Internacional de Doenças (CID) nos atestados médicos apresentados pelos empregados. Essa exigência, que obriga o trabalhador a divulgar informações acerca de seu estado de saúde para exercer seu direito de justificar a ausência ao trabalho por motivo de doença, traz benefícios para o meio ambiente de trabalho, pois auxilia o empregador a tomar medidas adequadas ao combate de enfermidades recorrentes e a proporcionar melhorias nas condições de trabalho. Sob esse entendimento, a SDC, por unanimidade, conheceu do recurso ordinário e, no mérito, pelo voto prevalente da Presidência, deu-lhe provimento para julgar improcedente o pedido de anulação da cláusula em questão. Vencidos os Ministros Mauricio Godinho Delgado, relator, Kátia Magalhães Arruda e Maria de Assis Calsing. TST-RO- 480-32.2014.5.12.0000, SDC, rel. Min. Mauricio Godinho Delgado, red. p/ o acórdão Min. Ives Gandra Martins Filho, 14.12.2015 (*Cf. Informativo TST n° 114 para decisão em sentido contrário) **(Inform. TST 126)**

14. ARBITRAGEM

14.1. SUBSEÇÃO I ESPECIALIZADA EM DISSÍDIOS INDIVIDUAIS

Ação civil pública. Prática de arbitragem nos dissídios individuais trabalhistas. Período posterior à dissolução dos contratos de trabalho. Inaplicabilidade. Arts. 114, §§ 1° e 2°, da CF, e 1° da Lei n° 9.307/1996. Imposição de obrigação de se abster.
O instituto da arbitragem não se aplica como forma de solução de conflitos individuais trabalhistas, seja sob a ótica do art. 114, §§ 1° e 2°, da CF, seja à luz do art. 1° da Lei n° 9.307/1996, pois a intermediação da câmara de arbitragem (pessoa jurídica de direito privado) não é compatível com o modelo de intervencionismo estatal norteador das relações de emprego no Brasil. Quando se trata de Direito Individual do Trabalho, o princípio tuitivo do emprego inviabiliza qualquer tentativa de se promover a arbitragem, alcançando, inclusive, o período pós-contratual, ou seja, a homologação da rescisão, a percepção das verbas daí decorrentes e até mesmo eventual celebração de acordo. Com esses fundamentos, a SBDI-I, por maioria, conheceu dos embargos interpostos pelo Ministério Público do Trabalho, por divergência jurisprudencial, e, no mérito, deu-lhes provimento para, reformando a decisão que chancelara a atividade de arbitragem em relação ao período posterior à dissolução do contrato de trabalho, desde que respeitada a livre manifestação de vontade do ex- empregado e garantido o acesso irrestrito ao Poder Judiciário, condenar a reclamada a se abster de promover amplamente a arbitragem envolvendo direitos individuais trabalhistas, inclusive após a cessação do contrato de trabalho e no que tange à tentativa e/ou à efetiva formalização de acordos entre empregados, ou ex-empregados, e empregadores. Vencido o Ministro Ives Gandra Martins Filho. TST-E-ED-RR-25900-67.2008.5.03.0075, SBDI-I, rel. Min. João Oreste Dalazen, 16.4.2015 **(Inform. TST 104)**